시간성의
시학

시조에 대한
새로운 이해를 위하여

장경렬: 인천 출생으로, 서울대 영어영문학과를 졸업했다. 미국 오스틴 소재 텍사스 대학교 영어영문학과에서 박사학위를 받고, 현재 서울대 영어영문학과 교수로 재직 중이다. 비평집으로 『미로에서 길 찾기』(1997), 『신비의 거울을 찾아서』(2004), 『응시와 성찰』(2007), 문학연구서로 『코울리지』(2006), 『매혹과 저항』(2007), 번역서로 『내 사랑하는 사람들의 잠든 모습을 보며』(Li-Young Lee, 2000), 『야자열매술꾼』(Amos Tutuola, 2002), 『먹고, 쏘고, 튄다』(Lynne Truss, 2005), 『셰익스피어』(Anthony Holden, 2005), 『아픔의 기록』(John Berger, 2008), 『선과 모터사이클 관리술』(Robert Pirsig, 2010), 『노인과 바다』(Ernest Hemingway, 2012), 『백내장』(John Berger, 2012), 『젊은 예술가의 초상』(James Joyce, 2012) 등이 있다.

시간성의 시학—시조에 대한 새로운 이해를 위하여

펴낸곳 서울대학교출판문화원
펴낸이 오연천
지은이 장경렬

초판 1쇄 인쇄 2013년 5월 25일
초판 1쇄 발행 2013년 5월 31일
출판등록 제15-3호

주소 서울 관악구 관악로 1 우편번호 151-742
대표전화 02-880-5252 **팩스** 02-889-0785
마케팅팀 02-889-4424, 02-880-7995
이메일 snubook@snu.ac.kr
홈페이지 www.snupress.com
영문홈페이지 eng.snupress.com

ISBN 978-89-521-1387-0 93810

시간성의
시학

시조에 대한
새로운 이해를 위하여

장경렬 지음

서울대학교출판문화원

Poetics of Temporarity

Toward a New Understanding of *Sijo* Poetry

Gyung-ryul Jang

Seoul National University Press

들리지 않을 정도로 마음 깊이 울리는 음악, 그 음악에 귀 기울이며

나중에 집안 어른들께 여쭤 보니, 내가 외가댁에 맡겨져 충청도 서산의 한 시골 마을로 내려간 것은 만 서너 살 무렵의 어린아이였을 때였다. 하지만 그 당시 인천에서 서산으로 가는 밤배를 타고 가다가 새벽녘에 보았던 저 먼 곳 여명 속의 아스라한 육지의 윤곽이 어쩐 일인지 아직도 내 마음의 눈에 어른거린다. 외가댁에 도착하여 타고 온 배를 마당에다 돌로 그리던 일, 동네 아이들을 따라 야산으로 올라가 상수리나무 사이를 헤치고 돌아다니던 일, 산새 둥지를 뒤져 새알을 주워 오던 일, 그 모든 일들도 빛바랜 사진처럼 여전히 내 기억 저편에 남아 있다. 그리고 또 한 조각의 정지된 화면으로 내 기억 속에 남아 있는 것은 외할아버지의 심부름으로 술도가에 가서 주전자에 막걸리를 받아오다가 주전자 주둥이에 입을 대고 홀짝홀짝 술을 마시곤 하던 나의 모습이다. 외할아버지는 어린 외손자의 입을 탄 막걸리 주전자를 앞에 놓고 이미 어두워진 방에서 시조창을 하시곤 했다. 사카린으로 맛을 낸 모주母酒를 먹을 때와 같은 알딸딸한 기분에 젖어 나는 마당에서 피마자 열매를 따거나 봉숭아 꽃잎을 따며 할아버지의 시조창에 귀 기울이곤 했다. 끊어질 듯 이어지던 외할아버지의 유장한 시조창 가락에, 느리게 이어지던 고즈넉한 가락의 시조창에 귀 기울이며 나는 저물어 가는 날의 고적한 분위기에 젖곤 했다.

외할아버지의 시조창이 '시조창'임을 안 것은 나이가 들어서였다. 하지만 무언지 모르면서 귀 기울이던 외할아버지의 시조창 가락은 내 마음 깊은 곳에 남아 있다. 어쩌다 스쳐 지나가는 바람을 기다리는 이올리언 하프aeolian harp가 그 안에 감추고 있는 영롱하고 신비로운 가락처럼. 또는 고적한 산사山寺의 처마 끝 풍경이 그 안에 머금고 있는 그윽하고 낮은 울림처럼. 그리하여 어쩌다 접하는 누군가의 시조창이 한 가닥 바람이 되어 이올리언 하프를 울리고 풍경을 울리듯 내 마음을 울리면, 나는 내 마음 깊은 곳에서 외할아버지의 시조창 가락이 되살아남을 감지하곤 한다. 마음속에서 되살아난 외할아버지의 시조창 가락은 나에게 어릴 적의 정경을 떠오르게 한다. 이에 나는 마음의 눈을 더욱 열어 그 옛날의 정경들을 응시한 채 눈을 감고 오로지 외할아버지의 시조창에 담긴 고즈넉한 가락에 귀 기울이곤 한다.

세월의 흐름과 함께 시조창을 접할 기회는 점점 줄어들었다. 이는 외래 문화가 전통문화를 압도하는 시대의 분위기 때문일 수도 있고, 시조를 노래로 여기기보다 시로 받아들이려는 시각의 변화 때문일 수도 있다. 이유야 어디에 있든, 귀로 '듣는' 시조보다는 눈으로 '읽는' 시조와 만날 기회가 점점 더 많아지게 된 것이 오늘의 현실이다. 하지만 눈으로 읽다 보면 때때로 시조의 시편들이 어느 사이에 유장한 가락으로 마음속에서 살아나 색다른 감흥을 불러일으키곤 한다. 이제 시조는 비록 눈으로 오지만, 때에 따라 T. S. 엘리엇의 말대로 "마음 깊이 울리는 음악 / 귀에 전혀 들리지 않을 정도로 마음 깊이 울리는 음악music heard so deeply / That it is not heard at all"(『네 개의 사중주*Four Quartets*』)이 되어 그 옛날 외할아버지만큼이나 나이를 먹은 나의 마음속 귀로 다가오곤 하는 것이다. 그러면 나는 다시 옛날의 어린 내가 되어 외할아버지의 시조창 가락에, 이제는 들리지 않는 음악이 된 그 음악의 가락에, 귀에는 전혀 들리지 않을 정도로 마음 깊이 울리는 그 음악의 가락에 내 몸과 마음을 맡긴다.

외국 문학을 전공한 나에게 시조가 각별한 의미를 지니게 된 것은 이런 사정 때문이다. 아마도 외국 유학을 다녀오고 나서 얼마 되지 않았을 무렵 남들이 보기에 뜬금없다 느껴질 「시간성의 시학」이라는 시조론을 쓰게 된 것도 이런 사정 때문일 것이다. 당시 우연한 기회에 저명한 시조 시인 한 분과 인사를 나눈 나는 그와 더불어 시조의 정체성에 관해 오랜 시간 이야기를 나누게 되었고, 그것이 계기가 되어 그동안 마음에 담아

왔던 시조에 대한 여러 생각들을 정리하여 문제의 시조론을 썼던 것이다. 그리고 이 시조론을 출발점으로 삼아 나는 지난 20여 년의 세월 동안 시조에 관해 적지 않은 양의 글을 써서 발표했다. 이제 그동안 발표했던 글 가운데 일부를 가려 뽑고 틀을 잡아 손질한 다음 한 권의 책으로 펴낸다. 책을 내는 자리에서 항상 하는 말이지만, 수많은 분들의 지적과 가르침이 있었음에도 불구하고, 시조에 대한 나의 견해와 판단에서 시작하여 시조 작품에 대한 이해와 수용에 이르기까지 다듬고 바로잡아야 할 부분이 많다. 만일 그런 부분을 발견하면 서슴없는 비판과 질책의 말씀을 아끼지 말기를 독자 여러분께 부탁한다. 독자 여러분의 비판과 질책은 외국 문학 전공자인 나의 무지와 오해를 일깨우는 데뿐만 아니라 시조 문학을 새로운 도약과 발전으로 이끄는 데 결코 없어서는 안 될 소중한 문화적, 학술적 자산이 될 것이기 때문이다.

2013년 5월 14일 저자 씀

| 차례 |

제3부 시조 문학의 현재와 미래

제1부

옛 시조와 현대 시조

시간성의 시학
—시조 시학의 새로운 위상 정립을 위하여

1. 옛 시조와 현대 시조

옛 시조와 현대 시조[1] 사이에는 건널 수 없는 깊은 계곡이 가로놓여 있다는 투의 주장에 동의할 사람은 얼마나 될까. 옛 시조는 현대 시조와 달리 문학상의 장르가 아닌 노래였다는 점에 주의를 환기하더라도 여전히 양자를 별개의 좌표계에 위치시켜야 한다는 견해에 찬성할 사람은 많지 않을 것이다. 이처럼 대부분의 사람들은 옛 시조의 연장 선상에 현대 시조가 놓이는 것으로 이해하려 한다. 그럼에도 불구하고, 양자를 동일한 시각에서, 아울러 동일한 기대감을 갖고서 대하는 사람 역시 많지는 않을 것이다. 시간적인 격차라는 요인 외에도 옛 시조와 현대 시조 사이에는 모종의 불연속선이 존재하고 있음을 부정할 수 없기 때문이다. 따라서 이 불연속선에 대한 천착이 없이는 시조에 대한 그 어떤 논의도 피상성을 극복할 수 없으며, 잠정적인 가설 이상의 의미를 지닐 수 없을 것이다.

발생론적 근거가 음악에 놓이든 또는 문학에 놓이든 이와 관계없이 시조 역시 시간

1 '옛 시조'라든가 '현대 시조'와 같은 개념의 정립과 관련하여 여러 가지 견해가 있을 수 있다. 편의상 이 글에서는 20세기 초엽 시조 부흥 운동 이후에 창작된 시조를 '현대 시조'로, 그 이전에 창작된 시조를 '옛 시조'로 부르기로 한다.

의 흐름을 초월하여 존재할 수는 없다. 따라서 시조의 존재 양식에 어떤 변화가 일어났다 해서 크게 문제 삼을 일이 되지 않을는지도 모른다. 과거의 시조가 '노래'의 한 유형이었다 해서 오늘날의 시조가 반드시 '노래'의 한 유형일 필요는 없는 것이다. 현대 시조가 옛 시조와 달리 '시'의 한 유형이 되었다는 것은, 어떤 의미에서 보면, "새로운 부류, 새로운 장르 유형에 대한 발견이요 확산"[2]으로 이해될 수도 있다. 웰렉과 워런이 지적했듯, 인간은 "제도를 통해 작업을 하고 스스로를 표현하기도 하지만, 새로운 제도를 창조할 수도 있으며," 또한 "제도를 바꾸어 놓을 수"도 있다.[3] 시조 역시 일종의 관습적 제도인 한, 예술가에 의해 새롭게 재창조되고 바뀔 수 있으며, 바로 이러한 과정을 통해 음악적 또는 문학적 장르로서의 시조는 지속적인 생명력을 얻게 될 것이다.

문제는 노먼 피어슨의 말대로 예술의 장르란 "작가의 지배를 받기도 하지만," 동시에 "작가를 지배하는 제도적 명령"이라는 점에 놓인다.[4] 바꿔 말해, 장르는 누군가의 노력에 의해 변형될 수도 있지만, 그렇다 해서 어떤 개인이나 몇몇 사람이 자의적으로 쉽게 바꿔 놓을 수 있는 성질의 것이 아니다. 바로 이 같은 양면성 때문에 시조를 포함한 모든 장르의 변모 과정은 필연의 논리에 의하여 설명될 수 있어야 한다. 만일 이러한 필연의 논리를 정립하지 못한다면, 장르의 변모 과정에 대한 어떠한 설명도 설득력을 얻을 수 없을 것이다. 그렇다면 시조의 변모 과정과 관련하여 어떠한 필연의 논리가 정립될 수 있을 것인가. 무엇보다도 우리는 '노래'의 한 유형으로서의 시조가 어떠한 근거에서 '시'의 한 유형으로서의 시조로 변모하게 되었는가, 또한 이러한 변모와 관련하여 제기될 수 있는 문제가 무엇인가를 살펴보아야 할 것이다.

만일 시조가 '노래'였다면 현재 우리가 '읽는' 옛 시조란 노래의 노랫말에 해당할 것이다. 일반적으로 노래의 창작 과정은 두 단계로 나누어 생각할 수 있는데, 먼저 누군가가 시를 창작하고 이어서 또 다른 누군가가 그 시에 음조를 붙이는 경우가 있다. 이 경우, 수잔 랭거가 지적했듯, '노래화'의 과정을 통해 시는 음조와 '동화assimilation'되는 가운데

2 René Wellek & Austin Warren, *Theory of Literature*, 3rd ed. (New York: Harcourt, Brace & World, 1956), 227면.

3 Wellek & Warren, 226면.

4 Wellek & Warren, 226면에서 재인용.

문학적 기능을 상실하고 노래의 일부분인 노랫말로서만 기능을 하게 된다. 따라서 "노랫말로 취해진 시가 아무리 그 자체로서 대단한 문학 작품이라 하더라도, 노래란 시와 음악 사이의 타협이 아니라 다만 음악일 뿐이다."[5] 아마도 문학적으로는 이급밖에 안 되는 시가 '노래화'의 과정을 거쳐 일급의 노랫말로 승화될 수 있다면 그 이유는 이 때문일 것이다.[6] 이급의 시는 '동화 과정'을 거쳐 노래의 일부가 됨으로써 자체의 문학적 한계를 벗어나게 되는 것이다. 이와 관련하여 랭거의 논의에 다시 한 번 주목할 필요가 있다. 그녀가 작곡가 요제프 클라인의 작품에 대한 로베르트 슈만의 비판적 언급을 들어 설명하고 있듯, 일급의 시는 '음악화' 자체를 어렵게 할 수 있다. "모든 것이 이야기되고 있고 그늘진 곳이라고는 아무데도 없는 완벽한 형태의 시"는 "자체의 문학적 형식을 포기하지 않을 것이기" 때문에 "쉽게 노래화되지 않는다."[7] 요컨대, 일급의 시는 노래화에 부담이 될 수 있다. 만일 이러한 논리를 따르게 되면, 옛 시조의 노랫말들 대부분이 설사 이급의 문학적 수준밖에 유지하지 못한다 하더라도 크게 놀랄 일은 아닐 것이다.

물론 옛 시조는 노래였다. 하지만 노랫말이 이급임에도 불구하고 일급의 작품으로 평가되는 옛 시조는 아마도 없을 것이다. 좀 더 정확하게 말하자면, 일반적인 노래의 경우 노랫말이 이급임에도 불구하고 작품으로서는 일급인 예가 얼마든지 있지만, 옛 시조의 경우 이급의 노랫말에도 불구하고 작품으로서 일급인 예는 존재하지 않는다. 그 이유는 무엇일까. 아마도 이에 대한 해명을 위해서는 옛 시조가 일반적인 노래와는 다른 절차를 거쳐 창작되었다는 점에 눈을 돌릴 필요가 있을 것이다. 옛 시조의 경우 일반적인 노래의 음조에 해당하는 몇 개의 '창법'이 노랫말에 선행하여 존재했는데, 이는 곡조에 선행하여 노랫말이 창작되는 일반적인 예와 대비된다. 물론 개별적인 작품 또는 영창자詠唱者에 따라서 창법상의 변조가 있을 수 있었지만, 몇 개의 기본적인 창법이 노랫말과 별도로 이미 확립되어 있었다는 사실은 매우 중요한 의미를 갖는다. 무엇

---

5 Susanne Langer, *Feeling and Form: A Theory of Art Developed from* Philosophy in a New Key (London: Routledge & Kegan Paul, 1953), 152면.

6 수잔 랭거는 구체적인 예로 프란츠 슈베르트의 가곡을 들고 있다. 빌헬름 뮐러의 이급 서정시가 슈베르트의 작곡에 의해 일급의 가곡이 되었던 것이다(153면 참조).

7 Langer, 154면.

보다도 '노래화'에 관한 랭거의 논리가 옛 시조의 경우에는 적용되지 않는다는 점을 지적할 수 있다. 특정한 노랫말을 대상으로 고유한 음조가 창작됨으로써 노랫말이 음악에 동화되고 마는 일반적 경우와 달리, 옛 시조의 경우 창법과 노랫말은 동등한 위치에서 '대등한 결합'의 관계를 형성하고 있었다 할 수 있다.

따라서 옛 시조의 창법이 노랫말을 보다 효과적으로 영창하기 위한 장치로서 제 기능을 하는 동안에도 노랫말은 단순한 노랫말이 아닌 그 무엇, 여전히 독자적인 '시'로서의 기능을 잃지 않게 된다. 일급의 시조가 되기 위해서 창법과 관계없이 노랫말 역시 일급이어야 했던 이유는 바로 여기에 놓이는 것 아닐까. 김수장金壽長의 『해동가요海東歌謠』나 김천택金天澤의 『청구영언靑丘永言』, 송계연월옹松桂烟月翁의 『고금가곡古今歌曲』 등 많은 시조집들이 노랫말만을 담고 있는데, 이는 노랫말 자체의 독자성을 암묵적으로 인정한 것 아닐까. 수많은 일급의 옛 시조가 노래였음에도 불구하고 그 노랫말을 단순히 눈으로 읽는 것만으로도 그 진가를 느낄 수 있는 이유 또한 여기에 놓이는지 모른다.

시조의 곡조와 노랫말 사이의 관계가 '동화'가 아닌 '대등한 결합'이라면, 양자 사이의 분리는 쉽게 이루어질 수 있다. 어떤 의미에서 보면, 20세기 초 시조 부흥 운동이 시작되면서 음악적 요소인 곡조가 쉽게 포기될 수 있었던 이유는 이 때문이었는지도 모른다. 그럼에도 불구하고 "음악이 빠져 나가 버린 시조에서 음악이 차지하고 있었던 자리를 무엇인가로 메울 수 있을 때 시조는 현대를 살아남는 장르가 될 것"[8]이라는 생각이 현대 시조계의 고정 관념으로 굳어진 이유는 무엇인가. 따지고 보면, 음악을 포기함으로써 메워야 할 빈자리가 생기게 되었다는 논리라든가, 그 자리를 다른 무언가로 채워 넣어야만 현대 시조가 시조다워질 수 있다는 논리는 지나친 단순화일 수 있다. 시조 역시 창조적 상상력을 담기 위한 하나의 틀인 이상, 중요한 것은 기계적인 가감의 논리가 아니라 역동적인 변화의 논리다. 따라서 문제가 되는 것은 변화가 올바른 방향으로 이루어져 왔는가다.

관점을 달리해서 보면, 옛 시조의 음악적 요소가 수행했던 역할이 현대화의 과정에 완전히 포기되었던 것은 아니다. 옛 시조의 음악적 요소가 노랫말을 효과적으로 영창하

8 김대행, 『시조 유형론』(이화여자대학교 출판부, 1986), 334면.

기 위한 장치였다면, 이는 결국 시조를 형식적으로 완성시키는 데 필요한 외형적 틀이었다고 볼 수도 있기 때문이다. 또는 시조를 시조로서 인식시키기 위한 일종의 암호에 해당한다고 할 수도 있기 때문이다. 시조의 현대화에 참여했던 사람들이 그 형식을 초·중·종 장의 3장으로 나눈 다음 이를 다시 일정한 음수율에 의해 규정하려 했던 것은 시조를 시조로 인식시키는 데 필요한 외형적 틀이나 암호를 확립하기 위한 노력의 일환으로 이해될 수도 있다. 즉, 음악적 요소가 수행하던 역할을 음수율이라는 형식 요건에 일부분 떠맡기고자 했었는지도 모른다. 우리가 "'현대 시조는 가歌의 음악성musicality을 거부하고 시의 음악성prosody을 수용하는 방향'으로 바"[9]뀌었다는 진단에 동의하는 이유는 여기에 있다. 그렇다면 20세기 중엽의 시조 현대화를 위한 이 같은 작업이 과연 얼마만큼의 타당성을 지니는 것일까. 이에 대해 김대행은 다음과 같이 지적한다. "이 시기의 가설로서 시조의 형식을 음수율로 설명하고자 했던 것은 오늘날까지 그 영향이 짙게 드리워져 있는 오류로 이런 문제는 앞으로 극복되어야 할 요소인 것이다."[10]

말할 것도 없이, 음수율이라는 외형적 규제 사항이 오늘날의 시조에 철저하게 준수되고 있지는 않다. 수많은 시인들이 실험적으로 음수율을 깨뜨리고 새로운 형태의 시조를 발표하고 있다. 심지어 형식적으로 일반적인 자유시와 쉽게 구별되지 않는 시조까지 종종 발표하고 있다. 바로 이 같은 상황에 직면하여, 많은 사람들이 시조의 정체성正體性에 대해 깊은 회의를 보이고 있음도 사실이다. 오늘날 시조계의 일각에서 사람들이 느끼는 불안감과 강박 관념은 아마도 이와 무관하지 않을 것이다. 이런 이유 때문에 현대 시조가 나아가야 할 방향을 새롭게 모색하지 않을 수 없으며, 이를 위해서는 무엇보다도 옛 시조에 대한 원론적 고찰이 요구된다.

2. 시조의 시간성

시조가 원래 노래였음에도 불구하고 시조의 노랫말이 단순한 노랫말이 아닌 '시로서의

---

9 이우걸, 『우수의 지평』(동학사, 1989), 202면.

10 김대행, 334면.

자족성'을 지니는 것이었음을 감안한다면, 또한 옛 시조의 노랫말이 독립하여 현대 시조라는 장르로 정착되었다는 점을 고려한다면, 우리는 자연스럽게 시조의 노랫말이 일반적으로 지니는 문학성—또는 시적 잠재력—에 논의의 초점을 맞출 수 있을 것이다. 하지만 시조의 노랫말이 지니는 시적 잠재력을 규명하기에 앞서 우리는 먼저 시조의 음악성에 대해 좀 더 세심한 주의를 기울여야 할 것이다. 창법이라는 음악적 요소가 옛 시조를 일반적인 통념의 시와 구분케 하는 관건이 된다는 점은 결코 소홀히 다루어질 수 없기 때문이다.

창법이라는 음악적 요소를 문제 삼는 한, 우리는 무엇보다도 '시간성'의 문제를 제기할 수 있다. 랭거가 인용한 베이설 디 셀린코트의 글에 명시되어 있듯, 음악은 "시간적 지속duration의 한 형태"이며, "일상적인 시간을 유보"시키는 "가상적" 또는 "이상적" 시간의 예술이다.[11] 이 같은 논리를 따르게 되면, 시조의 창법은 현실적 시간의 흐름을 유보시킴으로써 얻어지는 가상적 시간 속에 노랫말을 위치시키기 위한 일종의 미학적 장치로 이해될 수도 있다. 그럼에도 불구하고, 이미 앞에서 암시한 바와 같이, 창법은 결코 노랫말 자체의 독자적인 문학적 잠재력을 확보해 주는 데 필수 요건이라 할 수 없다. 따라서 옛 시조의 노랫말 자체가 지니는 문학적 잠재력과 관련하여 별도의 논의가 뒤따르지 않을 수 없다.

바로 이러한 맥락에서 막스 데스와르의 예술에 대한 분류가 주목될 수 있을 것이다. 그에 의하면, 모든 예술은 "시간 예술"과 "공간 예술"로 분류될 수 있는데, 조각 · 회화 · 건축은 후자에 속하며, 시나 음악은 전자에 속한다.[12] 즉, 시 역시 음악과 마찬가지로 "시간 예술"이다. 하지만 음악에서 문제되는 시간성과 시에서 문제되는 시간성은 근본적으로 다른 것이다. 음악의 경우 시간적 '지속성'이 문제되는 반면, 시의 경우 시간적 '순간성'이 문제되기 때문이다. 사실 시에서의 시간성의 문제는 '서정 양식'과 '서술 양식'을 대비시킬 때 보다 더 선명하게 드러난다. 이와 관련하여, 서술 문학이 "극단적

---

11 Langer, 109-11면 참조. 마찬가지의 논리로 미술은 실제적인 공간과 단절된 '가상적' 또는 '이상적' 공간 속에 성립된 예술이라 할 수 있다.

12 Max Dessoir, *Aesthetics and Theory of Art*, tr. Stephen A. Emery (Detroit: Wayne State UP, 1970), 268면.

연속성radical continuance"의 문학이라면, 서정 문학은 "극단적 현존성radical presence"의 문학이며, 특히 서정 문학은 "순간의 현존성presence of moment" 및 "강렬화intensification"로 특징지을 수 있다는 얼 마이너의 지적에 주목할 수 있을 것이다.[13] 아울러, "순간의 자극 속에서 대상성을 내면화하는 것이 서정성의 본질"이라는 볼프강 카이저의 발언에도 주목이 요구되는데, 특히 카이저는 "그 어떤 부차적인 시간적 의미가 끼어 드는 것을 막기 위해 에밀 슈타이거에 의해 선택된 '기억'이라는 표현 대신 '내면화'라는 표현을 선호한다"라고 부언함으로써 시간성의 문제를 주목하고 있다.[14]

요컨대, 시간성의 관점에서 보면 시는 순간의 예술이다. 한편, 시조의 노랫말이 시로서의 자족성을 지닌다는 점을 감안한다면, 이 역시 순간의 예술로 이해될 수 있다. 그렇다면 시나 시조의 노랫말이 순간의 예술이라는 말은 무슨 의미를 지니는 것일까. 아마도 이 물음과 관련하여 우리는 문학이 음악과 달리 모방 예술이라는 점, 따라서 문학의 경우 시간성이란 세계에 대한 인식의 방법과 밀접한 관계가 있다는 점에 유의해야 할 것이다. 주지하는 바와 같이, 시간적 '연속성'이 문제되는 서술 문학의 경우 경험적 또는 역사적 세계 이해가 주된 인식론적 방법이 된다. 하지만 시간적 '순간성'이 문제되는 서정 문학의 경우 세계 이해의 방법이 다를 수밖에 없다. 무엇보다도 순간적 시간이란 시간적으로 정지된 상태를 의미할 수 있다는 점을 주목해야 할 것이다. 경험적 시간을 초월하여 시간적으로 정지된 상태에서 이루어지는 세계 이해를 우리는 '직관'이라 하는데, 시나 시조의 노랫말이 순간의 예술이라 함은 이러한 직관에 의해 세계와 대상의 의미를 파악한다는 뜻을 담는다. 결국 시나 시조의 노랫말은, 마르틴 하이데거의 표현을 빌리자면, 역사와 같이 "시간 속에 존재하는 것"이 아니라 "시간 바깥쪽에 존재하는 것," "시간을 초월하여 존재하는 것," 또는 "비시간적인 것the non-temporal"[15]으로 이해할 수 있다.

---

13 Earl Miner, *Comparative Poetics: An Intercultural Essay on Theories of Literature* (Princeton: Princeton UP, 1990), 87면, 88면.

14 Wolfgang Kayser, *Das Sprachliche Kunstwerk* (Bern & Müchen: Francke Verlag, 1948), 336면.

15 Martin Heidegger, *The Metaphysical Foundations of Logic*, tr. Michael Heim (Bloomington: Indiana UP, 1984), 144면.

옛 시조의 노랫말을 이 같은 맥락에서 이해하는 경우, '시조'라는 명칭과 관련하여 새로운 문제가 제기되지 않을 수 없다. 먼저 '시조'의 '시時'자는 시조가 시간적 예술임을 암시하고 있다는 점에서 시조의 음악성을 고려해 볼 수 있다. 하지만 음악성을 고려해서 '시조'에 '시時'자를 사용했었을 것이라는 추론을 내린다면 이는 명백히 잘못된 억측이다. 또한 "'시조'란 원래가 '시절 가조'에서 온 명칭이기 때문에 악곡상의 명칭"[16]이라는 박을수의 견해를 받아들인다 해도 문제는 여전히 남게 된다. '시조'가 악곡상의 명칭인 이유는 시조가 노래 형식歌調이기 때문이지 '시절'에 관계되는 아니기 때문이다. 더욱이 "시조라는 명칭은 시절가, 즉 당시 유행하는 노래라는 뜻"[17]이라는 김대행의 진술에서 암시되듯, '시조'에 '시時'자가 사용된 이유는 '시류성時流性' 또는 '시대성'을 시조가 암시하고 있었기 때문일 것이다.

따라서 시조가 암시하고 있는 시간성은 창법에 관계된 것이라기보다는 노랫말과 관계되는 것으로 볼 수 있다. 이 경우 문제는 더욱 복잡해지지 않을 수 없는데, 시조의 노랫말은 비시간적인 것이지만 동시에 시간적인 것이라는 모순을 인정하는 셈이 되기 때문이다. 이 모순을 해결하기 위해 우리는 아주 소박하게 옛 시조의 노랫말은 일반적 통념의 시—보다 정확하게 말해, 서정 양식의 시—를 보는 안목으로 이해할 수 없는 그 무엇이라는 가설을 세울 수 있다. 또는 시의 형태를 취하고 있기에 시조의 노랫말은 비시간적 특성을 갖는 것처럼 보이지만 일반 서정 양식의 시와는 달리 시간적 특성을 갖는다는 가설에 의지할 수도 있다. 하지만, 이처럼 시조의 노랫말은 시의 형태를 취하고 있지만 엄밀한 의미에서의 서정 양식의 시가 아니라는 논리를 펴는 경우, 무엇보다도 서정 양식의 시가 고유하게 지니는 비시간적 특성을 이제까지와는 다른 또 하나의 측면에서 천착할 것이 요구된다.

우리가 서정 양식의 시가 지향하는 상징화의 경향에 주목하는 이유는 여기에 있다. 사실 서정시는 직관적 세계 인식을 바탕으로 하여 성립되는 예술이기 때문에 시간을 초월하여 존재하는 이상 세계에 대한 규명을 그 목표로 삼는 경향이 있다. 영원히 변하

16 박을수 · 석일균, 『신 한국 문학사』(성문각, 1982), 101면.

17 김대행, 33면.

지 않는 본질이나 이상의 드러냄이 일반 서정시의 기조가 되고 있는 것이다. 따라서 시적 언어란 본질과 이상을 한 치의 오차도 없이 드러내기 위한 방편이 되어야 하고, 언어가 지니는 시간성은 극복의 대상이 된다. 요컨대, "현상(기호)과 이상(의미) 사이의 합일" 또는 "현시된 것과 이상적인 아름다움 사이의 합일"[18]을 가능케 하는 언어 장치가 시인들의 관심사가 되는 것이다. 결국 일반 서정시에 핵심이 되는 수사학적 장치는 초월적 기호와 초월적 의미 사이의 합일을 목표로 하는 '상징symbol'이 되지 않을 수 없다.

하지만 '기호와 의미 사이의 일치'라는 상징화가 가능하다고 믿는 일반 서정시의 경향은 언어뿐만 아니라 인식 세계의 시간성 그 자체까지도 극복할 수 있다는 그릇된 환상에서 나온 것이다.[19] 사실 시적 언어 행위를 포함하여 모든 인간의 언어 행위는 그 자체가 시간적 행위일 뿐만 아니라 시간적 제약 안에서 이루어지는 것이다. 따라서 순간적 직관에 의해 세계의 의미를 파악한다 하더라도 그 행위는 여전히 시간의 구속을 받는다. 누구도 우리 삶의 선험적 존재 조건인 '시간'을 '잠시' 잊을 수는 있어도 영원히 초극할 수는 없기 때문이다. 바로 이 점을 솔직하게 시인하지 않는 것이 서정시라면 그 대안은 무엇이겠는가. 그 대안 가운데 하나가 시류성 또는 역사성을 근본적으로 부정하지 않는 옛 시조의 노랫말 아닐까. 어떤 의미에서 보면, '기호와 의미 사이의 일치'에 따른 영원한 의미를 추구하는 상징화의 미혹에 빠져들지 않은 채 의미의 '시간적 일회성'을 현실로 받아들인 것이 옛 시조의 노랫말이었는지도 모른다.

일반적으로 의미의 '영원성'을 목표로 하는 '상징'과 달리 의미의 '시간적 일회성'을 현실로 받아들이는 수사적 장치를 우리는 '우의allegory'라 하는데, 시조의 세계는 다름 아닌 우의의 세계였다 할 수 있다. 말하자면, 옛 시조의 노랫말을 형성했던 것은 바로 "어떤 특정한 의미를 지시하기 때문에 일단 그 의미가 해독되면 자체의 잠재적 암시성이 소진되고 마는 기호"[20]—즉, 시간적 일회성을 전제로 하는 기호—의 세계였던 것이

---

18 Paul de Man, *Blindness and Insight: Essays in the Rhetoric of Comtemporary Criticism*, 2nd ed. (Minneapolis: U of Minnesota P, 1983), 12면, 189면.

19 이 문제와 관련하여, 폴 드 만의 *Blindness and Insight*에 수록된 논문 "The Rhetoric of Temporality" (특히 187-208면) 참조.

20 De Man, 188면.

다. 몇 개의 예를 들어 보자.

1) 房안에 혓는 燭불 눌과 離別 ᄒᆞ엿관ᄃᆡ
　것츠로 눈물 디고 속타는쥴 모로는고
　뎌 燭불 날과 갓트여 속타는쥴 모로도다

—이개

2) 두터비 ᄑᆞ리를 물고 두험우희 치ᄃᆞ라 안자
　것넌山 ᄇᆞ라보니 白松骨이 써잇거ᄂᆞᆯ 가슴이 금즉ᄒᆞ여 풀덕 쒸여 내ᄃᆞᆮ다가 두험 아래 잣바지거고
　모쳐라 ᄂᆞᆯ낸 낼ᄉᆡ만졍 에헐질번 ᄒᆞ괘라

—작자 미상

3) 靑山裏 碧溪水ㅣ야 수이 감을 쟈랑마라
　一到滄海ᄒᆞ면 도라오기 어려오니
　明月이 滿空山ᄒᆞ니 수여간들 엇더리

—황진이[21]

무엇보다도 이들 시조가 구체적인 인간 세계를 있는 그대로 묘사하고 있는 것처럼 보인다는 점에 주목해야 할 것이다. 하지만 이들 시조가 보여 주는 것은 단순한 의미에서의 인간 세계에 대한 묘사가 아니다. 그 이면에는 현실적인 시간 속에 역사적으로 존재하는 인간의 감정이 숨겨져 있음에 유의해야 할 것이다. 1)의 작자 이개는 태종 17년에서 세조 2년 때의 사람(1417-1456)으로서, 단종의 복위를 꾀하다 세조에게 죽임을 당한 사육신 가운데 한 사람이다. 만일 이 정도의 정보를 주는 경우, 위의 시에서 암시되는 이별의 대상은 폐위당한 왕 단종임을 쉽게 유추해 낼 수 있다. 2)의 "ᄑᆞ리"와 "두터비," "두터비"와 "백송골白松骨"은 일종의 먹이 사슬 관계를 이루고 있다는 점에서, 2)는 당시 관리들의 횡포와 이들의 처세술을 풍자하는 시로 읽힐 수 있다. 3)의 "벽계수碧

21 정병욱 편저, 『시조 문학 사전』(신구문화사, 1980), 211면, 169면, 482면.

溪水"는 벽계수碧溪守란 이름의 사람을 빗대어 가리킨다는 점과 "명월明月"은 작자 황진이의 기명妓名임을 이해하는 경우, 이 시조가 의도하는 또 하나의 의미는 쉽게 파악될 수 있다. 즉, 위의 예에서 확인할 수 있듯, 시조는 겉으로 드러난 의미 이외에 또 하나의 의미를 갖고 있으며, 그 의미는 당대의 구체적 인물 및 사건과 관계되는 것이다. 따라서 그 의미에 대한 해독과 더불어 시가 지니고 있는 '잠재적 암시성'은 '일단' 소진되고 만다. 문제는 '잠재적 암시성'의 소진과 함께 작품 자체의 의미도 소진되는가에 있다. 앞으로 다시 논의해야 할 사항이지만, 명백히 그렇지는 않다. 그리고 설사 그렇다 하더라도 시조의 '시조다움'은 바로 시조의 언어가 갖는 고유의 시간성에서 찾아야 할 것이다.

심지어 "전원과 자연에 묻혀 허정과 무위·은둔의 동양적 허무주의를 기조로 한 안빈낙도"[22]를 소재로 삼을 때에도 시인은 자신이 처한 현실적 상황을 반어적으로 드러내는 경우가 적지 않다. 또는 암시적으로든 명시적으로든 현실 세계에 대한 시인의 자의식이 작품의 배경을 이루는 경우가 많다. 아마도 옛 시조의 경우 "순연히 자연을 그린 게 거의 없다"[23]는 김윤식의 지적을 우리는 이러한 맥락에서 이해해야 할 수 있을 것이다. 하나의 예를 들어 보기로 하자.

> 4) 山頭에 閑雲이 起ᄒᆞ고 水中에 白鷗이 飛이라
> 無心코 多情ᄒᆞ니 이 두 거시로다
> 一生애 시르믈 닛고 너를 조차 노로리라
>
> —이현보[24]

위의 시조에서 우리는 우선 "한운閑雲"과 "백구白鷗"로 표상되는 자연을 일별할 수 있다. 그 자연에 대한 시인의 이해는 "무심無心코 다정多情ᄒᆞ니"로 요약될 수 있는데, "무심"과 "다정"이라는 서로 상충되는 의미를 지닌 두 단어는 이 시가 단순히 자연을 노래한 시가 아님을 암시한다. 즉, 자연은 "무심"한 것이지만 이를 시인은 "다정"한 것으로 이

---

22 박을수·석일균, 105면.

23 김윤식, 『한국 근대 문학 사상』(서문문고, 1974), 23면.

24 정병욱, 250면.

해하고자 한다. 따지고 보면, "다정"한 것은 자연이 아니라 시인 자신이 아닌가. 결국 이 시에서 우리는 일종의 감정 이입 현상을 확인할 수 있다. 그렇다면 이를 통해 시인이 의도하는 바는 무엇인가. 무엇보다도 그가 의도하는 바는 자연과 인간 사이에 존재하는 거리의 무화無化다. 보다 정확하게 말하자면, 시인은 저 높은 곳에 "무심"하게, 또는 초연하게 있는 자연을 "다정"한 것으로 '의인화'함으로써, 자연을 이곳 시인이 몸담고 있는 인간 세계 쪽으로 '끌어내리려' 한다. 그럼으로써 시인은 자연을 친구 삼아, 자연을 "조차" 놀 수 있게 되기를 희망한다. 문제는 시인이 무엇 때문에 그러한 희망을 갖는가에 있다. 해답의 단서는 "일생에 시르믈 닛고"에 있다. 시인은 인간 세계의 "시르믈 닛고" 자연의 "무심" 속에 자신을 귀의시키기를 갈망하고 있는 것이다. 요컨대, 시인은 단순히 자연을 인간 세계 쪽으로 '끌어내리려' 할 뿐만 아니라, 자신을 자연 쪽으로 '끌어올리려' 한다. 하지만 자신의 "다정"(혹은 "시름")을 자연에게 부여하고 자연의 "무심" 속에 귀의하려는 시도는 애초에 성공할 수 없다. 그 이유는, 자연과 함께하고자 하는 한, 시인은 여전히 자신이 자연에게 부여한 "다정"(혹은 "시름")과 함께해야 하기 때문이다. 결국 자연의 "무심" 속에 자신을 맡기려 하면 할수록 시인은 그만큼 자신의 "다정"과 "시름"을 의식하지 않을 수 없다. 이런 관점에서 볼 때, 앞의 시는 소박한 의미에서의 안빈낙도의 시일 수 없다.

이 지점에 이르러 우리는 "순연히 자연을 그린" 것으로 평가되고 있는 시조에 대해서도 관심을 가질 수 있을 것이다. 윤선도의 다음 시조가 좋은 예가 될 수 있다.

5) 간밤의 눈 갠 後에 景物이 달랏고야
압희는 萬頃琉璃 뒤희는 千疊玉山
仙界ㄴ가 佛界ㄴ가 人間이 아니로다

—윤선도[25]

널리 알려진 바와 같이, 광해군 2년에서 현종 10년 때의 사람(1587-1671)이었던 윤선도

---

25 정병욱, 17면.

는 치열한 당쟁으로 인해 평생을 거의 유배지에서 보냈다. 유배지에서 생활하는 동안 그는 자연의 아름다움을 노래하는 뛰어난 시조 작품을 상당수 남기게 되는데, 위의 작품도 그 가운데 하나로 꼽을 수 있다. 어느 날 밤 내린 눈으로 바다와 산의 모습이 새로워졌다. 이 새롭게 "달[래]"진 "경물景物"에 대한 경외감을 시인은 "만경유리萬頃琉璃"와 "천첩옥산千疊玉山"이라는 말로 요약하고 있다. 간결한 현상 묘사의 형식을 취함으로써 위의 시조에서 시인은 절제된 감정의 표출이라는 미덕을 보이고 있는 것이다. 시인의 과다한 감정이 작품의 호소력을 파괴할 수 있다는 점을 감안한다면, 이 같은 미덕은 결코 소홀히 여겨질 성질의 것이 아니다. 그렇다 해서 '간결한 현상 묘사' 그 자체가 주어진 작품의 총체적인 시적 형상화를 완결시켜 주는 것은 아니다. 이런 의미에서 이 시조의 종장에 해당하는 "선계仙界ㄴ가 불계佛界ㄴ가 인간人間이 아니로다"라는 구절은 별도의 논의가 필요한 부분으로 판단된다. 무엇보다도 이 부분을 통해 시인은 자연을 신비화하는 동시에 탈신비화하고 있는데, 이 같은 의미의 이중 구조를 파악하기 위해 우리는 이 부분을 적어도 두 가지 방식으로 읽을 수 있다. 즉, 유불선이라는 동양적 세계관의 3요소가 모두 등장하는 이 부분을 우리는 의문문으로 읽을 수도 있고 또한 감탄문으로 읽을 수도 있다. 만일 이를 의문문으로 읽는 경우, 주위에 펼쳐진 자연이 "선계"인지 "불계"인지 의문이 갈 만큼 초인간적으로 보인다는 뜻을 담게 될 것이다. 한편, 이를 감탄문으로 읽는 경우, 여기가 바로 "선계"나 "불계"이지 "인간"은 아니라는 뜻을 담게 될 것이다. 전자의 관점에서 보는 경우, 자연이란 의미 확인이 어려운 미지의 세계일 수 있다는 점에서 신비화된 세계다. 하지만 존재론적으로 "선계"나 "불계" 그 자체는 아니라는 관점에서 볼 때 눈앞의 자연은 의문이 갈지언정 그래도 여전히 인간의 세계 또는 탈신비화된 세계임을 받아들이지 않을 수 없다. 한편, 후자의 관점에서 보는 경우, 자연은 "선계"와 "불계"라는 의미를 부여받고 있다는 점에서 신비화된 세계다. 하지만 어떤 형태로든 의미를 부여받고 이로 인해 정체가 확인되고 있다는 점에서 본다면, 자연은 이 경우에도 역시 탈신비화된 세계다. 어떤 경우에든 불과 선이란 두 요소는 제3의 요소인 "인간"을 신비화하기 위한 것이기도 하고, 또한 탈신비화하기 위한 것이기도 하다. 보다 엄밀하게 말하자면, 불과 선이라는 개념은 인식론적으로 볼 때 "자연"을 신비화하기 위한 것이지만, 존재론적으로 볼 때는 그 "자연"을 탈신비화하기 위한 것이라 할 수 있다.

하지만 여기서 정작 문제가 되는 것은 이 같은 의미의 이중 구조 그 자체가 아니다. 우리의 논의와 관련하여 궁극적으로 문제가 되는 것은 이 시조를 통해 시인이 의도하는 바가 "선계"나 "불계"라는 초월적 세계에 대한 탐구가 아니라는 점이다. "선계"나 "불계"라는 초월적 개념도 한갓 자연이라는 현실 세계를 이해하기 위한 하나의 방편이 될 뿐이지, "달[라]"진 "경물景物"로서의 자연은 현상 세계의 일부라는 의미를 잃지 않는다. 사실, 유교라는 현실 종교가 지배하던 시대에 시조가 융성했다는 점을 감안한다면, 옛 시조에서 초월적 세계에 대한 탐구가 중심 과제가 되지 않았던 것은 당연한 귀결이었는지 모른다. 이와 관련하여 우리는 "특히 중국과 한국에서 시란 본질적으로 사실에 입각한 것이라는 믿음이 매우 강하다"[26]는 얼 마이너의 발언에 주목할 수 있을 것이다. 실제로 마이너는 두보杜甫의 시 「가인佳人」을 예로 들어 중국이나 한국의 시가 어떤 의미에서 사실에 입각한 시인가, 그리고 어떻게 우의로 규정되고 또한 읽혀질 수 있는가에 대해 논의하고 있다.[27]

옛 시조의 노랫말이 우의적 특성을 지니고 있고, 따라서 특정한 시대적 상황에 관련되는 것이라면, 이들 노랫말 가운데 많은 부분이 우리에게 여전히 감흥을 주는 이유는 무엇인가. 여기서 우리는 상징과 우의에 대한 논의로 되돌아가지 않을 수 없다. 이미 지적한 바와 같이, 상징은 초월적 기호와 초월적 의미 사이의 합일 가능성을 전제로 하여 상정된 개념이다. 즉, 시간적 변화에 영향을 받지 않은 채 항상 일정한 의미를 지시하는 초시간적 기호가 상징이다. 우의는 이와 반대로 특정한 시간의 의미를 지시하는 기호로서, 그 특정한 시간의 맥락에서 벗어나게 되면 의미를 잃고 일종의 빈 껍데기가 되고 만다. 문제의 핵심은 여기에 있다. 기호가 '빈 껍데기'가 된다는 것은 역설적으로 그 기호가 새로운 의미를 담을 수 있는 가능성을 갖는다는 뜻이 될 수도 있다. 말하자면, 항상 새로운 의미를 자유롭게 담을 수 있는 '빈 그릇'과 같은 것이 우의적 기호인

26 Miner, 108면.

27 보다 자세한 논의는 Miner, 108-13면 참조.

것이다. 이처럼 우의를 새롭게 조명하는 경우, 옛 시조의 노랫말이 항상 새롭게 지니는 감흥은 필연적인 것으로 이해될 수 있을 것이다.

3. 현대 시조의 우의성의 시학

옛 시조의 특성을 이 같은 각도에서 조명하는 경우, 현대 시조의 특성 또는 문제점이 무엇인가는 자명해진다. 무엇보다도 옛 시조의 주조가 시간성의 시가詩歌—즉, 현실에 입각한 우의—였다면, 현대 시조는 적지 않은 경우 시간성의 문제가 사상된 자리에 성립된 시의 세계로 비쳐진다. 현대 시조에 자주 등장하는 시적 이미지 또는 대상이 돌·꽃·새·별·달·강·산·바람·구름·바다(물)·비·눈雪 등의 자연물이라는 점이 바로 이 사실을 뒷받침해 준다. 물론 옛 시조에 이러한 이미지들이 등장하지 않았다는 말은 아니다. 하지만, 이미 우리가 제시한 몇몇 예에서도 확인되듯, 그것들은 작가의 구체적이고 사실적인 삶을 이루는 세계의 일부로서의 의미를 갖는다. 반면 현대 시조에서 이러한 자연물들은 대체로 시인의 정적이고 추상적인 정신 세계를 드러내기 위한 매개적 이미지로서의 역할을 하는 경우가 적지 않다. 역사적 시간의 흐름과 관계없이 파악되어야 하는 것으로 느껴지는 인간 존재와 세계의 본원적 의미—또는 이에 대한 시인의 직관적 예지—를 개진하는 데 필요한 초월적 상징의 언어를 자연물들을 지시하는 기호들로 대신하고 있는 것이다. 폴 드 만 투로 이야기하자면, 인간의 세계와 언어는 시간이라는 구속에서 벗어날 수 없음에도 불구하고, 인간은 자신의 세계와 언어가 결여하고 있는 '영원성'을 시간의 흐름과 관계없이 존재하고 있는 것으로 파악되는 자연에서 '빌려 오고' 있다.[28]

요컨대, 옛 시조와 달리 현대 시조는 적지 않은 경우 '상징'의 시다. 아마도 음수율이라는 형식상의 요건에도 불구하고, "자유시와 구별되지 않은 명목상의 시조"[29]가 존재

---

28 De Man, 196-98면 참조.

29 「시조 문학의 좌표와 나아갈 길」(좌담), 『문학사상』(문학사상사, 1991년 3월호), 102면. 위의 인용은 박철희 교수의 발언임.

하는 이유는 이 때문인지도 모른다. 사실 초시간적 자연의 이미지를 통해 불변의 시적 의미를 드러내려는 모든 시조는 본질적으로 일반 통념의 시와 다를 것이 없다. 이와 관련하여, 앞에서 논의한 바와 같이, 일반 서정시의 주된 관심사는 "현상(기호)과 이상(의미) 사이의 합일"을 가능케 하는 상징의 수사학임에 다시 한 번 유의해야 한다. 현대 시조의 '위기'는 결국 형식상의 요건을 무시하거나 이급의 시조 작품이 양산되기 때문에 초래된 것은 아닐 것이다. 시조가 융성하던 시기에도 태작은 얼마든지 있었고 형식상의 변형도 얼마든지 시도되지 않았던가. 어떤 의미에서 보면, 현대 시조의 '위기'는 우의라 하는 시조의 고유한 수사학적 세계의 상실에서 예정되었던 것인지도 모른다.

그렇다면 시조의 무게 중심이 우의의 세계에서 상징의 세계로 옮겨 간 것으로 판단되는 이유는 무엇인가. 아마도 시조의 현대화를 위한 시조 부흥 운동기의 시대적 배경에서 그 이유를 찾을 수 있을 것이다. 널리 알려진 바와 같이, 시조 부흥 운동은 경향 문학파에 대응하여 국민 문학파에 의해 주도되었으며, 전통적인 민족 정신의 계승이라는 명분론에서 출발되었다.

하지만 '전통적인 민족 정신의 계승'이란 논리는 현재적인 역사의 흐름에서 벗어나 보편적인 추상의 세계로 되돌아감을 뜻할 수 있다. 이런 관점에서 볼 때, 역사를 초월하여 존재하는 보편적 정신의 구현을 위해 '시조 양식'이 선택되었는지도 모른다. 그 이후 시조는 초역사적 진공 상태 속에 존재하는 시적 형식으로 받아들여지게 되었고, 오늘날도 이러한 사정에는 변함이 없는지도 모른다. 게다가 역사적 진공 상태의 수용은 단순히 양식상의 승인에 그치지 않고, 내용까지도 그러한 상태에 이르게 만들었던 것은 아닐까.

이러한 관점에서 볼 때, 시조의 현대화에 매우 중요한 역할을 했던 인물로 인정받고 있는 가람도 비판의 대상이 되지 않을 수 없다. 김윤식의 지적대로, 만일 "곡조가 있었던 자리에 대치물로 들어앉을 수 있는" 것이 가람에게 "예도"였다면, 그의 시조가 "훌륭한 것일 수는 있어도 위대한 것일 순 없는 것이다." 그 이유는 예도란 "정적 상태에 생명을 가두"어 놓는 것이기 때문이다.[30] "정적 상태에 생명을 가두"어 놓는다는 것은, 어떤 의미에서 보면, 세계와 삶의 시간성을 초극하려는 태도를 보인다는 뜻이 될 수 있다.

---

30 김윤식, 40면, 47면.

하지만 정지된 영원성 속에서 삶을 영위해 나갈 수 있다는 생각 자체가 환상이다. 바로 그 환상에 얽매여 있을 때, 가람뿐만 아니라 그 누구도 옛 시조가 담고 있었던 사실적 삶의 세계, 비판적 우의의 세계를 포용할 수 없다. 더욱이, 예도가 "정적 상태"를 암시한다면, 이 비시간적인 요소가 어떻게 음악의 시간성에 대한 대체물이 될 수 있겠는가.

결국 현재 시조계에 주어지는 수많은 과제 가운데 하나는 우의로서의 시조의 가능성을 현대라는 시간적 관점에서 새롭게 모색하는 일일 것이다. 우의로서의 시조의 가능성을 모색하는 일이 중요한 이유는, "시절가조로서 가장 어울리는 시"는 "현실 반응에 민감한 시조"[31]이기 때문인 동시에, 우의로서의 시조 양식 자체가 시 장르의 가능성을 보다 넓게 확장시켜 줄 수 있을 것이기 때문이다. 그렇다 해서 단순한 의미에서의 옛 시조의 '전통'으로 회귀하자는 말은 아니다. 옛 시조에서 문제되었던 시간성 또는 역사성이 현대 시조에 문제되어야 할 시간성 또는 역사성과 동일한 것일 수 없음은 자명한 사실이기 때문이다. "전통이란 허상을 코에 건 고루한 시로 전락해 버린 이 시조를 가장 새롭고 긴장된 현대시로 상황을 바꿔 놓아야 하는 일은 우리들에게 짐 지워진 시대적인 사명"[32]이란 한 시조 시인의 발언이 각별한 의미를 갖는 이유는 여기에 있다. 다만 문제는 시조 시단의 시인들이 얼마만큼의 진지하고 투철한 실험 정신을 갖느냐에 있을 것이다.

우리가 다음과 같은 시적 시도를 각별히 주목하는 이유는 위에 언급한 실험 정신의 일단을 찾아볼 수 있기 때문이다.

> 6) 그대 잘도 오는구나 가슴속 허벌판으로
> 와서 무더기로 피어날 저 풀꽃 낭자한 자유와, 또한 취하여 제멋에 어깨춤 절로 나는 자욱한 민주와, 이미 분노한 가슴들 이제야 활짝 열어젖힌 아, 자지러질 통일
> 그렇다, 너 올 것이라면 그것들과 함께 오라
>
> ―박시교, 「가슴으로 오는 새벽」 전문

---

31 이우걸, 203면.

32 노중석, 「현대 시조의 황폐화」, 노중석 외 4인 공저, 『아무도 절망을 향하여 손을 내밀지 않는다』(도서출판 그루, 1990), 72면.

시대의 염원을 노래한 6)의 예에서 우리는 '사설시조'의 형식이 오늘날의 시조에 어떤 모습으로 되살아나고 있는가를 확인할 수 있을 뿐만 아니라 현대 시조의 새로운 가능성도 엿볼 수 있다. 만일 위의 예에서 현대 시조의 새로운 가능성을 엿볼 수 있다면, 이를 확인하기 위해 구체적으로 어떤 점에 논의의 초점을 맞추어야 할까. 무엇보다도 호흡이 빠른 언어와 이 언어의 속도를 절제하는 형식 사이의 균형이 위의 예들에서 적절하게 유지되고 있다는 점을 주목해야 할 것이다. 먼저 호흡이 빠른 언어로 시가 시작되고 있지만, 시작되자마자 여기에는 일종의 제동이 걸리고 있다. 즉, 초장에서 중장으로의 넘어가는 과정에 시의 호흡은 일단 끊기게 되며, 이와 함께 시적 긴장감은 재빨리 통제된다. 하지만 중장에 이르러서 언어는 본래의 호흡을 되찾고 속도감 있게 진행되고 있으며, 이와 함께 다시 시적 긴장감은 정점을 향해 치닫게 된다. 하지만 어떠한 긴장감도 끝없이 유지될 수는 없다. 따라서 일종의 제어 장치가 필요한데, 중장에서 종장으로 넘어가는 사이에 생기는 호흡의 단절이 바로 그러한 제어 장치의 역할을 한다. 초장의 언어와 마찬가지로 시작되자마자 곧 맺어지는 종장의 언어는 총체적인 시의 분위기를 통제함으로써 일종의 시적 완결미를 약속해 준다. 사실 자신이 몸담고 있는 시대의 삶을 제대로 노래하기 위해 우리에게는 두 가지의 상충된 몸짓이 요구된다. 우리의 삶 자체에 대해 따뜻한 애정을 지녀야 할 뿐만 아니라 그 삶을 객관적으로 바라볼 수 있는 거리를 확보해야만 하는 것이다. 말하자면, 거리감을 없애는 동시에 거리감을 유지해야만 한다. 아마도 이러한 역설적 작업을 가능케 하는 시적 장치 가운데 하나가 다름 아닌 사설시조일 것이다. 형식의 '유지'와 '깨뜨림'을 동시에 약속하는 이 사설시조 형식은 한 시대의 삶과 그 삶의 현장성을 시적으로 형상화하는 데 효과적인 장치로 지목될 수 있기 때문이다. 위에 제시한 6)의 예는 사설시조 형식의 현대적 가능성을 효과적으로 보여 준 예라 할 수 있다.

하지만 사설시조 형식만이 우리 시대의 삶과 그 삶의 현장성을 생생하게 형상화할 수 있는 유일한 시조 형식이라 할 수는 없다. 우리가 다음의 예들도 소중히 여기는 이유가 있다면, 이는 바로 이들 예가 시조 형식에 의한 시적 형상화가 또 다른 형태로도 가능하다는 점을 확인시켜 주기 때문이다.

7) 동해바다 다순 물이
그립기만한 속초 시장

육지가 바다보다
춥다고 느껴진다.

웬 바람 저리 드센지
목뼈까지 얼은 몸.

짭짤한 추억들도
말끔히 가시우고

눈부신 태양 앞에선
흐물거리는 나의 습성

막막히 자유가 그리워
설움 엉킨 궤짝 속.

—이요섭, 「동태」 전문

8) 모두들
말이 없다
귀를 싸고 말이 없다
갈겨 쓴 소문들은 떠돌다 잠이 들고
광장엔, 누군가 버린
구호만이
잡초 같다.

—유재영, 「광장의 사나이」 제2연

이미 앞에서 제시한 6)이 빠른 호흡의 언어를 통해 동적인 분위기를 살리고 있다면, 7)과 8)은 대체로 절제된 언어를 통해 정적이며 차분한 분위기를 살리고 있다. 언어에 의한 소묘라 할 수 있는 이들 예에서 우리는 정물화나 풍경화를 대하면서 느끼는 분위기를 확인할 수 있는 것이다. 한편, 위의 예들은 옛 시조의 음수율을 거의 그대로 유지함으로써 시조 고유의 절제력을 살리되, 형태상의 변형을 시도함으로써 '읽는 시조'가 지니는 잠재력을 십분 살리고 있다. 말하자면, 옛 시조의 각 장에 해당하는 부분들을 여러 행으로 나누어 놓음으로써, 시적 호흡을 그만큼 더 늦춰 놓을 뿐만 아니라 시각적으로도 정적인 분위기를 살리고 있는 것이다. 하지만 이들 예에서 확인되는 정적인 분위기는 우리가 가람의 시조와 관련하여 언급한 "생명을 가두"어 놓는 "정적 상태"와는 근본적으로 다른 의미를 갖는 것이다. 무엇보다도 여기서 확인되는 정적인 분위기는 주제 선정과 밀접한 관련을 갖는 것으로 판단할 수 있는데, 이와 관련하여 약간의 논의가 필요하다.

먼저 7)의 예를 살펴보기로 하자. 만일 "바다"와 "육지," 또는 "다순" 물과 "드센" 바람 사이의 대비를 과거의 삶과 현재의 삶 사이의 대비로 읽을 수 있다면, "엉킨 [채] 궤짝 속"에 담겨 있는 "동태"의 이미지를 통해 시인이 의도하는 바가 무엇인지를 우리는 쉽게 이해할 수 있을 것이다. 그 이미지는 무엇보다도 현재의 삶 속에서 시인이 느끼는 상실감과 무력감 또는 "설움"과 한기를 드러내기 위한 것이 아니겠는가. 결국 이 시의 주제는 "자유"의 상실로 요약될 수 있으며, 이 시에서는 시인이 느끼는 답답함은 "동태"의 이미지와 결합되고 있다 할 수 있다. 시인의 이러한 느낌이 제대로 살아나기 위해서라면 시의 분위기는 정적인 것이 되지 않을 수 없는데, 절제된 언어와 형식에 대한 시인의 배려가 바로 이 분위기를 살려 내고 있는 것이다.

8)의 경우에는 7)의 경우와 다른 기법에 의해 삶의 시적 형상화가 시도되고 있다. 7)에는 "동태"와 같이 시를 전체적으로 지배하는 중심 이미지가 존재하는 반면, 8)에는 그러한 중심 이미지가 존재하지 않는다. 8)에서 우리가 찾아볼 수 있는 것은 다만 단편적이고 주변적인 이미지들뿐이다. 신체의 일부인 "귀"와 이 "귀"의 청각 기능과 관련되는 "말," "소문," "구호" 등의 이미지가 파편처럼 모여 전체적인 "광장"의 풍경을 이루고 있는 것이다. 물론 시의 마지막 행을 장식하는 "잡초"가 중심 이미지라는 판단이 가능할 수도 있다. 하지만 이는 어디까지나 "광장"의 일부를 이루는 "구호"를 설명하기 위한

부분적 이미지일 뿐이다. 그렇다면 8)에서 확인되는 단편화의 기법은 어떤 의미를 갖는 것일까. 이 물음에 대한 답을 위해서는 약간의 부연 설명이 필요하다. 일찍이 로만 야콥손은 부분으로 전체를 나타내려는 경향과 전혀 엉뚱한 개념을 빌려 문제의 대상을 나타내려는 두 가지 서로 다른 인간의 심리적 경향에 주목하면서, 이를 각각 '환유metonymy'와 '은유metaphor'라는 개념으로 설명한 바 있다. 만일 이 두 개념을 글쓰기의 일반적 경향과 관련짓는 경우, 야콥손의 말대로 전자가 사실 진술적 또는 묘사적 글쓰기의 영역에 속하는 것이라면, 후자는 시적 또는 실험적 글쓰기의 영역에 속하는 것이라 할 수 있다. 이 같은 논의와 관련하여 우리가 특히 주목해야 할 점이 있다면, 전자의 예가 도시적 삶의 메마름과 단편성, 몰개성적 성격을 드러내는 글에서 자주 발견되는 반면, 후자의 예는 전원적 삶의 아름다움과 시적 총체성을 나타내는 글에서 자주 발견된다는 사실이다.[33] 여기서 우리는 다시 8)에 대한 논의로 돌아갈 수 있다. 무엇보다도 이 시의 시인은, 현대인의 삶이 도시라 불리는 "광장"을 무대로 하여 이루어진다 할 때, 그 광장에서의 삶을 시적으로 형상화하고자 하는 경우 어떤 방법으로 형상화해야 하는가를 시인은 근원적으로 체득하고 있는 것으로 보인다. 즉, 시인은 도시적 삶의 공허함을 부각시키기 위해 정적인 시적 분위기를 설정하되, 단지 여기에 머물지 않고 '환유화'라는 기법을 통해 그 삶의 단편성과 무의미성을 극대화하고 있다. 대부분의 경우 시조 시인들이 은유적 기법에 호소하고 있다는 사실을 고려한다면, 이러한 환유적 기법의 사용은 시사적詩史的으로 볼 때 중요한 의미를 지닌다. 오늘날의 도시적 삶이 어쩔 수 없는 우리의 삶이라는 점을 인정하는 경우, 이러한 기법의 사용에서 우리는 우의적 세계로서의 시조가 나아갈 또 하나 새로운 길을 발견하게 된다.

그럼에도 불구하고 위의 예들은 삶의 구체적 현장에서 일어나는 구체적 삶의 모습 하나하나를 보여 주고 있지 않다. 바로 이런 이유 때문에 우리는 다음과 같은 예에도 주목하지 않을 수 없다.

---

33 이상의 논의와 관련하여, Roger Webster, *Studying Literary Theory: An Introduction* (London: Edward Arnold, 1990), 42-44면 참조.

9) 망설이던 발길 들여놓은 포장마차
몇 잔 소주로 불만을 기울이면
서러운 피가 받친다.
공기창엔 노을이 타고……

—박재두, 「포장집에서」 제2연

10) 이 봄 다 기울도록
봄인 줄을 모르겠네
도시의 계절들이
달력에서나 피고 지는
꽃집의 철쭉꽃이여
뉘를 따라 예 왔느냐.

—지성찬, 「유전流轉 · 2」 전문

일상의 비일상화가 시도되고 있는 위의 예들은 현대 시조가 나아갈 또 하나의 길을 제시해 준다. 저녁나절에 어떤 시민이 들르는 "포장집," 도시의 여기저기에서 찾아볼 수 있는 "꽃집"이 소재가 되고 있는 위의 예에서 우리는 일상에 묻혀 별다른 의미가 없는 것처럼 보이던 삶의 모습을 새롭게 확인할 수 있다는 점에서 그러하다. 물론 시조의 외형적인 형식 자체가 모든 시조를 '시답게' 만들어 주는 것은 아니다. 따라서 지극히 평범한 일상사를 시조의 형식에 담으려 시도할 때 시인에게는 각별한 노력이 필요하다. 하지만 그러한 시도는 해 볼 만한 것이며, 이때 기울이는 노력은 자체로서 값진 것일 수 있다. 우리가 9)나 10)의 예보다 더 구체적으로 일상사에 접근하되, 그만큼 더 어려운 시적 형상화의 작업에 시조 시인들이 몸과 마음을 기울이기를 바라는 이유가 있다면, 그것이 어려운 만큼 시도해 볼 만한 가치가 있는 작업이기 때문이다. □

단시조 형식의 깊이와 아름다움
―시조 본연의 절제미 회복을 위하여

1. 단시조의 절제미

언제부터인가 시조의 원형原形이라 할 수 있는 단시조 형식은 시조 시인들의 관심 밖으로 밀려나게 되었다. 심하게 말하면, 단시조 형식은 시조 시단의 천덕꾸러기와도 같은 존재가 되고 말았다. 단시조 형식이 그처럼 한심한 처지에 이르게 된 이유는 무엇일까. 오늘날의 복잡다단한 삶과 현실을 반영하기에는 단시조 형식이 제공하는 시적 공간이 너무나 협소하기 때문일까. 또는 시인의 다원적인 시심 또는 다면적인 시적 심상을 담기에는 단시조 형식이 형식적으로 지나치게 경직되어 있기 때문일까. 이유가 어디에 있든, 오늘날 시조 시단의 주류를 이루고 있는 것은 여러 편의 단시조를 하나의 제목 아래 엮어 놓은 연시조 형식이다. 물론 연시조 형식이 시조의 현대화와 더불어 새롭게 생겨난 것은 아니다. 최초의 연시조로 여겨지는 맹사성의 「강호사시가」를 비롯하여 이황의 「도산십이곡」, 윤선도의 「어부사시사」, 이이의 「고산구곡가」 등등 연시조 형식의 시조는 조선 시대에도 있었다. 하지만 조선 시대의 연시조와 오늘날의 연시조 사이에는 뚜렷한 차이가 존재하는데, 후자와는 달리 전자의 경우 하나의 제목 아래 묶인 단시조들을 따로 떼어 놓았을 때 작품의 독립성이 확인된다는 점에서 그러하다. 말하자면, 연시조를 구성하는 단시조들이 독립성을 상실한 채 전체의 일부분으로 기능하는 것이 오늘날의 연시조다.

물론 오늘날의 연시조 형식을 형식의 측면에서 이루어진 발전적 변화의 결과로 볼 수도 있겠다. 하지만 시조란 언어의 절제와 형식의 제약을 선행 조건으로 하여 확립된 시가詩歌라는 점에서 오늘날의 연시조 형식은 일종의 일탈이라 하지 않을 수 없다. 따지고 보면, 사설시조가 증명하듯 형식상의 일탈은 옛날에도 있었고, 이 같은 형식상의 일탈이 나름대로 탁월한 작품의 출현을 수도 없이 가능케 했던 것도 사실이다. 오늘날의 연시조와 관련해서도 이런 사정은 변함이 없다. 즉, 새로운 형태의 연시조 형식으로 창작된 탁월한 작품이 우리 주변에 적지 않다. 하지만 시조의 본원적 모습은 어디까지나 단시조 형식에서 찾아야 한다는 논리나 모든 시조 쓰기 작업은 단시조 형식에 뿌리를 두어야 한다는 논리를 부정하기란 어렵다. 사실 언어의 절제 및 형식의 제약 자체가 단순화나 파편화를 의미하는 것은 아니다. 오히려 제약과 절제로 인해 시조의 깊이와 아름다움은 더욱더 커질 수도 있고, 그리고 시조는 바로 이 같은 절제와 제약 안에서 존재 이유를 더욱더 강화할 수 있는지도 모른다.

단시조 형식이 주조를 이루던 시대의 시조 작품을 무작위로 뽑아 이를 살펴보는 경우, 제약과 절제가 다름 아닌 시의 깊이와 아름다움의 원천임을 확인케 하는 예를 어디에서도 찾아볼 수 있다. 하지만 이 자리에서는 하나의 예만을 들기로 하자. 우리가 들고자 하는 예는 문신 유호인이 노모를 찾아 고향으로 가려는 것을 말려도 듣지 않자 그에게 술을 권하며 성종 임금이 지은 것으로 알려진 다음과 같은 시조(출처: 정병욱 편저 『시조 문학 사전』)다.

이시렴 부디 갈ᄯᅡ 아니 가든 못ᄒᆞᆯ쏜냐
無斷이 슬튼야 ᄂᆞᆷ의 말을 드럿는야
그려도 하 애도래라 가는 ᄠᅳᆮ을 닐너라

이 시에서 우리는 전형적인 이별시에서 확인되는 것과 같은 종류의 현란한 감정 표출이 자제되어 있음을 확인할 수 있다. 따지고 보면, 가슴이 찢어질 듯 아프다든지, 비오듯 눈물이 흐를 만큼 슬프다든지, 마음을 가눌 수 없을 정도로 비통하다든지 투의 상투적 표현을 되풀이하는 것만이 이별로 인한 상실감을 전달하는 데 왕도가 되는 것은 아니다. 보내는 이의 절절한 마음을 너무도 생생하게 담고 있는 이 짤막한 시에는 그 어떤 불필요한 수식어도, 언어의 유희도 존재하지 않는다. 바로 이 시에서 수식어와 언어의 유희로 이별의 슬픔을 치장하는 시에서라면 결코 찾기 어려운 마음의 깊이를 느낄 수 있지 않는가! 초장에서 시인은 떠나려는 이에게 있어 달라고 청하면서, 굳이 가겠느냐 묻는다. 중장에서도 물음은 계속되는데, 공연히 싫어 떠나려 하는 것인지, 남의 말을 듣고 떠나려 하는 것인지를 묻는다. 이처럼 보내는 이의 마음은 몇 개의 간단한 물음이 중첩되는 가운데 더할 수 없이 강화되고 있다. 종장에 가서 물음은 체념과 탄식의 말로 바뀌는데, 보내는 이의 상실감은 "그려도 하 애도래라"라는 단 한 마디의 말로 집약되고 있는 것이다. 하지만 여기서 끝나지 않는다. "가는 뜻을 일러라"라는 물음을 다시 하나 덧붙임으로써, 시적 화자는 이별의 슬픔이 얼마나 큰 것인지를, 보내고 싶지 않은 마음이 얼마나 절절한 것인지를 생생하게, 하지만 절도 있게 드러내고 있다. 어떤 관점에서 보면, 초장과 중장은 기승의 역할을 하고 종장의 전반부는 전의 역할을 한다 할 수 있다. 종장의 후반부는 결에 해당하는데, 여기에는 아쉬움과 체념이 담겨 있기도 하고, 또한 어떻게 해서라도 떠나는 이를 붙잡고 싶어하는 시인의 마음이 담겨 있기도 하다. 사실 이 시에는 어떤 설명도 다 헛되고, 헛되며, 또 헛된 것이 될 것이다. 그 어떤 세밀한 해석과 설명도 이 시가 담고 있는 마음의 깊이를, 이 시가 갖는 시적 절제미를 있는 그대로 다 드러낼 수 없을 것이기 때문이다.

물론 새로운 모습의 연시조 형식이 주류를 이루는 시대라고 해서 단시조 형식이 시조 시인들의 시 세계 한쪽 구석에 처박힌 채 대부분의 시간을 먼지와 씨름하고 있는 것만은 아니다. 단시조 형식은 어쩌다 자신의 간명하고 절도 있는 모습을 드러내기도 하는데, 이를 보면 오늘날에도 여전히 단시조 형식을 통해 현대적 삶의 깊이를 천착하려는 시적 시도가 전혀 없는 것이 아님을 어렵지 않게 확인할 수 있다. 이 점에 착안하여, 우리는 오늘날의 시조 시단에서 시조의 깊이와 아름다움을 느끼게 하는 단시조를 찾아보고 이를 함께 읽고자 한다.

2. 초정 김상옥의 「백자」

아마도 단시조에 관한 한 오늘날의 시조 시인들 가운데 가장 주목해야 할 시인은 초정 김상옥일 것이다. 초정은 오늘날의 대부분 시조 시인들과는 달리 단시조에 각별한 애정을 보이고 있는 예외적인 시인으로, 그의 단시조에는 단시조의 깊이와 아름다움을 보여주는 탁월한 작품이 적지 않다. 하지만 그러한 작품들 가운데에서도 우리가 특히 주목하고자 하는 것은 「백자」인데, 이는 시조 형식 자체에 대해서뿐만 아니라 연시조 형식이나 사설시조 형식과 대비할 때 드러난 단시조 형식의 특성에 대해서도 생각해 볼 여지를 주기 때문이다.

상머리
돌아온 달무리
시정은 까마아득하다.

어떤 기교
어떤 품위도
아예 가까이 오지 말라

저 적막
범할 수 없어
꽃도 차마 못 꽂는다.

—김상옥, 「백자」 전문

주제적 측면에서 볼 때, 이 시는 물론 문자 그대로 백자에 관한 시—"기교"와 "품위"를 아우르고 있는 "백자"의 고귀한 멋과 아름다움에 관한 시—로 읽을 수도 있다. 하지만 이는 또한 시조 형식에 관한 깊이 있는 성찰을 가능케 하는 시로 읽을 수도 있는데, 「백자」의 '백자'는 시조에 대한 비유로 읽을 수 있다는 점에서 그러하다. 이와 관련하여, 초정의 관점에서 보면, 백자가 조선조의 조형 예술을 대표한다면 시조는 조선조의 언어 예술을 대표하는 예술 형식일 수 있다는 점에 유의해야 할 것이다. 사실 초정의 삶을 지배해 온 두 개의 대표적인 예술 세계가 바로 백자와 시조로, 백자와 시조에 대한 초정 특유의 이해와 감식안이 만나는 지점에 놓이는 시가 바로 이 「백자」일 수 있으리라.

이 같은 읽기가 가능하다면, "시정"과 "까아마득"한 거리에 있는 "상머리 / 돌아온 달무리"와도 같은 것, "어떤 기교 / 어떤 품위도 / 아예 가까이 [올]" 엄두를 못 내는 것, "꽃도 차마 못 꽂"을 만큼 "범할 수 없"는 "적막"에 싸여 있는 것은 비단 백자만이 아니리라. 다시 말해, 초정에게는 시조 역시 "시정"을 초월하여 존재하는 동시에 예사로운 "기교"나 "품위"를 뛰어넘는 그 무엇, "범할 수 없"는 "적막"에 싸여 있는 그 무엇이었을 수 있다. 하지만 시조 형식의 작품이라고 해서 모두가 그런 것은 아닐 것이다. 예컨대, 연시조나 사설시조를 놓고 "시정"을 초월하여 존재한다거나 예사로운 "기교"나 "품위"를 뛰어넘는 그 무엇이라 할 수는 없을 것이다. 더더구나 어울리지 않는 것이 "범할 수 없"는 "적막"이라는 이미지인데, 연시조나 사설시조는 단시조에 비하면 '적막'의 시가 아니라 '소란'의 시일 수 있으리라. 결국 초정의 「백자」가 시조에 대한 비유를 담고 있는 시라면, 이때의 시조는 바로 단시조다.

사실 단시조가 논의의 주제가 되고 있는 이 자리에서 무엇보다도 주목해야 할 점은 너무도 뻔한 사실이지만 이 시가 단시조 형식으로 되어 있다는 사실 바로 그것이다. 어떤 관점에서 보면, "상머리 / 돋아온 달무리"는 홀로 적막하게 떨어져 있는 한 점의 자기를 연상시키기도 한다. 홀로 적막하게 떨어져 있는 자기의 이미지는 다름 아닌 단시조를 의미하는 것일 수 있지 않을까. 연시조나 사설시조에서 "상머리 / 돋아온 달무리"나 "범할 수 없"는 "적막"을 떠올리기란 쉽지 않을 것이다. 사실 백자의 아름다움은 "달무리"처럼 홀로 적막하게 떨어져 있을 때 보다 더 깊이 느낄 수 있는 것 아닐까. 만일 나이가 들어감에 따라 백자의 아름다음에 더욱더 깊이 심취하게 된 시인이 초정이라고 가정할 수 있다면, 그가 왜 젊은 날에 관심을 보였던 연시조에서 점점 멀어져 단시조 형식의 시에 깊은 관심을 갖게 되었던가에 대한 간접적인 답을 여기서 찾을 수도 있을 것이다.

3. 박시교의 「행복 · 1」

초정보다 한 세대 후배인 시조 시인들 가운데 탁월한 시 세계를 펼쳐 보이는 이들의 명단에서 빠질 수 없는 시인이 있다면, 그는 박시교일 것이다. 박시교의 단시조들 가운데 특히 우리의 주목을 끄는 것은 「행복 · 1」인데, 이 시에서 시인은 "시정"의 필부필부

匹夫匹婦라 해도 마음이 따뜻한 사람이면 누구나 느낄 법한 정조를 감출 듯 드러내고 있다. 말하자면, 박시교는 초정이 초월하고자 했던 "시정" 안에서 시의 소재를 찾고 있는데, 그 때문에 범사의 삶을 살아가는 사람의 마음과 숨결이 생생하게 느껴진다. 이처럼 범사의 삶을 살아가는 사람의 마음을 담고 있지만, 그럼에도 불구하고 이 시는 결코 범상한 작품처럼 보이지는 않는다. 그 이유는 무엇일까. 이 점을 추적하기에 앞서 작지만 작지 않게 느껴지는 이 시를 먼저 읽어 보기로 하자.

내 안의 불 지핀 방
언제고 비워 둔다

저물기 전 돌아와 뉠
지친 너의 생을 위해

아직도
끝나지 않은 방황
그 아픔의 끝을 위해

—박시교, 「행복 · 1」 전문

인간의 삶은 어떤 의미에서 보면 타인과의 관계 맺기로 이루어진다. 그러한 관계 맺기에는 만남이 있을 수 있고 또한 이별이 있을 수 있다. 그리고 위의 시에서 보여 주듯 기다림이 있을 수 있다. 이 기다림의 마음을 시인은 "내 안의 불 지핀 방 / 언제고 비워 둔다"로 표현하고 있다. 비워 두되 "불 지핀" 상태에서 "비워 둔" 방, 언제 올지 몰라 항상 "비워 둔" 방에서 우리는 시인의 따뜻한 마음을 읽을 수 있다. 또한 기다림의 간절함도 읽을 수 있다. 이 간절한 기다림과 마음의 따뜻함이 정형 시조의 초장을 이루는 첫째 연에 생생하게 담겨 있는 것이다. 중장을 이루는 둘째 연에 이르러 시인은 기다림의 대상이 "저물기 전 돌아와" "언제고 비워 둔" "불 지핀 방"에 "지친 너의 생"을 "뉠" 것을 상상한다. 그리고 종장을 이루는 셋째 연에서 기다리던 대상의 "지친 너의 생"을 "내 안"에 맞이하고자 하는 이유를 "아직도 / 끝나지 않은 방황 / 그 아픔의 끝을 위해"

라 밝힌다. 즉, 시인이 기다림의 대상을 기다리는 이유는 그를 보고 싶어하는 나의 욕망을 충족시키기 위한 것이 아니라, 방황으로 지쳐 있는 대상이 "아픔의 끝"을 맞이하도록 하기 위한 것이다. 여기서 시인은 기다리는 대상의 "방황"이 현재에도 계속되고 있음을 암시하는 동시에 앞으로도 당분간 이어질 것을 예견하고 있으며, 언제가 "그 아픔"이 "끝"날 때까지 그 대상을 계속 기다리고 맞이할 것임을 암시하고 있다. 이처럼 기다림의 대상을 "내 안"에 따뜻하게 맞이하여 휴식을 취하도록 하는 것이 바로 이 시의 제목이 말하는 "행복"일 수 있다. 그 대상이 누구이든 그를 따뜻하게 맞이하는 것이 곧 행복임을 느끼는 사람이란 진실로 아름다운 마음의 소유자일 것이다. 그 아름다운 마음을 간명한 언어 안에 담고 있는 이 시에서 우리는 앞서 살펴본 성종 임금의 시조에서 느꼈던 것과 같은 시적 아름다움과 깊이를 동시에 느끼지 않을 수 없다.

4. 고정국의 「엉겅퀴」

박시교와 비슷한 세대의 시인들 가운데 단시조를 심심지 않게 발표하는 동시에 그 나름의 독특한 시 세계로 우리의 주목을 끄는 이가 있다면, 그는 바로 고정국일 것이다. 그 어느 시조 시인의 시 세계보다도 깊이 있게 인간사의 아픔을 일깨우는 고정국의 시 세계가 시적 소재로 취하고 있는 것은 시인의 삶 주변에서 발견되는 지극히 일상적인 사물이나 작고 보잘것없는 식물과 동물인 경우가 대부분이다. 하지만 그의 시에 등장하는 시적 소재들은 결코 일상적이거나 작고 보잘것없는 것으로 머물러 있지 않고, 시적 변용의 과정을 거쳐 우리들의 아픈 삶이나 역사의 체취를 읽기 위한 장치가 된다. 이를 보여 주는 단시조 가운데 하나가 바로 「엉겅퀴」다.

> 쉽사리 야생의 꽃은
> 무릎 꿇지 않는다
>
> 빗물만 마시며 키운
> 그대 깡마른 반골反骨의 뼈

식민지 풀죽은 토양에
혼자 죽창을 깎고 있다.

—고정국, 「엉겅퀴」 전문

고정국의 「엉겅퀴」에서 소재가 되고 있는 것은 제목이 암시하듯 사람의 손길을 필요로 하지 않는 "야생의 꽃"이다. 이 시는 "쉽사리 야생의 꽃은 / 무릎 꿇지 않는다"로 시작되는데, "야생의 꽃"이 지니는 강인한 생명력을 암시하고 있다는 점에서 시적 새로움이 느껴지지 않는 평범한 진술로 시작하고 있다는 느낌을 줄 수도 있다. 하지만 이는 다만 평범함을 가장(假裝)한 것일 뿐 결코 평범하지 않은 진술임을 우리는 정형 시조의 중장과 종장에 해당하는 둘째 연과 셋째 연으로 인해 깨닫게 된다. 즉, 첫째 연은 둘째 연의 진술을 유도하고 셋째 연의 진술을 예비하기 위한 도입부이자, 둘째 연과 셋째 연에 드러나는 시적 관찰을 뒷받침하기 위한 일종의 화두에 해당하는 것이다. 이 도입부 또는 화두는 "엉겅퀴"에서 "빗물만 마시며 키운 / 그대 깡마른 반골의 뼈"를 읽게 하고, "풀죽은 토양에 / 혼자 죽창을 깎고 있"음을 깨닫게 한다. 이러한 대상 읽기를 통해 척박한 토양에서 자라나는 "야생의 꽃"이 생생하게 그 이미지를 드러내고 있지 않은가. 문제는 "꿇지 않는" "무릎," "깡마른 반골의 뼈," "식민지 풀죽은 토양," "죽창" 등의 이미지가 또 하나의 시 읽기를 가능케 한다는 데 있다. 즉, 이들 이미지는 민중의 삶 저변에 자리잡고 있는 역사적 체험을 통해 일관된 의미를 함축할 수 있거니와, 시인은 "엉겅퀴"의 모습에서 신산한 삶을 살면서도 강인하게 생명력을 유지해 왔던 민중의 모습을 읽고 있는 것 아닐까. 어떤 읽기가 가능하든, 이 시의 시적 이미지들은 팽팽한 긴장감과 강력한 응집력을 보이고 있다. 어떤 의미에서 보면, 단시조라는 좁디좁은 시적 공간이 아니라면 결코 유지하기가 만만치 않은 것이 그와 같은 긴장감과 응집력 아닐까.

5. 박기섭의 「황국 앞에서」

고정국의 「엉겅퀴」와 마찬가지로 꽃을 소재로 한 단시조 가운데 또 하나 우리의 눈길을 끄는 것은 박기섭의 「황국 앞에서」다. 이 시의 시적 소재가 되고 있는 "황국"은 모르긴 해도 고정국의 시에서와는 달리 사람의 손에 의해 가꾸고 재배된 꽃일 것이다. 즉, 자연의 꽃인 야생화가 아닌 인공 재배한 꽃일 것이다. 박기섭의 독특한 시각을 통해 이 "황국"이라는 꽃은 전혀 예상치 못한 시적 이미지로 변용되고 있다.

아아 낮술이 올라 벌건 사십대여
갈볕에 속절없이 쭈그러진 놋주발이여
서릿발 고절孤節의 길 위에 닳아빠진 낯바닥이여

—박기섭, 「황국 앞에서」 전문

일반적으로 꽃을 시적 소재로 삼을 때 적지 않은 시인들은 정형화된 꽃의 이미지를 떠올리고, 이에 의거하여 꽃을 영원한 아름다움의 상징이라거나 사랑스러움의 상징 등등의 표현을 사용하는 데 주저하지 않는다. 하지만 박기섭은 "황국"에서 "낮술이 올라 벌건 사십대"를, "갈볕에 속절없이 쭈그러진 놋주발"을, "서릿발 고절의 길 위에 닳아빠진 낯바닥"을 읽는다. 서릿발이 내리는 가을의 꽃, 노란 색의 탐스러운 꽃인 "황국"에서 이 같은 이미지를 읽어 내는 시인의 시선은 결코 비범한 것이 아니다. 어떤 의미에서 보면 박기섭의 기법은 '낯설게 하기defamiliarization'의 한 전형이라 할 수도 있는데, "황국"에서 사람들이 전혀 예상치 않던 이미지를 읽어 냄으로써 그 꽃에 대한 우리의 일상적 인식 내용을 뒤흔들어 놓고 있는 것이다. 그러한 뒤흔들기의 과정을 통해 시인은 우리에게 문제의 꽃에 대해 다시 생각하게 하고, 나아가서 대상에 대한 새로운 이해를 이끌게 한다. 다소 엉뚱하게 들릴지는 모르나, 이 같은 낯설게 하기는 화투 그림에 등장하는 황국과 연관지을 수도 있다. 사실 놀음 도구로서의 화투는 "낮술이 올라 벌건 사십대"나 "닳아빠진 낯바닥"을 쉽게 떠올리게 하는 측면도 있다. 하지만 "쭈그러진 놋주발"과는 잘 연결이 되지 않으며, 또한 "서릿발 고절의 길"에 대한 해석도 여의치 않다. 따라서 "황국"을 "화투"와 관련짓고자 하는 경우 여전히 엉뚱하다는 반론이 제기될 수도 있다.

어쨌든, "서릿발 고절의 길 위에 닳아빠진 낯바닥"에서 "서릿발 고절의 길"이 함의하는 바가 무엇인가에 대해서는 여전히 해명이 필요하다. 이는 "닳아빠진 낯바닥"에 처해 있는 상황을 반어적으로 표현하기 위한 것 아닐까. 만일 그러한 해석도 가능하다면, 그 모든 낯설게 하기와 반어는 궁극적으로 무엇을 위한 것일까. 바로 이 물음에 대한 답을 위해 우리는 앞서 말한 자연과 인공의 대비로 돌아갈 수 있는데, 여기서 우리는 시간을 초월하여 존재하는 세계가 자연의 세계라면 인공의 세계란 시간에 얽매어 있는 세계, 따라서 퇴행적 변화를 피할 수 없는 세계라는 낭만주의적 세계관을 끌어들일 수도 있다. 즉, 영원한 자연에 대한 또 하나의 대척점을 이루는 인간이 나이와 함께 추하고 닳아빠진 존재가 되듯, 시간의 굴레를 벗어날 수 없는 인공물들도 쭈그러지거나 낡고 결국에 가서는 폐품이 되고 만다. "황국"의 탐스러움에서 추하고 닳아빠진 인간과 쭈그러진 인공물의 모습을 꿰뚫어보고 있다면, 이는 "황국"이 인공 재배한 꽃이기 때문은 아닐까.

6. 이종문의 「밥도」

비록 행 나누기의 측면에서 다양한 변조를 보이고 있긴 하나, 이제까지 검토한 작품들은 모두 초·중·종장 사이의 분리 및 이에 따른 시행의 지면상 배열이 확연하게 감지되는 예들이다. 말하자면, 눈으로 읽는 시조임을 전제로 하여 창작된 시조 작품들이라 할 수 있다. 하지만 조선 시대의 시조 모음집들을 보면 초·중·종장 사이의 분리와 같은 시각적 배려가 따로 되어 있는 것은 아니다. 예컨대, 『청구영언』에 수록된 시조 작품들을 보면, 줄글의 형태로 작품이 수록되어 있다. 만일 누군가가 이처럼 줄글의 형태로 시조를 창작한다면, 그 이유는 무엇일까. 또는 누군가가 장 나누기조차 포기한 채 시조를 창작한다면, 그 효과는 어떤 것일까. 이 물음에 대한 답을 모색케 하는 단시조의 예가 있다면, 이는 바로 이종문의 「밥도」다.

> 나이 쉰다섯에 과수가 된 하동댁이 남편을 산에 묻고 땅을 치며 돌아오니 여든 둘 시어머니가
> 문에 섰다 하시는 말
>
> —이종문, 「밥도」 전문

이종문의 「밥도」는 "나이 쉰다섯에 과수가 된 하동댁이 / 남편을 산에 묻고 땅을 치며 돌아오니 / 여든 둘 시어머니가 문에 섰다 하시는 말"로 나누는 경우 시조의 율격

을 확인할 수 있을 것이다. 시인 특유의 해학과 재치가 느껴지는 이 작품의 경우, 만일 단시조의 행 나눔 원칙—즉, 초·중·종장을 따로 나눠 놓는 원칙—에 따라 행을 나눠 놓거나, 앞서 확인한 예들에서 보듯 구나 음보 단위로 행을 나눠 놓는다면 어떠할까. 아마도 위의 시조에 담긴 해학과 재치의 강도는 현격히 줄어들 수밖에 없으리라. 행 나눔은 끊어 읽기를 가능케 함으로써 시적 여운을 살리기 위한 것일 수 있거니와, 「밥도」와 같은 작품에 그와 같은 여운을 살린 기회를 제공하는 일은 마치 '갓 쓴 사람을 자전거를 태우는 것'과 같이 어색한 것일 수 있기 때문이다. 시조의 내재적 율격은 살리되 끊어 읽지 않고 단숨에 읽어 나갈 때 위의 시는 비로소 시인이 의도한 시적 효과를 거둘 수 있으리라.

「밥도」에서는 제목이 작품 내용의 일부로서 기능한다는 점에서도 창작상의 실험이 돋보이는 작품이다. 말할 것도 없이, 조선 시대의 단시조 작품들에는 제목도 따로 붙어 있지 않다. 시조 작품에 제목을 붙이는 것은 현대 시조 창작의 관례일 수 있는데, 이종문은 제목을 붙이는 데서 한 걸음 더 나아가 제목을 시조의 일부가 되게 하고 있다. 즉, 제목의 "밥도"는 "여든 둘 시어머니가 문에 섰다 하시는 말"이다. "남편을 산에 묻고 땅을 치며 돌아오니 여든 둘 시어머니가 문에 섰다 하시는 말"이 "밥도"인 것이다. 슬픔을 주체하지 못한 채 집에 돌아오니 시어머니가 기껏 하는 말이 '밥 달라'라니! "과수가 된 하동댁"의 입장에서 보면 이 얼마나 황당하고 어이가 없는 말인가. 아니, "하동댁"의 마음을 이해하는 사람이라면 누구나 황당해하고 어이없어하지 않을 수 없으리라. 하지만 어찌 보면 우리네 삶의 현장이란 다 그런 식의 황당하고 어이없는 일의 연속적으로 벌어지고 있는 곳이 아니겠는가. 아무튼, 이종문의 시에 담긴 재치와 해학은 과거의 사설시조 특유의 맛을 살리고 있다는 점에서도 각별한 의미를 갖는 작품이 아닐 수 없다.

7. 강현덕의 「현장」

단시조 형식의 시조가 지닌 깊이와 아름다움을 이야기하는 자리에서 우리가 비장의 카드를 한 장 더 꺼내는 마음으로 이 자리에서 제시하고 싶은 작품이 있다면, 이는 강현덕의 「현장」이다.

아랫도리 감싸쥐고 맨발로 뛰는 바람
고쟁이 올리다가 머리칼 뽑힌 해당화
시퍼런 손톱을 세운 안면도 곰솔 한 그루

—강현덕, 「현장」 전문

이 멋진 시에 무슨 군말이 필요하랴! 그래도 몇 마디 덧붙이기로 하자. 우선 이는 "바람"과 "해당화"가 등장하고 또 "곰솔"—즉, 해송海松—이 등장하는 풍경화와도 같은 시다. 하지만 단순한 풍경화가 아니다. 각각의 사물은 재기와 생기가 넘치는 언어로 무장한 시인 강현덕의 밝고 다감한 눈길 아래서 활기와 생명력으로 빛나고 있기 때문이다. "바람"이 "아랫도리 감싸쥐고 맨발로 뛰"다니! "해당화"가 "고쟁이 올리다가 머리칼 뽑" 히다니! 그리고 "곰솔 한 구루"가 "시퍼런 손톱을 세"우다니! 바람과 해당화와 곰솔 한 그루가 어우러져 만든 안면도의 바닷가 풍경이 눈에 선하지 않은가! 우리가 이처럼 감탄사를 전례 없이 한꺼번에 여러 번 사용함은 이 시조에서 시조의 잠재적 미래 또는 희망을 보았기 때문이다.

사실 「현장」은 전형적인 시조의 논리에서 벗어나 있는 작품처럼 보인다. 세 개의 이미지를 병치해 나열하는 것이 곧 시조일 수는 없지 않은가. 하지만 이 같은 판단은 이 작품에 대한 이해가 피상적 수준에 머물 때나 내릴 법한 것이다. 자세히 살펴보면, 놀랍게도 「현장」에는 시조 고유의 시적 전개의 논리가 숨어 있다. "아랫도리 감싸쥐고 맨발로 뛰는 바람"이 기起에 해당한다면 "고쟁이 올리다가 머리칼 뽑힌 해당화"는 승承에 해당한다. 바람이 정신 사납게 불고 있고, 이런 정황을 강화하듯 해당화 역시 어수선한 자태로 피어 있는 것이다. 어찌 보면, 초장과 중장에서 읽히는 것은 바람난 남녀의 정사 현장이 들통난 다음 정신 없이 도망가는 남자의 모습과 황망하게 옷을 챙기다 머리를 쥐어뜯기는 여자의 모습이다. 이처럼 소란하고 어수선한 분위기를 바꿔 주는 것이 "시퍼런 손톱을 세운"이라는 구절일 것이다. '감싸쥐다'나 '뛰다' 또는 '올리다'나 '뽑히다'가 동적動的인 서술어라면 '세우다'는 정적靜的인 서술어라는 점에서 그러하다. 말하자면,

"시퍼런 손톱을 세운"이라는 구절을 통해 어수선한 분위기는 가라앉은 분위기로 바뀐다. 이른바 전轉에 해당하는 것이 이 부분이다. 이윽고 결結에 해당하는 부분에서 시인은 "시퍼런 손톱"을 세우고 있는 것처럼 보이는 것은 바로 "안면도 곰솔 한 그루"임을 밝힌다. 삐죽삐죽 뻗어 있는 솔가지에서 "손톱"의 이미지를 읽는 시인의 상상력이 놀라울 따름이다. 아무튼, 이 시의 정경이 바람난 남녀의 들통난 정사 현장으로 읽히기도 한다는 점에서 "시퍼런 손톱을 세운 안면도 곰솔 한 그루"는 바람난 남녀의 정사 현장에 들이닥친 남자의 부인쯤 되리라는 추정을 할 수도 있겠다. 그러니 어찌 종장을 가라앉은 분위기의 시 구절로만 읽을 수 있겠는가. "시퍼런 손톱을 세운 곰솔 한 그루"에서 들끓는 감정의 회오리가 느껴지지 않는가.

이렇게 해서 시인은 하나의 사건 현장을 묘사하듯 바람과 해당화와 곰솔이 등장하는 풍경화를 완성하고 있다. 그것도 정적인 풍경화가 아닌 역동적인 풍경화를. 어떤 관점에서 보면, 정적인 풍경 묘사에 머물 수도 있었던 작품이 시인의 뛰어난 언어 감각과 시적 상상력을 통해 인간사人間事의 한 '현장'이 담긴 역동적인 풍경화—그것도 해학과 익살이 가미된 풍속화—로 되살아나게 되었다 할 수 있다. 정녕코, 어수선한 분위기와 들끓는 감정의 회오리가 짊임에도 불구하고, 한 폭의 풍속화와 같은 이 시에서 감지되는 것은 해학과 익살이 가미된 역동적인 인간 희극의 한 장면이다. 시조란 모름지기 이처럼 역동적인 인간사의 면면을 담을 수 있어야 한다. 시조는 결코 초월적이고 정적인 상징symbol의 세계를 지향하는 시적 장르가 아니기 때문이다. 세속적이고 동적인 우의allegory의 세계야말로 시조 시인이 시조를 통해 탐구해야 할 대상이다. 바로 이런 점에서 강현덕 시인의 「현장」은 시조의 미래와 희망을 가늠케 하는 하나의 소중한 '시적 현장'이라 하지 않을 수 없다.

8. 단시조의 미래를 위하여

이제까지 우리 시대에 창작된 여러 편의 단시조들을 검토했다. 물론 우리의 검토 작업은 체계적인 것도 종합적인 것도 아니며, 또한 선별 과정에 어떤 기준이 있었던 것도 아니다. 다만 자유로운 독서 과정을 반영하는 일종의 자의적恣意的인 검토 작업에 불과한 것이었음을 밝히지 않을 수 없다. 이처럼 우리의 작업이 자의적인 것에 불과한 것임에도 불구하고, 우리는 단시조 형식을 통해서도 얼마든지 오늘날의 삶을 살아가는 사람들이 지닐 법한 마음의 깊이와 넓이를 반영하는 시적 형상화가 가능함을 확인하는 최소한의 계기가 되었기를 희망한다.

물론 인간사가 복잡해지고 삶의 양태가 다양해졌기 때문에 단시조 형식 안에 이를 다 담기란 쉽지 않다는 주장에도 일리가 없는 것은 아니다. 이를 뒷받침하기라도 하듯, 그리고 이미 앞서 말한 바 있듯, 오늘날 우리가 살아가는 삶과 현실을 성공적으로 시적 형상화한 탁월한 연시조들이 우리 주변에 적지 않은 것도 사실이다. 그럼에도 거듭 말하지만 시조란 근원적으로 언어적 제약을 전제로 하여 발전해 온 문학 양식이다. 이 언어적 제약을 거추장스럽게 여겨, 필연적이고도 내적인 이유 없이 단시조에서 연시조로 넘어갈 때 시조라는 장르 자체에 위기가 올 수도 있다. 말하자면, 시조가 시조일 수 있음은 기본적으로 형식적 제약을 받아들이면서 바로 그 제약 안에서 시적 자유를 확보하는 데 있는 것이지, 제약 자체를 비껴 가는 데 있는 것이 아니다.

물론 단시조 형식이라고 해서 그것을 전혀 바꿀 수 없는 경직된 것으로 보자는 말은 아니다. 양식상의 새로움에 대한 추구와 일탈은 어느 문화권에서나 또한 어떤 시대에나 있어 왔다. 오늘날의 단시조 형식도 여기에서 예외일 수는 없으며, 이로 인해 단순히 행의 길이에 변화를 주거나 음수율을 깨뜨리는 것 이외에도 얼마든지 새로운 실험이 가능하다. 우리가 우려하는 바는 다만 시조의 기본 형식이 단시조에 있다는 사실 그 자체를 망각하고 별다른 생각 없이 단시조 형식을 깨뜨리거나 그 바깥쪽으로 뛰쳐나가려는 일이 너무도 성급하게 이루어질 수도 있다는 점이다. 사실 연시조 형식에 적절치 못한 시적 소재나 이미지를 연시조 형식에 담고자 함으로써 작품 자체를 망치는 경우도 적지 않게 확인된다. 비록 음수율과 행 나누기의 면에서 변화를 피할 수 없다 하더라도, '3장 6구 12음보'라는 단시조 형식의 좁은 공안 안에 자신의 시적 상상력을 완벽하게 투사하려는 불굴의 노력이 있어야 할 것이다. 바로 그런 노력이 시조의 생명력을 더욱 더 공고히 할 것으로 믿는다. □

단시조, 또는 긴장의 시 형식
—시조의 미학적 가능성을 찾아서

1. 기起, 단시조와 형식의 제약

아주 오래전 음악에 대한 나의 취향이 바뀌었다. 고전 음악을 감상할 때 어느 때부터인가 교향곡이나 협주곡보다는 실내악곡을, 실내악곡 가운데서도 연주 악기의 수가 적은 음악을 즐기게 되었으며, 결국에는 이중주곡이나 삼중주곡 또는 독주곡을 즐겨 찾게 되었다. 어디 음악의 경우만 그러하랴. 심지어 현대 시조에 대한 취향도 언제부터인가 이와 유사하게 바뀌지 않았나 싶다. 단시조가 연시조나 사설시조와 섞여 있을 때 눈길이 우선 단시조를 향한다는 점에서 그러하다. 이렇게 말한다 해서 단시조에만 관심을 갖게 되었다는 뜻은 물론 아니다. 단시조든, 연시조든, 사설시조든, 작품이 탁월한 경우에는 형식과 관계없이 그 작품에 마음이 이끌리는 것은 예전과 다름없다. 하지만 여타의 작품에 우선하여 단시조 형식의 작품에 눈길이 가는 것을 부정할 수 없고, 또 그 가운데 뛰어난 작품과 만났을 때 느끼는 즐거움이 각별한 것도 사실이다. 아마도 단시조가 시조의 '시조다움'을 가장 완벽하게 구현하는 시조 형식이기 때문이리라. 시조의 요체要諦는 무엇보다도 절제된 언어, 간명한 시적 이미지, 함축적인 시적 진술에서 찾을 수 있거니와, 단시조만큼이나 이 같은 특성을 잘 살릴 수 있는 시조 형식은 따로 없을 것이다.

사실 시조의 '시조다움'을 가능케 하는 것이 있다면, 이는 바로 형식의 제약일 것이다. 이른바 '3장 6구 12음보'라는 형식의 제약이 시인에게 언어 사용 면에서 절제를 요구하고, 언어 사용 면에서 절제를 꾀하면 꾀할수록 시인이 찾는 시적 이미지는 그만큼 더 간명해지게 마련이다. 아울러, 시에 담긴 이미지가 간명해짐에 따라 시에 동원된 진술은 고도로 함축적인 것이 된다. 이 과정에 싹트는 것이 바로 시조 고유의 시적 긴장감이리라. 시조의 본질은 바로 이 같은 시적 긴장감에서 찾아야 하고, 따라서 무엇보다도 중요한 것이 단시조 형식이다. 그럼에도 불구하고 오늘날의 시조 시인들은 시조 창작의 과정에 연시조 형식—때로는 사설시조 형식—을 동원하는 경우가 적지 않은데, 그 이유 가운데 하나로 자주 거론되는 것이 시적 공간의 넓이다. 즉, 현대인의 복잡한 감정을 담기에 단시조 형식이 제공하는 시적 공간이 지나치게 협소하다는 점을 시조 시인들은 자주 거론한다. 하지만, 거듭 말하지만, 시조란 본래 형식의 제약을 견디어 내는 가운데 완성되는 예술이다.

따라서 시적 공간의 협소함을 탓하기 전에 자신의 시상詩想이 형식의 제약을 견디어 낼 수 있도록 이를 압축하려는 노력을 무엇보다도 앞세워야 한다. 특히 시조 시인이라면 그래야 할 것이다. 아니, 시조 시인뿐만 아니라 시인이라면 모두에게 요구되는 과제일 수 있다. 시상을 압축함으로써 긴장된 시적 효과 창출하는 일이 어디 시조 시인에게만 요구되는 것이겠는가. 아마도 이를 확인케 하는 시사적示唆的인 예가 있다면, 미국의 시인 에즈라 파운드가 시 창작과 관련하여 남긴 다음과 같은 에피소드일 것이다.

> 3년 전 파리에서 나는 라 콩코드 역에서 지하철에서 내린 적이 있었다. 그때 갑자기 아름다운 얼굴이 하나 눈에 띄었고, 연이어 또 하나, 그리고 또 하나, 이윽고 한 아이의 아름다운 얼굴이, 이어서 또 한 여인의 아름다운 얼굴이 눈에 띄었다. 그날 하루 종일 나는 그 일이 나에게 의미하는 바가 무엇인지를 표현할 말을 찾으려 애를 썼다. 하지만 의미 있는 것으로 느껴지는 말을, 또는 갑작스러운 감동만큼이나 사랑스러운 말을 도저히 찾을 수가 없었다. 그리고 그날 저녁 레이누아르 가街를 따라 집으로 걸어오는 동안에도 여전히 적절한 말을 찾고 있었는데, 갑작스럽게 적절한 표현을 찾았다. 그렇다 해서 내가 적절한 말을 찾았다는 뜻은 아니다. 다만 그에 상응하는 그 무엇, 그러니까 말로 이루어진 표현이 아니라 색깔의 작은 반점들과

마주하게 되었던 것이다. 바로 그런 것, 그러니까 하나의 "패턴," 아니, 무언가가 "반복"되는 것을 담고 있는 것이 패턴이라고 한다면 패턴이라 할 수도 없는 그 무엇이었다.[1]

마침내 파운드는 그때의 느낌을 30행의 시에 담는다. 하지만 그것이 "이른바 '최상의 긴장감을 유지하지 못하는' 작품"임을 깨닫고, 이를 파기한 다음 6개월 동안의 퇴고 과정 끝에 15행 가량의 시를 완성한다. 그리고 다시 1년 동안의 고심 끝에 다음과 같은 2행의 시를 완성한다.

환영幻影과도 같은, 군중 속의 이 얼굴들,
젖은, 검은 가지 위의 꽃잎들.

—에즈라 파운드, 「지하철 정거장에서In a Station of Metro」 전문[2]

"군중 속"에서 보았던 "환영과도 같은" 아름다운 "얼굴들"의 이미지와 "젖은, 검은 가지 위의 꽃잎들"의 이미지 사이의 병치가 이루어지고 있는 이 시는, 파운드 자신이 말했듯, 일본의 하이쿠 형식에 기대어 창작한 작품이다. 물론 이 시는 일차적으로 '아름다운 얼굴들은 꽃잎들과 같았다'로 읽어야 하겠지만, '꽃잎들은 아름다운 얼굴과도 같았다'라는 이차적 의미로 읽을 수도 있다. 말하자면, "꽃잎들"은 "얼굴들"의 이미지를 선명하게 드러내기 위한 것이지만, "얼굴들"은 다시 "꽃잎들"의 이미지를 선명하게 드러내기 위한 것으로 확대 해석할 수도 있다. 아무튼, 전혀 별개인 두 개의 간명한 이미지가 겹쳐지는 가운데 생성되는 시적 긴장감은 실로 대단한 것이고, 이로 인해 언뜻 보아 좁아 보이는 시적 공간이 무한하게 넓어지고 있다.

모름지기 시조 역시 형식의 제약에도 불구하고, 아니, 형식의 제약으로 인해, 시적 긴장감의 극대화를 가능케 하는 시 형식이라 할 수 있다. 또한 언뜻 보아 좁아 보이나 무한하게 넓은 시적 공간의 확보를 가능케 하는 시 형식일 수 있다. 이처럼 형식의 제약을 견뎌 내고 이를 뛰어넘어 자체의 시적 긴장감을 극대화하거나 시적 공간을 확보하는

---

1 Ezra Pound, *Gaudier-Brzeska: A Memoir by Ezra Pound* (London & New York: John Lane, 1916), 100면..

2 The Apparition of these faces in the crowd; / Petals on a wet, black bough.

가운데 완성되는 시라는 점에서 시조와 하이쿠가, 나아가 파운드의 「지하철 정거장에서」가 추구하는 바는 동일한 것일 수 있다. 하지만, 간명한 이미지를 중첩 또는 병치의 방식으로 제시하는 하이쿠나 파운드의 시와는 달리, 시조는 간명한 이미지를 추구하되 적지 않은 경우 '기승전결'이라는 시상 전개 방법을 통해 이를 제시한다. 바로 여기서 우리는 또한 시조의 '시조다움'을 찾을 수도 있다. 이제 이어지는 지면을 통해 시조의 '시조다움'을 생생하게 보여 주고 있는 오늘날의 단시조 작품들, 헤아릴 수 없이 많은 뛰어난 단시조 작품들 가운데 다만 몇 개를 골라 함께 읽기로 한다. 바라건대, 이를 통해 현대 시조의 미학적 가능성을 찾을 수 있기를.

2. 승承, 한분순의 「달팽이」 또는 절제의 미학

언어 사용 면에서의 절제란 단순히 형식의 요구에 맞춰 기계적으로 자수字數를 줄이거나 맞추는 것을 의미하지는 않는다. 아울러, 없어도 될 만하다고 판단되는 단어나 어구를 작위적으로 생략하거나 축약하는 것이 곧 언어 사용 면에서의 절제를 보장하는 것도 아니다. 무언가 필연의 간명한 진술을 적절한 때와 적절한 장소에서 자연스럽게 제시하는 것이야말로 시조 시인이 추구해야 할 일차적 과제일 수 있거니와, 단시조 창작의 경우 이 같은 작업은 '3장 6구 12음보'라는 제약을 버텨 내야만 한다. 물론 이러한 작업에 정도正道란 따로 있을 수 없으나, 구체적인 예를 기존의 작품에서 풍부하게 찾을 수 있다. 우리가 그러한 예 가운데 하나로 들고 싶은 작품이 한분순의 「달팽이」다.

한 치의 힘도 없이
손 털고
나서 본 뜰에
남인지
동쪽인지
휘이휘
내젓는 허망虛妄

목숨이 그런 거라지만
말갛게 괴는
이 아픔.

—한분순, 「달팽이」 전문

"한 치의 힘도 없이"라니? 어쩌다 몸이 많이 아플 때나 아프고 난 다음 사람들은 머리카락 한 올 들어올릴 만큼의 기력조차 느끼지 못할 수 있다. "한 치의 힘도 없이"라는 구절은 바로 이 같은 무력감을 암시하기 위한 것 아닐까. 아니, 몸의 병뿐만 아니라 마음의 병을 심하게 앓을 때나 앓고 난 다음에도 사람들은 역시 크나큰 무력감에 젖을 수 있거니와, 이 구절은 무언가 마음의 병 때문에 느끼는 무력감을 암시하기 위한 것일 수도 있지 않을까. 어디 그뿐이랴. 어쩌다 뜻대로 되지 않는 일을 하는 도중에도, 또는 자신이 한 일에 별다른 의미를 부여할 수 없다고 느낄 때에도 우리는 무력감에 시달릴 수 있다. 어떤 사연 때문이든, 시인은 "한 치의 힘도 없이" 실내에서 나와 "뜰"을 "본"다. 그런 시인의 눈에 띈 것은 촉수를 "휘이휘" 내저으며 움직이고 있는 한 마리의 달팽이다. 필경 달팽이가 촉수를 움직이는 것은 "남인지 / 동쪽인지" 방향을 잡기 위한 것이리라. 하지만 시인이 보기에 그와 같은 방향 잡기는 부질없는 것이다. 시인의 표현을 빌리자면, "허망"한 것이다. 이 같은 판단과 함께 시인은 초장과 중장을 마무리한다.

시인은 종장을 "목숨은 그런 거라지만"이라는 말로 연다. 무엇보다도 "목숨은 그런 거"라니? 이 지점에 이르러 우리에게는 이 시의 초장과 중장을 다시 한 번 음미해 볼 것이 요구되는데, 필경 시인은 촉수를 움직여 방향을 잡아 어디론가 가고 있기는 하지만 무척이나 더디게 움직이기 때문에 뚜렷하게 어디를 향해 가는 것 같지 않아 보이는 달팽이의 모습에서 다름 아닌 자신의 모습을 보았던 것이리라. 말하자면, "한 치의 힘도 없이" 나선 시인과 "남인지 / 동쪽인지 / 휘이휘" 촉수를 "허망"하게 "내젓는" 달팽이의 이미지가 병치되는 가운데, 양자는 서로에 대한 원관념元觀念, tenor의 역할을 하는 동시에 보조관념補助觀念, vehicle의 역할을 한다. 즉, 서로의 이미지를 선명하게 밝혀 주는 역할을 한다. 마치 파운드의 「지하철 정거장에서」라는 시에서 '꽃잎들'이 '아름다운 얼굴들'의 이미지를 선명하게 드러나게 하고, '아름다운 얼굴들'이 '꽃잎들'의 이미지를 선명하게 드러나게 하듯. 결국 "목숨은 그런 거"라는 말은 자신이 살아가는 삶의 여정이란 눈앞의 달팽이가 찾아가는 길처럼 "허망"한 것임을, 또는 달팽이가 살아가는 삶의 모습이란 "뜰"에 나선 자신의 현재 모습처럼 "한 치의 힘도 없"는 것임을 말하기 위한 것이리라.

문제는 "손 털고"라는 구절이다. 이 시에서 "손 털고"라는 구절이 의미하는 바는 무엇인가. 혹시 이는 절제의 논리에 반反하는 불필요한 시적 진술 아닐까. 물론 그렇지 않다. 일반적으로 '손을 턴다'함은 '하던 일을 그만두거나 포기하다'의 뜻을 갖거니와, 이 구절은 시인이 다만 무력감에 젖은 상태에서 밖으로 나선 것이 아님을 암시하기 때문이다. 우리는 몸이나 마음의 아픔 때문에 무력감을 느끼든, 뜻대로 되지 않는 일 때문에 무력감을 느끼든, 또는 자신이 이제까지 한 일이 무의미하다는 판단 때문에 무력감을 느끼든, 대부분의 경우 번뇌와 좌절 또는 절망의 늪에 빠져 있게 마련이다. 누군가가 이런 상황에 처해 있다면, 그는 필경 밖으로 나서는 일조차 감행하지 못할 것이다. 바로 이 때문에 "손 털고"라는 구절은 '좌절과 번뇌 또는 절망의 마음을 뒤로하고'의 의미를 가질 수 있고, 이처럼 마음을 비울 수 있었기에 시인은 밖으로 나설 수 있었던 것이리라. 여기서 우리는 뜻대로 되지 않는 시 창작에 매진하다가 기진맥진했음에도 불구하고 번뇌와 좌절과 절망의 마음을 뒤로 한 채 밖으로 나서는 시인의 모습을 상상해 볼 수도 있겠다. 어찌 보면, 「달팽이」라는 시의 창작이 가능했던 것은 바로 "손 털고"라는 구절에 담긴 시인의 의지 때문이었는지도 모른다. 한편, "남인지 / 동쪽인지"라는 구절도 문제 삼을 수 있다. '남쪽인지 동쪽인지'로 표현할 수도 있고, '남쪽인지 동인지'로 또는 '남인지 동인지'로 표현할 수도 있었는데, 왜 하필이면 "남인지 / 동쪽인지"로 표현한 것일까. 필경 시인은 여기서 시조 고유의 운율을 의식했던 것은 아닐까.

종장의 앞부분에 있는 "목숨은 그런 거"라는 구절은 시적 진술의 전개라는 측면에서 볼 때 그 자체로서 '기승전결'의 '전'에 해당하는 역할을 완벽하게 수행하고 있다. '나'의 이미지와 '달팽이'의 이미지 사이의 병치에 이어, 두 이미지가 함축하는 바를 새롭게 하나로 묶는 자리가 되고 있다는 점에서 그러하다. 하지만 「달팽이」에서 '전'에 해당하는 부분의 역할은 이것으로 전부가 아니다. 이 부분의 끝을 장식하는 역접 접미사 '-라지만'이 조성하는 시적 긴장감은 각별한 것으로, 이 역접 접미사는 '결'에 해당하는 부분에 새삼 우리의 주목을 이끈다. 즉, 삶의 의미에 대해 체념에 가까운 시인의 깨달음에도 불구하고, 시인에게 아직 남아 있는 말이 있음을 우리에게 알리는 장치의 역할을 한다. 곧 이어 우리는 "말갛게 괴는 / 아픔"이라는 구절과 만나게 되는데, 여기서 확인되는 것도 두 이미지—보다 더 정확하게 말해, 두 이미지를 떠올리게 하는 표현들—의 결합이다. 즉, 달팽이의 점액을 떠올리게 하는 '말갛다'라는 표현과 시인의 마음을 떠올리게 하는 '아픔'이라는 표현이 결합하여 시의 마지막 진술을 이루고 있다. 달팽이가 분비하는 점액과도 같이 "말갛게 괴는 아픔"이라니! 바로 이 표현을 통해 시인의 마음에 고여 있는 아픔은 더할 수 없이 생생한 시적 이미지로 살아나고 있지 않은가. 어떤 의미에서 보면, 달팽이에게 말간 점액이 자신의 몸을 감싸는 보호막이듯, "말갛게 괴는 / 아픔"은 역설적으로 시인 자신의 삶과 시를 감싸는 일종의 보호막일 수 있지 않을까. 또는 이렇게 생각해 볼 수도 있겠다. 달팽이의 점액은 달팽이에게 보호막이기도 하지만 살아가고 있음에 대한 아픔의 표현이라고. 마치 진주조개의 진주가 진주조개의 살아 있음을 표현하는 아픔이듯. 어쩌면 시인에게 시 창작을 가능케 하는 것은 그와 같은 아픔이리라.

3. 전轉, 정완영의 「달과 나무」 또는 간명의 미학

절제된 언어는 시조의 '시조다움'을 위한 필요조건일 뿐, 충분조건이 아니다. 때때로 우리는 시라기보다는 경구警句에 가까운 시조 작품들과 만나기도 하는데, 이 같은 작품들의 특징으로 지적될 수 있는 것이 다름 아닌 절제된 언어인 경우가 적지 않다. 바로 이 때문에 절제된 언어만으로는 결코 '시조다운' 시조의 탄생이 보장될 수 없다. 절제된 언어뿐만 아니라 '시조다운' 시조를 위해 또 하나 필요한 요소가 있다면 이는 무엇일까. 추측건대, 시조 특유의 시적 이미지—즉, 절제된 언어를 통해 제시되는 간명한 시적 이미지—가 아닐까. 하지만 '시조 특유의 시적 이미지'라니? 여기서 우리는 다시 한 번 파운드의 이름을 들먹이지 않을 수 없는데, 이와 관련하여 일찍이 그가 "생생한 묘사력 vivid presentation"을 한시漢詩의 특성으로 꼽은 적이 있음[3]에 유의해야 할 것이다. "생생한

3 Ezra Pound, "Chinese Poetry," *Today* III (April 1918), 54면.

묘사력"이라는 말을 통해 그가 한시의 특성으로 각별히 주목하고자 했던 것은 마음의 눈을 사로잡을 정도로 간결하고 생생한 시적 이미지로, 어찌 보면 생생한 이미지의 제시는 동아시아의 전통적 시가들이 공유하고 있던 특성 가운데 하나일 것이다. 물론 시조 역시 여기서 예외는 아니다. 군더더기 없는 간명한 이미지를 제시함으로써 드넓은 시적 긴장의 공간을 확보하는 일—이는 실로 파운드가 주목하고 그의 몇몇 작품에서 실험했던 바의 시적 시도일 뿐만 아니라, 시조 고유의 특성이기도 하고 또 시조 시인이라면 마땅히 추구해야 할 미학적 목표이기도 하다. 오늘날의 시조 시단에서 간결하고도 생생한 이미지의 제시를 통해 시적으로 성공한 작품은 적지 않으나, 아마도 압권에 해당하는 작품을 하나 들자면 이는 바로 정완영의 「달과 나무」일 것이다.

쓸쓸한 밤하늘을
말 없이 외로 떠가다

달도 나무 가지에 걸려야
비로소 둥글어진다

한세상 홀로인 이 마음
너를 만나 익은 설움

—정완영, 「달과 나무」 전문

이 시에 제시된 시적 이미지는 너무도 간결하고 너무도 생생하여, 이 시에 눈길을 주다 보면 우리는 한 폭의 간명한 그림—아니, 시시각각으로 변화하는 한 폭의 동적動的인 영상—과 마주하고 있는 듯한 느낌에 빠져든다. 우리 마음의 눈길을 사로잡는 것은 우선 달이 떠 있는 "쓸쓸한 밤하늘"이다. 아니, 달이 "외로 떠가"고 있는 밤하늘이다. 이제 이 밤하늘에 무엇을 더할 것인가. 아무것도 더 이상 더할 것이 없다. 밤하늘은 쓸쓸하고, 달은 외로 떠가고 있기 때문이다. 필경 달이 너무 밝아 별 하나 제대로 보이지 않는 밤이리라. 굳이 여기에 무언가를 하나 더 보태야 한다면? 그렇다, 고요를 보태야 할 것이다. 달이 "말 없이" 떠가고 있지 않은가. 물론 벌레소리나 밤에 우는 새의 소리가 있을 수 있으리라. 하지만 그 어떤 소리도 '감히' 밤하늘의 고요를 깨뜨리지는 못 한다. 아니, 벌레소리나 새소리가 있다면 이로 인해 밤하늘의 고요는 더욱 깊은 것이 되리라. 고요하지 않고서야 어찌 벌레소리나 새소리가 들릴 수 있겠는가.

중장에 이르러 우리 마음의 눈에 비친 그림에 약간의 변화가 일어난다. "나무 가지"가 화폭 위에 드리워진다는 점에서 그러하다. 나뭇가지가 드리워지되, 하나면 충분하다. 즉, 달이 "걸려" 있는 나뭇가지 하나면 충분하다. 이처럼 중장에 이르러서도 여전히 시에 제시된 이미지는 더할 수 없이 간명하다. 하지만 이 같은 간명한 시적 이미지가 전하는 메시지는 결코 간명한 것일 수 없다. 간명한 것일 수 없음은 달의 모습에 관한 시인의 시적 진술이 예사롭지 않기 때문이다. 즉, 시인은 "나무 가지"에 걸린 달의 모습이 '둥글다'라고 말하는 대신 "나무 가지에 걸려야" 달의 모습이 "비로소 둥글어진다"라고 말하고 있다. 우선 "걸려야"의 보조사 '-야'로 인해 중장의 시적 진술은 가정의 상황을 암시하는 것으로 읽힐 수 있다는 점을 주목해야 할 것이다. 말하자면, 중장의 "나무 가지"는 시인의 눈앞 정경에는 아직 존재하지 않는 것일 수 있다. 하지만 이보다 더 문제가 되는 것은 "둥글어진다"는 구절이다. 둥글지 않던 달이 둥글어진다는 말일까. 물론 상당한 시간에 걸쳐 변화를 추적할 것이 허락되면 둥글지 않던 달이 둥그러진 것을 확인할 수 있다. 하지만 밤하늘을 떠가다 나뭇가지와 만나 갑자기 둥글어질 수는 없는 법이다. 이로 인해 우리는 초장에는 밝혀져 있지 않지만 달의 모습은 원래 둥글었고 그 사실이 중장에 이르러 비로소 밝혀진 것으로 이해할 수도 있다. 말하자면, 초장의 정보만으로는 달이 둥근 달인지 아닌지를 확인할 수 없었지만 중장에 이르러 둥근 달임이 밝혀진 것으로 읽을 수도 있다. 하지만 이 같은 해명은 여전히 만족스러운 것일 수 없다. 무슨 이유로 시인이 '둥글다'라는 표현 대신 '둥그러진다'라는 표현을 동원했는가에 대해서도 해명이 뒤따라야 하기 때문이다. 혹시 이 시적 진술이 아무리 둥근 달이라 하더라도 시인의 눈에는 "나무 가지에 걸려야" 비로소 둥글게 보인다는 뜻을 전하기 위한 것일까. 일종의 착시 현상을 일깨우는 것처럼 보이는 이 같은 시적 진술이 의미하는 바는 과연 무엇일까.

이 지점에서 우리는 나뭇가지에 걸려 있듯 지평선에 걸려 있는 달과 하늘에 높이 떠 있는 달 사이에 존재하는 시각적 차이를 생각해 볼 수 있는데, 비록 달의 크기에 변화가 생긴 것은 아니지만 지평선에 걸려 있는 달이 하늘에 높이 떠 있는 달보다 더 커 보이게 마련이다. 만일 당신이 과학자라면, 당신에게 이 같은 시각적 차이는 '착시 현상'에서 비롯된 것일 뿐 아무런 '실제적' 의미를 갖지 못하는 것일 수도 있다. 마치 플라톤에게 그러했듯. 플라톤은 '시란 모방에 불과한 것'임을 논의하는 자리에서 어떤 사물이 물의 바깥쪽과 안쪽에 있을 때 그 모습이 달라 보이는 "착시 현상"을 주목한 다음 이 같은 착시 현상을 마치 사실인 양 여기도록 우리를 이끄는 것은 "감성"이요, 이를 뛰어넘어 사물의 실체를 제대로 파악하게 하는 것은 "이성"임을 말한 바 있다. 나아가, 시란 기껏해야 감성의 지배 아래 이루어진 착시 현상의 "모방"에 불과한 것일 뿐이라고 주장한 바 있다.[4] 물론 이 같은 단순 논리는 아리스토텔레스에 의해 수정되는데, 시란 단순한 현상의 모방이 아니라 인간의 정서를 일깨우기 위한 창조적 모방이라는 것이 아리스토텔레스의 시각이다. 따지고 보면, 빛에 반응하여 사물이 드러내는 색깔과 형태에 대한 '인상印象, impression'을 탐구 대상으로 삼았던 서양의 인상주의는 아리스토텔레스의 시각에서 예술을 바라본 하나의 중요한 사례라 할 수 있다. 요컨대, 이성의 눈이 아닌 감성의 눈으로 대상을 바라볼 때 대상은 굳어 있는 불변의 것이 아니라 시시각각 변화하는 동시에 생명력을 지닌 그 무엇으로 살아날 수 있거니와, 이처럼 대상이 살아 숨 쉬는 순간을 포착하는 것이 다름 아닌 시인의 사명일 수 있다. 만일 당신이 이성의 논리에 갇혀 있는 사람이라면, 당신에게는 이 같은 순간을 운위하는 것 자체가 한심한 것으로 여겨질 수 있을 것이다. 그리고 당연히 밤하늘에 "외로" 떠가는 "달도 나무 가지에 걸려야 / 비로소 둥글어진다"는 진술에 담긴 시인의 시선을 터무니없는 것으로 여길 수밖에 없을 것이다.

결국 우리가 문제 삼아야 할 것은 '둥그러진다'라는 표현에 담긴 시인의 마음일 것이다. 말하자면, 지평선에 걸려야 달이 커 보이듯, 달이 아무리 둥글더라도 나뭇가지에 걸려야 비로소 둥글게 보인다는 시인의 시적 판단을 담고자 한 것이 이 표현이라고 이

---

4 Plato, *The Republic*, tr. Benjamin Jowett (New York: Random House, 1957), 371-73면 참조.

해할 수 있다. 또는 둥근 달이 더욱더 달다워 보이기 위해서는 그 달 위를 가로지르는 나뭇가지가 하나쯤은 있어야 하리라는 시인의 감성적 판단 또는 동아시아 특유의 전통적인 시적 정서를 담고자 한 것으로 볼 수도 있다. 말하자면, 이른바 풍류와 운치를 이해하는 시인의 시적 정서가 이 같은 시적 진술을 가능케 한 것으로 볼 수도 있으리라.

하지만 우리는 이 같은 해석이 지극히 상식적이고 피상적인 것임을 인정하지 않을 수 없다. 무엇보다도 이 같은 해석으로는 종장의 앞부분—"한세상 홀로인 이 마음"—에 대한 적절한 이해가 불가능하기 때문이다. "한세상 홀로인 이 마음"이라는 구절을 지배하는 것은 고적孤寂한 시적 분위기로, '풍류와 운치'의 분위기에서 갑작스럽게 '고적'의 분위기로 정황이 바뀌었다면, 이를 어떻게 받아들일 수 있겠는가. 여기서 우리는 이 부분이 시조의 전개 과정에서 기승전결의 전에 해당하는 것이고, 따라서 분위기의 반전反轉이 이루어지고 있다는 식의 설명을 할 수도 있다. 하지만 이 역시 가당치 않은 설명일 수 있는데, 뛰어난 시조 작품이라면 그 작품 안에서 확인되는 반전은 아무리 반전이라고 해도 앞부분과 유기적인 관계 속에서 이루어지는 것이기 때문이다. 그리고 이처럼 유기적 관계 속에서 이루어지는 반전에 대한 분별 있는 해석이 아니라 앞뒤가 맞지 않는 억지 해석이라면 어떤 것도 가당한 것으로 인정할 수 없기 때문이다. 사실 종장의 앞부분을 지배하는 고적한 시적 분위기는 "쓸쓸한"이나 "외로"와 같은 표현을 통해 초장에서 이미 암시되고 있거니와, 이 때문에도 '풍류와 운치'를 들먹이던 우리의 상식적 이해는 포기되어야 할 것이다. 요컨대, 우리의 시 읽기에도 반전이 요구된다. 이제 어찌할 것인가.

다행히도 우리에게는 새로운 시 읽기를 이끌어 나가는 데 필요한 단초端初가 있으니, 이는 제13회 현대 불교 문학상을 수상하는 자리에서 시인이 밝힌 수상 소감이다. 시인은 그 자리에서 "고목 나무 굽은 가지가 없었더라면 허심한 밤하늘을 달이 가다가 어디 가서 쉴 자리를 얻을 수가 있었겠는가"라는 물음과 함께 시인에게 "시"와 "불교"가 "고목 나무 굽은 가지"였음을 말한 바 있다.[5] 어찌 이보다 더 선명하고 돌올突兀하게 "달"이 곧 시인 자신일 수 있음을, 그리고 "나무 가지"는 곧 "달"에게든 시인에게든 '쉴

5 http://news.buddhapia.com/news/BNC001/BNC0016205.html.

자리'를 암시하는 것일 수 있음을 깨우쳐 주는 메시지가 있을 수 있겠는가. 이제야 우리는 비로소 「달과 나무」가 의미하는 바를 제대로 읽을 수 있게 되었다. "쓸쓸한 밤하늘을 / 말 없이 외로 떠가다"에 담긴 것은 시인의 모습일 수 있고, "달도 나무 가지에 걸려야 / 비로소 둥글어진다"에 담긴 것은 바로 시인의 마음일 수 있는 것이다. 피로에 지쳐 이지러진 모습으로 떠도는 시인의 모습을, 쉴 자리를 찾아 헤매는 시인의 마음을, 마침내 자리를 찾아 쉼으로써 원래의 둥근 모습을 되찾아 환하게 빛나고자 하는 시인의 간절한 바람을 읽을 수 있게 된 것이다. 어디 그뿐이랴. 저 하늘을 떠가는 "달"을 바라보며 저 달에게도 쉴 자리가 허락되기를 바라는 시인의 마음까지 읽을 수 있으리라. 아, 이제야 알겠다. 시인이 가정법을 동원하여 중장의 시적 이미지를 제시하고 있는 이유를! 마음 깊이 간직하고 있는 하나의 염원—그 염원이 바로 이 아름답고 간명한 「달과 나무」라는 시를 지금의 모습으로 존재하게 한 것이리라.

언젠가 우리는 시조의 '시조다움'은 시조가 인간의 삶과 고뇌를 우의적寓意的으로 표현한다는 점에서 찾아야 한다고 말한 바 있다. 이때 '우의적으로 표현한다' 함은 '지금 이 순간 이 세상을 살고 있는 인간의 지극히 현실적인 삶을 시의 소제로 삼되 이를 비유적으로 형상화한다'는 뜻을 담기 위한 것이었다. 다시 말해, 시조는 동아시아의 전통적 시가들이 그러하듯 삶을 이야기하기 위한 것이지 초월적 상징의 세계를 드러내기 위한 것이 아니다. 이와 관련하여, 프린스턴 대학의 비교문학자인 얼 마이너가 "특히 중국과 한국에서 시란 본질적으로 사실에 입각한 것이라는 믿음이 매우 강하다"고 말하면서 중국과 한국의 전통 시가가 어떤 의미에서 사실에 입각한 것이라 할 수 있는가와 어떤 의미에서 "우의"로 규정되고 읽혀질 수 있는가를 상세하게 논의한 바 있음[6]에 유의해야 할 것이다. 바로 이런 측면에서 볼 때도 정완영의 「달과 나무」는 시조의 전통적이고 본질적인 특성을 구현하고 있는 작품이라 하지 않을 수 없다. 이 시에서 "달"은 비유의 수단으로 동원되었지만, 이는 결코 영원불멸한 초월적 세계를 일깨우기 위한 '상징의 도구'가 아니라 현실의 삶을 살아가는 시인의 아픔—예컨대, 시조 시인으로서

6 Earl Miner, *Comparative Poetics: An Intercultural Essay on Theories of Literature* (Princeton: Princeton UP, 1990), 108-13면 참조.

오늘날의 삶을 살아가는 과정에 느꼈을 법한 "홀로임"에서 비롯된 아픔—을 일깨우기 위한 '우의의 도구'가 되고 있다. 이런 의미에서 이 시는 멀리 중국의 두보, 그리고 옛 시조 세계를 대표하는 수많은 뛰어난 시조 시인들의 전통을 잇는 작품이라 하지 않을 수 없다.

이제 이 시에 대한 우리의 작품 읽기를 마무리할 때가 되었다. 마무리 자리에서 다시 한 번 말하지만, 종장의 앞부분에 이르러 우리는 돌연 "달"이 곧 시인 자신일 수 있음을, 또는 시인이 달과 같은 존재일 수 있음을 암시하는 시인과 만날 수 있다. 아니, "쓸쓸한 밤하늘을 / 말 없이 외로 떠가"는 "달"을 보며 그 "달"과 마찬가지로 자기 자신도 "외로 떠가"는 존재임을 우리들 모두에게 깨닫게 하는 시인과 만날 수 있다. 정녕코 "쓸쓸한 밤하늘을 / 말 없이 외로 떠가"는 존재—또는 "한세상 홀로인" "마음"의 소유자—는 누구보다도 시인 자신이다. 그런 시인이 어느 날 "달"을 보고 문뜩 달 역시 자신과 마찬가지 처지에 있음을 깨닫고 있는 것이리라. 그렇지 않고서야 무슨 이유로 종장을 시작하는 "달도"라는 표현에 보조사 '-도'를 동원했겠는가. 아무튼, 종장의 뒷부분에 이르러 이제 시인은 자신과 마찬가지 처지에 있는 "달"과 "만나" 설움을 함께 나눈다. 이처럼 "홀로" "한세상"을 살아가는 시인이 "외로" "밤하늘"을 떠가는 달과 "만나" "설움"이 '익을' 때까지 자리를 함께 하는 정경—바로 이 정경이 우리 마음의 눈에 너무도 아름답고 선명하게 살아난다면, 그 이유는 과연 무엇일까. 무엇보다도 이영도의 빼어난 단시조 작품인 「단란」이 이미 우리 마음의 자리를 차지하고 있기 때문이다: "아이는 글을 읽고 / 나는 수繡를 놓고 // 심지 돋우고 / 이마를 맞대이면 // 어둠도 / 고운 애정에 / 삼가한 듯 둘렀다"(이영도, 「단란」 전문). 아니, 이렇게 말해야 할 것이다. 「단란」이 우리 마음에 일깨워 준 아름답고 선명한 시적 정경이 「달과 나무」의 종장이 일깨우는 시적 정경과 우리 마음 안에서 겹쳐지고 있기 때문이다. 시인과 달이 "이마를 맞대이"고 서로 아픔을 나누는 순간, "어둠도" 그들의 주변에 "삼가한 듯 둘렀"을 것이다.

4. 결結, 이영도의 「보리 고개」 또는 함축의 미학

이영도의 시조 세계에 「단란」과 같은 빼어난 작품이 어찌 하나둘뿐이겠는가. 그럼에도 불구하고 한 편의 작품만을 더 끌어들여 우리 논의의 자리를 더욱 풍성하게 할 것이 허락된다면, 우리는 서슴지 않고 「보리 고개」를 들 것이다. 정녕코 시조의 경우에도 시상詩想의 전개나 시적 진술이 결코 단선적이지 않을 수 있음을 극적으로 보여 주는 예가 있다면 이는 바로 「보리 고개」일 것이다. 절제된 언어와 간명한 시적 이미지 제시가 시조의 요체를 이룬다고 할 때 사람들은 때로 시조는 시상의 단순화라는 한계를 벗어나지 못할 것으로 생각한다. 또한 시조의 시상 전개가 대체로 기승전결의 순서로 이루어진다고 했을 때 이를 통해 제시되는 시적 진술은 도식적일 뿐만 아니라 빤한 것이 될 수밖에 없다고 생각하기도 한다. 하지만, 바둑의 규칙이 간단하지만 그 수手가 더할 수 없이 오묘하듯, 절제된 언어 사용과 간명한 이미지 제시를 원칙으로 함에도 불구하고 시조 역시 더할 수 없이 깊은 시상과 시적 진술을 담고 있는 경우가 적지 않다. 이를 가능케 하는 창작상의 전략이 있다면 그것은 무엇일까. 편의상 우리는 이를 '함축'의 전략이라 부르기로 한다. 이제 '함축'의 전략이 어떻게 시상과 시적 진술의 깊이를 더하고 있는가를 「보리 고개」를 통해 확인해 보기로 하자.

사흘 안 끓여도
솥이 하마 녹슬었나

보리 누름 철은
해도 어이 이리 긴고

감꽃만
줍던 아이가
몰래 솥을 열어보네.

—이영도, 「보리 고개」 전문

한 편의 응축된 희극 작품과 마주하고 있다는 느낌을 주기도 하는 이 시에는 시적 화자와 한 아이가 등장한다. 먼저 의문 조사 '-나'에서 확인할 수 있듯 초장에서 시적 화자는 아이에게 물음을 던진다. 물음을 던진 시적 화자는 중장에 이르러 한숨 섞인 듯한 독백을 이어간다. 이때의 독백은 물론 시적 화자가 혼자 마음속으로 하는 것일 수도 있지만, 아이든 누구든 주변 사람에게 들릴 정도로 소리내어 하는 것일 수도 있다. 아무튼, 종장에 이르러 시적 화자는 또 한 편의 독백—시를 읽는 이들을 향해 하는 것이라는 점에서 방백傍白이라고 해야 할 그런 독백—을 통해 문제의 상황을 정리한다. 이처럼 극적 형식을 통해 문제의 상황을 함축적으로 제시함으로써 더할 수 없는 시적 긴장감을 창출하는 시인의 능력은 결코 아무에게나 주어지는 것이 아니리라. 이제 이 무대 위에 올려진 한 편의 극劇과도 같은 이 시를 함께 읽기로 하자.

먼저 초장의 시적 진술에서 "하마"라는 단어가 뜻하는 바는 무엇인가. 이는 경상, 강원, 충북 지방의 방언으로, '벌써'의 뜻을 갖는다. 그리하여 초장의 진술은 '사흘 동안 솥을 사용하지 않았다 해서 벌써 녹슬었겠느냐'로 풀이할 수 있다. 이 무슨 말인가. 이 시의 제목이 이해의 단서가 될 수 있다. "보리 고개"란 불과 몇십 년 전까지만 하더라도 사람들의 입에 자주 오르내리던 말로, 비축했던 식량이 다 떨어졌지만 아직 햇보리가 나오기 전이라서 굶주림으로 보내야만 했던 춘궁기를 비유적으로 표현한 것이다. 마치 가파른 고개를 넘을 때 그러하듯 참고 견뎌 내기가 힘에 부쳤던 시기, 아마도 매년 겪으면서도 겪을 때마다 힘에 부친다는 느낌이 항상 새로웠을 법한 그 시기, 시가 암시해 주듯 때로는 "사흘" 동안 "솥"을 놀릴 정도로 "끓여" 먹을 식량이 부족했던 시기가 그 옛날 우리에게 있었고, '보릿고개'라는 말은 그렇게 해서 생긴 것이다. 앞서 밝힌 바와 같이 하나의 물음으로 이루어진 이 시의 초장은 바로 이 보릿고개를 향해 사람들이 오르고 있음을 암시한다. 하지만 초장을 통해 시인이 의도하는 바는 단순히 '식량이 바닥났다'라는 메시지의 전달이 전부는 아니다. 이와 관련하여 초장에 담긴 물음이 우회적인 것임에 유의해야 할 것이다. 즉, 아이가 며칠 동안 사용하지 않은 "솥"을 열고 그 안을 들여다보는 것을 보고 시적 화자는 그에게 '솥에 무언가 먹을 것이 있나를 보니?'라고 묻는 대신 '솥이 녹슬었나를 보니?'라고 물음으로써, 솥을 연 아이가 시적 화자 앞에서 느꼈을 법한 무안함을 덜어 주고 있지 않은가. 어찌 보면, 이 같은 돌려 묻기 또는 돌려 말하기는 한국인 특유의 정서를 반영하는 것으로, 상대에 대한 배려의 마음뿐만 아니라 어려움 가운데서도 결코 잃지 않는 마음의 여유를 함축하는 것이라 할 수 있겠다.

돌려 묻기 또는 돌려 말하기를 통해 드러나는 상대에 대한 배려의 마음 및 화자가 지니고 있을 법한 마음의 여유는 중장에서도 확인된다. 중장의 "보리 누름 철"이란 보리가 누렇게 익는 시기를 말하는 것으로, 이 시기가 지나야 비로소 사람들은 굶주림을 면할 수 있다. 말할 것도 없이, 굶주린 사람들에게 이 시기는 무척이나 지루하고 길게 느껴졌을 것이다. 그리고 보리가 익기까지 시간이 견딜 수 없이 더디게 흐르는 것처럼 느껴졌을 것이다. 그런 그들 앞에서 '보리가 익기까지 어찌 이리 시간이 더디게 흐르는가'를 직설적으로 말했다 하자. 아마도 그들에게는 지루하고 길게 느껴지던 시간의 무게는 더욱 견딜 수 없는 것이 되었을 것이다. 마치 배고픈 사람에게 던진 '배고프냐'라는 물음 자체가 더욱더 절실하게 배고픔의 느낌을 일깨워 주듯. 그런 연유로 시적 화자는 '보리가 어이 이리 빨리 익지 않는가'라는 식의 불평을 입 밖에 내지 않는다. 다만 한숨이 섞인 탄식의 말을 이렇게 입가에 떠올릴 뿐이다: "해도 어이 이리 긴고." 행여 자신의 탄식을 아이든 누구든 엿들을까 봐 염려하기라도 하듯. 이처럼 돌려 말할 수 있도록 시적 화자를 이끄는 배려의 마음과 여유의 마음이 있었기에, 우리의 조상어른들은 그 넘기 어려운 보릿고개를 어떻게 해서든 넘을 수 있었던 것이리라.

보리가 익어 가는 계절은 초여름으로, 이때는 "감꽃"이 피었다가 떨어지는 시기이기도 하다. 사람들이 보릿고개를 오르느라고 허덕이던 그 옛날, 허기에 지친 아이들은 달리 어쩌지 못하고 떨어진 "감꽃만" 주워 먹기도 했다. 그렇게 하면 허기를 달랠 수 있었을까. 아마도 감꽃을 주워 입에 넣고 씹는 동안 아이들은 잠시나마 허기를 잊을 수 있었을 것이다. 하지만 허기는 다시금 아이들의 몸과 마음을 온통 휘감았으리라. 「보리 고개」의 종장 앞부분에서 우리는 그런 아이 하나와 만난다. 이제 허기에 몰린 아이가 할 수 있는 일은 무엇일까. 종장의 뒷부분은 그런 아이가 할 수 있는 일이 무엇인지를 우리에게 엿보게 한다. 아이는 다시 집으로 들어와 "몰래 솥을 열어" 본다. '몰래'라니? 어찌 이 단어만큼이나 아이의 마음을 선명하게 보여 주는 것이 있을 수 있겠는가. 아이는 아마도 솥 안에 아무것도 없는 것을 알면서도 행여 하는 마음으로 솥을 열어 보지 않을 수 없었을 것이다. 만일 어쩌다 그런 모습을 아이의 어머니가 보았을 때 그 어머니의 마음은 얼마나 아팠을까. 그런 어머니의 마음을 살피기라도 하듯, 아이는 "몰래" 솥을 열어 보고 있는 것이다. 또는 아무것도 없는 것을 빤히 알면서도 솥을 열어 보는 아이의 모습을 어머니한테가 아니더라도 누군가한테 들켰을 때 아이는 얼마나 무안하고 멋쩍었을까. 그러니 어찌 "몰래 솥을 열어" 보지 않을 수 있겠는가.

무안해하고 멋쩍어할 아이의 멋쩍음을 덜어 주기라도 하듯, 시적 화자는 이렇게 묻고 있는 것이다: "사흘 안 끓여도 / 솥이 하마 녹슬었나." 아이가 먹을 것이 있나를 확인하기 위해서가 아니라 녹이 슬었나를 확인하기 위해서 솥을 열어 본 것임을 시적 화자가 짐짓 잘 알고 있기라도 한 양. 실로 아무것도 없는 것을 알면서도 솥을 열어 보는 아이의 모습을 생생하게 떠올리게 하는 이영도의 「보리 고개」라는 한 편의 '극'과 마주하며 코끝이 찡해짐을 느끼지 못할 사람이 어디 있으랴. 아마도 누군가가 보릿고개의 어려움을 놓고 제 아무리 상세하고 길다란 설명을 시도하더라도, 이 시조 작품만큼이나 극적으로 또한 생생하게 허기에 지친 사람의 아픔을 전할 수는 없을 것이다. 그뿐이랴, 이영도의 '극'에 등장하는 것이 "아이"이기 때문에 허기로 인한 고통은 더욱더 깊고 생생하고 핍진逼眞한 것이 되지 않을 수 없었던 것이리라.

어떤 이는 '보릿고개'라는 말이 이미 누구도 괘념치 않은 과거의 표현이 된 이 마당에 새삼스럽게 이 같은 시를 들먹이는 이유가 무엇인가를 우리에게 물을 수도 있다. 만일 그런 이가 있다면, 열에 달궈진 목소리로 그에게 이렇게 소리쳐 말하지 않을 수 없다. 즉, 지구 어딘가에 아직도 허기에 고통을 받고 있는 사람들, 아니, 아이들이 있음을, 그리고 풍요와 번영은 영원히 지속되지 않을 수도 있음을, 과거의 것이든 현재의 것이든 타인의 아픔을 짚어 보고 이해하려는 마음이 없는 사람한테서는 그 어떤 희망도 사랑도 기대할 수 없음을 잊지 말라!

이 지점에서 우리의 논의를 다시 시조 쪽으로 옮기기로 하자. 절제된 언어, 간명한 시적 이미지, 그리고 헤아릴 수 없이 많은 의미를 함축하는 극적인 시적 진술이 모두 모여 한 편의 빼어나고 아름다운 단시조로 현현顯現한 예를 들라면, 우리가 서슴지 않고 내세울 작품은 바로 「보리 고개」일 것이다. 하지만 절제된 언어, 간명한 시적 이미지, 함축적인 시적 진술이 시조 미학의 요체일 수 있으나, 그렇다 해서 이런 요소들이 곧 빼어나고 아름다운 시조의 창작을 가능케 하는 전부일 수는 없다. 모름지기 시조 시인에게 요구되는 것이 있다면 시조에 대한 열정과 정성의 마음이리라. 시조에 대한 열정과 정성의 마음이 더욱더 확고한 것이 되기 바라는 우리의 염원을 시조 시인들에게 전하면서, 아울러 무엇보다도 단시조에 대한 관심과 애정의 마음이 나날이 더욱더 새로워지기 바라는 우리의 소박한 희망을 시조 시인들에게 전하면서, 이 글을 맺기로 하자. □

사설시조의 어제와 오늘*
—사설시조 고유의 파격의 멋을 찾아서

1. 옛 사설시조의 매력

세상의 모든 일이 그러하듯, 시를 쓰는 일이란 지극히 어려운 일일 수도 있으면서 동시에 지극히 쉬운 일일 수도 있다. 아니, 세상에 모든 일이 그러하듯, 시를 읽는 일 역시 지극히 쉬운 일일 수도 있으면서 동시에 지극히 어려운 일일 수도 있다. 조선 시대의 사설시조들과 만나다 보면, 시 쓰기와 시 읽기란 지극히 어려우면서도 쉬운 일이라는 이 모순이 모순으로 느껴지지 않는다. 조선 시대의 사설시조를 읽어 보라. 만일 시 쓰기가 어려운 일이라면, 어찌 이처럼 격식을 갖추지 않은 화려한 말의 잔치를 편안하게 시에 반영할 수 있겠는가. 하지만 조선 시대의 사설시조는 시 쓰기란 말처럼 쉬운 일만은 아닐 수도 있음을 보여 준다. 시 쓰기가 쉬운 일이라면, 어찌 이처럼 물 흐르듯 자연스럽게 이어지는 화려한 말의 잔치를 펼쳐 보이면서도 이를 단순한 말의 잔치에서 끝나지 않도록 할 수 있겠는가. 물 흐르듯 자연스럽게 이어지는 이 화려한 말의 잔치를 직접 체험해 보라. 아니, 조선 시대의 사설시조를 읽거나 읊어 보라. 조선 시대의 사설시조를 읽거나 읊다 보면 시 읽기조차도 지극히 쉬운 일인 것처럼 느껴지기도 한다. 시 읽기가

* 이 글에서 논의되는 모든 조선 시대의 사설시조는 신구문화사에서 1966년에 펴낸 정병욱 편저 『시조문학 사전』에 맞춰 인용하기로 한다.

쉬운 일이 아니라면, 화려한 말의 잔치에서 어찌 이처럼 선명하게 교묘한 해학과 풍자, 재치와 반어反語가 읽혀지겠는가. 그럼에도 불구하고 시 읽기란 여전히 쉬운 일이 아닌 것처럼 느껴지기도 한다. 시 읽기가 쉬운 일이라면, 사람들이 해학과 풍자, 재치와 반어에 감추어진 우의적 의미를 그리도 무심하게 간과할 수 있겠는가. 이렇게 말하는 이유는 조선 시대의 사설시조에 담긴 해학과 풍자, 재치와 반어가 여전히 살아 숨 쉬는 것임을 읽지 못 하는 사람들이 적지 않기 때문이다.

사설시조야말로 일찍이 얼 마이너가 말한 한국 시나 중국 시의 특성을 선명하게 보여 주는 예라 할 수 있거니와, "특히 중국과 한국에서 시란 본질적으로 사실에 입각한 것이라는 믿음이 매우 강하다"는 그의 지적을 다시 한 번 음미하게 하는 것이 바로 조선 시대의 사설시조인 것이다. 한 시대를 살아가며 사람들이 느끼는 인간사의 굴곡에 대한 만감을 있는 그대로 담아내되, 한 시대를 뛰어넘어 항상 새롭게 읽혀질 수 있는 우의allegory에 그 느낌을 담아 놓은 '시가 형식'이 바로 조선 시대의 사설시조 아닌가. 바로 이런 이유 때문에 조선 시대의 사설시조는 지금 이 시대에 창작된 우리들 자신의 시가인 것처럼 오늘날에도 생생하게 생명력을 느끼도록 한다. 비록 그리도 소홀히 여겨지고 있긴 하지만, 조선 시대의 사설시조에 담긴 해학과 풍자, 재치와 반어는 우리 시대를 살아가는 사람들의 정서를 생생하게 담아 놓은 것으로도 읽힐 수 있는 것이다.

그리하여 우리는 상상의 벽을 뛰어넘어 조선 시대의 사람들의 마음으로 들어가 그들의 정서 속에 젖어들기도 하고 또 그들의 정서에서 오늘날을 살아가는 우리들 자신의 모습을 읽기도 한다. 그들이 어떤 처지에 있었든, 삶이 지금만큼 곤곤하지 않았으랴. 아니, 우리가 어떤 처지에 있든 우리의 삶이 그들의 삶보다 곤곤함이 덜한 것이랴. 따라서 삶의 곤곤함을 뛰어넘거나 해소하고자 하는 몸부림은 예나 지금이나 다를 바가 없는 것이리라. 또한 그 몸부림을 '시'로 형상화하려는 마음도 예나 지금이나 다를 바가 없는 것이리라. '시'를 통해 해소하지 않고서는 도저히 견디어내기 어려운 삶의 곤곤함을 우리에게까지 생생하게 전하는 조선 시대의 사설시조 한 수를 들어 보자.

일신이 사쟈ᄒᆞᆫ이 물썻 계워 못견딜쐬

皮ㅅ겨ᄀᆞᆺ튼 갈랑니 보리알ᄀᆞᆺ튼 슈통니 줄인니 ᄀᆞᆺ쁜니 ᄌᆞᆫ벼록 굴근벼록 강벼록 倭벼록 긔는 놈 뛰는 놈에 琵琶ᄀᆞᆺ튼 빈대삭기 使令ᄀᆞᆺ튼 등에아비 갈ᄡᅡ귀 샴의약이 셴 박회 눌은 박회 바금이 거절이 불이 샢족ᄒᆞᆫ 목의 달리 기다ᄒᆞᆫ 목의 야윈 목의 술진 목의 글임애 샢록이 晝夜로 뷘씌 업시 물건이 쏘건이 ᄲᆞᆯ건이 ᄠᅳᆺ건이 甚ᄒᆞᆫ 唐빌리 예서 얼여왜라
그中에 참아 못견될손 六月 伏더위예 쉬ᄑᆞ린가 ᄒᆞ노라

세상을 살다 보면 이른바 관료주의라는 것의 위세 앞에 주눅이 들거나 주눅이 드는 자신에 대해 울화가 치미는 일이 한두 번이 아닐 것이다. 아니, 굳이 관료주의가 아니더라도 크든 적든 조직으로부터 부여받은 힘을 내세워 위세를 떨치는 인간과 마주치는 일이 적지 않은 것이 우리네 인간의 삶이다. 하지만 우리의 삶을 특히 힘들게 하는 것은 보잘것없는 권세임에도 불구하고 권세랍시고 휘두르는 소인배—이른바 "六月 伏더위예 쉬ᄑᆞ리"—들이다. 물론 "쉬ᄑᆞ리"는 귀찮은 존재일 뿐 삶에 위협이 되는 것은 아니지만, "六月 伏더위예 쉬ᄑᆞ리"와 같은 귀찮은 존재가 우리네 삶을 견디기 어려운 것으로 만듦을 우리 주변에서 자주 목격한다. 삶을 견디기 어려운 것으로 만드는 귀찮은 존재들을 다양한 해충에 비유하여 해학적으로 표현하고 있는 이 시조의 메시지는 오늘날에도 여전히 유효하다.

아마도 유사한 메시지를 전하는 또 하나의 뛰어난 예가 "두터비 ᄑᆞ리를 물고 두험우희 치ᄃᆞ라 안자"로 시작되는 저 유명한 시조일 것이다. 이 시조는 파리로 비유되는 일반 백성들 앞에서 위세를 떨치지만 송골매로 비유되는 상급 관리 앞에서는 꼼짝도 못하는 하급 관리의 모습을 두꺼비에 빗대어 노래하고 있다. 송골매를 피할 만큼 자신의 "ᄂᆞᆯ낸" 몸놀림에 자긍심을 갖는 두꺼비의 모습은 그 자체가 반어의 세계를 대변한다. 이제 풍자와 해학에 넘치는 이 작품만큼 약육강식의 현실을 비판하는 또 한 편의 뛰어난 사설시조에 눈길을 주자.

ᄇᆞᆰ가버슨 兒孩ㅣ들리 거뮈줄 테를 들고 ᄀᆡ川으로 往來ᄒᆞ며
ᄇᆞᆰ가숭아 ᄇᆞᆰ가숭아 져리가면 죽ᄂᆞ니라 이리 오면 ᄉᆞᄂᆞ니라 부로ᄂᆞ니 ᄇᆞᆰ가숭이로다
아마도 世上 일이 다 이러ᄒᆞᆫ가 ᄒᆞ노라

—이정진

발가숭이 아이들이 잠자리를 잡기 위해 이른바 속임수를 쓴다. 저리 가면 죽고 이리 오면 산다고. 물론 아이들이 잠자리에게 쓰는 속임수야 속임수일 수 없다. 잠자리 쪽에서 보면 아이들의 말을 알아들을 수 없고, 또 아이들 쪽에서 보면 잠자리가 자기네들의 말을 알아들을 것을 기대하고 던지는 말이 아니기 때문에. 하지만 잠자리가 아이들에게 잡히면 필경 죽음에 이를 것이라는 점에서 아이들의 속임수는 여전히 속임수일 수 있다. 이처럼 속임수가 아니면서 동시에 속임수일 수 있는 속임수 또는 속임수이지만 속임수로 인식되지 않는 속임수—인간 세상이란 그런 종류의 속임수가 지배하는 세계임을 시인은 발가숭이 아이들이 노는 모습에서 확인한다. 속임수가 아니면서도 속임수일 수 있다는 식의 의미의 다층성은 시어에서도 확인되는데, 이와 관련하여 '붉가숭이'라는 말에 주목하기 바란다. 즉, '붉가숭이'가 아이들을 가리킬 때에는 냇가에서 발가벗고 노는 아이들을 의미하지만, 잠자리를 '붉가숭이'라 할 때는 물론 빨간 빛깔의 고추잠자리를 의미한다. 이 같은 절묘한 언어 유희 때문에도 이 시는 주목할 만한 작품이다.

널리 알려진 바와 같이, 사설시조는 임진왜란과 병자호란을 겪으면서 조선 사회가 급격히 변화하는 과정에 등장했으며, 이 새로운 시가의 창작과 확산에 중추적 역할을 한 사람들은 평민 출신의 가객들이었다. 즉, 사회의 변화가 이제까지 잠잠하던 평민 계층에게 제 목소리를 낼 수 있는 기회를 준 것이다. 바로 이런 점에서 사설시조는 평민 문학으로 규정될 수도 있거니와, 대체로 양반 계층의 문학 양식으로 규정될 수 있었던 평시조—즉, 단시조—와 여러 면에서 비교될 수 있다. 무엇보다도 사설시조는 평시조와 달리 일정 부분 정제된 율격에서 벗어나 있다는 점에 주목할 수 있거니와, 이는 어쩌면 격식과 형식을 중시하는 사회 계층과 그렇지 않은 사회 계층 사이에 존재하는 의식 및 태도의 차이를 반영하는 것일 수 있다. 바로 이런 경향의 차이는 현실에 대해 사변적 차원에서보다는 세속적 차원에서의 이해를 지향하고 있다는 점에서도 확인될 수 있을 뿐만 아니라, 영탄詠歎과 경건敬虔이 아닌 풍자諷刺와 해학諧謔에 무게 중심을 두고 있다는 점에서도 확인될 수 있다. 또한 서정이 아닌 사설조辭說調의 서사 문학의 세계를 펼쳐 보이고 있다는 점에서도 사설시조는 평시조와 구별된다. 이 때문에 조선 시대의 사설시조는 서양의 근대화 과정에 생성·발전된 서사적 산문 문학—이른바 '시민

서사burgher epic' 또는 '소설novel'로 일컬어지는 문학 형식—과도 견줄 수 있는데, 주제 면에서도 사설시조는 서양의 서사적 산문 문학과 일맥상통하는 바가 있다. 즉, 조선 시대의 사설시조는 이미 앞에서 살펴본 바와 같이 현실에 대한 풍자와 비판이 시도되는 자리이기도 했지만, 세속적 삶을 살아가는 보통 사람들의 느낌과 체험을 진솔하게 담아내는 자리이기도 했던 것이다.

어느 시대든 마찬가지이겠지만 세속의 삶이 펼쳐지는 삶의 현장 어디를 가나 들리는 것은 삶을 살아가기가 만만치 않다는 푸념과 한탄일 것이다. 바로 이 푸념과 한탄이 단순한 푸념과 한탄에 머물지 않고 경쾌한 수사적 언변과 결합하여 뛰어난 시의 경지를 이루고 있는 예를 조선 시대의 사설시조에서 찾아보기란 어려운 일이 아니다.

한숨아 셰한숨아 네 어ᄂᆡ 틈으로 드러온다
고모장ᄌᆞ 셰살장ᄌᆞ 가로다지 여다지에 암돌져귀 수돌져귀 ᄇᆡ목걸새 뚝닥 박고 龍거북 ᄌᆞ물쇠
로 수기수기 ᄎᆞ엿ᄂᆞᆫ듸 屛風이라 덜걱 져븐 簇子ㅣ라 ᄃᆡᄃᆡ글 ᄆᆞᆫ다 네 어ᄂᆡ 틈으로 드러온다
어인지 너 온날 밤이면 ᄌᆞᆷ못드러 ᄒᆞ노라

제 아무리 온갖 마음의 문을 꼭꼭 걸어 잠그고 병풍과 족자를 쳐놓아도 "한숨"은 막무가내로 나의 마음 안으로 비집고 들어온다. 이 한숨 때문에 나는 잠 못 들어 하는 것이다. 마음 안으로 비집고 들어와서 나의 잠을 훼방놓는 이 한숨은 어디에서 비롯된 것일까. 먹고사는 일의 고달픔 때문일까. 아니면, 주변 사람들과의 갈등 때문일까. 그것도 아니면, 이루어질 수 없는 사랑 때문일까. 이유가 어디에 있든, 뜻대로 되지 않는 삶 앞에서 절규를 하거나 비탄을 늘어놓는다 해서 삶이 그만큼 나아지는 것은 아니다. 오히려 비탄과 절규는 삶을 살아가는 사람들을 더욱더 지치게 할 뿐이다. 그렇다면 어찌할 것인가. 바로 이 사설시조는 이 같은 물음에 대한 하나의 답변일 수 있다. 즉, 시적 화자는 한숨을 반갑지 않은 손님인 양 의인화하고 어떤 수를 써서라도 이 반갑지 않은 손님의 방문을 막아 보려는 집주인의 모습으로 자신을 그리고 있거니와, 사람들의 입가에 가벼운 웃음을 자아낼 만큼 해학적인 언변을 통해 이 사설시조는 괴롭고 고달픈 삶을 어떻게 살아가야 하는가의 물음에 답을 주고 있는 것이다. 수심이나 근심에 휘둘리

면서도 마음의 여유를 잃지 않는 것, 아니, "한숨"과의 한판 힘 겨루기를 해학적으로 묘사할 만큼 마음의 여유를 갖는 것, 바로 여기에 삶의 지혜가 있는 것 아닐까.

삶의 고달픔을 해학적으로 노래하는 사설시조 가운데 각별히 주목할 만한 또 한 편의 뛰어난 예를 고른다면, 며느리의 입장에서 시집살이의 괴로움을 전하는 다음의 작품을 빠뜨릴 수 없다.

> 싀어마님 며느라기 낫바 벽바흘 구루지 마오
> 빗에 바든 며ᄂᆞ린가 갑세 쳐온 며ᄂᆞ린가 밤나모 서근 등걸에 휘초리나 ᄀᆞᆺ치 알살픠선 싀아바님 볏뵌 쇳동ᄀᆞᆺ치 되죵고신 싀어마님 三年 겨론 망태에 새 송곳 부리ᄀᆞᆺ치 ᄲᅭ족ᄒᆞ신 싀누으님 당피 가론 밧틔 돌피나니ᄀᆞᆺ치 ᄉᆡ노란 욋곳ᄀᆞ튼 피ᄯᅩᆼ 누ᄂᆞᆫ 아들 ᄒᆞ나 두고
> 건밧틔 멋곳ᄀᆞ튼 며ᄂᆞ리를 어듸를 낫바 ᄒᆞ시는고

시집살이의 괴로움이 "빗에 바든 며ᄂᆞ린가 갑세 쳐온 며ᄂᆞ린가"라는 푸념 속에 더없이 생생하게 살아나고 있지 않은가. 썩은 등걸의 밤나무 회초리처럼 매서운 "싀아바님," 볕 쬔 쇠똥처럼 꼬장꼬장한 "싀어마님," 송곳처럼 표독한 "싀누으님"—그 누구 하나 며느리의 마음을 달래 줄 사람은 없다. 심지어 서방이라는 위인도 "당피 가론 밧틔 돌피나니ᄀᆞᆺ치 ᄉᆡ노란 욋곳ᄀᆞ튼 피ᄯᅩᆼ"이나 "누ᄂᆞᆫ" 어린애일 뿐, 몸을 기댈 듬직한 기둥이 되지 못 한다. 이들 사이에서 "건밧틔 멋곳ᄀᆞ튼 며ᄂᆞ리"의 삶은 고달플 따름이다. 이 시조에서는 '서근 등걸'이나 '볏뵌 쇳동' 또는 '三年 겨론 망태'나 '돌피나니ᄀᆞᆺ치 ᄉᆡ노란 욋곳ᄀᆞ튼 피ᄯᅩᆼ' 등의 해학적 표현이 며느리를 제외한 모든 사람한테서 따뜻한 생명력 또는 활기라고는 느낄 수 없도록 한다. 따뜻한 생명력 또는 활기를 느끼도록 하는 것은 다만 "건밧틔 멋곳"에 비유되는 며느리뿐이다. 말하자면, 생명력 또는 활기가 좀처럼 느껴지지 않는 메마르고 척박한 황무지 안에 갇혀 있는 삶과 다를 바 없는 것이 며느리의 시집살이인 것이다. 과연 그런 곳에서 "멋곳"은 언제까지 생명력을 잃지 않고 견디어 나갈 수 있을까. 이런 종류의 궁금증이 며느리의 안쓰러운 삶과 푸념 쪽으로 읽는 이들의 마음을 더욱 기울게 하는 것이리라.

주변 사람들과의 화목한 관계가 어렵기에 삶이 힘들고 괴로운 것만도 아니다. 무엇보

다도 삶이 괴롭고 힘든 것은 사랑이 이루어질 수 없기 때문이거나 사랑하는 사람과 함께 할 수 없기 때문임을 세속의 삶은 생생하게 보여 준다. 그 많은 유행 가요의 태반이 못 이룬 사랑과 사랑하는 사람에 대한 그리움에 관한 것임은 아마도 이와 무관하지 않을 것이다. 조선 시대의 사설시조 역시 이를 증명해 주는 귀중한 자료이기도 하다.

> 나모도 바히 돌도 업슨 뫼헤 매게 ᄧᅩ친 가토리 안과
> 大川바다 한가온대 一千石 시른 ᄇᆡ에 노도 일코 닷도 일코 농총도 근코 돗대도 것고 치도 빠지고 ᄇᆞ람부러 물결치고 안개 뒤섯계 ᄌᆞ자진 날에 갈길은 千里萬里 나믄듸 四面이 거먹어득 져뭇 天地寂寞 가치노을 쩟ᄂᆞᆫ듸 水賊 만난 都沙工의 안과
> 엇그제 님여흰 내 안히야 엇다가 ᄀᆞ을ᄒᆞ리오

님을 잃은 참담한 심경을 어디에다 비하랴. 이 시조는 두 개의 비견할 만한 정황을 제시하고 있는데, 까투리가 매한테 쫓기고 있는 정황이 하나이고, 도사공이 바다 한가운데에서 수적을 만나는 정황이 다른 하나다. 문제는 까투리가 쫓기지만 숨을 곳이 어디에도 없다는 것이고, 또 수적을 만난 도사공의 경우 갈 길이 먼데 날은 저물었고 배는 모든 것을 잃어 움직일 수 없다는 것이다. 말하자면, 절체절명의 위기 또는 사면초가의 상황에 처한 것이다. 이런 위기 상황에서 까투리나 도사공의 심경은 어떠할까. 말하지 않아도 짐작할 만한 그들의 심경을 시적 화자는 님을 잃은 자신의 심경에 비유하고 있는 것이다. 아니, 그들의 심경에 비할 바 없는 것이 자신의 심경을 시적 화자는 "엇다가 ᄀᆞ을ᄒᆞ리오"라는 수사적 의문문에 담고 있다. 다양한 수사적 표현 기법을 동원하여 상황의 절박함을 실감나게 묘사하고 있는 이 작품은 이제까지 우리가 접해 왔던 작품들과 마찬가지로 뛰어난 언어 감각이 사설시조 창작의 요체이었음을 다시 한 번 실감케 한다.

철들 무렵 필자는 동네 아주머니나 할머니들이 세상사를 이야기하면서 동원하던 화려한 수사에 감탄하던 적이 한두 번이 아니었는데, 조선 시대의 사설시조는 바로 그 화려한 수사의 전통이 어제오늘의 것이 아님을 보여 주는 증거라 할 만하다. 조선 시대의 사설시조의 경우 단순히 그리움이나 이별을 노래할 때뿐만 아니라 남녀상열지사를 노래할 때도 수사의 화려함은 유감 없이 빛을 발하는데, 이를 보여 주는 예가 "간밤의

ᄌᆞ고 간 그 놈 암아도 못니즐다"로 시작되는 성애의 노래일 것이다. 노골적이면서도 결코 노골적이지 않은 이 성애의 노래야말로 사설시조의 폭을 새삼 확인케 하는 작품일 것이다.

조건 시대의 사설시조에는 말투 또는 어법을 작품의 소재로 삼은 것도 있는데, 다음의 예는 해학諧謔과 현학玄學이 겹쳐지는 곳에 우리의 시선을 집중케 하는 예다.

> 되들에 동난지이 사오 져 쟝스야 네 황후 긔 무서시라 웨ᄂᆞᆫ다 사쟈
> 外骨內肉 兩目이 上天 前行 後行 小아리 八足 大아리 二足 靑醬 ᄋᆞ스슥ᄒᆞᄂᆞᆫ 동난지이 사오.
> 쟝스야 하 거복이 웨지말고 게젓이라 ᄒᆞ렴은

장사꾼이 "동난지이"를 사라고 외치자 누군가가 무엇을 사라 하느냐 묻는다. 이 물음에 장사꾼은 온갖 현학적 표현을 동원하여 자신이 팔고 있는 것이 무엇인지를 설명한다. 이 설명에 귀를 기울이던 사람이 거북하게 말하지 말고 그냥 "게젓"이라 하라 충고한다. 이 충고를 문자 그대로 받아들이면, 공연히 어울리지 않게 문자 쓰지 말고 쉽게 말하라는 것으로 이해할 수 있다. 이 때문에 이 시조는 실사구시의 정신을 반영하고 있다는 투의 엉뚱한 해설도 나온다. 하지만 바로 이 같은 현학적 표현으로 인해 이 사설시조의 사설시조다움이 살아나는 것은 아닐까. 말하자면, 시의 내용 면에서 볼 때 장사꾼의 현학적 표현이 부정되고 있지만, 시의 중장 자체가 장사꾼의 현학적 표현으로 이루어져 있다는 형식적 관점에서 볼 때 바로 이 표현 자체에 대한 적극적 수용과 긍정이 이루어지고 있는 셈이라 할 수 있다. 사실 "게젓"을 "外骨內肉 兩目이 上天 前行 後行 小아리 八足 大아리 二足 靑醬 ᄋᆞ스슥ᄒᆞᄂᆞᆫ 동난지이"라고 낯설고 생소하게 표현하는 능력이 바로 시적 언어 능력이 아닌가. 이처럼 대상을 언어적으로 낯설게 하고 생소하게 만드는 현상이 시적 언어 세계를 지배하고 있음에 유의하여, 일찍이 러시아 형식주의자들은 익숙한 언어적 표현의 "낯설게 하기defamiliarization" 또는 "전경화前景化, foregrounding"가 곧 시의 존재 이유임을 역설한 바 있다. 웃음을 자아낼 정도로 현학을 가장하면서 "게젓"을 해학적으로 표현하는 가운데 장사꾼은 자신이 팔고 있는 "게젓"에 사람들의 주목을 새삼 끌고 있다면, 그는 시적인 장사꾼일 뿐만 아니라 유능한 장사꾼이라 할 수도 있지

않을까. 바로 이런 관점에서 보면, 장사꾼에 대한 충고의 시조가 아니라, 충고를 구실 삼아 장사꾼의 언변을 생생하게 보여 주고, 나아가 그런 언변이 딱딱한 우리네 삶에 작으나마 웃음을 선사할 수 있음을 보여 주기 위한 시조로 읽을 수도 있을 것이다. 사실 사설시조 자체가 편하게 말할 것을 "거복이 웨"는 언어 행위일 수 있지 않은가. 바로 그 "거복이 웨"는 언어 행위가 곤곤한 우리네 삶을 부드럽고 윤택하게 하는 것 아니겠는가. 조선 시대의 후기에 꽃피웠던 사설시조의 존재 이유를 바로 여기서 찾을 수 있으리라.

2. 현대 사설시조의 가능성

조선 시대의 시조 전통을 오늘에 되살리는 데 핵심적 역할을 한 사람은 가람 이병기이며, 그에 의해 주도된 이른바 '시조 부흥 운동'은 전통적 민족 정신의 계승이라는 명분 아래 전개되었음은 널리 알려진 사실이다. 한편 전통적 민족 정신이라는 추상적이고도 초시간적超時間的인 관념을 추구하는 가운데 사람들은 사설시조보다 정형 단시조를 선호했던 것도 또한 널리 알려진 사실이다. 이는 아마도 세속적이고 현실 풍자적 내용을 담는 그릇으로 여겨졌던 사설시조 형식에 비해 고아하고 초월적인 시 정신을 담는 데 무리가 따르지 않는 것이 단시조 형식이었기 때문이리라. 그럼에도 불구하고 가람을 비롯한 시조 부흥 운동의 주도자들이 사설시조를 완전히 관심 밖으로 내몰지 않았음을 우리는 가람의 다음과 같은 작품에서 확인할 수 있다.

> 해만 설픗하면 우는 풀버레 그 밤을 다하도록 울고 운다
>
> 가까이 멀리 예서 제서 쌍져 울다 외로 울다 연달아 울다 뚝 끊쳤다 다시 운다 그 소리 단조하고 같은 양 해도 자세 들으면 이 놈의 소리 저 놈의 소리 다 다르구나
>
> 남 몰래 겨우는 시름 누어도 잠 아니 올 때 이런 소리도 없었은들 내 또한 어이 하리
>
> —이병기, 「풀버레」 전문

특별한 관심을 두지 않는 이상 한밤에 들리는 벌레 소리야 한결같다고 느껴지게 마련이다. 즉, "그 소리 단조하고 같은 양" 하다. 하지만 "자세 들으면 이 놈의 소리 저 놈의 소리 다 다르"다는 사실을 확인케 된다. 문제는 왜 "다 다르"다는 사실을 깨달을 지경에 이르기까지 벌레 소리에 귀를 기울이게 되었는가에 있다. 사실 한밤에 잠자리에 누워 벌레 소리를 듣다 보면 그 단조로운 소리에 살풋 잠에 빠져들게 마련이다. 오죽이나 시름에 겨워 잠을 못 이루면 벌레 소리에 "자세" 귀를 기울이게 되었을까. 심지어 "다 다르"게 들리는 저 벌레 소리가 "남 몰래 겨우는 시름"을 덜어 주는 역할까지 한다. 그리하여 시인은 말한다. "다 다르"게 들리는 저 벌레 소리조차 없다면 잠 못 이루는 이 밤을 "어이 하리." 시름에 겨워 잠을 못 이루는 시인의 마음이 어찌 이보다 더 선명하게 드러낼 수 있으랴. 여기서 우리는 벌레 소리가 시인의 시름을 매개로 하여 전경화前景化되고 있음에도 주목할 수 있다. 말하자면, 이제까지 그저 그렇고 그런 것으로 생각했던 벌레 소리가 시름에 겨워 있는 시인의 귀에는 새삼 다르게 들리고 있는 것이다. 만사가 그렇지 않은가. 사람들은 평소 별 생각 없이 지나쳤던 일상의 작은 일들이 어느 순간 전혀 새로운 또는 파격적인 의미를 띠게 되는 경우를 자주 체험한다. 다만 이를 의식적으로 표현하지 않을 따름이다. 시와 시인의 존재 이유는 바로 여기에 있는 것 아닐까. 다시 말해, 일상적인 것의 비일상성에 대한 자각과 의식적 표현이 시 쓰기의 본질일 수 있다. 어떤 의미에서 보면, 사설시조 형식 자체가 전통적인 단시조 형식에 대한 파격으로 이해될 수도 있거니와, 여기서 또한 사설시조의 존재 이유를 확인할 수도 있을 것이다.

사설시조의 현대적 수용을 논의할 때 그 어떤 작품에 앞서 거론하지 않을 수 없는 작품이 조운의 「구룡폭포九龍瀑布」다. 시인의 역동적 시선과 예민한 언어 감각이 단시조 형식이나 단시조를 엮어 놓은 연시조 형식에는 도저히 수용될 수 없을 때 시인은 다름 아닌 사설시조 형식을 선택할 수 있거니와, 그 예를 확인케 하는 작품이 바로 「구룡폭포」이기 때문이다.

사람이 몇 생生이나 닦아야 물이 되며 몇 겁劫이나 전화轉化해야 금강에 물이 되나! 금강에 물이 되나!

샘도 강江도 바다도 말고 옥류玉流 수렴水簾 진주담眞珠潭과 만폭동萬瀑洞 다 그만두고 구름 비 눈과 서리 비로봉 새벽 안개 풀끝에 이슬 되어 구슬구슬 맺혔다가 연주팔담連珠八潭 함께 흘러

구룡연九龍淵 천척절애千尺絕涯에 한번 굴러 보느냐

—조운, 「구룡폭포」 전문

실제로 폭포 소리가 들리는 듯도 하지 않은가! 삼라만상이 살아 움직이고 있는 듯 하지 않은가! 그리고 폭포와 마주하고 있는 이가 자기 자신이라는 착각에 빠져들게 하지 않는가! 정녕코 사설시조의 백미라 할 만한 작품이 「구룡폭포」다. 아무튼, 이 시에 비견할 만큼 언어의 속도감과 역동감을 확인케 하는 오늘날의 사설시조를 또 한 편 고르라면, 사람들은 아마도 장순하의 「태풍의 눈」을 꼽는 데 주저하지 않을 것이다.

땅에 엎드려 귀를 기울여 보라 남지나 해상에서 바람빚는 巫鼓 소리.

불빛 가린 장막 속 숨막히는 고요 깨고 신들린 춘향 아씨 천천히 일어선다 두웅두웅 춤을 춘다 두웅두웅 돌며 춘다 둥 둥 돈다 둥 둥 간다 둥둥둥 돈다 돈다 둥둥둥 간다 달린다 둥 둥둥둥 팽이같이 돈다 둥둥둥둥 쏜살같이 달린다. 어둠 불러 거느리고 죽음 불러 거느리고 폭풍 폭우 거느리고 천둥 벼락 거느리고 때리며 부수며 뽑으며 날리며 바닷물 뒤엎고 산악을 쪼개며 미쳐 날뛰는데,

가운데 天眼 속에선
유유히 나는 아 잠자리떼!

—장순하, 「태풍의 눈」 전문

무엇보다도 우리에게는 태풍이라는 자연 현상에 대한 이해가 선행되어야 할 것이다. 격렬한 비바람을 동반하는 태풍의 한가운데는 더할 수 없는 고요와 평온이 지배하고

있다고 한다. 이른바 '태풍의 눈'이라는 일컬어지기도 하는 이 태풍의 중심부는 대체로 반경 10여 킬로미터 이내의 지역을 포함하는데, 이 지역은 원심력의 작용으로 인해 놀라울 정도로 조용하다는 것이다. 바로 이 자연 현상을 시화한 것이 장순하의 「태풍의 눈」이다. 태풍의 눈이 얼마만큼 고요한 상태를 유지하고 있는가를 보이기 위해 시인은 이곳의 고요함을 태풍의 눈 바깥쪽의 격렬함과 대비하고 있는데, 바로 이 격렬함을 감당하기 위해 시인은 사설시조 형식을 채용하고 있는 것이다. 문제는 격렬함에 대한 표현이 자칫 요란한 수사의 나열로 끝날 수도 있다는 데 있다. 시인은 "무고巫鼓"를 동원함으로써 이를 비껴 가고 있다. 아니, "무고"를 동원함으로써 시인은 더할 수 없이 효과적으로 태풍의 격렬함을 표현하고 있다. 이 시의 중장에 담긴 다양한 북소리—"두웅두웅"에서 "둥 둥"으로, "둥 둥"에서 다시 "둥둥둥"으로, "둥둥둥"에서 또다시 "둥 둥둥둥"으로, 그리고 마침내 "둥 둥둥둥"에서 "둥둥둥둥"으로 호흡의 속도를 더해 가는 북소리—는 따로 설명이 불필요할 만큼 폭풍의 격렬함을 생생하게 전하고 있다. 한편 중장을 지배하는 것은 다만 소리의 이미지뿐만이 아니다. 여기에는 일어서서 춤을 추기 시작하여 몸을 돌리고 마침내 쏜살같이 달리는 "신들린 춘향 아씨"의 모습이 제시되고 있거니와, 이 시각적 이미지는 앞서 말한 청각적 이미지와 상승 작용을 하여 더할 수 없이 격렬한 분위기를 자아내고 있다. 이윽고 "춘향 아씨"로 의인화되었던 태풍은 어둠, 죽음, 폭풍 폭우, 천둥 벼락을 거느리고 바다와 산을 사정없이 공격한다. 한마디로 말해, 미쳐 날뛴다. 이처럼 광기가 세상을 지배함에도 불구하고, 그 한가운데—"천안天眼"으로 비유되어 있는 태풍의 눈—는 더할 수 없이 고요하다. 그 고요함을 시인은 "잠자리떼"가 "유유히" 날고 있다는 표현을 통해 전달하고 있거니와, 고요함을 이처럼 뜻밖의 시각적 이미지로 형상화하는 시인의 시적 상상력은 예사롭지 않다. 문제는 하고 많은 사람들 가운데 왜 태풍이 "춘향 아씨"로 의인화되고 있는가일 것이다. 더할 수 없는 곤경과 시련 속에 처해 있으면서도 마음의 평정을 잃지 않은 채 님을 기다리던 한 여인의 모습에서 시인은 태풍과 태풍의 눈을 본 것은 아닐까. 바로 이런 비유적 시 읽기가 가능하다면, 장순하의 「태풍의 눈」은 단순히 자연 현상에 대한 시적 형상화에서 한 걸음 나아가, 격랑의 현실과 곤곤한 세상사를 의연하게 견디며 살아가는 한 인간에 대한 비유적인 시적 형상화로 읽을 수도 있을 것이다. 그 인간은 물론 시인 자신일 수도 있고, 또 시인이 마음속에 두고 있는 제3의 인물일 수도 있으리라.

사설시조의 현대적 수용에는 물론 이병기, 조운, 장순하와 같은 시인들의 역할도 작지 않지만, 오늘날 사설시조의 발전에 가장 적극적으로 기여한 시인은 윤금초일 것이다. 윤금초의 시 세계에 이르러 비로소 사설시조는 언어적 역동감과 함께 그 옛날의 사설시조가 지녔던 날카로운 풍자 정신을 되찾는다. 특히 주목을 요구하는 윤금초의 작품은 모두 아홉 편의 시로 이루어진 「청맹과니의 노래」다. 물론 「청맹과니의 노래」에 속하는 시들은 평시조, 사설시조, 엇시조가 얽히고 설키어 이루어진 것으로, 엄밀하게 말해 모두가 다 사설시조 형식의 작품이라 할 수는 없다. 하지만 언어와 내용 면에서 조선 시대의 풍자적 사설시조보다 더 사설시조다운 사설시조를 우리는 바로 이 「청맹과니의 노래」에서 확인할 수 있다. 그 예가 바로 아홉 번째 「청맹과니의 노래」인 「지노귀새남」이다.

> 살강 밑에 씻긴 밥풀 움 돋거든 오마던가.
>
> 배 곯아 젖배 곯아 털복숭이 어린 것의 혀빼물고 죽은 귀신,
> 누더기 몸뚱어리 태산 같은 병을 실어 시집 장가 못가본 채 무명밭 다래처럼 허리 꺾인 몽달귀신,
> 동네방네 내돌리다 이 빠진 사발처럼 이놈 저놈 오금 밑에 썩은 새로 녹아내린 벌거숭이 각시 귀신,
> 피붙이 살붙이 없는 흉흉한 홍진 세상 와석종신 못한 귀신,
> 붙일 데 얹힐 데 없이 어눌한 검불 꼴로 지게 밑에 치여 죽은 머슴살이 난발 귀신,
> 천연두 돌림병에 비루먹은 푸성귀 모양 약 못쓰고 죽은 귀신,
> 살도 뼈도 추심 못한 산등성이 풍장으로 갈가마귀 부리 끝에 찢기운 고기잡이 늙다리 귀신,
> 스무 사흘 가뭄처럼 제사 한번 못 얻어먹는 비렁뱅이 꼽추 귀신,
> 까발긴 역사마냥 무덤 자리 성치 못한 뗏장 밑에 웅크린 저 외톨박이 떠돌이 귀신,
> 궁하고 비천한 넋들 얼싸절싸 다 나오라.
> 파당 파쟁 아수라장 등 터져서 죽은 귀신,
> 풀뿌리 나무줄기 야금야금 갉아먹는 진딧물 모적蟊賊처럼 간에 붙어 쓸개에 붙어 단물 쓴

물 말아먹고 나자빠져 죽은 귀신,
배동한 보리밭 이랑 돌개바람 휩쓸 듯이 앰한 사람 해꼬지로 정을 맞아 죽은 귀신,
너구리 비상 먹듯 녹봉을 잘라먹고 똥구멍이 빠진 귀신,
개가죽 북장구로 허랑방탕 놓치다가 급살맞은 난봉 귀신,
혼魂은 데치고 백魄은 삶아 등신들아 다 나오라.
눈치코치 미처 몰라 함성의 화중에도 화살 피해 은신타가 철퇴 맞아 죽은 귀신,
아전한테 들볶여서 두엄 속에 피신하다 객사 죽음 선비 귀신,
쥐도 새도 모르게 물에 빠진 생쥐 모양 알지 못할 시궁창에 모로 누워 뒈진 귀신,
밭고랑 후미진 골짝 속 깊은 응어리에 뼈마디 어혈 들어 깜부기로 시든 귀신,
앵돌아진 조가비 속 율법전서 미궁 속에 영영 갇혀 죽은 귀신,
항쇄족쇄 칼을 쓰고 살갗 옹이 박힌 귀신,
초례청 굿청 마당 날 것 먹고 구워 먹다 낙형당해 죽은 귀신,
고대광실 주문설주 돌쩌귀 들이받고 피칠갑을 입은 귀신,
뜬소문에 나불대다 혀를 빼어 도리깨 치듯 치도곤을 맞은 귀신,
볼기 터진 나으리 등쌀에 부은 감창 갈앉히고 방정떨다 주리 틀린 남절양南絶陽 고자귀신,
소쩍새 귀뚜리에 한을 팔고 죽은 귀신, 하릴없이 죽은 귀신, 까닭없이 죽은 귀신…… 이적도 잠 못 들어 항간을 헤매는데,

그 누가 아픈 혼백 다 거두어 수렴할꼬, 거두어 수렴할꼬.

—윤금초, 「지노귀새남」 전문

"우리네 진혼무가鎭魂巫歌"라는 부제를 갖고 있는 이 시조를 이해하기 위해 우리는 무엇보다도 "청맹과니"와 "지노귀새남"이 뜻하는 바가 무엇인지 짚고 넘어가야 할 것이다. 우선 이 시의 시적 화자라 할 수 있는 "청맹과니"란 겉으로는 정상으로 보이지만 시력이 없는 눈 또는 그런 눈을 가진 사람을 말한다. 말하자면, 겉으로 보기에는 정상이나 눈이 멀어 있는 사람이 부르는 노래가 「청맹과니의 노래」다. 여기에 시인은 자신을 "청맹과니"에 비유하여, 겉으로 보기에는 정상이지만 '세상'을 볼 수 없는 사람이 바로 자신임을 고백하고 있다 할 수 있다. 이 같은 자기 낮춤의 자세가 아니었다면, 「청맹과니의 노래」

에서 확인되는 독특한 눈높이—민초들의 눈높이에서 민초들과 함께 세상을 바라보고자 하는 시인 특유의 눈높이—가 확립될 수는 없었을 것이다. 그렇다면, "지노귀새남"이라는 말이 뜻하는 바는 무엇인가. 시인의 설명에 의하면, "지노귀새남"이란 "죽은 사람 혼령을 천도시키는 굿"이라 한다. 이 설명을 통해 이 시의 부제가 왜 "우리네 진혼무가"인가도 이해할 수 있거니와, 비유적으로든 사실적으로든 억울하게 "죽은" 우리네 민초들의 아픔을 어루만지고 또 그들을 위로하기 위한 몸짓을 이 시는 담고 있다 할 수 있다. 윤금초가 이 시를 쓸 무렵인 70/80년대 한국의 현실을 감안한다면, 이 시야말로 더할 수 없는 저항과 풍자의 시라 하지 않을 수 없다.

이 엄청나게 긴 시조가 전혀 길다고 느껴지지 않는 이유는 물론 긴장감을 전혀 흩뜨리지 않는 시어 때문일 것이다. 이처럼 강렬한 언어적 긴장감을 담고 있는 시—그것이 시조 형태로 되어 있건 자유시 형태로 되어 있건—를 우리 주변에서 찾기 어려운 것도 사실이다. 아니, 윤금초의 「지노귀새남」에 비견할 만큼 긴 호흡을 흐트러뜨리지 않은 채 유지하고 있는 시, 긴 호흡을 유지시켜 주는 긴장된 시어와 강렬한 저항 및 풍자 의식을 담고 있는 시는 언제 어디에서도 쉽게 찾아보기 어려울 것이다. 필자는 엉뚱하게도 미국의 저 유명한 저항 시인 앨런 긴즈버그의 「아우성Howl」과 같은 시를 이 자리에서 떠올리기도 하는데, 긴즈버그가 세상 곳곳을 떠돌며 읊조리듯 노래하듯 자신의 시를 낭송했던 점에서도 윤금초의 시조 세계가 그의 시 세계를 연상케 하는 것이리라. 물론 윤금초는 긴즈버그와 같이 자신의 시를 낭송하며 세상을 떠도는 시인이 아니다. 어떤 의미에서 보면, 윤금초는 삶과 시에서 더할 수 없는 자유를 추구했던 긴즈버그와 달리 저항과 풍자를 시조라는 형식 안에 순치馴治시켜 담아 내고자 하는 시인이다. 최근까지도 윤금초는 치열한 풍자 정신을 담은 사설시조, 심지어 성애性愛를 소재로 한 사설시조까지 발표하고 있거니와, 이 점에서도 역시 그는 주목할 만한 사설시조 시인이다. 즉, 조선 시대의 사설시조를 오늘에 되살리기 위한 노력이 윤금초의 경우에서처럼 지속적으로 또한 적극적으로 시도되는 경우가 드물기 때문이다.

윤금초만큼이나 사설시조에 적극적인 관심을 보이는 동시에 빼어난 사설시조 작품을 지속적으로 창작하는 시인을 찾아보자면, 그는 바로 홍성란이다. 발군의 언어 감각으로 사설시조 형식을 살아 숨 쉬게 하는 홍성란의 작품 한 편을 읽기로 하자.

'一身이 사자 하니 물것 계워 못 살니로다'

가랑니 같은 면허세 등록세 수통니 같은 취득세 교통세, 티코에도 자동차세 갓 깬 이 같은 주민세 재산세. 잔 벼룩 굵은 벼룩 양도세 증여세 상속세 끊지 못해 담배소비세 유리지갑에 갑근세, 쥐 씨알 만한 원고료에 에누리 없는 소득세 빈대 붙듯 달라붙는 인지세 부가세 특소세 투성이 투성이 세금투성이로다—, 각다귀 사마귀 등에아비 철썩 붙은 전화세 주세 뭔 거래세? 흰 바퀴 누런 바퀴 바구미 거저리 살찐 모기 야윈 모기 모질도다, 모질도다 밤낮으로 빈틈 없이 물거니 쏘거니 빨거니 뜯거니, "이 내 몸은 깽비리 사자 하니 어려워라." 관세 탈세 면세 과세, 허세 실세 내세 마세 노세 먹세 속세 만세!

그 중에 차마 못 견딜 건 물고 튄 놈, 나밖에 모른다던 놈 간 벼룩 님 벼룩 아니신가.

—홍성란, 「조세잡가」 전문

한 마디로 말해, 위의 시는 우리가 맨 처음 인용했던 사설시조를 문자 그대로 '오늘에 되살린 작품'이라 할 수 있다. 우리의 삶에 치명적 상처를 주지는 않는다 하더라도 삶 자체를 피곤하고 어렵게 만드는 것이 어디 하나둘이랴. 이 작품의 시적 화자는 각종 세금이 우리네 삶을 피곤하게 어렵게 만든다고 넋두리하듯 늘어놓는다. 물론 이들 각종 세금을 가랑니, 수통니, 갓 깬 이, 벼룩, 빈대, 각다귀, 사마귀, 등에아비, 바퀴, 바구미, 모기 등등에 비유하면서 시적 화자는 귀찮고 성가신 각종 세금에 대한 질타와 야유의 숨길을 늦추지 않는다. 질타와 야유는 여기서 그치지 않고 '세'자로 끝나는 각종 부정적 함의를 지니는 명사와 동사들을 뒤섞어 열거하는 가운데, 이어서 반어적 의미로 충만한 자조적 감탄사 "만세"에 이르러 절정을 이룬다. 하지만 시는 물론 여기서 끝나지 않는다. 조선 시대 사설시조의 어투를 그대로 살린 초장에서와 마찬가지로, 아니, 조선 시대 사설시조의 어투를 그대로 살린 초장과는 달리 변조된 어투로 시적 화자는 말한다. "그 중에 차마 못 견딜 건 물고 튄 놈, 나밖에 모른다던 놈"이라고. 사실 이 시대를 살아가는 우리네 서민들의 삶을 경제적으로 어렵게 만드는 것이 각종 세금이라면, 그네들의 삶을 정신적으로 어렵게 만드는 것은 남이야 어찌됐든 "나밖에 모"르는 "놈"들 또는 "물고" 튀는 "벼룩"과 같은 "놈"들이다. 이런 관점에서 볼 때, 경제적 어려움이야 참고 견디더라도 정신적 어려움까지는 정말 참고 견디기 어렵다는 메시지를 시인은 전하고 있다 할 수 있다.

홍성란의 「조세잡가」는 그 안에 담긴 질타와 야유의 심각성에도 불구하고 읽는 사람에게 입가에 가벼운 웃음을 머금도록 한다. 풍자와 해학의 시 정신을 조화롭게 살림으로써 이 시는 시인이 전하는 메시지를 편한 마음으로 읽어 내도록 사람들을 유도하고 있는 것이다. 풍자와 해학 속에 전달되는 시적 메시지가 심각하고 엄숙한 어조로 던지는 비판의 목소리보다 한결 더 큰 호소력을 갖는다는 사실을 우리는 수많은 조선 시대의 사설시조에서 확인할 수 있거니와, 바로 이런 점에서 「조세잡가」의 매력이 확인된다. 물론 앞서 주목한 바와 같이 「조세잡가」는 조선 시대의 어떤 특정한 사설시조를 '오늘에 되살린 작품'이라 할 수 있거니와, 이 시의 해학성은 엄밀하게 말하자면 조선 시대의 사설시조에서 비롯된 것이라 할 수 있다. 바로 이런 점에서 「조세잡가」를 창작의 차원이 아닌 모방의 차원에서 이해하려는 사람도 있을 수 있으나, 이 작품은 결코 그런 차원의 작품으로 치부될 수 없다. 무엇보다도 시인은 따옴표를 사용하여 자신의 시조 쓰기가 조선 시대의 사설시조에 대한 '다시 쓰기'임을 암시하고 있기 때문이다. 이 때문에 「조세잡가」를 일종의 패러디로 이해하고자 하는 사람도 있을 수 있다. 하지만 패러디란 기존 작품에 대한 '풍자적 모방 또는 해학적 희화화'라는 점에서 적절한 표현일 수 없다. 「조세잡가」는 기존 작품에 대한 풍자적 모방이나 해학적 희화화가 아니라, 기존 작품의 풍자성과 해학성을 그대로 되살리고 있기 때문이다. 우리가 「조세잡가」를 조선 시대의 사설시조를 '오늘에 되살린 작품'으로 표현하고자 하는 것도 바로 이 때문이다.

3. 옛 사설시조에서 현대 사설시조로

이제까지 우리는 조선 시대의 사설시조에서 시작하여 오늘날의 사설시조에 이르기까지 '사설시조의 어제와 오늘'에 대해 주마간산 격의 검토를 시도해 왔다. 물론 우리가 의도

한 것은 사설시조의 전개 과정에 대한 학문적 또는 체계적 연구가 아니다. 우리는 다만 옛날의 사설시조가 우리에게 아직 의미가 있거나 매력이 있다면 어떤 점에서 그러한가, 또 오늘날의 사설시조 가운데 특히 우리의 눈길을 끄는 작품이 있다면 어떤 이유에서 그러한가를 몇몇 작품을 통해 검토하고자 했을 뿐이다. 따라서 우리의 검토는 적절한 시기에 다시 시도되어야 할 성질의 잠정적인 것일 뿐이다. 이처럼 잠정적인 시도임에도 불구하고 한 가지 단언할 수 있는 것이 있다면, 조선 시대의 사설시조가 없었다면 오늘날의 사설시조도 있을 수 없다는 사실이다. 즉, 알게 모르게 오늘날의 사설시조는 조선 시대의 사설시조에 담긴 풍자성과 해학성, 세속적이고 현실적인 삶에 대한 관심, 나아가 반어와 재치에 넘친 수사적 언어의 영향을 받고 있는 것이다. 바로 이런 의미에서 조선 시대의 사설시조와 오늘날의 사설시조 사이에는 보이지 않는 길이 있다. 설악 조오현 스님이 「비슬산琵瑟山」이라는 시조에서 노래한 바 있듯 그 길은 "거문고 줄 아니어도 밟고 가면 운韻 들"리는 길이다. "끊일 듯 이어진 길 이어질 듯 끊인 연"을 어제의 사설시조와 오늘의 사설시조 사이에서 확인할 수 있는 것이다. □

제2부

현대 시조 문학의 전개

낯설게 하기와 새롭게 보기의 시학

끌어안음과 뛰어넘음의 시학

시각적 형상화와 명징한 사유의 시학

침묵과 여운의 시학

욕망의 초극과 감정의 절제, 그리고 저항의 시학

관조와 성찰의 시학

여백과 비움의 시학

낯설게 하기와 새롭게 보기의 시학*

—시조 시인 조운이 남긴 시조의 정체성 확립의 발자취를 따라

1. 「영호청조」와 「정운애애」, 옛 시조와 현대 시조의 갈림길에서

어떤 한국 현대 문학사를 열어 보더라도 시조 시인 조운趙雲에 대한 기록은 지극히 간결하다. 가람 이병기 등과 함께 시조 부흥 운동에 참여했다는 사실 이외에 별다른 정보를 얻기 어려운 것이 그간의 현실이었던 것이다. 지난 1988년 월북 문인 해금 조치 이후에도 사정은 크게 변하지 않았으니, 그가 1900년 7월 22일 영광군 영광읍 도동리에서 태어났다는 사실, 1922년 추인회秋蚓會라는 동호회를 창립하고 영광 중학교에서 교사로 지내며 작품 활동을 했다는 사실, 항일 운동으로 옥고를 치르기도 했다는 사실, 1949년 가족과 함께 월북했다는 사실만이 단편적으로 언급될 뿐이었다 해도 지나친 말이 아니다. 물론 지난 1990년 도서출판 남풍에서 『조운 문학 전집』이 출간되었고, 그의 탄생 100주년이 되는 2000년 이후 그의 작품 세계에 대해 활발한 조명과 재평가 작업이 이루어지고 있는 것도 사실이지만, 그가 남긴 작품의 대부분은 여전히 우리에게 '미답未踏의 영역'으로 남아 있다.

조운의 시조 세계라는 '미답의 영역'에 들어서자마자 우리는 무엇보다도 옛 시조와

* 이 글에서 논의되는 조운의 작품이나 언급은 도서출판 모아드림에서 2000년에 펴낸 『조운 시조집』에 따른 것이다.

현대 시조의 갈림길에 나아갈 길을 모색하는 시인과 만날 수 있다. 이와 관련하여 우리는 「석담신음石潭新吟」, 「법성포 십이경法聖浦 十二景」, 「영호청조暎湖淸調」와 같이 자연을 관조하는 내용을 담은 작품들에 눈길을 줄 수 있는데, 이들은 이율곡의 「고산구곡가高山九曲歌」, 윤선도의 「오우가五友歌」나 「어부사시사漁父四時詞」 등에서 확인되는 조선조 선비들의 시작 태도를 연상케 한다는 점에서 그러하다. 명백히 「석담신음石潭新吟」 등의 작품은 조선조 선비들의 시작 태도를 연상케 할 뿐만 아니라, 작품을 감싸고 있는 시적 정취의 측면에서도 옛 시조와 크게 구별되지 않는다. 하지만 조운이 옛 시조의 전통을 있는 그대로 답습했던 것은 아니다. 옛 시조의 정취가 감지되는 작품을 창작하면서도 그는 새로운 형식상의 실험을 시도하고 있거니와, 이로 인해 그는 옛 시조와 현대 시조의 갈림길에 서 있는 시인으로 자리 매김이 될 수 있다. 이 점을 우리는 그가 시조 부흥 운동에 참여했던 시인이었다는 사실과도 관련지어 설명할 수 있는데, 그는 앞으로 우리가 주목하게 될 여타의 작품에서 확인되는 소재상의 변화뿐만 아니라 형식상의 변화를 통해서도 시조의 현대화를 꾀했던 것이다. 이와 관련하여 우리는 다음 시편을 주목할 수 있을 것이다.

1) 후유 긴한숨에 이몸이 가이없다
돗대를 부여안ㅅ고 눈물어린 눈을드니
산용山容이 아스라하야 꿈이련 듯 하여라

2) 아서라 이훌랑은 제월정霽月亭 가을물에
행여나 배띄우리 달도달 이언마는
노주蘆洲에 벌레울음을 나는참아 못들을네

—「영호청조」 제9-10수

아마도 위의 시편에서 가장 두드러지게 눈에 띄는 특징은 띄어쓰기와 관계없이 단어들을 묶어 놓았거나 풀어 놓았다는 사실이라고 말하는 사람도 있을 것이다. 띄어쓰기와 관련된 이 같은 외형상의 특징은 물론 음수율과 관련된 것으로, 시조는 바로 이런 형태로 창작되어야 한다고 주장하는 시조 시인이 오늘날에도 있다. 하지만 조운이 시작을 하던 당시와 달리 띄어쓰기 법칙이 확립되어 있는 오늘날에도 이런 식으로 외형적 형태를 고수해야 한다는 주장은 어찌 보면 시대착오적으로 들린다. 시대착오적일 뿐만 아니라 소박한 단순 논리라는 비판도 받을 수 있는데, 이 같은 주장은 외형적 형식만 지키면 아무것이나 다 시조가 될 수 있다는 투의 논리를 부지불식간에 인정하는 셈이 될 수도 있기 때문이다.

중요한 것은 이 같은 띄어쓰기의 문제가 아닐 것이다. 이와 관련하여 「영호청조」는 21수의 단시조 또는 평시조로 이루어진 작품이라는 점을 주목할 필요가 있다. 물론 앞서 언급한 이율곡의 「고산구곡가」, 윤선도의 「오우가」나 「어부사시사」도 여러 개의 단시조를 모아 놓은 것이다. 하지만 "고산구곡가" 등의 명칭은 각각의 단시조들을 느슨하게 묶어 놓기 위한 것일 뿐이다. 말하자면, "고산구곡가" 등의 명칭 아래 놓이는 작품들은 따로 떼어놓더라도 문제가 없는 독립된 시가들이다. 반면 조운의 「영호청조」를 이루는 단시조들은 독립된 시가들의 느슨한 집합이 아니라 유기적으로 연결된 전체의 일부들이다. 조운이 이 작품을 놓고 "평시조平時調로 장편長篇을 시험한 것"이라고 했을 때 그가 말하고자 한 것은 바로 이 점일 것이다. 요컨대, 오늘날 이른바 '연시조'라고 일컬어지는 시조 형식을 그는 "시험"하고 있는 셈이다. 하나의 시상詩想을 한 수의 독립된 단시조 안에 담던 관례를 깨고 있다는 점에서 조운의 "시험"은 결코 소홀히 다루어질 성질의 것이 아니리라. 이와 관련하여 우리는 오늘날 창작되는 거의 모든 시조가 이른바 '연시조'의 형태로 창작되고 있다는 점을 주목하지 않을 수 없는데, 연시조가 그처럼 오늘날의 시조 시단에서 각광을 받는 이유는 무엇일까. 그 이유가 어디에 있든, 이른바 오늘날의 '연시조'는 조운 등이 주도한 시조 부흥 운동과 맥을 같이한다는 점에서도 이에 대한 깊은 연구가 뒤따라야 할 것이다.

조운의 "시험"과 관련하여 또 하나 주목해야 할 점은 시조를 구성하는 문장 형식과 관련된 것이다. 이를 보여 주는 것이 바로 위의 시편인데, 「영호청조」의 제9수에 해당하는 1)과 제10수에 해당하는 2)를 비교해 보기 바란다. 1)의 경우 초·중·종장이 모두 독립된 문장 또는 구句로 이루어진 반면, 2)의 경우 초장과 중장의 앞부분이 합쳐져 하나의 문장 단위를 형성하고 있다. 한시의 경우와 마찬가지로 옛 시조의 경우 각각의 행 또는 장은 독립된 문장 단위를 이루고 있다는 관점에서 볼 때, 2)는 일종의 파격을 담고 있는 셈이다. 이와 관련하여 약간의 설명이 요청되는데, 무엇보다도 한시의 경우 각각의 행은 구의 역할을 하든 절의 역할을 하든 또는 완전한 문장의 역할을 하든 예외 없이 하나의 문장 단위를 형성한다는 점에 유의해야 할 것이다. 말하자면, 각각의 행은 개별적인 문장 단위의 역할을 하기 때문에 다른 행들과 쉽게 분리될 수 있으며, 이로 인해 독립된 의미 단위들이 병치되고 중첩되어 있는 것처럼 보이는 것이 한시다. 따라서 한시의 경우 종종 논리적인 연결 관계를 결여하고 있는 것처럼 보이기도 하지만, 바로 이 때문에 이미지의 병치와 중첩을 통해 시간적 · 심리적 동시성을 쉽게 획득하고 있는 것도 사실이다. 옛 시조의 경우 우리말 고유의 연결 어미 때문에 한시처럼 논리적인 연결 관계를 완전히 결여하고 있는 것처럼 보이지는 않지만, 각 행마다 나름의 독립된 문장 단위로 이루어져 있음을 확인할 수 있다. 다시 말해, 초 · 중 · 종장은 단순한 줄 바꿈의 단위가 아니라 의미 단위이기도 한 것이다. "어떤 구는 초장 중장의 구별을 세지 않고 종장만을 붙여도 보았"는데 "이것도 첫 시험"이라는 조운 자신의 설명에서 확인할 수 있듯, 조운은 이 점에 대해 각별히 의식하고 있었음을 알 수 있다.

말하자면, 형식상의 "시험"을 통해 조운은 현대 시조로 나가고 있었다 할 수 있다. 문제는 "시험"의 단계를 지나쳐 오늘날 상당수의 시조 시인들이 이런 종류의 파격을 파격으로조차 의식하지 않는다는 데 있다. 그렇기 때문인지는 몰라도, 문장의 어느 부분에서든 줄만 바꾸면 시조의 장章이 되는 양 여기는 시조 시인들이 오늘날 적지 않다. 물론 파격은 용인될 수 있다. 하지만 초 · 중 · 종장이 구나 문장으로 나뉜다는 점을 전혀 의식하지 않은 채 창작된 것처럼 보이는 시조 작품들이 요즈음 적지 않다는 사실은 예사로 넘길 일이 아닐 것이다. 오늘날의 정서를 담기에 엄격한 초 · 중 · 종장의 분리가 부담이 되는 경우 물론 파격은 인정될 수 있겠지만, 이를 전적으로 무시하는 것은 시조 장르의 정체성 확립에 결코 바람직한 일이 될 수 없다.

이제 논의의 관점을 바꿔, 형식의 측면에서뿐만 아니라 시적 정취나 언어의 측면에서도 시인이 옛 시조와 현대 시조의 갈림길에 서 있음을 확인케 하는 경우를 살펴보기로 하자. 사실 조운이 현대 시조의 세계를 향해 발걸음을 옮기면서도 여전히 마음속에 조선 시대 선비들의 시적 정취를 간직하고 있음은 앞서 언급한 작품들의 제목에 담긴 "신음新吟"이나 "청조淸調" 등과 같은 한자 표현만을 보아도 쉽게 확인된다. 한편, 「정운애애停雲靄靄」라는 작품에서 보듯, 조운은 심지어 한시의 구절 하나를 따로 떼어 시의 제목으로 삼기도 했는데, 여기서도 우리는 시인이 옛날의 선비들이 마음에 품었음직한 시적 정취를 간직하고 있음을 확인할 수 있다. 하지만 일단 제목을 벗어나면 형식의 차원에서뿐만 아니라 시적 정취와 언어의 차원에서도 새로운 세계로 우리를 이끄는 작품이 바로 「정운애애」이기도 하다.

> 오느냐 못 오느냐 소식조차 이리 없냐
> 널 위해 담근 김치 맛도 시고 빛 변했다
> 오만 때 아니 오고는 시니 다니 하렸다.
>
> 올테면 오려무나 말테면 말려무나
> 서울 천리千里가 머대야 하룻길을
> 차라리 내 가고마지 기다리든 못하리.
>
> 오마고 아니 온 죄에 벌罰 마련을 하라 하면
> 가네 곧 가네 하고 사흘밤만 두어둘 사
> 사립에 개 짖는 족족 젠들 짐작 못하리.

—「정운애애」 전문

이 시의 제목으로 동원된 "정운애애停雲靄靄"라는 표현은 중국 동진東晋의 시인 도연명陶淵明, 365-427의 「정운停雲」이라는 시에서 나온 것으로, 이 시의 앞부분은 다음과 같다: "靄靄停雲 / 濛濛時雨 / 八表同昏 / 平路伊阻 / 靜寄東軒 / 春醪獨撫 / 良朋悠邈 / 搔首延佇 / 停雲靄靄 / 時雨濛濛." 이에 대한 자유로운 해석을 시도하자. 부드러운 안개가 자욱히 끼어 있는 것처럼 구름은 흐름을 멈춘 채 낮게 드리워져 있다. 그리고 계절에 맞춰 내리는 가늘고 섬세한 비는 세상을 흐릿하고 몽롱하게 만든다. 세상은 온통 어둠에 싸여 있고, 평탄한 길조차 구름과 비에 가려 보이지 않는다. 그런 정경에 눈길을 준 채 시인은 동헌에 몸을 기대고 앉자 봄에 담근 술이 담긴 단지를 혼자 어루만진다. 좋은 벗은 아득히 먼 곳에 있어, 머리만 긁적이며 우두커니 눈길을 줄 뿐.

넓은 여백에 감싸인 한 폭의 수묵화가 연상되지 않는가! 실로 도연명의 시에는 한 폭의 수묵화와도 같은 몽롱하고도 아름다운 자연의 정경이 생생하게 살아나 있다. 또한 범속한 인간사와 시간을 초월하여 자연 속에서 삶을 살아가는 한 인간의 단아한 모습이 드러나 있기도 하다. 정녕코 이 시가 담고 있는 한 폭의 수묵화는 동아시아 문화권이 추구하던 이상적인 삶—말하자면, 인간이 거대한 자연의 조화로운 일부가 되어 살아가는 삶—을 암시하고 있는 것처럼 보이기도 한다. 그런 삶 속에서는 심지어 친구를 그리워하는 마음까지도 자연을 거스르는 것일 수 없다. 이와 관련하여 우리는, 동아시아의 정신을 드러내는 빼어난 시들이 그러하듯, 이 시에서는 수단과 방법을 가리지 않고 자신의 욕망을 충족하고자 하는 사람들이 느낄 법한 초조와 불안과 갈등이 아예 감지되지 않는다는 점에 유의해야 할 것이다. 만일 이 시에서 감지되는 시적 정취와 감성이 동아시아 문화권의 사람 누구나 역사적 시간의 차이를 초월하여 공감할 법한 것이라면, 바로 이 때문이다. 이를 확인케 하기라도 하듯, 조운은 "정운애애"라는 시적 표현을 자신의 시에 제목으로 동원하고 있는 것이다. '자욱한 안개처럼 흐름을 멈춘 채 낮게 드리워진 구름'이 지시하는 것은 결코 초조와 불안과 갈등과 같이 강렬한 감정일 수 없다. 어찌 보면, 엷은 수심愁心을 전하기 위한 것이 "정운애애"라는 표현일 수 있다.

그 자체로서 한 폭의 아득한 수묵화를 연상케 하는 시의 제목에 이어, 시인은 자신의 수심을 '자신의 언어'를 통해 드러낸다. 아니, 도연명의 「정운」에 상응하는 한 편의 시를 새로운 언어와 감수성을 동원하여 새롭게 창작한다. 그렇게 해서 창작된 시에는 "소식조차 이리 없"는 "널 위해" 담갔지만 "맛도 시고 빛 변"한 "김치"가 있고, 기다리다 지쳐서 "올테면 오려무나 말테면 말려무나"라고 공연히 마음에도 없는 말을 하는 시인이 있으며, 기다리던 이가 짐작컨대 오고 있다는 신호일 수 있는 "개 짖는" 소리도 있다. 무엇보다 "널 위해 담근 김치"가 "맛도 시고 빛 변했다"니! 탁월한 언어 감각과 함께 은근하면서도 애틋한 기다림의 마음이 없었더라면 이 같은 표현이 어찌 쉽게 나올 수 있었겠는가!

아니, 기다림의 마음을 어찌 이보다 더 생생하고 구체적으로 살릴 수 있었겠는가. 하지만 시인은 여기서 멈추지 않는다. "오만 때 아니 오고는 시니 다니 하렸다"에서 확인할 수 있듯 시인은 기다리던 이가 마침내 와서 투정하는 상황을 가정해 보기도 하고, 아예 "차라리 내 가고마지 기다리든 못하"겠다고 제 심경을 토로하기도 한다. 시인의 기다림은 마침내 "사립에 개 짖는 족족 젠들 짐작 못하리"라는 푸념 섞인 추정을 이끈다. 만일 "오마고 아니 온 죄에 벌 마련을 하라 하면 / 가네 곧 가네 하고 사흘밤만 두어둘" 경우 아무리 무심한 사람이라 해도 "내" 마음을 "짐작"하지 못하겠는가로 읽힐 수 있는 셋째 연에서 "사립에 개 짖는 족족"이라는 표현이 빠졌다면 어떠했을까. 그 표현이 빠졌다면 개 짖는 소리가 날 때마다 밖을 내다보는 시인의 모습과 마음을 읽을 수 없었으리라.

조운의 1947년도 시조집에 수록되지 않은 작품 가운데 「고대苦待」라는 제목의 시가 있는데, 이는 띄어쓰기나 철자상의 차이를 제외하면 앞서 인용한 「정운애애」와 동일한 시라 할 수 있다. 「고대」에 덧붙인 조운의 설명에 따르면, 오겠다는 글을 보낸 후 20여 일이 지나도록 기척이 없는 "C군"에게 사흘 걸러 한 수씩 보낸 시라 한다. 말하자면, 열이틀 동안의 애 타는 마음이 세 수로 되어 있는 바로 이 시에 담겨 있다 할 수 있다. 이를 시조와 관련지어 이야기한다면, 시조의 각 장章에 하루만큼씩의 기다리는 마음을 실어 보낸 셈이다.

그처럼 기다리던 이가 마침내 찾아왔다면? 아마도 그 정경을 보여 주는 시가 있다면 이는 또 한 편의 빼어난 작품인 「비 맞고 찾아온 벗에게」일 것이다.

어젯밤 비만 해도 보리에는 무던하다
그만 갤 것이지 어이 이리 굳이 오노
봄비는 찰지다는데 질어 어이 왔는고.

비맞은 나무가지 새엄이 뾰족뾰족
잔디 속잎이 파릇파릇 윤이 난다
자네도 비를 맞아서 정情이 치나 자랐네.

—「비 맞고 찾아온 벗에게」 전문

이 역시 앞서 인용한 도연명의 시 구절을 연상케 하지만, 계절에 맞춰 내리는 봄비에서 이제 시인의 수심은 읽혀지지 않는다. "그만 갤 것이지 어이 이리 굳이 오노"라고 말하면서도 넉넉하게 "보리"를 적셔 주던 "찰"진 봄비를 향한 시선은 따뜻하기만 하다. 결국 그 봄비가 "나무가지 새엄"을 "뾰족뾰족" 돋아나도록 했을 뿐만 아니라 "잔디 속잎"을 "파릇파릇 윤이" 나도록 하지 않았던가. 하지만 시인의 따뜻한 눈길을 여기에 머물지 않는다. 그는 눈길을 옮겨 "비를 맞아서 정이 치나 자"란 "벗"에게 향한다. 그 시선에서 벗을 향한 시인의 반가움이 읽혀지지 않는가.

2. 「석류」와 「앵무」, 몇 개의 이정표 앞에서

앞서 살펴본 「영호청조」에서 시작하여 「정운애애」와 「비 맞고 찾아온 벗에게」에 이르기까지의 시조들은 형식의 측면에서뿐만 아니라 시적 정취 및 언어의 측면에서 옛 시조와 현대 시조의 경계에 해당하는 작품들, 또는 시조의 현대화를 예견케 하는 작품들로서의 의미를 갖는다면, 조운의 시 세계에는 현대 시조가 나아갈 방향을 제시한 일종의 이정표와도 같은 작품들도 적지 않다. 아마도 그에 해당하는 탁월한 작품, 새로운 시적 이미지와 언어로 이루어진 작품 가운데 하나를 우선 들자면, 이는 바로 「석류石榴」다.

투박한 나의 얼굴
두툼한 나의 입술

알알이 붉은 뜻을
내가 어이 이르리까

보소라 임아 보소라
빠개 젖힌
이 가슴.

—「석류」 전문

석류 열매가 익을 무렵인 초가을 어느 날, 필경 시인의 눈길은 잘 익어 붉은색의 알갱이들을 드러낸 채 껍질이 벌어진 석류 열매에 머물렀을 것이다. 이처럼 시인의 눈길이 석류 열매에 머물렀다면, 이는 석류 열매가 단순한 석류 열매로 보이는 대신 무언가 새롭거나 예상치 않은 것으로 보였기 때문인지도 모른다. 만일 그렇다면, 시인이 석류 열매에서 본 것은 무엇일까. 그것은 다름 아닌 "나" 또는 시인 자신의 모습이다. 이 시의 첫째 연—시조의 초장에 해당하는 부분—이 밝히고 있듯, 시인은 벌어져 원래의 모습을 잃거나 일그러진 석류 열매의 겉모습에서 "투박한 나의 얼굴"을, 열매 껍질이 벌어져 속살을 드러낸 부위에서 "두툼한 나의 입술"을 보고 있지 않은가. 투박한 얼굴에다가 두툼한 입술의 얼굴 모습을 익어 껍질이 벌어진 석류 열매에 겹쳐 놓음으로써 시인은 간명하고도 생생한 한 폭의 그림 또는 자화상을 완성하고 있다.

이어서 둘째 연 또는 시조의 중장에 해당하는 부분에서는 벌어진 열매 껍질 사이로 보이는 "알알이 붉은" 열매 알갱이들과 "나"의 "뜻" 사이의 병치가 이루어진다. 석류 열매 알갱이들 특유의 붉디붉은 색깔이 떠오르게 할 법도 한 뜨겁고도 열정적인 "나"의 마음이 눈에 보일 듯 선명하게 느껴지지 않는가. 하지만 "내가 어이 이르리까"라는 호소의 말이 암시하듯 "나"는 "나"의 "알알이 붉은 뜻"을 "임"에게 전할 길이 없다. 여느 사람들이 석류 열매를 무심한 마음으로 흘려보거나 거들떠보지도 않듯 "임"은 "임"을 향한 "나"의 모습과 마음에 관심이 없기 때문이다. 물론 "임"이 "나"에게 관심이 없다는 것은 "나"만의 생각일 수도 있다. "투박한" 얼굴에다가 "두툼한" 입술을 쩍 벌린 채 속마음을 드러내는 "나"의 볼품 없는 모습에 어찌 "임"이 흘끗이라도 눈길을 주겠는가. 그것이 바로 "나"의 판단일 수도 있는 것이다. 아무튼, "붉은 뜻"을 "임"에게 전하고자 하나 그럴 수 없거나 없다고 생각하여 안타까워하는 "나"의 절절한 심사를 어찌 이보다 더 핍진逼眞하게 드러낼 수 있겠는가!

셋째 연 또는 시조의 종장에 해당하는 부분은 기승전결起承轉結의 시상 전개 방식에서 '전'과 '결'에 해당하는 부분을 완벽하게 담고 있다. "보소라 임아 보소라"는 "임"의 무관심—또는 무관심하리라 생각하는 자신의 판단—에 더 이상 참을 수 없어하는 "나"의 "투박한" "입술" 사이로 터져 나오는 "투박한" 탄원의 말일 수 있다. 이 탄원의 말에 이어지는 "빠개 젖힌 / 이 가슴"이라는 거센 표현은 껍질이 벌어진 석류 열매가 붉은 열매 알갱이들을 드러내듯 자신의 "붉은 뜻"을 "임" 앞에 숨김없이 드러내고자 하는 "나"의 격한 마음과 몸짓을 있는 그대로 전한다.

이상과 같이 「석류」는 사랑에 빠진 사람이 "임"을 향해 던지는 하소연과 탄원의 시로 읽을 수 있다. 하지만 이 시의 텍스트는 잘 익어 껍질이 벌어진 석류 열매를 의인화하여 석류 열매가 세상을 향해 던지는 말로 읽어도 무리는 없다. 즉, 사랑에 빠진 사람이 "임"의 주의를 끌고자 하듯, 붉은 속살을 드러낸 석류 열매가 자신을 맛보고 그 안의 씨앗을 물어다 세상에 퍼뜨릴 생명체들을 향해 던지는 주의 환기의 말로 읽어도 좋을 것이다. 어느 쪽으로 읽든, 시인의 시적 형상화를 통해 석류 열매가 새삼스러운 주목의 대상이 될 만큼 낯설어졌음은, 그리하여 시를 읽는 이들은 시인의 눈길을 따라 석류 열매를 새로운 눈길로 바라보게 되었음은 변함 없는 사실이다. 어디 그뿐이랴. 거듭 이어지는 "보소라"나 "빠개 젖힌"처럼 울림이 강한 표현들에도 불구하고 「석류」에서는 감상이나 감정의 과잉이 좀처럼 느껴지지 않음도 변함 없는 사실이다. 모름지기 이를 가능케 한 요인 가운데 하나는 다름 아닌 시조의 형식 요건 아닐까. 시조 고유의 절제된 언어 사용과 효과적인 시상 전개를 도외시하면 「석류」의 시적 탁월성에 대한 온전한 해명은 결코 쉽지 않을 것이다.

따지고 보면, 「석류」에서 확인되는 연 나눔과 행 나눔은 옛 시조의 전통과는 관계가 없는 것이다. 시각적 효과를 위한 시어의 공간적 배열은 창唱을 전제로 하여 창작되는 옛 시조의 전통에서 벗어나는 것이라는 점에서 그러하다. 하지만 「석류」는 음수율이나 시상 전개의 원칙이라는 측면에서 보면 옛 시조의 외재적 및 내재적 형식 요건을 완벽하게 살리고 있다 할 수 있다. 바로 이 때문에 이 작품은 시조의 전형典型이라 해도 손색이 없다. 그럼에도 불구하고, 연 나눔이나 행 나눔의 측면에서뿐만 아니라 작품에 동원된 언어 표현이나 작품을 지배하는 정조의 측면에서도 「석류」에서는 옛 시조에서 느낄 수 없는 새로움이 감지된다. 「석류」가 현대 시조임은 무엇보다도 이 같은 '새로움' 때문일 것이다. 거듭 말하지만, 이는 현대 시조가 가야 할 길을 지시하고 안내하는 하나의 이정표와도 같은 작품이라 할 수 있다. 이와 관련하여 우리는 이 시를 창작한 조운이 시조 부흥 운동에 참여한 시인 가운데 한 사람임에 유의할 수도 있을 것이다. 아무튼, 불확실한 미래 앞에서 암중모색하던 현대 시조가 오늘날에 이르는 데 이정표가 되었던 탁월한 시조 작품 가운데 하나가 「석류」임을 부정할 사람은 없을 것이다.

사실 「야국野菊」, 「부엉이」, 「파초芭蕉」, 「채송화菜松花」, 「고매古梅」 등등 조운이 주변의 동식물을 대상으로 쓴 시들은 대부분 「석류」에서 시도한 것과 같은 종류의 중층重層의 의미 읽기를 가능케 한다. 하지만 중층의 의미 읽기를 통해 확인할 수 있는 시적 메시지 가운데 무엇보다도 더 미묘하고 예리한 것을 담고 있는 시가 있다면 이는 아마도 「앵무」일 것이다.

앵무는 말을 잘해
갖은 귀염 다 받아도

저물어 뭇새들이
깃 찾아 돌아갈 젠

잊었던 제 말을
이깨우며
새뜨리고 있니라.

—「앵무」 전문

어느 모로 보나 「앵무」에서는 「석류」를 환하게 빛나게 했던 생생한 시적 이미지들이 확인되지 않는다. 하지만 「앵무」는 「석류」와 비교할 때 한층 더 강렬한 시적 메시지를 전하고 있다. 그럼에도 불구하고, 이를 전하기 위해 동원된 시적 언어나 어조는 전혀 강렬하지 않다. 그 때문에, 전자가 시적 메시지를 있는 그대로 생생하게 드러내고 있다면, 후자는 드러낼 듯 은밀하게 감추고 있다는 판단까지 내리게 한다. 이와 관련하여 우선 이 시가 앵무새가 "말을 잘"하기에 "갖은 귀염 다 받"는다는 진술로 시작하고 있음에 유의하기 바란다. "갖은 귀염"을 다 받다니? 이 말에는 일종의 역설이 담겨 있는 것 아닐까. 우리는 보통 누군가의 말을 의미도 없이 그대로 따라하는 사람을 앵무새에 비유하곤 하는데, 이러한 비유의 뒤편에는 물론 경멸도 담겨 있다. 이런 의미에서 볼 때, 인간의 말을 잘 흉내내기에 앵무새가 "갖은 귀염"을 받는다는 할 때의 "갖은 귀염"은 결코 긍정적 의미만을 담고 있는 것은 아니리라. 어쨌든, 그 뒤에 이어지는 시적 진술 역시 예사롭지 않은데, 앵무새는 "저물어 뭇새들이 / 깃 찾아 돌아갈 젠 // 잊었던 제 말을 / 이깨우며 / 새뜨"린다는 것이다. 물론 실제의 앵무새가 잊었던 제 말을 일깨우지는 않는다. 다시 말해, 이는 시인 또는 시적 화자의 주관적 시선을 통해 제시된 앵무새의 모습일 뿐이다. 앵무새는 인간이라 하는 전혀 다른 종種이 내는 소리를 흉내내고 그 때문에 인간의 귀여움을 받지만, 날이 저물어 홀로 남게 된 앵무새의 모습이 마치 "잊었던 제 말"을 일깨우고 있는 것처럼 시인 또는 시적 화자에게 보였던 것이리라. 물론 앵무새가 정말 "잊었던 제 말"을 일깨우고 있다고 시인이 믿었던 것은 아닐 것이다. 하지만 그렇게 묘사함으로써 홀로 남아 생각에 잠겨 있는 듯한 앵무새의 모습이 생생하게 살아나고 있지 않은가.

과연 그와 같은 앵무새에 대한 묘사 자체가 시인이 의도한 전부일까. 여기서 우리는 앵무새가 받는 "갖은 귀염"이 결코 긍정적 의미의 것일 수만은 없다는 논리로 되돌아갈 수 있는데, 어찌 보면 앵무새는 누군가에 대한 비판을 감추듯 드러내고 드러내듯 감추기 위한 매개물이라는 추정도 가능할 수 있다. 이와 관련하여 우리는 시인 조운의 시 세계에서 쉽게 확인할 수 있듯 그가 누구보다도 "말"에 예민한 사람이었다는 점과 함께, 그가 살던 시대가 일제 치하였다는 사실, 그리고 항일 운동으로 옥고를 치르기도 했다는 사실을 떠올릴 수 있다. 여기에다가 일제가 식민 지배 과정에 우리말을 말살하려는 정책을 폈다는 사실도 떠올릴 수 있을 것이다. 이 모든 사실을 "말"을 잘 흉내내는 앵무새와 연관짓는 경우, 우리는 일종의 우의적 의미를 이 시에서 읽어 낼 수 있을 것이다. 필경 일제의 한국어 말살 정책에 분노를 느꼈을 시인 조운의 눈에는 일제의 정책에 순응하여 자기의 말을 포기하고 식민 지배자의 말을 너무도 그럴듯하게 흉내내는 사람들이 앵무새로 비쳤을지도 모른다. 물론 일제가 한국어 말살 정책을 펴기도 전에 자발적으로 일본어에 빠져들던 사람들도 있었고, 말뿐만 아니라 문화와 생활 관습의 면에서도 천연덕스럽게 일본인의 흉내를 내던 사람들도 있었을 것이다. 그들이 또한 시인의 눈에는 앵무새로 보였을지 모른다. 시인은 이 앵무새와 같은 사람들을 시조라는 형식을 빌려 우회적으로 비판하고 있는 것 아닐까. 현실에 대한 우회적 비판을 수행하고자 할 때 동원되는 수사적 장치가 바로 우의인데, 바로 이 수사적 장치를 효과적으로 사용하는 문학 장르가 다름 아닌 시조임을 「앵무」는 어느 예보다 선명하게 보여 주고 있는 것 아닐까.

물론 이러한 해석은 위의 작품이 일제 시대에 창작된 것이라는 전제 아래 내려질 수 있는 것이다. 하지만 1947년 5월 도서출판 조선사에서 발행된 『조운 시조집』 안에 수록된 위의 작품은 구체적으로 어느 시기에 창작된 것인지 확인할 길이 없다. 앞서 언급한 『조운 문학 전집』 안에는 조운 작품 연보가 있긴 하나, 여기에도 「앵무」의 창작 연대나 발표 연대는 나와 있지 않다. 이로 인해 이 시가 해방 이후에 창작된 것이라는 추정도 가능하다. 그렇다면 우리의 해석은 전적으로 무의미한 것이 될까. 아마도 해방 이후 불어닥친 또 다른 의미의 외세의 바람을 감안한다면, 위의 해석은 여전히 그 의미를 가질 수 있지 않을까. 따지고 보면, 조운의 시에서 확인할 수 있는 우의는 비단 조운의 시대에만 해당하는 것은 아니리라. 어쩌면 국제화라는 명분 아래 영어를 공용어화하자는 투의 발상을 통해 자발적인 언어적 식민지화를 꿈꾸는 사람들이 존재하는 우리 시대에도 해당하는 것일 수 있다. 우의는 이처럼 특정한 시대를 대상으로 하지만 인간의 삶이 전개되는 곳에서는 언제든 동일한 무게와 의미로 되살아날 수 있다. 시조가 자유시에 눌려 한물간 장르로 치부되지 않기 위해서는 상징을 놓고 자유시와 겨루기보다는 바로 이 같은 종류의 우의를 되살려야 할 것이다. 조운의 시조 작품들이 우리에게 소중하고, 특히 「앵무」와 같은 작품이 현대 시조가 나아갈 길을 안내한 또 하나의 이정표와도 같은 작품이라는 판단을 우리가 내림은 바로 이 때문이다.

3. 「무꽃」과 「구룡폭포」, 조운이 열어 놓은 두 갈래의 새로운 길을 따라

조운의 눈길이 사람을 포함한 살아 있는 생명체를 향한 것이든 또는 사물을 향한 것이든 그의 눈길에서 우리는 코울리지가 워즈워스의 시를 보고 느낀 바의 경이로움을 느낄 수 있는데, 일찍이 코울리지는 워즈워스의 모든 작품 세계를 지배하는 시적 탁월성의 원인으로 사물의 본질을 꿰뚫어보는 상상력imagination을 들기도 하고, 다른 사람들의 시선에는 좀처럼 보이지 않는 의미를 대상에서 읽어 내는 능력을 들기도 했다. 말하자면, 친숙하고 일상적인 대상을 낯설게 함으로써 대상을 새롭고 신선한 시각에서 다시 볼 수 있도록 하는 놀라운 능력을 워즈워스가 갖고 있음에 코울리지는 주목한 바 있다. 조운의 시선에서 우리는 바로 그런 능력을 확인할 수 있거니와, 그의 시선을 통하는 경우 우리 주변의 생명체나 일상의 사물들은 전혀 새로운 색조를 띠게 된다. 그리고 이를 가능케 하는 것은 무엇보다도 시인의 섬세한 시선이다. 조운의 섬세한 시선을 확인케 하는 또 하나의 예를 들어 보기로 하자.

무꽃에 번득이든
흰나비 한 자웅이

쫓거니 쫓기거니 한없이
올라간다

바래다
바래다 놓쳐
도로 꽃을 보누나.

—「무꽃」 전문

시인의 시선은 "무꽃"에 잠시 앉아 있거나 그 주변을 나는 한 쌍의 "흰나비"에게 향해 있다. 한 쌍의 "흰나비"는 "쫓거니 쫓기거니 한없이 / 올라"가고, 시인의 시선도 이를 쫓는다. 사실 여기까지 보면 시인의 시선에는 특별할 것도 새로울 것도 없다. 아니, 어린 시절 밭이나 들에서 나비나 잠자리를 잡으려고 했던 적이 있는 사람이라면 누구나 자신의 의식 저편에 추억으로 간직하고 있는 그런 시선이다. 하지만 시인은 시선을 이 시점에서 거두어들이지 않는다. "한없이" 날아 올라가는 "흰나비" 한 쌍을 "바래다 / 바래다 놓"친 시인은 시선을 다시 "무꽃"으로 향한다. 시인은 왜 그의 시선을 "도로 꽃"에 주는 것일까. 이와 관련하여 우리는 "무꽃"의 색깔이 희다는 점을 환기할 수 있는데, 어떤 의미에서 보면 시인의 시선을 통해 "무꽃"은 놓친 "흰나비"가 되고 놓친 "흰나비"는 "무꽃"이 되고 있는지도 모른다. 아니, "무꽃"이 "흰나비"를 대신하고 "흰나비"가 "무꽃"을 대신하고 있는지도 모른다. 말하자면, "무꽃"은 "흰나비"의 은유적 의미를 드러내기 위한 매개물vehicle이 되고 있고, "흰나비"는 "무꽃"의 은유적 의미를 드러내기 위한 매개물이 되고 있는 것 아닐까. 또는 시인의 시선을 통해 "무꽃"이 "흰나비"로 새롭게 살아나고 "흰나비"는 "무꽃"으로 새롭게 살아나고 있는 것 아닐까. 보다 더 정확하게 말하자면, 여기서 유추 관계를 이루고 있는 것은 "무꽃"의 꽃잎들과 "흰나비 한 자웅"의 날개들일 것이다. "흰나비"의 날개와도 같은 "무꽃"의 꽃잎이, "무꽃"의 꽃잎과도 같은 "흰나비"의 날개가 시인의 역동적인 시선—지상에서 하늘로, 하늘에서 다시 지상으로 움직이는 시인의 시선—을 통해 생생하게 살아나고 있지 않은가.

시인의 시선과 관련하여 이 시에서 또 하나 주목해야 할 부분은 "무꽃에 번득이든 / 흰나비 한 자웅"이라는 표현일 것이다. 한 쌍의 "흰나비"가 "무꽃"에 잠시 앉아 있거나 그 주변을 나는 모습을 시인은 "번득이는"이라는 단 한 마디의 말로 표현하고 있는데, 이는 언어의 경제적 사용이라는 측면에서뿐만 아니라 시어의 적절성이라는 측면에서도 주목할 만한 것이다. 이와 관련하여 "번득이다"라는 표현은 "빛이 반사하여 시각적으로 어지럽다"는 뜻으로 이해될 수 있음에 유의하기 바란다. 말하자면, "번득이는"이라는 표현은 시각적 어지러움으로 인해 "흰나비"와 "무꽃"이 어우러져 서로 구분되지 않는다는 함의를 담기 위한 것일 수 있다. 바로 여기서 "흰나비 한 자웅"을 "바래다 / 바래다 놓"친 시인이 시선을 "흰나비"에 대신하여 다시 "무꽃"으로 향할 수 있는 단초가 마련되는 것 아닐까.

이처럼 시인의 역동적인 시선뿐만 아니라 예민한 언어 감각이 조운의 빼어난 시 세계를 가능케 하는 또 하나의 동인動因이 되고 있다. 조운의 빼어난 시조 작품들 가운데에서도 특히 빼어난 것을 하나 고르라면 앞서 사설시조와 관련하여 잠깐 언급한 바 있는 「구룡폭포九龍瀑布」를 다시 한 번 주목하지 않을 수 없는데, 그 이유 역시 시인의 역동적인 시선과 예민한 언어 감각 때문이다. 여기서 조운의 시조 작품 가운데 유일하게 사설시조 형식으로 되어 있는 이 시에 다시 한 번 우리의 눈길을 주기로 하자.

> 사람이 몇 생生이나 닦아야 물이 되며 몇 겁劫이나 전화轉化해야 금강에 물이 되나! 금강에 물이 되나!
>
> 샘도 강江도 바다도 말고 옥류玉流 수렴水簾 진주담眞珠潭과 만폭동萬瀑洞 다 그만두고 구름 비 눈과 서리 비로봉 새벽 안개 풀끝에 이슬 되어 구슬구슬 맺혔다가 연주팔담連珠八潭 함께 흘러
>
> 구룡연九龍淵 천척절애千尺絕涯에 한번 굴러 보느냐
>
> —「구룡폭포」 전문

시인은 금강산 구룡폭포의 "천척절애"를 굴러 떨어지는 폭포수의 장려함에 압도되어 있는 것일까. 또는 경이를 체험하고 있는 것일까. 그는 "물"이 되어, 그것도 "금강에 물"이 되어 "구룡연 천척절애에 한번 굴러 보"기를 염원한다. "물"이 된다는 것은 무엇을 의미할까. 일반적으로 물은 만물의 근원, 생명의 근원으로 이해되기도 하는데, 이런 의미에서 볼 때 "물"이 되고자 함은 근원으로의 회귀를 의미할 수 있다. 물론 이 같은 견해를 축어적으로 받아들여 시인이 지금 근원으로의 회귀를 염원하고 있다고 말한다면 이는 지나치게 단순한 해석이 될 수도 있다. 어쩌면 시인은 엄청난 경이 앞에서 사람들이 일반적으로 느끼는 경이감을 그런 형태로 표출한 것인지도 모른다. 경이감을 체험한다는 것은 자신이 무화無化되고 그 무화된 자리에 경이의 대상이 들어서서 순간을 체험하는 것, 자신이 경이의 대상이 되고 경이의 대상이 자신이 되는 순간을 체험하는 것 아니겠는가. 물론 이 경우 시인에게 경이의 대상은 바로 저 폭포의 "물"이고, 그는 이미 관념적으로 "천척절애"를 굴러 떨어지는 "물"이 되어 있는지도 모른다. 바로 이 시에 담긴 시적 발언은 관념의 세계와 실제의 세계를 뛰어넘어 완전한 의미에서의 "천척절애"를 굴러 떨어지는 "물"이 되고자 하는 그의 염원을 표현하기 위한 것 아닐까. 어쨌든, 시인에게 시의 중장에서 시인은 "물"이 되되 어떤 물이 되고자 하는가를 밝히고 있는데, 그가 되고자 하는 물은 "구름 비 눈과 서리 비로봉 새벽 안개 풀끝에 이슬"이다.

말하자면, "샘," "강," "바다," "옥류 수렴 진주담과 만폭동"의 물과 같이 평면적 또는 이차원적 구도 안에 놓여 있는 물이 아니라, 천상에서 지상에 이르기까지 입체적 또는 삼차원적 구도 안에 놓여 있는 물이다. 즉, "구름 비 눈과 서리 비로봉 새벽 안개 풀끝에 이슬"이라는 구절은 지상의 물이 천상으로 올라가 "구름"이 되고 그 구름이 "비"와 "눈"이 되어 다시 지상에 이름을, 그리고 대기의 수분이 지상으로 내려와 "서리"가 되고 "새벽 안개"가 되고 또 "풀끝에 이슬"이 됨을 함축하고 있다 할 수 있거니와, 우리는 여기서 보이지도 않고 들리지도 않는 자연의 역동적인 움직임과 변화를 읽게 된다. 그 모든 자연의 역동적인 움직임과 변화는 비로소 구룡폭포에 와서 가시화可視化되고 가청화可聽化되고 있는 것 아닐까. 어떤 의미에서 보면, 구룡폭포의 "천척절애"는 하늘을 떠받치고 있는 하나의 거대한 벽일 수 있고, 그런 의미에서 천상에서 지상에 이르는 공간을 압축해 놓은 것이 다름 아닌 구룡폭포일 수 있다.

어쩌면 시인의 눈에 구룡폭포는 이처럼 천상에서 지상에 이르는 세계 공간을 재현해 놓은 것으로 보였는지도 모른다. 만일 그러하다면, "물"이 되어 구룡폭포의 "천척절애"를 "굴러 보"는 일은 천상에서 지상에 이르는 세계 공간을 한순간에 체험하는 일일 수 있다. 그 한순간을 위해 시인은 "몇 생生"의 시간도 "몇 겁劫"의 시간도 기꺼이 바칠 수 있음을 암시한다. 바로 이런 의미에서 볼 때, "천척절애"를 "굴러 보"는 일은 세계 공간을 체험하는 일일 수 있되, 단순한 의미에서의 세계 공간의 체험이 아니다. 이는 엄청난 세월을 순간과 맞바꾸는 것이라는 점에서 종교적, 초자연적 신비를 동반하는 것일 수 있다. 조운의 「구룡폭포」가 엄청난 의미와 무게를 담고 있는 엄청난 시라는 느낌이 드는 이유는 바로 이 때문 아닐까. 필경 구룡폭포의 장려함에 못지 않은 장려함을 지니고 있는 것이 바로 이 시일지도 모른다. 뒤집어 말하자면, 우리가 체험하지 못한 저 구룡폭포의 장려함이 어떠한 것인지를 미루어 짐작할 수 있게 하는 것이 조운의 「구룡폭포」다.

실로 "천척절애"를 굴러 떨어지는 폭포수만큼 속도감과 역동감을 지닌 활달한 언어로 인해 이 시를 읽다 보면 폭포수가 떨어질 때 들리는 소란스러운 소리가 귓전에 들리는 듯도 하다. 사실 이때의 속도감과 역동감을 가능케 하는 것이 다름 아닌 사설시조라는 형식 아닐까. 하지만 이 시의 종장을 이루는 절제된 언어가 보여 주듯 끝을 맺을 때 가서 절도 있게 끝을 맺도록 하는 것 또한 사설시조라는 형식이기도 하다. 바로 이 언어의 절제로 인해 초장에서 시작하여 중장에 이르기까지 점증하는 언어의 속도감과 역동감이 더욱더 극적으로 살아나고 있는 것 아닐까. 마치 장엄한 교향곡이 갑작스럽게 하지만 절도 있게 끝남으로써 장엄함에 대한 기억을 청중의 마음속에 여운처럼 남기듯.

「구룡폭포」와 같은 시와 만나는 일은 실로 엄청난 시적 체험이 아닐 수 없다. 바로 이런 의미에서 우리가 1949년 이후 계속 이어졌을지도 모를 조운의 시 세계를 아쉬워하는 것이다. 어떤 의미에서 보면, 바로 그 때문에 그가 1949년까지 남긴 시 세계가 우리에게 더 더욱 소중한 것 아닐까. 소중한 조운의 시 세계에 들어와 미답의 세계를 경험하기를 모든 이에게 청하는 바다. 확신컨대, 여러분의 호기심은 곧 놀라움으로 바뀔 것이다. □

끌어안음과 뛰어넘음의 시학
—초정 김상옥과 '도구'로서의 시조 형식

1. 초정에게 시조 형식이 갖는 의미

초정 김상옥의 시 세계에서는 "적막"(「백자」)의 깊이와 "부재"(「부재不在」)의 넓이가 느껴진다. 또는 "정적"(「미물微物」)의 깊이와 "정지"(「정지靜止」)의 넓이가 느껴진다. 거기에도 인간의 삶은 있으나, "길을 찾다가 / 멍하니 정지하고 있"(「정지」)는 사람, "빈 궤짝처럼 따로 떨어져 앉아 있"(「빈 궤짝」)는 사람, "갈수록 / 허망한 욕심 / 차츰 버릴 수도 있"고 "이 세상 / 슬프고 어여쁜 일 / 혼자 누릴 수도 있"(「돌담 모퉁이」)는 사람의 고적한 삶이 있을 따름이다. 시인의 눈에는 자연도 또한 "말라서 / 바스라져도 / 향기 남은 가을"과도 같은 "싸리꽃"(「싸리꽃」)이 있는 정적의 공간, "의미는 성가시고 / 무의미는 더욱 부질없기로 // 엎드려 / 숨도 쉬지 않고 / 입을 봉한 지는 이미 옛날"(「돌」)인 "돌"이 머물러 있는 정지의 공간, "11월의 / 나뭇잎 두엇 / 아직 가지 끝에 달려 있는"(「11월의 연상」) 여백의 공간이다. 자연에는 신의 손길에 의한 "자상하고 은밀한 공사工事"(「입춘」)가 있다 하더라도 그것은 말 그대로 "은밀한" 것이지 공개적이고 드러나 있는 것이 아니다. 이처럼 이해된 인간과 자연의 세계에서 시인은 "향기로울수록 / 사람을 아프게" 하고 "아름다울수록 / 사람을 슬프게" 하는 "비밀"(「광채」)을, "숨쉬지 않는 / 잠," "잠자지 않는 / 꿈," "꿈꾸지 않는 / 넋"(「돌」)을 찾아 헤맨다. 또는

"이런 날 / 생금 가루를 / 뿌리는 당신"(「입춘」)의 존재를, "가만히 / 내 등너메서도 / 늘 지켜보는 이"(「미물」)의 존재를 확인하기도 한다.

한마디로 말해, 초정의 시 세계에는 그 어떤 현세적 욕망이나 갈등을 뛰어넘어 초월의 영역에 자리잡고 있는 것처럼 보인다. 심지어 자연까지도 그러한 시인의 정서를 반영하고 있다. 아니, 자연은 시인을 끌어들이고 시인은 자연을 마음 안에 끌어안고자 한다. "파문에 놀란 피래미 떼는 달아나고, 장대 끝에 앉은 어린 새 모양, 혼자 뒤처진 그 소년도 연방 물 속으로 늪물 속으로 빨려 들어갈 듯 앉아 있다"(「늪가에 앉은 소년」)에서 감지할 수 있듯, 자연 속으로 인간이 "빨려 들어"가고 인간은 의식 안에 그 자연을 끌어안는 상황이 바로 초정의 시 세계가 지향하는 경지다. 결국 "돌," "나무," "개미"와 같은 자연의 존재와 시인은 하나일 수 있고, 이로 인해 세계를 바라보는 시인의 시선은 현실을 뛰어넘는 초월적인 것일 수 있다. 현실을 초월하여 세계를 관조하고, 그러한 관조를 통해 인간의 삶과 자연이 갖는 초월적 의미를 확인하는 도인道人의 직관적 시선이 그의 시 세계를 지배하고 있는 것처럼 보이기도 한다. 그 때문인지는 몰라도, 그의 작품 세계에서는 현실을 살아가는 인간들의 아픔이라든가 그 아픔에서 벗어나려는 고통스러운 몸짓이 좀처럼 모습을 드러내지 않는다. 물론 모습을 드러내지 않는다 해서 찾을 수 없다는 뜻은 아니다. 다만 시인이 지극히 절제된 시어와 시적 이미지를 동원하여 철저하게 가려 놓기 때문에 그와 같은 아픔과 고통스러운 몸짓을 쉽게 확인하기 어렵다는 뜻이다.

현실적 삶의 아픔을 철저하게 가린 채 초월을 지향하는 것처럼 보이는 초정의 시 세계와 만나노라면, 우리는 적어도 하나의 의문을 갖지 않을 수 없다. 현대 시조 시단의 몇 안 되는 거봉 가운데 하나인 이 시인에게 시조라는 시 형식이 갖는 의미는 무엇일까. 이 같은 의문을 갖는 이유는 무엇보다도 초정의 경우 시적 지향점이 현실 세계 그 자체의 역사적 의미보다는 그 세계가 투사하는 상징적 의미, 현실의 아픔보다는 이를 뛰어넘는 초월의 경지, 인간 세계보다는 자연이라는 판단을 가능케 하고, 따라서 그의 작품은 "시절가조"로서의 시조라기보다는 내용과 소재 면에서는 종교적 선시禪詩, 형식 면에서는 초기 시를 제외하면 서정적 자유시에 가깝기 때문이다. 아울러, 비록 회고적 취향

및 절제된 감성은 20세기 초에 시작된 시조 부흥 운동의 맥을 연상시키기도 하지만, 초기 시 이후에 전개되는 초정의 시 세계는 그러한 움직임을 시종 일관 기계적으로 답습하던 여느 시조 시인의 시 세계와는 명백히 구분되는 그 무언가의 정신을 담고 있기 때문이다. 따라서 우리의 관심은 무엇보다도 초정에게 시조 형식이란 무엇인가에 맞추어지게 될 것이다.

2. 끌어안음과 뛰어넘음의 대상 또는 '도구'로서의 시조 형식

초정에게 시조 형식이 갖는 의미란 무엇인가라는 문제에 접근하는 데 하나의 관건이 될 수 있는 작품은 「제기祭器」일 것이다.

굽 높은
제기祭器.

신전神前에
제물을 받들어
올리는—

굽 높은
제기祭器.

시詩도 받들면
문자文字에
매이지 않는다.

굽 높은
제기祭器

—「제기」 전문

무엇보다도 위의 작품에서 "제기"가 의미하는 바가 무엇인가. 물론 촛대와 같은 특수한 제기도 있긴 하지만, 일반적으로 제기란 "신전에 / 제물을 받들어 / 올"릴 때 사용하는 그릇의 일종이라 할 수 있다. 종교적 의미의 신이든 조상 숭배의 관점에서 본 귀신이든 신을 생각하고 섬기기 위해 사용하는 '빈' 그릇인 것이다. 여기서 우리는 제기란 인간과 초월 세계를 연결하여 주는 매개물로 볼 수 있는 동시에, 무언가의 '내용물'을 담기 위한 '형식'과 같은 것으로 볼 수 있다. 한편, 이 시에서 "제기"는 "굽 높은"이라는 수식구의 한정을 받고 있는데, 이로 인해 제기 가운데서도 형식의 요건을 완벽하게 갖춘 제기임을 유추할 수 있다. 하지만 제기에 관한 이상과 같은 일반론이 그 자체로서 새로운 의미를 갖는 것은 아니다. 이 시에는 제기에 관한 일반론을 뛰어넘어 새로운 의미 부여를 가능케 하는 부분이 있는데, 이는 바로 넷째 연의 "시도 받들면 / 문자에 / 매이지 않는다"라는 부분이다. 제기를 소재로 한 이 시에서 시인은 왜 갑자기 "시"를 끌어들이고 있는 것일까. 어떤 의미에서 보면, 시인의 눈에 비친 "문자"는 "제기"와 동일한 의미를 갖는 것일 수 있고, 또한 "시"는 "제기"를 매개로 하여 이루어지는 제사祭祀와 동일한 의미를 갖는 것일 수 있다. 전통적으로 시란 사제司祭로서의 시인이 초월자의 의지를 인간 세계에 전달하는 메시지로 이해되기도 했는데, 바로 이 같은 전통적 시론이 "시"와 제사, "문자"와 "제기" 사이의 유추 관계를 뒷받침하여 준다. 초정의 시적 편력을 문제 삼는 경우, 제사 의식儀式으로서의 "시"란 곧 시조 또는 시조 형식을 함의하는 것일 수 있다. 소급하여 말하자면, 초정에게 시조 또는 시조 형식이란 초월 세계와 인간, 또는 자연과 인간 사이의 의사 소통을 위한 수단인 셈이다. 이런 관점에서 볼 때, 초정의 시 세계가 보이는 고유의 초월적 분위기 및 경향은 시인의 어떤 마음가짐에서 비롯된 것인가를 감지케 한다.

문제는 "문자에 / 매이지 않는다"라는 부분을 어떻게 이해할 것인가에 있다. "시도 받들면 / 문자에 / 매이지 않는다"니? 여기서 우리가 우선 주목해야 할 것은 "시도 받들면"에서 '도'라는 조사인데, 이 조사로 인해 제사는 물론이지만 "시도 받들면" 무언가의 형식에 "매이지 않는다"라는 뜻으로 이해할 수 있다. '무언가'가 무엇인가라고 묻는 경우, 해답의 실마리는 오로지 "문자"라는 언사에서 찾을 수밖에 없다. 여기서 우리는 '언어라는 감옥the prison house of language'이라는 개념을 떠올리지 않을 수 없는데, 이와 관련하여 인간의 언어는 인간이 자신의 의지에 따라 자유롭게 자신을 표현하는 수단이기도 하지만 이는 또한 신의 언어(로고스)와는 달리 본질적으로 일종의 구속일 수 있다는 점에 유의해야 할 것이다. 일찍이 동양적 형이상학 논의에서 제기되는 '불립문자不立文字'라는 개념은 바로 이 같은 구속으로서의 언어로부터의 탈출 가능성에 대한 모색을 암시하는 것이라 할 수 있다. 결국 구속과 자유를 동시에 인정함으로써, 인간의 언어에 대해 우리는 일종의 모순을 묵인하는 셈이 된다. 여기서 우리는 기독교 신화에 등장하는 금단의 열매와 관련하여 하나의 유추를 이끌 수 있는데, 무엇보다도 구속이라는 전제 조건이 없다면 자유라는 개념 자체도 존재할 수 없다는 점을 잊지 말아야 할 것이다. 즉, 금단의 열매와 같은 금기가 없었더라면 아담의 자유는 실험되지 않음으로써 절대적인 것으로, 따라서 비현실적인 것으로 남아 있을 수밖에 없었을 것이다. 결국 세계란 일종의 감옥이지만 인간의 존재를 가능케 하는 감옥인 것이다. 그 감옥이 없으면 인간에게는 존재조차 불가능하기 때문이다. 마찬가지 논리에서, 언어 또는 문자도 인간의 사유 세계를 가능케 하는 그 무엇, 따라서 자유를 보장하는 수단이기도 하지만, 이는 여전히 인간을 구속하는 일종의 감옥, 여기서 벗어나려는 인간의 노력을 암시하는 동시에 전제하는 감옥인 셈이다. 초정은 바로 이 언어라는 감옥으로부터의 벗어남을 꿈꾸고 있고, 또한 어떤 형태로든 언어의 구속으로부터 벗어나는 일이 가능하다고 믿는 것처럼 보이는데, 그 단서가 바로 "받들면"이라는 언사에 있다. 문제는 받들되 어떻게 받드는가에 있을 것이다. 따지고 보면, 시인이 그동안 이루어 시 세계 전체는 이 물음에 대한 구체적인 답변이라 할 수 있다. 따라서 우리가 이 자리에서 한두 마디의 말로 일반화할 수 있는 성질의 것이 아니다. 결국 우리가 말할 수 있는 것은 제사 의식과 관련하여 지극한 정성이 형식의 구속으로부터 벗어날 수 있도록 할 수 있는 것과 마찬가지로, 시조 쓰기와 관련하여서도 무언가 지극한 시 정신을 투사함으로써 시인은 자신의 시 세계가 시조 형식 안에 존재하면서 동시에 그 시조 형식을 뛰어넘을 수 있음을 바로 위의 작품에서 암시하고 있는지도 모른다. 사실 시조이면서도 시조 형식을 벗어나 있는 것처럼 보이는 초정의 시 세계 자체가 이에 대한 구체적인 증거 자료일 수 있다.

무언가를 담기 위한 그릇의 이미지는 초기의 「청자부」와 「백자부」에서 시작하여 「항아리」와 「백자」에 이르기까지 초정의 시 세계에서 중요한 모티브가 되고 있는데, 이로 인해 위에서 논의한 「제기」뿐만 아니라 청자나 백자를 소재로 한 일련의 시들이 주목의 대상이 되지 않을 수 없다. 특히 유사한 시 제목을 갖는 「백자부」 및 앞서 이 책의 제1부에서 주목할 만한 단시조의 예 가운데 하나로 논의한 바 있는 「백자」라는 두 작품은 초정의 시 세계가 어떻게 변모했는가를 확인케 한다는 점에서뿐만 아니라 시 형식으로서의 시조를 대하는 시인의 태도에 어떤 변화가 있었는가를 읽을 수 있게 한다는 점에서 특별한 주목이 요구된다.

찬 서리 눈보라에 절개 외려 푸르르고
바람이 절로 이는 소나무 굽은 가지
이제 막 백학白鶴 한 쌍이 앉아 깃을 접는다.

드높은 부연 끝에 풍경소리 들리던 날
몹사리 기다리던 그린 임이 오셨을 제
꽃 아래 빚은 그 술을 여기 담아 오도다.

갸우숙 바위 틈에 불로초不老草 돋아나고
채운彩雲 비껴 날고 시냇물도 흐르는데
아직도 사슴 한 마리 숲을 뛰어드노다.

불 속에 구워 내도 얼음같이 하얀 살결!
티 하나 내려와도 그대로 흠이 지다
흙 속에 잃은 그날은 이리 순박純朴하도다.

—「백자부」 전문

상머리
돌아온 달무리
시정은 까마아득하다.

어떤 기교
어떤 품위도
아예 가까이 오지 말라

저 적막
범할 수 없어
꽃도 차마 못 꽂는다.

—「백자」 전문

외형적인 음수율의 면에서 「백자부」가 우리가 일반적으로 알고 있는 시조 형식을 충실히 따르고 있다면, 「백자」는 상당 부분 파격을 보이고 있다. 그와 같은 파격에 관해 논의하기 전에 먼저 「백자부」와 「백자」를 내용 면에서 검토해 보기로 하자. 「백자부」와 「백자」는 모두 조선 시대를 대표하는 자기인 백자를 소재로 하고 있는데, 양자를 비교하는 경우 백자에 대한 묘사가 후자보다는 전자가 한결 더 구체적이다. 전자의 경우 시조의 첫째 수와 셋째 수에 해당하는 첫째 연과 셋째 연에서 우리는 백자 표면의 그림을 향하고 있는 시인의 시선과 만날 수 있다면, 둘째 수와 넷째 수에 해당하는 둘째 연과 넷째 연에서는 각각 백자의 용도와 속성에 대한 시인의 이해와 만날 수 있다. 이 가운데 특히 우리의 주목을 끄는 것은 둘째 연과 넷째 연인데, 우선 둘째 연에서 백자는 "꽃 아래 빚은 그 술을 여기 담"기 위한 그릇으로 묘사되고 있다. 즉, 백자는 외형상의 아름다움을 감상하기 위한 것일 뿐만 아니라 무언가의 실용적인 목적을 위한 것이기도 하다. 한편, 넷째 연에서 백자는 "순박"함의 상징물로 제시되고 있는데, 특히 "불"과 "얼음"의 대비를 통해 역동적으로 드러내는 백자의 깨끗한 이미지는 이 시의 압권에 해당하는 것이라 할 수 있다. 「백자」의 경우, 백자에 대한 묘사는 간접적 언어를 통해 이루어지고 있다. 이와 관련하여, 시조의 초장에 해당하는 첫째 연에서 백자의 이미지는 "상머리 / 돋아온 달무리"로 형상화되고 있음에 유의해야 할 것이다. 또한 중장과 종장에 해당하는 둘째 연과 셋째 연에서는 "가까이 오지 말라"와 "꽃도 차마 못 꽂는다"라는 부정어를 통해 백자의 "기교"와 "품위"를 간접적으로 드러내고 있을 뿐만 아니라 백자가 발산하고 있는 "적막"의 분위기를 더욱더 강화하고 있음에도 유의해야 할 것이다. "술"을 담는 그릇으로서의 백자가 이제는 "꽃도 차마 못 꽂"을 만큼 범접하기 어려운 대상으로 묘사되고 있는 것이다.

사실 백자의 아름다움과 고귀한 분위기를 노래하고 있다는 점에서 「백자부」와 「백자」를 지배하는 시적 분위기에는 근본적인 차이가 없다고도 할 수 있지만, 대상에 대한 이해의 방식에는 적지 않은 차이가 존재한다. 「백자부」가 대상에 다가가려고 하는 시인의 마음을 담고 있다면, 「백자」는 대상과의 거리 두기를 통해 대상에 대한 객관적 이해에 도달하려는 시인의 의지가 읽혀진다. 어떤 의미에서 본다면, 젊은 시인의 열정이 원숙한 경지에 이른 시인의 관조로 변모되어 있음을 확인할 수 있기도 하다. 하지만 형식의 면에서 「백자부」가 율격의 구속을 느끼게 한다면 「백자」는 율격의 구속을 벗어나 자유로워진 시 정신을 보이고 있거니와, 이에 대한 해석은 여러 측면에서 가능할 것이다. 우선 자칫 무화無化되어 버릴 수도 있는 젊은 시인의 열정을 꺼지지 않는 그 무엇으로 만들기 위해 형식상의 구속을 감당하지 않을 수 없음을 보여 주는 작품이 「백자부」라면, 열정을 초극하여 관조의 경지에 이른 시인에게 이미 형식상의 구속 자체가 무의미해진 상황을 보여 주는 작품이 다름 아닌 「백자」일 수 있다. 또 하나의 해석이 가능할 수도 있는데, 「백자부」와 「백자」는 절제를 위한 구속으로서의 닫혀진 시조 형식이 파격을 감당할 수 있을 만큼의 열린 시조 형식으로 변모하는 과정을 보여 주는 작품들로 볼 수도 있다. 이는 물론 시인 개인의 시적 편력을 반영하는 것이기도 하지만, 넓게 보아 시조 시단 전체의 시조에 대한 인식 변화를 암시하는 것일 수도 있다. 이런 의미에서 볼 때, 오늘날 젊은 시조 시인들이 보이는 '열린 시조'에 대한 갈망과 실험은 이미 초정의 시적 형상화 작업에서 시작되었다고 할 수도 있다.

「백자부」와 「백자」가 암시하는 시조 형식의 의미에 주목하다 보면 우리는 자연히 백자가 갖는 또 하나의 암시적 의미에 주목하지 않을 수 없는데, 이미 살펴본 「제기」의 제기가 시조 형식을 암시하는 것일 수 있듯 「백자부」와 「백자」의 백자 역시 그 자체로서 시조 형식을 암시하는 것일 수 있기 때문이다. 사실 조선 시대의 조형 예술을 대표하는 것이 백자이듯 시조 형식은 그 시대의 언어 예술을 대표하는 것이라는 점에서 양자 사이의 유추 관계가 가능하다. 우선 「백자부」를 놓고 볼 때, 시인의 눈에 비친 시조 형식이란 첫째 연과 셋째 연이 암시하듯 초월적 자연을 반영하기 위한 그 무엇인 동시에 둘째 연이 보여 주듯 현실적인 삶의 도구이기도 하다. 즉, '시절가조'로서의 시조란 초월적 자연을 지향하는 경우에도 궁극적으로는 인간의 삶 자체를 담기 위한 것이다. 아울러, 넷째 연이 암시하듯 시조란 "불"과도 같은 뜨거운 예술 정신이 빚어낸 "얼음"과도 같이 차가우면서도 "순박"한 시 형식일 수도 있다. 한편, 「백자」의 경우, 시조 형식이란 "시정"과 "까아마득"한 거리를 두고 있는 "달무리"와도 같은 것, 세속적인 "기교"와 "품위"와도 거리를 두고 있는 것, "꽃도 차마 못 꽂"을 만큼 "범할 수 없"는 "적막"의 분위기를 발산하고 있는 것으로 우리의 이해를 유도할 수 있다. 하지만 이 같은 이해를 받아들이는 경우, 문제는 시조란 그만큼 인간의 현실적 삶과 거리를 지니고 있는 시 형식으로 인식될 여지가 있다는 데 있다. 즉, 시조란 감히 "범할 수 없"는 그 무엇, 경외감을 불러일으키는 과거의 유산과 같은 것으로 이해될 수 있다는 데 문제가 있는 것이다. 사실 백자에 관한 일련의 초정 작품들은 적지 않은 경우 시인의 퇴행적 회고 취향을 강하게 반영하는 것, 또는 과거의 유산에 대한 동경과 집착을 반영하는 것으로 이해될 여지를 충분히 안고 있다. 하지만 뒤집어 생각하면 시조란 무언가를 담기 위한 것이라는 점에서 실용적 의미의 도구이지만, 무언가를 담더라도 담을 내용물에 대해 세심한 신경을 써야 하는 도구, 품위와 격조를 지닌 고상하고도 섬세한 도구라는 뜻으로도 이해될 수도 있다. 어떤 의미에서 보면, 손쉽게 글자 수만 맞추면 시조가 되는 양 여기는 등의 안이한 태도를 경계하는 원로 시인의 목소리를 담기 위한 것일 수도 있는 것이다.

하지만 문제는 여전히 남는다. 무엇보다도 초정이 백자와 같은 소재에 일관되게 관심을 갖는 이유는 무엇일까. 이 같은 물음을 묻지 않을 수 없는 이유는 백자에 대한 초정의 줄기찬 관심 자체에 대한 비판—과거의 문화 유산에 대한 퇴행적 동경과 집착을 반영하는 것일 수 있다는 비판—의 가능성이 여전히 존재하기 때문이다. 여기서 우리는 먼저 초정에게 백자가 갖는 의미란 무엇인가에 대해 세심하게 검토할 수 있을 것이다. 아마도 초정에게 백자가 갖는 가장 큰 매력은 "불 속에 구워 내도 얼음같이 하얀 살결"에 기인한 것일 수 있다. 초정은 이 같은 역설적인 변화의 이미지를 "뜨거운 /

불길 속에서도 / 함박눈 쓰고 나오더니"(「손바닥 위의 궁궐」)로 묘사하기도 했는데, 보잘것없는 흙으로 만든 것임에도 불구하고 "여지껏 / 광을 내던 순금도 / 넝마처럼"(「손바닥 위의 궁궐」) 보이게 할 정도의 눈부신 백자의 "살결"은 다름 아닌 예술의 정수를 암시하는 것일 수 있다. 즉, 흙이든 문자이든 일상적이고도 범상한 소재를 전혀 다른 차원의 그 무엇으로 변모케 하는 것이 예술일 수 있거니와, 초정에게 백자는 바로 그 변모의 과정을 집약하고 있는 예술품이다. 하지만 초정에게 백자는 단순한 예술품 이상의 의미를 갖는데, 이는 바로 「백자부」나 「백자」를 통해 시인이 보여 주고자 했던 초월적인 탈속의 세계를 상징하는 것이라는 점에서 그러하다. 말하자면, 백자는 초역사적인 미와 신성神性을 동시에 대변하는 것이라 할 수 있다.

하지만 이러한 이해 자체가 여전히 앞서 제기한 문제에 대한 충분한 답이 될 수는 없는데, 이 때문에 우리는 백자라는 것이 예술품일 뿐만 아니라 "제기"와 마찬가지로 무언가를 담기 위한 '그릇'이라는 실용적 도구일 수 있다는 사실에 다시 한 번 주목하지 않을 수 없다. 일찍이 임마누엘 칸트는 예술 작품이란 '무목적의 목적성'을 갖는 것이라고 말한 바 있는데, 백자와 같은 자기는 여기서 예외적인 존재가 된다. 자기는 예술 작품인 동시에 그릇이라는 도구성을 갖기 때문이다. 사실 도예공이 순수한 예술 작품을 만들겠다는 마음으로 어떤 자기를 만든다 하더라도, 의식적으로든 무의식적으로든 자신이 만드는 예술품이 무언가를 담기 위한 것이라는 도구라는 사실 자체를 완전히 망각할 수는 없다. (물론 실용적 목적을 전혀 고려하지 않은 채 단순히 보고 즐기기 위한 도예품이 없는 것은 아니지만, 자기는 원래 '사기그릇'을 지칭한다는 측면에서 보면 예외적인 것이라 할 수 있다.) 말하자면, 자기는 예술품인 동시에 예술품이 아닌 것이다. 백자 역시 예외는 아닌데, 바로 이 점 때문에 백자와 시조 사이의 유추가 가능해진다. 이와 관련하여 우리는 전통적으로 시조란 '시가'로서의 예술 작품인 동시에, 현실과 인간의 삶에 대한 이해와 비판을 담아 전달하는 도구로서의 '시절가조'라는 점에 유의해야 할 것이다. 다시 말해, 시조는 시가이지만 단순한 서정적 시가가 아니라 시인의 의견과 생각을 담아 전달하기 위한 특수한 담론으로서의 시가였던 것이다. 요컨대, 조선 시대라는 시대 배경을 공유하고 있을 뿐만 아니라 예술성과 도구성이라는 양명성을 지니고 있다는 점에서 백자와 시조는 중요한 부분에서 공통 분모를 갖고 있다 할 수 있다.

이런 관점에서 볼 때, 시조에 대한 초정의 관심은 백자에 대한 관심으로 그를 유도했다 볼 수도 있으며, 또한 백자에 대한 관심이 시조에 대한 그의 관심을 더욱더 증폭시켰다 볼 수도 있다. 시조와 백자에 대한 관심은 이런 경로를 거쳐 초정의 삶 또는 시적 편력 전체를 지배하는 요인이 되었던 것이다. 물론 이미 앞에서 논의한 바와 같이 초정의 시조는 "시절가조"로서의 시조라기보다는 내용과 소재 면에서는 종교적 선시禪詩, 형식 면에서는 초기 시를 제외하면 서정적 자유시에 가깝다는 점에서 우리의 논의에 논란의 여지가 있는 것도 사실이다. 하지만 형식 면에서 시조가 초정에게 무언가를 담기 위한 그릇이었다는 점을 부인할 수는 없다. 그것이 비록 현실과 인간의 삶에 대한 직접적인 이해와 비판은 아니라 할지라도 나름대로 삶에 대한 이해와 느낌을 담기 위한 그릇이라는 점은 사실인 것이다. 게다가, 앞서 논의한 바와 같이, 무언가를 담더라도 담을 내용물에 대해 세심한 신경을 써야 하는 도구, 품위와 격조를 지닌 고상하고도 섬세한 도구였다는 점에서 초정 나름의 독특한 선시적 세계를 이해해야 할 것이다.

문제는 초정이 그러한 시 세계를 담는 '도구'로서의 시조 형식에 대해 보인 자유로움을 어떻게 이해해야 할 것인가에 있다. 이 문제와 관련하여 우리는 도구의 특성에 대해 생각해 볼 필요가 있다. 도구란 기본적으로 도구의 원래 목적을 수행하는 것으로써 만족스러운 것일 수 있다. 예컨대, 그릇은 밥이든 국이든 또는 다른 무엇이든 이를 담기 위한 그릇 원래의 목적을 수행하면 그릇으로서의 기능을 다하게 된다. 물론 내용물에 따라 밥그릇이냐 국그릇이냐 등등 그릇이 달라질 수도 있지만, 같은 밥그릇이나 국그릇이라 하더라도 모양이 천차만별 달라질 수 있다. 같은 논리로 시조 형식 역시 동일한 내용물을 담더라도 모양이 달라질 수 있다. 초정에게 시조 형식이란 그런 것인지 모른다. 즉, 아무리 자유로운 형태를 취하더라도 내용물에 따라 그릇의 용도를 규정할 수 있듯, 내용상의 일관성을 유지하면 비록 모양이 다양하더라도 여전히 시조 형식으로 이해될 수 있는 경지를 추구하고자 한 것이 초정의 의도였는지도 모른다.

3. 초정의 자기 성찰, 또는 엄정한 시 정신에 대한 자기 결의

결국 백자가 그러하듯, 또는 언어(문자)가 그러하듯, 초정에게 시조 형식이란 무언가를 담고자 할 때 없어서는 안 될 필요한 도구, 따라서 필연적으로 끌어안고 나아가야 할 그 무엇인지 모른다. 하지만 일정한 공간을 한정하는 백자가 그러하듯, 또한 인간의 사유 세계를 한정짓는 언어(문자)가 그러하듯, 도구란 자유를 보장해 주는 것인 동시에 구속을 전제로 한다. 이와 관련하여 도구는 그 도구를 통해 무언가를 이룰 수 있다는 점에서 사용자를 좀 더 자유롭게 해 주는 수단이기도 하지만, 그와 동시에 한정된 목적성을 갖는다는 점에서 사용자의 삶을 통제하는 구속일 수도 있다는 점에 유의해야 할 것이다. 따라서 도구는 필요한 것인 동시에 극복되어야 할 그 무엇이기도 하다. 초정에게 시조 형식이란 바로 그와 같은 것인지도 모른다. 다시 말해, 끌어안아야 하는 것인 동시에 뛰어넘어야 하는 것일 수 있다. 하지만 뛰어넘더라도 완전히 뒤로 하는 것이 아니라 끌어안은 채 뛰어넘어야 하는 것, 구속을 받아들이면서 동시에 그 구속에서 벗어나는 경지로 나아가기 위한 것인지도 모른다. 다시 말해, 다양한 모양의 찻잔이 모두 찻잔일 수 있듯, 비록 기존의 모양을 뛰어넘어 새로운 모양을 취하더라도 담아야 할 내용물이 일관성을 갖고 있는 한, 아울러 근본적인 목적성을 살리기 위한 것인 한, 새로운 양상의 시조 형식, 시조 형식을 벗어난 시조 형식, 시조 형식이라는 것을 인지하지 못하게 하는 시조 형식이라 하더라도 그것은 여전히 시조 형식일 수 있다는 믿음이 초정을 형식상의 자유로움으로 인도했는지도 모른다.

우리가 여기서 "모른다"라는 표현을 연거푸 사용하고 있는 이유는 초정의 시 세계 전체에 대한 검증 과정을 우리 자신이 아직 거치지 않았기 때문이다. 실로 그러한 작업은 결코 손쉽게 할 수 있는 성질의 것이 아닐 뿐만 아니라, 짧은 지면에 이루어 낼 수 있는 성질의 것도 아니다. 그럼에도 불구하고 우리는 마치 백자 안에 자신의 영혼을 불어넣고자 하는 도예공의 예술 정신과도 같은 시 정신을 초정의 시조 세계에서 감지할 수 있다는 점을 말하지 않을 수 없다. 또한 온 정성을 쏟아 부어 만든 자기라 하더라도 마음에 들지 않을 때 미련 없이 깨어 버리는 도예공의 마음가짐과 같은 그 무엇, 자신의 작품에 대한 엄격한 작업 태도 역시 그의 작품 세계에서 어렵지 않게 확인할 수 있다. 무엇보다도 초정만큼이나 이미 이루어 놓은 작품을 부수거나 새롭게 개작하는 시인이 많지 않은데, 바로 이 점이 그의 시적 작업 태도를 확인케 하는 좋은 증거가 될 수 있을 것이다. 사실 그만큼이나 완벽의 경지에 이르기 위해 처절히 고투하고, 또한 아무리 고투하여도 자신의 시 세계를 완벽의 경지로 이끌기 어렵다는 점에 뼈아픈 자기 반성을 하고 있는 시조 시인은 결코 많지 않을 것이다. 다음의 작품은 이를 보여 주는 좋은 예가 될 것이다.

그 눈길
한 번 닿으면
'장미薔薇'는 문드러지고

그 손길
한 번 닿으면
'비단緋緞'은 남루가 되고

결국은
시詩라고 써도
'난지蘭芝'에 파묻는 것을.

—「눈길 한 번 닿으면」 전문

무엇보다도 이 작품에서 "그 눈길"이나 "그 손길"이 지시하는 바는 무엇일까. 이는 시인이 감히 범접할 수 없는 어떤 절대자 또는 초월자의 눈길과 손길일 수도 있다. 그렇게 보는 경우, "장미"나 "비단"은 시인이 일껏 써 놓은 시를 지시하는 것일 수 있다. 결국 장미와도 같이 아름다운 자태의 시나 비단과도 같이 고운 결의 시를 쓴다 해도 절대자 또는 초월자의 눈길과 손길 아래에서는 문드러지거나 남루가 되고 말 것이라는 깨달음을 담은 시, 나아가 "결국은 / 시詩라고 써도 / '난지'에 파묻는 것"이 되고 말리라는 절망—즉, 쓰레기 처리장인 "난지"에 "파묻는 것"에 지나지 않는 것이 자신의 "시"

일 수 있다는 뼈아픈 깨달음—을 담은 시가 바로 「눈길 한 번 닿으면」일 수 있다.

한편, "그 눈길"이나 "그 손길"이 지시하는 바는 전혀 다른 것일 수도 있는데, 이는 한 시인의 눈길이나 손길일 수도 있다는 점에서 그러하다. 이 경우 "장미"와 "비단"은 비유적 의미를 지닌 것이 아니라 문자 그대로 장미와 비단을 말하는 것일 수 있거니와, 그런 관점에서 본다면 시인의 시적 작업은 제 아무리 애를 써도 장미를 문드러지게 하거나 비단을 남루가 되게 하는 보잘것없는 것일 수 있다는 자각을 담은 시가 「눈길 한 번 닿으면」일 수도 있다. 초정이 고희 기념으로 출간한 『향기 남은 가을』(1989)이라는 시집의 서문에서 "세상에 시詩자는 넘치도록 흔한데, 시詩기는 정작 드물었다. 나는 그동안 이를 위해 우황牛黃 든 소처럼 앓아 왔다. 그러나 거둔 것은 결국 쭉정이뿐이다"라고 고백한 바 있는데, "그 눈길"이나 "그 손길"이 지시하는 바가 무엇이든 바로 이 같은 시인의 자기 성찰 또는 엄정한 시 정신에 대한 자기 결의를 담은 시가 다름 아닌 「눈길 한 번 닿으면」일 수 있는 것이다. 우리가 초정의 시 세계에서 "큰 슬픔 절로 곰삭아 고난 속에서도 한결 그윽한 너"(「돌」)로서의 시조 형식을, "어쩌다 팔목을 잃고 그 오똑하던 콧날까지 망가져 // 풀섶에 마냥 뒹굴어도 어떤 형상보다 더욱 완벽한 너"(「돌」)로서의 시조 형식을 일별할 수 있음은 결코 우연이 아닐 것이다. □

시각적 형상화와 명징한 사유의 시학
— 이상범의 『신전의 가을』과 "빛을 끌어당"기는 언어의 세계

1. 시조 미학의 정수를 찾아서

조선 500년의 역사를 줄기차게 지켜 온 시가 형식이 있으니, 이는 바로 시조다. 시조는 또한 오늘날에도 그 기운을 잃지 않고 여전히 우리의 의식과 정서의 일부를 이루고 있다. 물론 형식상의 변화가 없었던 것은 아니다. 무엇보다도 시가 형식이었던 시조는 이제 시 형식으로 자리 잡게 되었고, 이에 따라 노래하는 시조에서 읽거나 낭송하는 시조로 바뀌게 되었다. 바로 이러한 변화로 인해, 시조를 서양의 서정시 형식의 한 부류로 축소시키려는 노력이 의식적으로든 무의식적으로든 진행되어 왔던 것도 사실이고, 또한 음수율이라는 지극히 피상적인 차이를 제외하면 우리 주위에서 창작되고 있는 여타의 시와 시조 사이에는 큰 차이가 없는 것처럼 인식되어 왔던 것도 사실이다. 그리고 이 같은 사고 방식이 어떤 소재의 어떤 내용을 담든 음수율만 맞추면 곧 시조가 되는 양 착각하도록 일부 시인들을 유도해 왔고, 그리하여 시조는 제 위상뿐만 아니라 문학적 경쟁력까지 상당 부분 잃게 되었던 것도 사실이다. 시조 특유의 미학과 긴장이 없이 창작된 시조들을 동원하여 자유시들과 문학적으로 경쟁하기란 계란으로 바위를 치는 격이 된다는 사실을 뼈저리게 느끼는 몇몇 시인들이 없었더라면, 시조는 아마도 벌써 역사의 유물이 되었을 것이다.

여타의 시들과 시조 사이의 차이를 모호하게 만들고, 나아가서 시조의 위상을 흩뜨려 놓는 데 일조한 것이 또 하나 있다면, 이는 바로 무분별한 사설시조의 범람일 것이다. 사실 사설시조는 정형 시조의 제약을 벗어나면서도 여전히 시조 특유의 미학을 담지하기 위한 시적 장치로, 그 의의와 역할은 결코 만만한 것이 아니다. 또한 바로 이런 사설시조의 잠재력을 유감없이 활용하면서 여전히 시조 특유의 미학을 지켜 온 시인들이 적지 않은 것도 사실이다. 하지만 어떻게 해서든 초장과 종장의 운율을 맞춰 놓기만 하면 그 사이에 무엇이든 다 담아도 되는 것이 사설시조인 양 취급해 온 시인도 적지 않은 것도 사실이다. 사설시조라 해서 어떤 내용의 넋두리든 잡담이든 다 수용될 수 있다고 생각하는 시인이 있다면, 그는 시조뿐만 아니라 시 자체를 포기해야 할 것이다.

그렇다면 시조 미학의 정수는 무엇이며, 시조 특유의 긴장감은 어디에서 나오는 것일까. 우리의 생각으로는 시조란 전통적으로 '시간성의 시가'였으며, 시조가 시간성의 시가였음은 넓게 보아 동양 특유의 시적 전통과도 일치하는 것이다. 프린스턴 대학의 얼 마이너 교수가 한·중·일의 시를 연구하면서 동양의 시적 전통을 현실에 입각한 '우의 allegory'에서 찾았을 때, 그는 바로 이 점에 착안했던 것 아닐까. 즉, 초월을 지향하는 초시간적 상징 찾기나 상징 만들기가 서양 시의 주류를 이루는 것이었다면, 동양 시에서 주류를 이루는 것은 현실과 현실 속의 삶에 대한 우의적인 시적 형상화였던 것이며, 시조도 물론 예외는 아니었던 것이다.

오늘날에도 시조가 여전히 시조이기 위해서는 바로 이 점을 잊지 말아야 한다. 물론 상징 찾기나 상징 만들기에 자주 등장하는 시적 이미지 또는 대상인 자연의 온갖 사물을 시조라고 해서 기피해야 한다는 뜻은 아니다. 하지만 이는 어디까지나 작가의 현실적이고도 현세적인 삶을 드러내기 위한 소재로서의 의미를 지녀야 할 것이다. 이러한 자연물들을 시인의 정적이고 추상적인 정신 세계 또는 시간의 흐름을 초월하여 존재하는 인간과 세계의 본원적 의미에 대한 시인의 직관적 예지를 드러내기 위한 매개적 이미지로 사용하는 경우, 시조는 시조로서의 긴장감을 상실하고 결국에는 도태되고 말 것이다.

우리가 이 같은 논리를 펴는 이유가 있다면, 조선 시대의 시조에서도 그랬지만 오늘날의 시조에서도 자연을 노래하되 순연히 자연을 노래하지 않고 인간의 현실적 삶에 대한 관심을 담고 있는 시조와 만날 수 있다는 사실 때문이다. 요컨대, 시조의 빈곤한 처지와 종말을 들먹이기 위해 우리는 이상과 같은 논리를 편 것은 아니다. 오히려 시조의 현재적 의미를 찾는다면 어디에서 찾아야 할 것인가, 또한 시조의 잠재적 미래를 위해 우리가 지향해야 할 바는 무엇인가라는 물음에 이르기 위한 준비 작업으로 이상의 논리를 편 것이다. 다시 말해, 우리의 우려에도 불구하고 시조의 앞날을 예견케 하는 시조를 오늘날의 시조 시단에서 확인하고자 한다면 어떤 측면에서 그러한 작업을 시도해야 할 것인가의 방향을 잡기 위한 것이다.

충분히 예견할 수 있듯, 이상과 같은 관점을 문제 삼는 경우, 우리의 작업은 사설시조의 분방함과 거리를 둔 채 정형 시조라는 구속에 기꺼이 자신의 시 세계를 맡기는 시인, 정형 시조라는 구속 안에 기꺼이 갇혀 있으면서도 탁월한 시적 형상화를 통해 눈으로 읽고 입으로 낭송하더라도 시조 특유의 묘미와 긴장감이 여전히 살아나도록 할 수 있는 시인을 찾는 쪽으로 나가야 할 것이다. 사실 우리 주위에 그런 시조 시인들이 한두 사람이 아니지만, 이 자리에서 우리는 특히 이상범에게 초점을 맞추고자 한다. 특히 그의 시집 『신전의 가을』(동학사, 2000)은 자연을 노래하되 주변 세상에 대한 시인 자신의 이해를 그 노래 안에 담고 있으며, 그러한 작업을 이 시인 특유의 시적 기법을 통해 수행하고 있거니와, 바로 이 점에서 그의 시 세계는 시조의 앞날을 점치게 하는 하나의 좌표가 될 수 있다.

2. 생생한 시각적 형상화와 명징한 사유의 시 세계 앞에서

지극히 피상적인 관찰일 수 있겠지만, 이상범의 시조를 읽노라면 두 가지의 형식상 특징이 무엇보다도 강력하게 우리의 주의를 끈다. 그 특징을 말하자면, 먼저 오늘날의 시조 시단에서 유사한 예를 찾아보기 어려울 만큼 시각적 또는 회화적 이미지가 그의 시 세계를 지배하고 있다는 점이다. 아울러, 그의 시는 거의 예외 없이 종결사를 제대로 갖춘 문장으로 이루어져 있다는 점이 또 하나의 특징으로 지적될 수 있다. 물론 이 같은 특징들을 한 개인의 시작법상의 취향이나 개성을 반영하는 것 이외의 의미가 없는 것으로 치부해 버릴 수도 있다. 하지만 이는 또한 단순히 한 개인의 개성이나 취향을 반영하는 것 이상의 의미를 갖는 것이라는 입장도 있을 수 있다. 특히 시조의 경우에는 그와 같은 특성이 갖는 의미는 결코 적은 것이라 할 수 없는데, 이상범의 시 세계를 논의하기 위한 이 자리에서 우리는 바로 이 점을 문제 삼고자 한다.

우선 이상범의 시 세계를 지배하는 시각적 또는 회화적 이미지에 주목하기로 하자. 사실 그의 시에는 대상과 시인 사이의 시각적 만남을 암시하는 "눈을 떴다"(「직지심체요절」), "본다"(「갈옷 생각」), "봐야 보이는"(「외포리 일원」), "곁눈질로 보는"(「민화 이야기」), "눈여겨 보며"(「우포 늪 · 1」) "힐끔힐끔 돌아봤다," "곁눈질로 보곤 했다," "나는 봤다"(이상 「신전의 가을」), "보일 때가 있다"(「천지 간에 · 1」), "너를 본다"(「범섬을 바라보며」), "뜬 눈 다시 뜨게 하자"(「하늘과 별과 돌부처와 돌탑」), "들춰본다," "뒤돌아보니"(이상 「겨울 무적」) 등의 표현이 자주 등장한다. 하지만 이보다 더 중요한 것은 그의 시에 투영된 세계 자체가 시인의 시선을 강하게 의식하도록 하는 시각적 이미지 또는 풍경화를 연상케 하는 회화적 이미지로 이루어져 있다는 점이다. 심지어 "엿듣는다," "들린다," "귀 기울이다"와 같이 청각과 관계되는 표현이나 이미지가 등장하더라도 이는 시각적 표현이나 이미지를 보완하는 역할 또는 이를 유도하기 위한 역할을 하는 경우가 대부분이다. 말하자면, 이상범의 작품들은 시각적 또는 회화적 이미지를 끊임없이 전경화前景化함으로써 읽는 이의 의식에 언어로 된 그림을 각인시키고 있다. 대표적인 예를 하나만 들기로 하자.

> 해풍의 줄칼에 깎여 곡선이 된 섬이 하나
> 진초록을 걸친 채 구멍 숭숭 거친 내면
> 가을엔 갈잎 빛깔로 돌도 물에 둥둥 뜬다.
> 어머니의 어머니적 땀냄새를 돌려 받아
> 척박한 땅 기름지게 바꿔 놓은 손을 본다
> 헌 책력 반질한 표지 갈색 닮아 질긴 숨결.
> 버려진 섬 버려진 흙 무늬 놓던 여인들의
> 소금기에 절은 속살 감싸안은 뿌연 등피
> 갈옷은 옷이 아니라 한이 짜낸 빛이었다.

—「갈옷 생각」 전문

위의 시 「갈옷 생각」은 풋감의 떫은 물을 짜내어 갈색으로 물들인 옷을 보며 시인이 느끼는 정취를 시화한 것이다. 추측건대, 시인은 어떤 섬이나 바닷가를 여행하는 도중 우연히 그곳 "여인들"의 "갈옷"이 그의 시선을 끌었으리라. 연시조의 첫째 수에 해당하는 첫 3행에서 시인은 그가 어디에 있는가를 짐작케 하는데, 각 행에 제시된 시각적 이미지들이 모여 하나의 정경을 이루고 있다. 그 정경은 "해풍의 줄칼에 깎여 곡선이 된 섬이 하나"에서 "진초록을 걸친 채 구멍 숭숭 거친 내면"으로, 다시 "물에 둥둥" 뜨는 "돌"로 구체화되고 있다. 이 같은 정경에 시인은 색채를 가미하고 있는데, "진초록"과 "갈잎 빛깔"이 그것이다. 어떤 의미에서 보면, "가을엔"이라는 표현으로 인해 현재의 "진초록"이 가을에는 "갈잎 빛깔"로 바뀌리라는 추측이 가능하다. 하필이면 "갈잎 빛깔"인가. 이는 "여인들"의 "갈옷"에 대한 시인의 "생각"을 끌어들기 위한 일종의 예비적 이미지 아닐까. 또는 "여인들"의 "갈옷"이 시인의 상상 속에 "갈잎 색깔"의 가을을 떠오르게 했는지도 모른다. 한편, "구멍 숭숭 거친 내면"이라는 표현은 "섬"의 모습을 구체화하기 위한 것일 수도 있고 또한 다음 행에 나오는 "물에 둥둥" 뜨는 "돌"을 묘사하기 위한 것일 수도 있다. 이처럼 다의적多義的인 읽기를 가능케 하는 가운데, 시인은 보는 시각과 시간에 따라 그 모습이 달라질 수 있는 하나의 정경을 단 몇 마디의 시어를 통해 생생하게 살리고 있는 것이다. 하나의 정경을 정해진 시각과 시간 안에 정지시키는 것이 선과 색채를 사용한 그림 그리기라면, 시각과 시간의 구속으로부터 자유로운 중층적 정경 묘사를 가능케 한 것이 다름 아닌 언어를 사용한 시인의 그림 그리기인 것이다.

시조의 둘째 수에 해당하는 이어지는 3행에서 시인의 시선은 "여인들"의 "손"과 "숨결"로 옮겨 간다. 물론 넷째 행에 "어머니의 어머니적 땀냄새"라는 후각적 이미지가 등장하지만, 이는 다섯째 행의 "척박한 땅 기름지게 바꿔 놓은 손"이라는 시각적 이미지를 극화하기 위한 것이다. 심지어 "숨결"까지도 "헌 책력 반질한 표지 갈색 닮아 질긴" 것으로 묘사함으로써 시인은 시적 이미지의 시각화를 극대화한다. 사실 여기서 시인의 시선이 가 있는 대상은 "여인들" 자신이다. 그런데 왜 하필이면 "여인들"이 다만 "손"이나 "숨결"로 형상화되어 있는 것일까. 여기에는 약간의 설명이 요구되는데, 이처럼 '전체'를 '부분'으로 치환시켜 관찰하는 경향과 관련하여 우리는 아마도 앞서와 마찬가지로 다시

한 번 로만 야콥손의 이론에 기댈 수 있을 것이다. 앞서 「시간성의 시학」에서 언급한 바 있듯, 야콥손은 부분으로 전체를 드러내려는 경향과 엉뚱한 지시 대상을 이용하여 문제의 대상을 드러내려는 두 가지 서로 다른 인간의 심리적 경향에 주목하면서, 이를 각각 '환유'와 '은유'라는 개념으로 설명한 적이 있다. 그는 이어서 이들 개념을 두 가지의 일반적 글쓰기 경향과 관련짓고 있는데, '환유'의 예는 현실적인 삶의 생생함을 담는 글에서 자주 발견되며 '은유'의 예는 삶을 환상적으로 묘사하는 글에서 자주 발견된다는 점에 주목한다. 이런 관점에서 본다면, 삶의 신산함을 생생하게 드러내는 데에는 당연히 '환유'가 제격일 것이다. 시인은 바로 이 점을 무의식적으로 체득한 경지에 있는 것 아닐까.

이윽고 시인의 시선은 "가을"의 "갈잎 빛깔"과 "헌 책력 반질한 표지 갈색"을 떠올리게 한 직접적 동인인 "여인들"의 "갈옷"으로 옮겨가는데, 시인은 일곱째 행의 "여인들"과 관련된 묘사뿐만 아니라 "갈옷"에 대한 묘사까지도 시각적 이미지를 통해 제시한다. 일곱째 행의 "버려진 섬 버려진 흙 무늬 놓던 여인들"과 여덟째 행의 "소금기에 절은 속살 감싸안은 뿌연 등피"에 담긴 시각적 이미지가 아니었더라면, 넷째 행에서 여섯째 행의 '환유'에도 불구하고 여인들이 살아온 삶의 신산함에 대한 극화劇化는 미진한 것으로 남았으리라. 이어서 시인은 이 시의 마지막 행에서 자신의 "생각"을 또 하나의 시각적 이미지로 종합화하는데, 시인의 시선에 "갈옷은 옷이 아니라 한이 짜낸 빛"으로 비쳐지고 있는 것이다. "갈옷"에서 "한이 짜낸 빛"을 보는 시인의 시선은 실로 예사로운 것이 아니다. 바로 이와 관련하여 우리는 이 시의 구조에 주목하지 않을 수 없는데, 우선 색채에 대한 언급이 셋째 행, 여섯째 행, 아홉째 행에 나오고 있다는 사실에 유의하기 바란다. 사실 이 시는 세 수의 단시조가 모여 이룬 연시조라 할 수 있는데, 이런 관점에서 보면 셋째 행, 여섯째 행, 아홉째 행은 각 단시조의 종장에 해당한다. 말하자면, 각 시조의 종장에 해당하는 부분에 색채 이미지가 배열되어 있는 것이다. 이를 통해 색채는 이 시의 핵심적 이미지로 떠오르게 된다. 한편, 색채 이미지는 "갈잎 빛깔"→"갈색"→ "빛"으로 변조되고 있거니와, 이 역시 주목할 만한 점이다. 물론 "갈잎 빛깔"에서 "갈색"으로의 이행이 '기'와 '승'의 의미를 갖는다면 "갈색"에서 "빛"으로의 이행은 '전'과 '결'의 의미를 갖는 것이리라. 어떤 의미에서 보면, 빛깔이나 색을 빛깔이나 색으로 존재하게 하는 것은 다름 아닌 빛이며, 이런 의미에서 빛은 근원적인 것이다. 만물의 존재를 가능케 하는 근원적인 것이다. 말하자면, "척박한 땅 기름지게 바꿔 놓은 손," 또는 "버려진 섬 버려진 흙 무늬 놓던 여인"들은 말하자면 "빛"으로 존재한다. 그것이 비록 "한이 짜낸 빛"이라 하더라도. 신산한 삶을 살아가는 섬 여인에서 "빛"을 보는 시인의 시선은 진실로 예사로운 것이 아니다. 그 예사롭지 않은 시선이 인간의 현실적 삶에 대한 이해를 시조 형식 안에 되살려 내도록 한 것 아닐까.

앞서 「단시조, 또는 긴장의 시 형식」에서 주목한 바 있듯, 일찍이 서양의 이미지즘 운동을 주도했던 에즈라 파운드는 "한시가 지니고 있는" 특성 가운데 하나로 회화적인 "생생한 묘사력"을 높이 평가하고, 나아가서 이러한 특성에서 "이미지즘 원리"를 극대화할 수 있는 가능성을 발견한 바 있다. 파운드가 말하는 "생생한 묘사력"이란 이상범의 작품에서 확인할 수 있는 종류의 시각적 또는 회화적 이미지들이 중첩되고 병치되는 가운데 나오는 것 아닐까. 이런 의미에서 파운드가 "이미지즘의 원리"라는 틀 안에서 발견한 동양 시의 전통적 특성을 이상범은 시조 형식 안에서 스스로 체득하고 육화시켰다 할 수 있다. 시조라는 장르가 우리의 전통적 시가 양식인 이상 오늘날의 현대 시조라 하더라도 동양 시의 전통을 계승하는 것이 당연한 일이다. 사실 옛 시조에서도 시각적 또는 회화적 이미지가 생생한 묘사력의 근간이 되어 있는 경우를 우리는 자주 발견할 수 있거니와, 이조년의 "이화에 월백하고 은한이 삼경인제"라든가 월산 대군의 "무심한 달빛만 싣고 빈 배 저어 오노라"가 아마도 그 예가 될 수 있을 것이다.

이제 이상범의 시에서 확인할 수 있는 또 하나의 형식상 특징이라 할 수 있는 종결사 사용에 주목할 때가 되었다. 위에 인용한 「갈옷 생각」에서 확인할 수 있듯, 이상범의 시를 살펴보면 단시조의 한 수에 해당하는 부분의 마지막 부분은 거의 예외 없이 종결어미 "-다"로 끝나고 있다. 말하자면, 시조 한 수에 해당하는 부분은 완결된 문장의 단위, 나아가서 완결된 시적 사유 또는 형상화의 단위가 되고 있다. 마치 옛 시조들이 예외 없이 그러하듯. 널리 알려진 바와 같이 옛 시조는 언제나 어떤 형태로든 종결사로 마감된다. 요컨대, 시조 한편이 하나의 완결된 문장이 되고 있는 것이다. 따지고 보면, 이 역시 동양 시의 전통적 특성의 하나라 할 수 있는데, 한시의 경우 각각의 행은 거의 예외 없이 하나의 문장으로 따로 떼어 읽을 수 있음에 유의해야 할 것이다. 말하자면, 각 행의 독립된 의미 단위들이 병치되고 중첩되는 것이 한시다. 따라서 각각의 행들은 개별적인 창작 단위의 역할을 하는 가운데 다른 행들과 쉽게 분리될 수도 있다. 바로 이유 때문에 한시의 경우 종종 논리적 연결 관계를 결여하고 있는 것처럼 보이기도 하지만, 바로 이 때문에 이미지의 병치와 중첩을 통해 시간적 · 심리적 동시성이 쉽게 획득되는 것도 사실이다. 이상범의 연시조를 읽다 보면 바로 이러한 한시의 특성이 느껴지기도 하는데, 그에게 단시조의 한 수에 해당하는 부분은 한시의 한 행과 같은 역할을 하고 있다 할 수 있지 않을까.

물론 거의 언제나 이상범의 시적 진술이 종결사로 끝난다 하여, 그의 시가 시적 여운을 남기지 않는다는 말은 아니다. 사실 옛 시조만 보더라도 종결사로 끝나지만 뛰어난 작품일수록 그 여운은 결코 만만치 않다. 아니, 보다 정확하게 말하자면, 여운이 있지만 그 여운을 시인이 자신의 몫으로 독차지하기보다는 읽는 이의 몫으로 남겨 놓고 있다는 느낌을 갖게 한다. 거의 모든 그의 시가 그러하기 때문에 굳이 특정한 예를 들 필요가 없을 정도다. 그럼에도 불구하고 예를 하나 들어 보기로 하자.

어쩌면 마지막 지휘일지 모르겠다
노구에 연미복 끌며 천천히 등장하는
먼 달빛 조명 받으며 무대 중앙 서 있다.
달팽이의 여린 뿔에 휘감기는 우주의 소리
숨막히는 고요 속에 비밀의 문 열어 놓고
음색도 꺼풀 벗고서 별빛 불러 앉힌다.
숲에 바람이 일고 물면이 들먹인다
이파리와 이파리 사이 밤의 향기 돌며 가고
저 멀리 강물이 뉘인 곳 풀숲들이 웅성댄다.
모든 것이 가능하고 무엇이든 될 수 있는
그가 잡은 지휘봉에 춤추는 우포 환상곡
갈채 속 연미복 끌며 점 하나로 사라진다.

—「우포 환상곡」 전문

미루어 짐작건대, 시인은 어느 날 "우포"라는 곳에 가서 밤을 보내게 되었을 것이다. 그가 밤을 보내는 곳을 기점으로 삼는다면 "저 멀리"에 "강물"이 있고, 그 "강물"과 그가 있는 곳 사이에는 "풀숲"이 있다. 이것이 이 시의 무대다. 그 무대 위로 한 마리의 "달팽이"가 등장한다. 시인은 그 달팽이를 그의 눈으로 직접 본 것일까, 아니면 상상의 눈으로 본 것일까. 그것도 아니면, 낮에 보았던 달팽이를 떠올리는 것일까. 우리가 이런 식으로 어리석은 질문을 던지는 이유는 첫 3행을 장식하고 있는 달팽이의 출현에 대한 묘사가 너무도 생생하기 때문이다. "먼 달빛"을 "조명" 삼아 "달팽이"가 달팽이답게 "천천히" 무대 위로 "등장"한다. 그 "달팽이"의 모습을 시인은 "노구에 연미복 끌"고 있는 것으로 묘사하고 있다. 물론 이 같은 정경을 지배하고 있는 것은 "노구에 연미복," "먼 달빛 조명," "무대 중앙"이 어우러져 형성한 시각적 이미지이며, 이로 인해 우리는 달밤에 숲을 무대로 등장하는 달팽이와 우리가 알고 있는 여느 음악회의 무대 위로 등장하는 지휘자를 동시에 머리 속에, 그것도 생생하게 떠올리게 된다. 하지만 무슨 이유로 시인은 "어쩌면 마지막 지휘일지 모르겠다" 하는가. "달팽이"의 모습이 시인의 시선에 "노구"로 비쳐졌기 때문일까. 물론 그것도 이유가 될 수 있으나, 그렇다면 "달팽이"의 모습이 시인에게 "노구"로 보인 이유는 무엇인가. 말하자면, 그러한 답변은 또 다른 의문을 불러일으킬 뿐이다. 따라서 의문에 대한 답을 위해 우리는 시를 끝까지 읽는 도리밖에 없다.

한편, 지휘자의 지휘봉을 연상케 하는 "달팽이의 여린 뿔"에 "우주의 소리"가 "휘감"긴다. 여기서 말하는 "우주의 소리"란 무엇인가. 이는 벌레와 곤충의 소리 등 온갖 자연의 소리를 가리키는 것 아닐까. 폭풍 직전 또는 "숲에 바람이 일"기 직전에는 자연의 소리마저 멎는 법. 말하자면, 숨막힐 만큼 절대 고요가 지배하는 순간인 것이다. 또는 이렇게 읽을 수도 있겠다. 밤의 고요는 온갖 자연의 소리로 인해 더더욱 깊고 깊은 고요로 느껴지게 마련이라고. 따라서 시인이 지금 "숨막히는 고요 속"에 있다 느낀다면 이는 바로 온갖 자연의 소리 때문이라고. 어느 쪽으로 읽든, "숨막히는 고요 속"에서 자연의 소리는 다가올 또 다른 소리를 위해 "비밀의 문"을, 또 다른 소리의 세계로 향한 "비밀의 문"을 "열어" 준다. 이윽고 또 다른 소리의 세계가 시작된다. 시인의 표현을 빌리자면, "음색도 꺼풀 벗"는다. 이처럼 또 다른 소리의 세계가 시작되는 순간 시인과 시인을

둘러싼 삼라만상은 말할 것도 없고 "별빛"마저 "꺼풀 벗"은 "음색"의 부름에 응하여 자리에 "앉"아 귀 기울인다. 바로 이 부분을 읽다 보면, 읽는 이 자신이 마치 음악회에 와 있는 듯한 느낌을 갖게 된다. 연주가 시작되기 바로 전까지, 아니, 보다 정확하게 말하자면, 지휘자가 무대로 나와 자리를 잡고 설 때까지 청중은 부산하게 자리를 찾아 움직이고 악사들은 분주하게 악기를 조율한다. 이윽고 지휘자가 무대에 등장하여 자리를 잡고 지휘봉을 드는 순간 조율하던 악사들은 물론 부산하던 청중도 숨을 죽인 채 긴장된 마음으로 연주가 시작되는 순간을 기다린다. 곧 이어 연주가 시작되면서 새로운 음의 세계가 펼쳐진다. 청중은 육신뿐만 아니라 마음마저 자리에 앉히고는 음악에 몰입한다. 바로 이 같은 정경이 눈앞에 생생하게 살아나지 않는가.

일곱째 행에 이르러 우리는 깊이와 넓이를 더해 가는 자연의 "환상곡"과 만난다. 시인의 표현을 따르면, "숲에 바람이 일고 물면이 들먹"이고, "이파리와 이파리 사이 밤의 향기 돌며" 간다. 그리고 "저 멀리 강물이 휘인 곳 풀숲들이 웅성댄다." 숲에서 이는 바람의 소리, 강의 "물면이 들먹"이는 소리, "풀숲들이 웅성"대는 소리가 어우러져 연출해 내는 환상적인 음의 세계, 그 음의 세계야말로 환상 속의 환상곡이 아니고 무엇이겠는가. 그 음의 세계에 몰입해 있는 시인은 이미 우리가 만날 수 있는 현실 속의 시인이 아니리라. 무아의 경지에 몰입해 있는 선승의 모습이 떠오르지 않는가. 그가 그런 경지에 있지 않다면 어찌 마지막 3행의 시 세계가 가능하겠는가.

마지막 3행은 "모든 것이 가능하고 무엇이든 될 수 있는"으로 시작된다. "모든 것이 가능하고 무엇이든 될 수 있"다니? 무엇이 그렇다는 말인가. 사실 읽기에 따라 "모든 것이 가능하고 무엇이든 될 수 있"음은 "달팽이"를 두고 말하는 것일 수도 있고, "그가 잡은 지휘봉"을 두고 말하는 것일 수도 있다. 심지어 "우포 환상곡"을 두고 하는 말로 볼 수도 있다. 우선 "달팽이"를 두고 하는 말이라면, '달팽이에게는 모든 것이 가능하고 달팽이는 무엇이든 될 수 있다'로 읽을 수 있다. 너무도 빤한 지적이긴 하지만 이때의 달팽이는 시인의 상상 속에 투영된 달팽이다. 말하자면, 시인의 상상 속에서 달팽이에게는 모든 것이 가능하고 달팽이는 무엇이든 될 수 있는 것이다. 모든 것이 가능하고 무엇이든 될 수 있다니? 그렇다면 달팽이는 곧 시인이 될 수도 있는 것 아닐까. 아울러, 시인의 의식 세계에서는 모든 것이 가능하다는 의미도 여기서 읽을 수 있지 않을까. 모든 것이 가능한 시인의 의식 세계 속에서 달팽이는 곧 시인이고 시인은 곧 달팽이 아닐까. 자아와 대상의 벽과 거리가 사라지는 이 경지, 바로 이 경지의 무아의 경지가 아니고 무엇이겠는가. 시인이 곧 "달팽이"이고 "달팽이"가 곧 시인이라면, "달팽이"의 "지휘봉" 또는 "여린 뿔"은 세상사를 시적으로 형상화하려는 시인의 시심일 수도 있다. 한 걸음 더 나아가 "달팽이"의 "지휘봉에 춤추는 우포 환상곡"은 곧 시인의 시 세계일 수도 있다. 이렇게 보는 경우 우리는 "모든 것이 가능하고 무엇이든 될 수 있"음의 주체는 시인일 수도 있고, 또한 시인의 시심일 수도 있으며, 나아가 시인의 시 세계 자체일 수도 있음을 깨닫게 된다.

이러한 깨달음으로 인해 우리는 비로소 이 시의 마지막 행의 의미뿐만 아니라 우리가 앞서 던진 의문에 대한 답을 얻게 된다. 『신전의 가을』을 출간할 때 예순 중반이었던 시인 이상범은 시집 자체가 증명하듯 아직 왕성하게 창작 활동을 할 정도로 심신이 모두 건강하지만, 시인으로서의 자기 모습을 "달팽이"에 투영하고 있는 것 아닐까. "노구에 연미복 끌며 천천히 등장하"여 또 한 편의 시로, 또 한 권의 시집으로 "우포 환상곡"과도 같은 노래를 우리에게 선사하고자 하는 자신의 모습을. 그리고 어쩌면 시인은 "달팽이"를 통해 미래의 자기 모습을 그리고 있는지도 모른다. "갈채 속 연미복 끌며 점 하나로" 우아하게 "사라"짐은 사실 모든 시인이, 모든 예술가가 꿈꾸는 미래가 아니겠는가. 그의 시선은 또한 이처럼 현재에서 미래를 향하고 있는 것 아닐까.

우리의 이 모든 물음에 대한 답을 찾는 일은 바로 우리 자신의 몫이다. 시인의 시적 사유와 형상화는 그의 종결사가 보여 주듯 그 자체로서 깔끔하게 완결되어 있으며, 그리하여 그의 시 세계는 언제나 투명하고 명징하다. 그럼에도 불구하고 이상범의 시는 읽는 이에게 무언가를 묻고 생각하도록 유도한다.

바로 이런 관점에서 볼 때, 알 듯 모를 듯한 의미를 불완전한 문장에 담아 놓거나 뜻도 없이 말없음표를 남발함으로써 자신을 신비화하는 젊은 시조 시인들에게 이상범의 시 세계는 하나의 경종일 수 있다. 서구에서 들어온 자유시의 경우만 하더라도 이미지의 시적 형상화나 시적 사유의 명징성은 필수 요건임에도 불구하고, 마치 무책임한 애매모호성이 자유시에서 배워야 할 미덕인 양 착각하는 시조 시인들이 어디 하나둘인

가. 행여 시조의 미덕을 체득하지 않고 시조를 쓸 수 있다고 생각하는 하는 시조 시인이 있다면, 그는 바로 이상범의 말없는 교훈에 눈과 귀를 주어야 할 것이다.

3. 당위론과 존재론 사이에서

이 지점에 이르러 우리는 아마도 글의 서두로 되돌아갈 수 있을 것이다. 즉, 자연을 노래하되 인간의 삶과 그 삶이 이루어지는 세상에 대한 관심이 시조의 핵심이라는 우리의 주장으로 되돌아갈 수 있는데, 시인은 자연을 노래하고 있을 때조차도 거의 언제나 인간의 삶에 대한 따뜻한 관심의 눈길을 던지고 있다. 바로 이런 관심의 눈길을 직접적으로든 우회적으로든 확인할 수 있다는 점에서, 이번에 상재되는 시집 『신전의 가을』에 수록된 작품들 가운데 앞서 우리가 논의한 「갈옷 생각」이나 「우포 환상곡」 이외에도 「고한역 일원」, 「외포리 일원」, 「민들레」, 「섬」, 「범섬을 바라보며」, 「하늘과 별과 돌부처와 돌탑」, 「동해구 · 5」, 「안평전 장張 할머니」, 「구절리 행行」, 세 편의 「억새밭의 백서白書」, 두 편의 「임진강 하류」, 「겨울 무적霧笛」, 「새벽 상고대」, 「소백산 우중雨中」 등이 특히 우리의 시선을 끈다. 또한 세 편의 「우포 늪」, 「겨울 우포 늪」, 「장안골 화실畵室」, 「신전의 가을」, 「자연법法」, 「파도」, 「물 봉선화」, 「객창」도 누구에게라도 읽기를 권하고 싶은 수려한 작품들이다.

사실 각각 나름의 특색이 있는 작품들을 한데 모아 여섯 묶음으로 나누어 간행한 『신전의 가을』을 읽노라면 어떤 작품을 특히 거론하기 어려울 만큼 모든 작품들이 단아함과 시적 정취를 느끼게 한다. 아울러, 이들 시조 작품을 음미하고 있노라면 '시조란 이런 것이구나'라는 느낌이 절로 들기도 한다. 물론 우리의 논의가 그러한 느낌을 모두 드러낸 것은 아니고, 우리에게는 그럴 능력도 없다. 따라서 시조에 관심 있는 사람이라면 누구나 '시조란 이런 것이어야 한다'라는 당위론을 앞세우기 전에 '이것이 시조구나'라는 존재론을 배우는 장소이기도 한 "신전의 가을"에 몸소 들어가기를 바랄 따름이다. 그곳에 들어가면 언어들이 언어를 깎아 빛을 끌어당기고 있음을 확인할 수 있을 것이다. 시인이 「별의 말」에서 "돌들이 돌을 깎아 빛을 끌어당긴다" 했듯. □

침묵과 여운의 시학
—송선영과 "적막강산"을 향해 내닫는 "화살"로서의 시조

1. 「귀성록」, 또는 한 편의 역사 기록

시조에 적극적인 관심을 갖고 있든 또는 별다른 관심을 갖고 있지 않든, 사람들은 모두 시조에 대해 무언가의 선입관을 갖고 있다. 시조 장르의 역사적 의미에서 시작하여 시조의 형식적 요건에 이르기까지 이루 헤아릴 수 없을 만큼 많은 선입관이 오늘날의 시조 시단의 시인들뿐만 아니라 시조를 바라보는 일반인의 시선을 지배하면서 시조의 위상을 좁히고 있는 것이다. 하지만 어떠한 선입관보다도 더 시조의 위상을 좁히는 것이 있다면 이는 시조의 소재 선택과 관련된 선입관일 것이다. 사람들은 으레 시조란 좋게 말해 초월적 자연을 향한 인간의 정서 표출을 위한 시적 장치로, 나쁘게 말해 음풍농월이나 이에 준하는 비현실적인 말장난으로 치부해 버리는 경향이 있다. 이 같은 선입관이 어떻게 형성된 것인가에는 많은 의견이 있겠지만, 금세기 초에 시조 문예 부흥 운동을 주도한 사람들이 시조를 시간의 흐름을 초월하여 존재한다고 믿어지는 영원한 민족 정서를 표출하기 위한 화석화된 시적 장치로 채용했던 사실과 무관하지 않다. 하지만 수백 년을 이어 온 시조의 역사를 펼쳐 보면 시조란 당대 인간의 현실적 삶을 우의적寓意的으로 표출하기 위한 것이었음을 어렵지 않게 확인할 수 있다. 또한 설사 자연을 노래한 시조라 하더라도 순연히 자연을 노래한 것은 없다 해도 과언이 아니다. 그럼에도 불구하고 현대 시조에 이르게 되면 인간의 구체적이고 현실적인 삶은 무화無化되고 그 자리를 초월적이고 영원한 자연이 대신하게 된다. 설사 인간의 삶이 시적 소재가 된다 하더라도 비현실적이고 추상적인 관조의 수준을 벗어나지 못하는 경우가 허다하다.

이런 관점에서 볼 때, 초월적 자연을 떠나 현실적 인간 세계로 이동하여 시적 소재를 추구하는 시조 시인들의 작품과 만날 수 있음은 반가운 일이 아닐 수 없다. 심지어 역사적 사건의 현장에 서서 이 사건을 보고하는 시조까지 있음은 시조시단의 일반적 경향에 비추어 볼 때 놀라운 일이 아닐 수 없다. 폐쇄된 공간 속에 갇혀진 시조의 문을 여는 작업은 이처럼 현실적이고 구체적인 삶의 현장에 시선을 주는 일에서 시작되는 것 아닐까. 송선영의 다음과 같은 작품은 이러한 맥락에서 볼 때 적지 않은 의미를 갖는 것으로 판단된다.

이윽고 고향 땅은 야전장이 되어 갔다.

서울발 꽃상여 하나, 한길 덮은 만장 행렬

치열한 오월의 밤이
운암동을 흔들었다.

가파른 망월 길의 징 소리도 멀어지고

검게 탄 노점 언저리 두 노인의 긴 그림자……

고뿔 든 아침 태양이
빈 폐허를 쓸었다.

언덕 위 하늘집이 안개 속에 잠긴 주일

대낮에도 촛불 켠 채 아, 얼룩진 말씀이여

목 붉은 통성 기도들
파도 타고 흐른다.

—「귀성록歸省錄」 전문

위의 작품이 소재로 삼고 있는 것은 1980년대 초에 있었던 광주 민주화 항쟁의 현장이다. 이 전대 미문의 사건을 체험했던 많은 문인들이 자신들이 느꼈던 고통과 분노를 시적 형상화의 소재로 삼았던 것은 사실이다. 하지만 시조 시인들 가운데 과연 얼마나 많은 이가 다름 아닌 시조 형식을 통해 그 분노와 아픔을 형상화하고자 했던가. 아마도 많은 시조 시인들이 그와 같은 소재는 시조 형식에 적합하지 않다는 이유로, 또는 그와 같은 소재를 다룬 시조를 경험해 본 적이 없다는 이유로 그때의 분노와 아픔을 안으로 삭였는지도 모른다. 아니면, 그때의 분노와 아픔을 외면한 채 초월자의 몸짓을 취했는지도 모른다. 하지만 현실과 역사로부터 단절된 진공 상태 속에서 시조 창작이라는 문자 행위가 가능하다고 믿는다면, 이는 시조뿐만 아니라 삶 자체를 포기하는 것과 다를 바 없다. 시절가조로서의 시조란 역사와 현실 앞에 눈과 마음을 열기 위한 장치, 그것도 형식적 제약 안에서 절제의 미덕을 살리면서 인간의 삶을 시적으로 형상화하기 위한 장치라는 사실을 우리는 결코 잊어서는 안 될 것이다.

위에 인용한 작품에서 우리는 병존의 관계에 있는 두 가지의 서로 다른 감정을 읽을 수 있다. 먼저 "만장 행렬"로 채워진 "치열한 오월의 밤"이 전달하는 격정과 분노의 감정을 읽을 수 있다. 한편, "검게 탄 노점 언저리 두 노인의 긴 그림자"나 "빈 폐허를 쓸"고 있는 "고뿔 든 아침 태양"이 전하는 무력감과 좌절감을 읽을 수도 있다. 시조의 첫째 수와 둘째 수에 해당하는 이 작품의 앞부분과 중간부분을 장식하고 있는 격정과 분노, 무력감과 좌절감이라는 상이한 두 감정은 서로 교차하면서 시조의 셋째 수에 해당하는 뒷부분에 가서 하나로 합쳐지고 있다. "대낮에도 촛불 켠 채" 올리는 "목 붉은 통성 기도"에서 우리는 문자 그대로 분노, 아픔, 좌절감을 동시에 읽을 수 있으리라.

한편, "목 붉은 통성 기도"나 "얼룩진 말씀"과 같은 구절은 "언덕 위 하늘집이 안개 속에 잠긴 주일"이라는 구절과 함께 기독교적 분위기를 일깨우고 있는데, 여기서 우리는 광주 민주화 운동 과정에 민중들이 겪어야 했던 고난에 종교적 의미를 부여하려는 시인의 의지를 읽을 수도 있을 것이다. 문제는 구원의 손길이 보이지 않는 고난이라는 데 있다. "얼룩진 말씀"이라는 표현이 암시하고 있듯 신성神性은 더렵혀지고 훼손된 상태이지만, "목 붉은 통성 기도"에도 불구하고 신성의 회복 가능성에 대한 희망은 어디에도 보이지 않는다. 아울러, "언덕 위 하늘집이 안개 속에 잠긴 주일"이라는 구절을 접하면서 우리는 또한 1980년 5월 18일이 일요일이었다는 점을 떠올릴 수도 있다. 이는 분노와 아픔의 그날이 구체적으로 일주일의 마지막날 또는 첫날이었다는 사실이 시인의 기억 속에 생생히 살아 있음을 암시하기도 하고, 바로 그날의 아픔과 분노는 역사 속에 묻혀진 과거가 아니라 우리의 의식 속에서 일정한 간격을 두고 되풀이되어 살아나는 현재임을 이 작품을 읽는 독자에게 일깨워 주기도 한다. 이 작품의 마지막 부분에 가서 시인이 1980년 5월 18일은 일요일이었다는 점을 독자에게 일깨워 주고 있다는 점에 비추어, 우리는 또한 이 작품에 연대기적 의미를 부여할 수도 있다. 말하자면, 광주 민주화 항쟁이 있던 당시의 상황 변화를 함축적이고도 간결한 언어를 통해 차례로 제시하고 있는 것이다. 이런 의미에서 볼 때, 이 작품은 시조 형식을 빌려 전하는 역사 기록이라고 할 수도 있다.

2. 역사 기록에서 말없음표가 의미하는 것

우리는 또한 작품의 제목이 "귀성록歸省錄"이라는 점에도 주목할 수 있는데, 시인의 고향이 광주임을 유추해 낼 수 있다. 사실 송선영의 연표에 의하면 그의 출생지는 바로 광주 운암동이다. 제목에 비추어 볼 때 우리는 그가 "한길 덮은 만장 행렬"의 일원이었을 가능성을 읽어 낼 수 있다. 또는 제목을 통해 몸은 비록 다른 곳에 있었더라도 마음만은 그 "행렬"의 일원이었음을 암시하고자 했는지도 모른다. 어느 쪽이든 역사의 현장에 눈길과 마음을 주는 시인의 모습에서 우리는 여느 시조 시인에서 쉽게 확인할 수 없었던 현실 의식과 역사 의식을 읽을 수 있다. 문제는 시인의 현실 의식과 역사 의식이 다분히 추상적인 것처럼 느껴진다는 데 있다. 다시 말해, 그의 작품은 시인이 역사적 현실과 지나칠 정도로 형이상학적 거리를 유지하고 있다는 느낌을 주고 있는 것이다. 무엇보다도 차분히 가라앉아 있는 어조에서 그 거리감을 느낄 수 있다. 따지고 보면, 작품의 제목이 "귀성록"임에도 불구하고, 그가 "만장 행렬"의 일원이었다기보다는 심정적으로만 그 행렬의 일원이었으리라는 느낌을 지울 수 없음은 이 점과 무관하지 않다. 물론 이 같은 거리감은 시조 형식이 요구하는 절제의 미학에 기인하는 것일 수도 있지만, 형식의 제약이 곧 지나친 절제를 의미하지는 않는다. 어떤 의미에서 보면, 시 정신에 제약을 가하는 형식과 그 형식을 깨뜨리고 밖으로 나오려는 시 정신 사이의 아슬아슬한 긴장이 시를 시로서 존재하도록 하는 것인지도 모른다. 물론 이 같은 논리는 비단 시조뿐만 아니라 모든 시에 해당하는 것이기도 하다. 하지만 위의 작품에서 우리는 시 정신이 형식에 의해 압도당하고 있는 듯한 느낌을 갖게 된다. 어조뿐만 아니라 시 중간 부분의 말없음표(……)도 우리의 이러한 느낌을 강화하고 있다. 긴장과 분노의 역사적 현장을 묘사하는 데 말없음표를 사용하고 있음은 물론 시인의 답답한 심정을 암시하는 것일 수도 있지만, 또 다른 의미에서의 침묵, 그것도 강요된 침묵이 아니라 자발적인 침묵을 암시하는 것일 수도 있다.

그와 같은 시인의 침묵이 결코 일회적인 것이 아님은 당시의 정황을 소재로 다른 작품들에서도 확인된다.

> 정오의 빈 들녘에 핏빛 노을이 타오른다.
>
> 숨찬 경운기 부대 속속 읍내로 들어서고……
>
> 물 건너
> 몰려온 한파寒波
> 우짖고 있는 풀뿌리.

성난 쌀, 그 쌀 상여, 전대미문前代未聞의 만장이여

무너진 상복 행렬 쇠장터에 진을 치고……

—「속 · 귀성록」 부분

홀연히 못재 넘은 당당한 그 깃발들
읍내를 가로질러 오월을 휘어감고
북소리
숨가쁜 거리
아, 들끓는 만세 소리.
굴레를 벗고 나온 그 풍상의 옹이진 손
허리춤을 더듬는다. 밤길 끈 손자 같다며
이윽고
구겨진 지폐
깃발 속을 헤집는……

—「오월비망록」 부분

송선영의 작품들 가운데 적지 않은 부분이 분명히 무언가를 말하고 있음에도 불구하고 말을 다하지 않은 채 침묵 속으로 침잠하는 듯한 느낌을 주는 이유는 위의 예들에서 보듯 말없음표의 사용과 무관하지 않을 것이다. 사실 이 같은 경향을 한 개인의 기질 문제로 돌린다면 더 이상 할 이야기가 없을지도 모른다. 하지만 문학이란 한 시인이나 작가의 기질을 넘어서서 존재하는 것이고, 당연히 그래야만 한다. 또한 누군가가 만일 이러한 성향이 시조라는 정형시의 한계와 무관한 것이 아니라고 한다면, 우리는 조선 시대의 저 활달한 풍자 시조들과 요즈음 몇몇 시조 시인들의 작품에서 확인되는 빠르고 힘찬 호흡과 리듬, 재기 넘친 풍자와 활기 넘친 수사修辭를 반증으로 제시하지 않을 수 없다. 사실 고통과 분노의 역사적 현장에 선 시인에게 주어진 선택은 시인 김수영의 표현대로 "풍자가 아니면 해탈"(「누이야 장하고나!」)밖에 있을 수 없다. "해탈"이 문자 그대로 문자 행위를 포기한 상태—또는 문자화 자체를 초극한 상태—를 지칭하는 것일 수 있는 한, 광주 민주화 항쟁과 같은 전대 미문의 역사 현장에 대한 시적 형상화는 "풍자"의 형식을 취할 수밖에 없을지도 모른다. 사실 그 시대의 아픔을 노래한 뛰어난 시들—예컨대, 황지우의 「화엄 광주」—이 "풍자"의 형식을 취하고 있음은 시사하는 바가 적지 않다. 하지만 과연 "풍자"밖에 달리 선택이 없는가. 어떤 의미에서 보면, 송선영이 펼쳐 보이는 침묵과 여운의 시 세계는 "해탈"도 아니고 "풍자"도 아닌 또 하나의 시적 선택이 가능함을 보여 주기 위한 것인지도 모른다.

3. 「활터에서」, 또는 열린 시조의 향한 하나의 발걸음

지나칠 정도의 형이상학적 거리를 유지하는 경우 역사와 삶의 현장은 역동성을 상실한 채 정적인 시간대 속에 갇혀 버리기 쉽다. 역사와 삶의 현장에 대한 시적 형상화 작업이 종종 평면적인 현실 소묘의 차원에 머무는 것은 바로 이 때문이다. 사실 이는 비단 송선영의 문제만은 아니다. 여기서 하나의 위험한 일반화를 시도해 보기로 하자. 오늘날의 시조 작품들을 읽다 보면 적지 않은 시조 시인들의 의식을 지배하는 일종의 공통된 '심의 경향心意 傾向, the turn of mind'이 있는 것처럼 느껴지는데, 원심적이라기보다는 구심적인 시적 정조, 외향적이라기보다는 내향적인 시적 의식을 시조 시인들이 자신들의 시에 담고 있다는 느낌을 지울 수 없다. 다시 말해, 형식의 제약을 의식하기 때문인지 몰라도 적지 않은 시조 시인들이 삶의 측면이든 의식의 측면이든 일정한 범주 바깥으로 나아가지 않은 채 자신의 세계를 단아하면서도 견고한 그 무엇으로 지키고자 한다는 인상을 그들의 작품에서 받게 된다. 이와 관련하여 현실과 삶에 가까이 다가서서 대상과의 긴장된 관계를 유지하기보다는 가능한 한 멀리 떨어져 관조의 시선으로 바라보고자 한다는 인상도 지울 수 없음도 지적할 수 있을 것이다. 말할 것도 없이, 앞서 검토한 송선영의 작품들도 그와 같은 느낌과 인상에서 자유로울 수 없다.

중요한 것은 그와 같은 느낌과 인상 자체는 가치 판단 이전의 문제일 수 있다는 점이다. 다시 말해, 앞서 논의한 '심의 경향'은 어떤 종류의 소재를 다루거나 어떤 정서를 표출하는 데 장애가 될 수 있지만, 그것 자체가 비판의 대상일 수는 없다. 사실 인간의 삶이 그러하듯 어떤 장르의 문학도 규범적 정의로 얽맬 수는 없으며 또한 결코 규범화할 수 없는 것이 문학인 것이다. 따지고 보면, 어떤 특정 요소나 경향은 어떤 한 부류의 문학 작품을 논의하는 데 필요조건이 될 수는 있어도 다른 모든 문학 작품의 완성도를 판가름하기 위한 충분조건이 될 수는 없다. 이와 관련하여 우리는 앞서 확인한 종류의 '심의 경향'이 송선영의 경우 대단히 효과적인 시 창작의 동인이 되기도 한다는 점에 주목하지 않을 수 없는데, 우리가 그의 작품 「활터에서」에 각별히 주목하는 이유는 여기에 있다.

시위를 당기게나 활시위를 당기게나
힘 모아, 모은 힘 다져, 화살이여 내달아라
저 첩첩
적막 강산을
거침없이, 그렇게…….

대륙의 숲을 뚫던 그 단궁檀弓은 이젠 없다
숲 속 포효를 꿰던 그 맥궁貊弓이 이젠 없다
백발의 형형한 눈빛
빈 활터엔
우레 소리.

내 여윈 잠 가로질러 여러 심장에 꽂힌 화살
숫눈에 내 쏟은 피. 먹피인가 선지피인가
이 땅의, 과녁 그늘의
그대 핏빛은
어떠실지.

시위를 떠나누나 긴 어둠을 헤치누나
빛 모아, 모은 빛 다져, 내달아라 화살이여
저 먼동

틀 때까지는
적막강산을, 씽씽…….

—「활터에서」 전문

위의 작품에서도 역시 시인은 말없음표를 사용함으로써 침묵의 여운을 남기고 있다. 이 같은 침묵의 여운은 "대륙의 숲을 뚫던 그 단궁檀弓은 이젠 없다"나 "숲 속 포효를 꿰던 그 맥궁貊弓이 이젠 없다"와 같은 표현에서 암시되는 부재不在에 대한 자각으로 인해 더욱더 강화된다. 하지만 보다 더 문제를 삼지 않을 수 없는 것은 상투적이라는 느낌마저 주는 "적막강산"이라는 표현을 동원하여 이로서 삶과 현실에 대한 시인의 이해를 대신하고 있다는 데 있다. 사실 삶과 현실이 "적막강산"이라거나 "적막강산"과 같다거나 하는 표현 자체는 시적 감흥을 주기에는 이미 진부해져 버린 표현일 뿐만 아니라 삶과 현실을 지나치게 안이하게 또는 추상적으로 이해하고 있다는 비판에서도 자유롭기 어려운 표현이기도 하다. 게다가 "활터에서"라는 제목이 암시하고 있듯 시인이 현실로부터 심정적으로뿐만 아니라 물리적으로도 거리를 두고 있거나 또는 현실과 격리되어 있다는 느낌마저 주고 있다.

하지만 침묵의 분위기 또는 현실과의 지나친 거리감에도 불구하고 위의 작품은 정적이고 평면적인 현실 소묘의 차원에 머무르고 있지 않다. 오히려 이 작품에서 느껴지는 거리감은 시인과 현실 사이의 밀접하고 긴장된 관계를 한층 더 증폭시키는 거리감—역설적인 표현이긴 하나, 거리감을 무화無化하는 거리감—으로 읽힌다. 그러한 역설을 가능케 하는 것은 무엇인가. 이를 가능케 하는 것은 다름 아닌 "화살"이다. 당겨진 "활시위"를 떠나 "힘 모아, 모은 힘 다져" 내달는 "화살," "긴 어둠을 헤치"고 "빛 모아, 모은 빛 다져, 내"달는 "화살," 그리고 "내 여윈 잠 가로질러 여러 심장에 꽂힌 화살"이 주체(시인)과 객체(현실, 삶) 사이의 거리를 긴장감으로 채우고 있는 것이다. 이 긴장감 속에서 "적막강산"이라는 평범하고 추상적인 세계 인식은 예기치 않은 힘을 얻게 된다. 또는 "적막강산"이라는 이완된 표현에 팽팽한 긴장감이 부여된다.

이처럼 '이완 속의 긴장' 또는 '긴장 속의 이완'을 적절히 구사하고 있는 위의 작품에서 "화살"은 구체성을 갖는 실제 "활터"의 "화살"일 수 있고 동시에 시인 자신의 현실과의 관계맺기를 암시하는 은유적 의미의 화살일 수도 있다. 만일 그것이 시인 자신의 현실과의 관계맺기를 암시하는 은유적 의미의 화살이라면 "화살"이 궁극적으로 지시하는 바는 무엇일까. 시조 시인 송선영에게 이는 다름 아닌 '시조'가 아닐까. 만일 "화살"이 지시하는 바가 '시조'라면, 이미 사라져 버린 "대륙의 숲을 뚫던 그 단궁檀弓" 또는 "숲 속 포효를 꿰던 그 맥궁貊弓"이 지시하는 바도 자명해진다. 이는 바로 과거의 시조 또는 우리 민족이 현실과의 관계맺기에 동원했던 시가 형식을 암시하는 것 아닐까. 이처럼 과거를 생각하며 시인은 현재의 "빈 활터"에서 자신의 "화살"을 날리고 있는 것이다. "긴 어둠을 헤치"고 "빛 모아, 모은 빛 다져" 저 "적막강산"과도 같은 현실을 향해 내닫기를 염원하면서.

이 작품과 관련하여 또 하나 주목해야 할 것은 두 가지의 독법이 가능하다는 점일 것이다. 먼저 셋째 연에 나오는 "꽂힌 화살"과 같이 행위의 완결을 암시하는 표현에 주목하는 경우, 첫째 연에서 암시된 활쏘기의 결과를 셋째 연에서 확인하는 것으로 읽을 수 있다. 이 경우 넷째 연은 자연스럽게 새로운 활쏘기를 암시하는 것으로 읽을 수 있다. 이를 다시 전체적으로 시조 창작과 연관지어 생각할 수 있다면, 창작된 시조가 갖는 힘과 영향력을 확인(셋째 연)하고 새로운 기대와 함께 또다시 시조 창작에 들어가는 것(넷째 연)으로 읽을 수 있다. 하지만 이러한 독법은 자연스럽지 못하다. 무엇보다도 첫째 연의 "시위를 당기게나"와 셋째 연의 "시위를 떠나누나"라는 구절이 이 시 전체를 한 대의 화살을 쏘기 위한 준비의 시점에서 시작하여 시위를 떠난 화살을 주시하는 시점에 이르기까지를 암시하는 것으로 읽을 것을 요구하고 있기 때문이다. 이러한 요구를 받아들여 새롭게 이 시를 읽는 경우, 둘째 연과 셋째 연은 활쏘기를 준비하는 과정의 팽팽한 긴장감 속에 시인의 내부에서 일고 있는 상념으로 이해할 수 있다. 비록 "단궁"이나 "맥궁"과 같이 과거의 영광을 지닌 것은 아닐지라도 한 대의 화살이 시인을 떠나 저 "적막강산"으로 날아갔을 때 어떤 힘을 발휘해야 할 것인가에 대한 시인의 염원을 담기 위한 것이 바로 둘째 연에 이어지는 셋째 연 아닐까.

후자의 독법을 취하는 경우 시인의 활쏘기 또는 시조 창작은 아직 무언가 눈에 띄는 결과는 없더라도 여전히 시인 자신의 기대와 희망을 담기 위한 행위로 이해될 수 있다. “내 여윈 잠 가로질러 여러 심장에 꽂힌 화살”이 “숫눈”에 “먹피”든 “선지피”든 “내 쏟”게 할 수 있으리라는 기대, “어둠을 헤치”고 “빛 모아, 모은 빛 다져, 내달아” 날아가서 저 “적막강산”의 어둠을 거둬들이리라는 희망이 어떤 의미에서 보면 송선영에게 시조 창작을 계속케 한 원동력이 되고 있는지도 모른다. 따지고 보면, 이 같은 기대와 희망이 어찌 송선영만의 것이겠는가. 모든 시조 시인들, 그리고 시조에 관심을 갖고 있는 모든 사람들의 한결같은 기대와 희망 아닐까. 이런 의미에서 볼 때, 닫혀진 시조의 문을 여는 데 시조 시인 송선영이 기여한 바는 적지 않다 할 수 있다. 무엇보다도 이 같은 기대와 희망을 시조 시인들에게 꿈꿀 수 있게 했다는 데, 그리고 그 기대와 희망을 다름 아닌 시조를 통해 담을 수 있었다는 데, 그것도 긴장과 이완의 대립 속에 생생한 힘을 갖는 시조 속에 담을 수 있었다는 데, 송선영의 의미와 역할이 놓이는 것이리라. 하지만 역사적 현장에 대한 송선영의 시적 형상화 작업이 닫혀진 시조의 문을 열기 위한 하나의 화두가 될 수 있을지언정 그것이 곧 닫혀진 문을 열 수 있는 열쇠일 수는 없었던 것처럼, 어느 한 개인의 작업만으로 닫혀진 시조의 문이 열릴 수 있는 것은 아닐 것이다. 어떤 의미에서 보면, 시조 시단 모두의 작은 노력과 정성이 모여 하나의 여울을 이루는 가운데 닫혀진 시조의 문은 열릴 수 있는 것 아닐까. □

욕망의 초극과 감정의 절제, 그리고 저항의 시학
―윤금초의 『해남 나들이』와 시조를 통해 삶의 현실 읽기

1. 무엇을 위한 시조 형식인가

아마도 모든 시론 가운데 "훌륭한 시는 강렬한 감정의 자발적 분출all good poetry is the spontaneous overflow of powerful feelings"이라는 윌리엄 워즈워스의 견해만큼이나 오해의 여지가 많은 것도 드물 것이다. 사실 시란 "강렬한 감정의 자발적 분출"이라는 논리는 시 창작의 필요조건일 수는 있어도 충분조건일 수는 없다. 시적 예지를 얻는 순간 시인에게 "강렬한 감정의 자발적 분출"로 표현될 수 있는 정신 세계의 변화가 일어났다 하더라도 단순히 그것만으로 시가 완성되는 것은 아니기 때문이다. 따지고 보면, 이 같은 견해를 피력했던 워즈워스조차 "강렬한 감정의 자발적 분출"에만 의존해서 시를 창작했던 것은 아니다. 그의 시를 읽어 보면 오랫동안의 명상을 통해 "강렬한 감정"을 시로 승화시키기 위해 애쓴 흔적을 도처에서 확인할 수 있는데, 자신이 획득한 예지를 시화하기 위한 시인의 의식적 노력은 시 창작의 과정에 필수 요건이라 하지 않을 수 없다.

하지만 애를 쓰고 노력을 한다 해서 시를 쓰는 일이 무언가를 얻기 위한 욕망의 투쟁일 수는 없다. 욕망의 투쟁은 시적 예지 자체를 무화無化할 수 있기 때문이다. 이처럼 시란 무의식적이면서 동시에 의식적인 것이어야 할 뿐만 아니라 의식적이면서 동시에 무의식적인 것이어야 한다. 바로 이 때문에, 라이너 마리아 릴케가 자신의 시를 통해 언명한 바 있듯, 인간에게 시란 결코 쉬운 것이 아니다.

그대가 가르쳐준 대로 노래는 욕망이 아니며,
종국에 얻을 수 있는 그 무엇을 얻으려는 투쟁도 아니나니,
노래란 존재이며, 신에게는 쉬운 것.
하지만 우리는 언제 '존재'할 것인가? 그리고 언제 '신'은

대지와 별을 우리의 존재에 내려줄 것인가?
그것은 젊은이여 사랑의 열정 같은 것이 아니나니, 비록
그대의 목소리가 다문 입에서 터져 나오려 해도. 배우라,

갑작스런 노래를 잊어버리는 법을. 이는 소진되고 말 것이니.
참다운 노래는 다른 숨결에서 나오는 것.
아무것도 바라지 않는 숨결. 신 안에서의 동요. 대기의 움직임.

—『오르페우스에게 바치는 소네트*Sonette an Orpheus*』 제1권 제3번 시, 제2-4연

무엇보다도 우리는 "노래는 욕망이 아니"라 "존재"라는 릴케의 통찰을 주목해야 할 것이다. 릴케에 의하면, 시란 "종국에 얻을 수 있는 그 무엇을 얻으려는 투쟁"이 아니라 그 자체가 "존재"이어야 한다. 또는 노래란 "아무것도 바라지 않는 숨결"이어야 한다. 아무것도 바라지 않으면서도 여전히 "존재"를 쉽게 구현할 수 있는 "숨결"—이를테면, 신의 '로고스'와 같이 자연스러운 것—이어야 한다. 따라서 스스로의 존재를 드러내려는 의지가 욕망을 초월하여 존재하는 신에게 노래는 "쉬운 것"이지만, 인간에게는 결코 쉬운 것이 아니다. 무엇보다 욕망을, 심지어 노래하고자 하는 욕망까지 초극해야 하기 때문이다. 그렇다 해서, 이미 워즈워스의 시론과 관련하여 암시했듯, 욕망의 개입과 상관없이 "감정의 자발적인 분출"이 이끄는 시—말하자면, 자기도 모르게 터져 나오는 "갑작스런 노래"—를 "참다운 노래"라 할 수는 없다. "갑작스런 노래"는 곧 "소진되고 말 것"이기 때문이다. 결국 인간에게는 욕망의 초극 및 감정의 절제라는 이중의 노력이 없이 "참다운 노래"란 불가능한 것이다.

윤금초의 시 세계를 논의하기 위한 자리에서 이처럼 워즈워스의 시론과 릴케의 시를 들먹이는 이유는 무엇인가. 이는 윤금초의 시가 욕망의 초극과 감정의 절제라는 이중의 어려움이 시에서 어떻게 문제될 수 있는가를 보여 주는 좋은 예가 되기 때문이다. 이와 관련하여 우리는 윤금초가 '시조 형식'이라는 일종의 '통제 기제'를 사용하고 있음에 논의의 초점을 맞출 수 있다. 물론 시조 시인들은 얼마든지 있고, 적지 않은 시조 시인들이 시조 형식을 '구속 안에서의 자유'를 얻기 위한 효과적 수단으로 수용하고 있다. 하지만 윤금초의 시에서와 같이 시조 형식이 적극적인 의미에서의 통제 기제로 그 기능을 발휘하는 경우는 많지 않다. 아니, 오히려 시조 형식을 담보로 하여 이른바 "갑작스런 노래"를 마치 "참다운 노래"인 양 내세우는 시인이 적지 않다. 구태의연한 감정의 소용돌이나 영탄조의 내용을 시조 형식 안에 담게 되면 자동적으로 시가 '시답게' 되는 것인 양 착각하는 시인들이 적지 않은 것이다. 하지만 시조 형식이라는 구속 안으로 들어간다 해서 모든 시가 '참다운 시'가 될 수 있는 것은 아니다. 이는 외적인 형식을 따르지 않는다 하더라도 얼마든지 '참다운 시'가 있을 수 있는 것만큼이나 자명한 사실이다. 어느 경우나 그러하듯, 시조 형식도 시 창작에 대한 시인의 깊이 있는 사유를 통해 비로소 의미 있는 통제 기제가 되는 것이다. 또한 깊이 있는 사유의 과정을 거칠 때 시인에게는 자연스러운 감정의 표출도 가능해진다.

윤금초의 시 세계는 깊이 있는 사유와 자연스러운 감정을 함께 아우르고 있다. 그 사유의 깊이와 감정의 자연스러움이 시조 형식과 팽팽한 긴장 관계를 유지하는 가운데, 시조 형식은 시를 소진될 수 없는 그 무엇으로 만들고 있다. 바꿔 말해, 그의 시에서 시조 형식은 비시적非詩的인 것을 시적인 것으로 위장시키기 위한 손쉬운 방편이 아니다. 시조 형식이 단순히 형식적 장치로서 기능을 하지 않고, 시의 내용과 함께 살아 있는 통제 기제로서 역할을 하고 있는 것이다. 윤금초의 시를 읽으면서 '시조가 이렇게 창작될 수도 있구나'라는 느낌을 갖게 되는 것은 이 때문이다. 자연히 우리는 그의 시를 읽는 동안 시조라는 형식 요건을 끊임없이 의식하게 된다. 그의 시에서 시조 형식이 '배경'이 아닌 일종의 '전경'으로 작용하면서 적극적으로 시를 '시로서' 존재하도록 유도하기 때문이다. 따라서 윤금초의 시를 읽는 동안 우리는 스스로 '무엇을 위한 시조 형식인가'라는 질문을 던지고 그 답을 모색해 보지 않을 수 없게 된다. 어떤 의미에서 보면, '우리 고유의 것이 천덕꾸러기로 전락한 이 시대에 무엇을 위한 시조 형식인가'라는 새삼스러운 질문을 던지고 그 답을 모색하도록 유도하는 것이 다름 아닌 윤금초의 시 세계인 것이다. 우리가 워즈워스의 시론과 릴케의 시를 끌어들였던 이유는 윤금초의 시가 이처럼 시조 형식과 관련하여 하나의 본질적인 문제 제기를 가능케 하기 때문이다.

음풍농월 식의 한가한 시나 영탄조의 자기 도취적인 시가 아닌 살아 존재하는 시, 그러면서도 여전히 시조라는 형식을 적극적으로 수용하고 있는 시를 찾아보기란 쉽지 않다. 한국 고유의 시가 형식인 시조가 위축되어 있는 이유는 적지 않은 시조 시인들이 시조 형식을 한가하고 자기 도취적인 정서를 담는 방편으로 사용하는 데 만족하고 있기 때문인지도 모른다. 이런 면에서 볼 때, 윤금초의 시는 시조라는 이름의 시들 가운데 '즐거운 예외'로 존재한다. 이제 우리는 윤금초의 시 세계가 어떤 면에서 즐거운 예외인가를 그의 시집 『해남 나들이』(민음사, 1993)를 통해 확인해 보기로 하자.

본론에 들어가기 전에, 우리는 먼저 윤금초의 『해남 나들이』가 성격이 뚜렷하게 구분되는 몇몇 개의 시 모음으로 이루어져 있음에 유의해야 할 것이다. 먼저 그림 또는 조각 작품을 소재로 한 일련의 시가 있는데, 제1부의 「사유와 운동」이라는 부제 아래 수록된 작품들이 이에 해당한다. 이어서 주로 자연 세계나 자연 현상을 소재로 하되 이를 배경으로 하여 삶의 의미를 부각시키는 시들이 있으며, 한국적 삶의 현장 속에서 또는 그 현장에 가까이 다가가서 이를 노래하는 작품들이 있다. 제2부의 「꽃의 변증법」, 제3부의 「내재율」이라는 부제 아래 놓인 시들이 각각 이에 해당한다. 제4부의 「청맹과니의 노래」는 일종의 연작시로서 민초들의 삶을 다루고 있다. 특히 제4부는 시조 형식에 대한 시인의 실험 정신이 돋보이는 작품들로 꾸며져 있다. 이처럼 뚜렷하게 구분되는 이들 몇 부류의 시에는 각각 별도의 논의가 요구된다.

2. 시조 형식과 예술 작품을 매개로 한 현실 읽기

먼저 제1부의 경우 시의 소재가 '현상 세계'가 아니라는 점이 시선을 끈다. 앞에서 지적한 바와 같이, 그림이나 조각 작품—추측건대, 조각 작품을 담은 사진—이 시적 "사유"의 대상이 되고 있는 것이다. 시적 소재가 현상 세계가 아니라 예술 작품이라는 점은 다음과 같은 논의를 유도할 수 있다. 일반적으로 예술 작품은 현상 세계를 모방하든 또는 비판하든 이 현상 세계를 바탕으로 하여 창조되는데, 이러한 예술 작품의 기능은 현상 세계가 담고 있거나 숨기고 있는 무언가를 드러내는 데 있다 할 수 있다. 마르틴 하이데거가 예술 작품의 본질은 나름의 방법으로 '존재자의 존재'를 개진하기 위한 것이라고 했을 때, 그가 의도했던 것은 이 같은 의미에서의 예술 작품의 기능일 것이다. 여기서 하나의 엉뚱한 질문을 던질 수도 있는데, 예술 작품을 소재로 하여 또 하나의 새로운 예술 작품을 창조했다면, 이 새롭게 창조된 예술 작품의 기능은 무엇일까. 형식 논리를 따르면, 새로운 예술 작품은 이전의 예술 작품이 담고 있거나 숨기고 있는 것을 드러내기 위한 것일 수 있다. 결국, 윤금초에게 시적 소재가 되었던 예술 작품들이 현상 세계가 은폐하고 있는 것을 개진하기 위한 것이라면, 그의 시는 예술 작품들이 은폐하고 있는 것을 개진하기 위한 것이라 할 수 있다.

여기서 우리는 현상 세계가 은폐하고 있는 것과 예술 작품이 은폐하고 있는 것 사이에 어떤 차이가 있는가를 물을 수 있다. 이 물음에 대해 아주 소박한 답을 시도해 보기로 하자. 만일 현상 세계가 숨기고 있는 것이 현상 세계를 지배하는 질서라면, 예술 작품이 숨기고 있는 것은 곧 예술 작품을 지배하는 질서일 것이다. 이런 관점에서 볼 때, 일반 예술 작품들이 현상 세계의 질서를 탐구하기 위한 것이라면, 예술 작품을 소재로 하여 창작되는 예술 작품은 예술 작품의 질서를 탐구하기 위한 것이라 할 수 있다.

사실 예술 작품을 소재로 하여 또 하나의 새로운 예술 작품을 창작하는 일은 시조 시인들 사이에 하나의 일반화된 관례인지 모른다. 비근한 예로, 고려 청자나 이조 백자를 소재로 한 시조 시인들의 작품들을 꼽을 수 있다. 하지만 대개의 경우 이들 작품의 궁극적 관심사는 현상 세계를 초월하여 존재하는 초월자의 질서이고, 따라서 '예술 작품을 소재로 삼는 전략'은 현실 세계로부터 도피하기 위한 수단으로 사용되어 왔다. 그리하여 예술 작품이 초월자의 창조물인 양, 또는 초월자의 영원성을 담고 있는 양 자세를 취하는 시를 우리는 자주 목도하게 된다. 시인을 초월자와 동일시하는 이러한 낭만주의적 미망은 일찍이 폴 드 만에 의해 「시간성의 수사학The Rhetoric of Temporality」이라는 글에서 예리하게 지적된 바 있다. 윤금초의 시 세계는 이 같은 '낭만주의적 미망迷妄'을 허락하지 않고 있다. 그의 시가 지니는 차별성은 바로 여기서 찾을 수 있을 것이다. 그는 인간의 질서 또는 현실 세계의 질서를 궁극적 관심사로 받아들이고 있는 것이다.

그렇다면 윤금초가 현실 세계의 질서를 현실 속에서 추구하지 않았던 이유는 무엇일까. 어떤 의미에서 보면, '예술 작품을 소재로 삼기'에 대한 윤금초의 관심은 선배 시인들이 품었던 '낭만적 미망'에 대한 도전을 반영하는 것일 수 있다. 예술 작품을 시의 소재로 삼더라도 현실 세계로부터 도피하지 않은 채 여전히 인간 세계와 현상 세계를 관찰하고 이해하는 일이 가능할 수 있음을 보여 주기 위한 시도나 실험이라는 점에서 그러하다. 하지만 이미 앞서 지적한 바와 같이 예술 작품을 소재로 한 예술 작품은 예술 작품의 질서를 추구하기 위한 것이어야 한다. 따라서 윤금초의 경우에는 예술 작품을 소재로 하는 방법은 궁극적인 해결책이 될 수 없다. 현실 세계의 질서를 현실 세계와 정면으로 맞닥뜨리면서 찾는 정공법과는 거리를 둔 것이기 때문이다. 물론 제2부 이하의 시 세계에서 확인할 수 있듯, 또한 너무도 당연한 것이긴 하지만, 윤금초가 정공법을 끝까지 회피하고 있는 것은 아니다. 하지만 이 점을 확인하기에 앞서 우선은 제1부의 시 세계에 좀 더 시선을 두기로 하자. 그에게 인간의 질서와 현실 세계의 질서가 관심사였다면, 예술 작품을 소재로 했을 때 그의 관심이 구체적으로 어떤 형태로 표출되었던가를 확인해야 하기 때문이다.

한마디로 요약하자면, 윤금초의 경우 '예술 작품을 소재로 삼기'는 현실과 현상 세계에서 약간 비껴 서서 그 현실과 현상 세계를 관찰하기 위한 전략이라 할 수 있다. 우선 그는 예술 작품들에 대한 "사유"를 통해 현상 세계의 "운동"을 확인한다. "점에서 비롯된 선"에서 "숨쉬는 여울"(「사유와 운동 · 1」)을 확인하거나, "점과 선 맞물린 자리 고개 드는 기호들"에서 "젖은 눈 껌벅"이는 "여인"(「사유와 운동 · 2」)을 확인하는 시인의 시선을 주목하기 바란다. 하지만 이는 또한 단순한 현상 세계일 따름이다. 시인의 시선이 그 현상 세계에서 인간의 삶으로 옮겨 가는 순간에 비로소 인간의 질서와 현실 세계의 질서는 확인된다. 한 편의 시를 살펴보자.

들녘을 쏘다니는 야생마 그것처럼
툭 툭 짧은 붓 놀림의 신들린 색채 분할.
억압된 격정의 불길, 활활 솟아 물결친다.

노란 보리밭 이랑 까마귀떼 푸득이는,
꿈틀 꿈틀 나울치는 눈부신 풍광 속에
스스로 목숨을 끊고 문 빗장을 거는구나.

—「질료와 정신—고흐의 「귀를 자른 화상」」 전문

마지막 행을 빼면 이 시는 전체적으로 인간의 삶과 직접적으로 관계없는 현상 세계 또는 "풍광"에 대한 재구성이라 할 수 있다. 화가의 시선을 통해 이차원적 순간으로 고정되어 있던 현상 세계가 시인의 시선을 통해 다시 "운동"의 세계로 환원되고 있는 것이다. 아니, 관점을 달리해 보면, 화폭에 담긴 격렬한 운동의 세계가 시적 기호화의 과정을 거쳐서 또 다른 의미에서의 운동의 세계로 전이되고 있는지도 모른다. 어떠한 해석이 가능하든 이 시에서 문제되는 것은 움직이는 현상 세계이지, 영원성을 획득한 예술 작품 그 자체가 아니다. 시인은 단순히 예술 작품의 미를 감상하고 있는 것이 아니라, 예술 작품에서 현상 세계를 '읽고' 있는 것이다. 하지만 이 시는 결코 단순한 현상 세계 읽기가 아닌데, 마지막 행에 제시된 인간의 몸짓이 이 같은 판단을 뒷받침해 준다. 즉, 그림 속에 제시된 인간의 모습이 일종의 사물화事物化된 대상의 의미를 갖는다면, 시를 통해 이 사물화된 인간은 다시 인간으로서의 의미를 회복하고 있다. 바꿔 말해, 몸짓을 멈추었던 인간이 자신의 몸짓을 되찾고 있는 것이다. 현상 세계 속에 인간의 삶이 끼어들 때, 인간의 좌절 또는 거부의 몸짓이 끼어들 때, 현상 세계는 인간적인 현실 세계가 되며 시인을 포함한 인간이 살아가는 세계로서의 의미를 갖게 된다.

하지만 조형 예술을 통한 현상이나 현실에 대한 관찰은 앞서 암시하기도 했지만 나름의 한계를 갖는다. 위의 예만 하더라도 제목을 제거하는 경우 이 시가 현상 세계를 소재로 한 시와 어떤 면에서 본질적으로 다른가의 의문이 우선 제기될 수 있다. 이런 관점에서 볼 때, 예술 작품을 소재로 삼는 전략은 다만 인식론적 또는 심리적인 동기와 관계되는 것일 뿐, 형식적으로는 현실 세계를 소재로 하는 전략과 구분될 수 있는 것이 아니다. 또 하나 보다 더 근본적이면서도 한결 더 상식적이고 단순한 한계를 지적하지 않을 수 없다. 조형 예술을 통해 현상을 관찰하는 경우, 틀에 갇혀 있는 세계를 관찰하는 셈이 된다. 물론 가두어 놓음 자체가 예술 작품이 갖는 예술 작품으로서의 한계가 되는 것은 아닐 것이다. 하이데거가 말한 바와 같이, 의미를 여는 동시에 그 의미를 형식에 가두어 놓는 것에서 예술 작품의 존재 이유를 찾을 수도 있기 때문이다. 윤금초가 시조 형식을 고집하고 있는 이유도 이러한 '의미와 형식 사이의 긴장된 관계'가 갖는 중요성을 간파했기 때문인지도 모른다. 하지만 창문을 통해 세계를 볼 때 창틀이 가시적 세계를 한정하듯, 조형 예술의 물리적 경계가 다름 아닌 창틀과 같은 역할을 할 수도 있다. 어떤 의미에서 보면, 제1부의 시들에서 느껴지는 폐쇄성은 시조 형식으로 인해 더욱더 강화되는 듯한 느낌이다. 즉, 시조 형식은 또 하나의 틀로 작용하여 좁혀진 세계를 다시 한 번 좁히고 있다는 느낌을 주고 있는 것이다. 따라서 역설적이긴 하나 예술 창작의 과정에서 형식화란 어떤 형태로든 수용해야 하는 것이 되는 동시에 극복해야 하는 것이 되기도 하다. 제4부가 각별한 주목의 대상이 되어야 할 이유는 여기에 있다. 하지만 여기에 눈을 돌리기 전에 우리는 먼저 현상 세계를 그 소재로 삼고 있는 제2부 및 제3부의 시 세계를 검토해야 할 것이다.

3. 시조 형식과 "세상 읽기"

아주 소박하게 말하자면, 의미와 형식 사이의 긴장은 양자가 서로를 얼마만큼 지탱하는가에 따라 결정된다. 만일 시조 형식의 시들을 읽으면서 무언가 풀어진 듯한 느낌이 드는 경우가 있다면, 이는 아마도 시조 형식에 담긴 의미가 형식 자체를 임의적인 것으로 보이도록 만들거나, 의미가 형식을 지탱하지 못하기 때문일 것이다. 바꿔 말해, 형식의 필연성에 대한 고뇌의 흔적을 결여하고 있기 때문일 것이다. 물론 형식의 필연성에 대한 시적 고뇌는 그 자체가 미학적 효과의 영역에 속하는 것이기 때문에 객관적인 분석이 불가능하다. 또한 의미와 형식을 분리하는 이분법 자체가 분리할 수 없는 것을 분리함으로써 관찰 불가능한 것을 관찰 가능한 것으로 만들려는 전략인지도 모른다. 하지만 적어도 시조 형식은 그 자체가 외적인 형식 요건으로 작용하는 경우가 있기 때문에, 이를 의미와 분리해서 생각하는 일이 전혀 무리한 발상일 수는 없다. 그렇다 해서, 시조 형식이란 음수율을 바탕으로 한 것이라 생각하여 글자 수만 맞추면 바로 시조가 될 수 있다는 투의 소박한 견해를 갖고 있는 시인은 아마도 없을 것이다. 하지만 그러한 생각을 갖지 않더라도 시조 형식의 시 가운데에는 글자 수만을 맞춘 것과 진배없는 것이 적지 않다. 바로 이런 시 때문에 시조 형식은 독립적인 관찰 대상이 되지 않을 수 없다.

문제는 다시 무엇을 위한 시조 형식인가로 귀착된다. 물론 이 물음에 대해 쉽고 간단한 해답을 찾을 수는 없을 것이다. 하지만 적어도 '시조'에서 '시時'자가 '시류성'이나 '시대성'을 암시하기 위한 것이라 가정할 경우, 최소한의 개념 규정이 가능하다. 즉, 시조란 시류성이나 시대성을 반영하기 위한, 또는 시대와 시대의 현실을 반영하기 위한 '시간성'의 시가詩歌라 정의할 수 있다. 그런데 왜 하필이면 현재 우리에게 알려진 바의 시조 형식이 시간성의 시가를 담기 위한 형식으로 굳어졌을까. 이 물음도 물론 간단하게 답변할 수 있는 성질의 것은 아니다. 별도의 역사적 검증 작업이 요청되는 이 문제를 접어두고, 우리는 다만 시대의 현실에 대한 고뇌는 고도의 형식적 장치에 의존하지 않고서는 있는 그대로를 전달하기 어렵다는 점만을 지적하기로 하자. 사실 아픔은 분노나 감상에 의해 무화되기 쉽다. 그 이유는 말할 것도 없이 대상과의 형이상학적인 거리를 확보하지 않고서는 대상에 대한 냉정한 관찰이 불가능하기 때문이다. 어떤 이유에서든, 시조 형식은 바로 그러한 종류의 거리를 확보하는 장치로서의 역할을 해 왔다. 물론 시조 형식을 통해서만이 형이상학적 거리를 확보할 수 있다는 뜻은 아니며, 시조 형식이 그런 장치로서 과연 얼마만큼 적절한 것인가라는 문제도 남아 있다.

사실 위의 문제는 시인 개개인의 역량과 관계가 있는 것일 뿐만 아니라 시인들의 총체적인 노력과도 무관하지 않다. 개개인의 의식적인 노력에 따라, 또한 집단의 무의식적인 합의에 따라, 시조 형식은 시간성의 시가로서의 적절성을 획득할 수 있을 것이다. 이런 관점에서 볼 때, 현대의 시조 부흥 운동에는 문제점이 있었음을 지적하지 않을 수 없다. 특정 시대를 초월하여 존재하는 전통으로의 복귀라는 명분 아래 시조 형식을 초시간적인 절대 세계를 지향하기 위한 것으로 사람들을 잘못 인도했다는 혐의에서 완전히 자유로울 수 없는 것도 사실이기 때문이다. 그리하여, 시조 형식으로 창작된 오늘날의 시들 가운데 적지 않은 부분이 영원한 자연의 세계를 상징하는 이미지들로 채워지게 되었고, 이들 이미지를 통해 초월 세계에 대한 시인 자신들의 염원을 드러내는 경향이 종종 확인된다. 물론 자연 세계에 관심을 갖고 이를 소재로 한다 해서, 그것을 반드시 초월 세계에 대한 염원으로 공식화할 수는 없다. 시조 형식을 취한 몇몇 탁월한 시에서 확인되듯, 자연은 또한 시인의 구체적이고 사실적인 삶을 이루는 세계의 일부로서의 의미를 갖기도 하며, 자신의 삶을 돌아보게 하는 계기로서의 의미를 갖기도 한다. 윤금초 자신의 표현에 의하면, "세상 읽기"를 위한 출발점이 되기도 하는 것이다.

윤금초의 『해남 나들이』에 수록된 제2부 및 제3부의 시들은 이러한 관점에서 볼 때 각별한 주목의 대상이 될 수 있다. 이미 앞서 지적한 바와 같이, 이들 시를 통해 시인은 자연과 자연의 변화를 노래하고, 삶의 현장 속에서 그리고 그 현장 가까이에서 인간의 삶과 현실을 노래하고 있다. 하지만 윤금초의 자연과 현실은 초월 세계를 향한 원심적인 것이 아니다. 마치 부메랑과 같이 시인의 관심은 항상 자신과 자신 주변의 현실적인 삶으로 되돌아오고 있다. 그에게 시조 형식이란 자신의 일상과 자기 주변의 현실적 삶을 객체화하기 위한 장치가 되고 있는 것이다. 이때 시조 형식이 특히 효과적인 이유는 시인의 관찰에 통제 기제로 작용하기 때문만이 아니라, 삶과 현실에 대한 시인의 이해를 이 땅에 살고 있는 모든 사람의 정서로 보편화시키고 있기 때문이다. 말하자면, 시조 형식은 윤금초 개인의 시적 정서를 시조 형식을 체득하고 있는 모든 사람에게 의미 있는 것이 되도록 만들고 있는 것이다. 음풍농월조의 시조와 달리 그의 시를 외국어로 번역하기가 특히 힘들다고 느껴지는 이유는 여기에 있으리라. 어쩌면 그의 시는 한국어가 있기 때문에 가능했던 것인지도 모른다. 그가 한국어를 시조라는 형식 속에 어떻게 육화시키고 있는가, 또한 그 육화의 과정을 통해 이 땅에 살고 있는 사람들의 현실과 삶에 대한 정서를 어떻게 보편화시키고 있는가를 살펴보기 위해, 다음의 예를 살펴보자.

들쪽 날쭉 달려오는
산등성이 등에 업고
변성기 수탉처럼
활개치던 풀빛 아이들,
세상사 이내 속으로
속절없이 가고 있네.

지난철 허장성세도
두어 장 갈잎 야사로 남고
솔바람 카랑한 음성
다비문을 읽는 걸까,
우리네 골짜기 삶을
산그늘이 덮고 있네.

—「꽃의 변증법 · 2」 제2-3연

대흥사 장춘구곡
살얼음도 절로 녹아
마애여래상의 광배를 입고 서서
땟국을, 홍진 땟국을
헹궈내는 아낙들.

그 옛날 流刑의 땅 남도 끄트머리.
백연동 외진 골짝 孤山 고택 녹우단의 겨우내 움츠린 목숨, 풀꽃 같은 백성들아. 직신작신
보리밭 밟듯 돌개바람 휩쓸고 간 동상의 뿌리에도
무담시 발싸심하는 봄 기별은 오는가.

개펄 가로지른 비릿한 저 해조음.
뱃머리 서성이는 털복숭이 어린것의
소쿠리 크나큰 공간
산동백이 그득하다.

새물내 물씬 풍기는 파장의 저잣거리.
어물전 세발낙지, 관동 명물 해우도 불티나고
텁텁한 뚝배기 술에 육자배기 신명난다.

—「해남 나들이」 전문

먼저 「꽃의 변증법 · 2」와 관련하여, 우리는 "세상사 이내 속으로 / 속절없이 가고 있네" 및 "우리네 골짜기 삶을 / 산그늘이 덮고 있네"라는 표현이 발휘할 수 있는 시적 효과를 주목하기로 하자. 대상에 대한 관찰이 시인 자신의 내적 정서 표출로 전이되는 위의 순간들을 제외하면 위의 시가 반드시 시조 형식의 시로 읽힐 이유는 없다. 바꿔 말해, 각 연의 앞부분만을 문제 삼는 경우, 시가 담고 있는 이미지와 분위기의 측면에서 자유시와의 거리를 느끼기란 어렵다. 하지만 이 시는 자유시일 수도 없고 또한 자유시가 될 수도 없다. 그 이유는 "세상사 이내 속으로 / 속절없이 가고 있네"라든가 "우리네 골짜기 삶을 / 산그늘이 덮고 있네"와 같은 표현들이 담고 있는 분위기를 자유시로서는 도저히 살릴 수 없기 때문이다. 아주 자연스럽게 맞춰진 것처럼 보이는 이른바 3-5-4-3(4)의 음수율은 시조다운 분위기를 잘 살리고 있을 뿐만 아니라, 삶에 대한 시인 개인의 정서, 나아가서 이 땅에 몸을 담고 있는 시인 주변의 사람들의 정서를 잘 대변하고 있다.

「해남 나들이」에서 시인의 시선은 원경遠景에서 근경近景으로, 다시 자신의 주변으로 옮겨가고 있다. "대흥사 장춘구곡"에서 "백연동 외진 골짝 고산 고택"으로, 다시 "뱃머리 서성이는 털복숭이 어린것" 쪽에서 "저잣거리"로 옮겨가고 있는 것이다. 여기에 우리가 유의해야 할 것은 어떤 풍경도 현실을 살아가는 인간과 거리를 두고 있지 않다는 점이다. "홍진 맷국을 헹궈내는 아낙들"이, "풀꽃 같은 백성들"이, "털복숭이 어린것"이, "텁텁한 뚝배기 술에 육자배기"를 읊는 사람들이 풍경과 하나가 되고 있는 것이다. 이처럼 윤금초의 시에서 자연과 자연의 풍경은 현실을 고달프게, 하지만 끈기 있게 살아가는 이 땅의 사람들이 내뿜는 체취를 담고 있다. 시조 형식이 아니면 담을 수 없는 그 토속적인 체취를 시인은 다름 아닌 시조 형식에 담고 있는 것이다. 주변 사람들의 삶에 대한 시인의 따뜻한 시선은 바로 이 시조 형식이라는 절제 장치를 통해 더하지도 않고 덜하지도 않게 드러나고 있다.

물론, 둘째 연의 둘째 행에서 보듯, 시인은 필요에 따라 절제의 원리를 깨기도 한다. 무엇보다도 우리는 "백연동 외진 골짝 고산고택 녹우단의 겨우내 움츠린 목숨, 풀꽃 같은 백성들아. 직신작신 보리밭 밟듯 돌개바람 휩쓸고 간 동상의 뿌리에도"에서 시인의 긴 호흡을 느끼지 않을 수 없다. 막힌 숨을 토하는 듯한 그 긴 호흡은 사실상 연작시로 불릴 수도 있는 제4부를 유도한 바로 그 호흡이다. 하지만 시인은 자신의 그 긴 호흡을 마냥 터져 나오도록 내버려 두지 않는다. 다시금 절제의 순간을 3-5-4-3의 음수율을 담은 "무담시 발싸심하는 봄 기별은 오는가"라는 구절을 통해 마련하고 있는 것이다. 이 절제의 순간이 없다면 시조가 어떻게 시조일 수 있겠는가. 아니, 시조가 이 절제의 순간을 담을 수 있는 시 양식임을 체득하고 있지 못한 시인이라면 그가 어떻게 시조 시인일 수 있겠는가.

절제의 원리는 시인이 「엘니뇨, 엘니뇨」에서와 같이 엄청난 자연 현상을 관찰할 때에도, 또한 「아침 식탁」에서와 같이 일상의 삶을 대할 때에도 여전히 힘을 잃지 않고 있다. 절제의 원리를 통해 엄청난 자연 현상은 한 편의 시 안에 담길 수 있게 되고, 또한 바로 이 절제의 원리를 통해 일상사는 단순한 일상사 이상의 크나큰 삶의 의미를 획득할 수 있게 된다.

> 들끓는 적도 부근 소용돌이 물기둥에
> 우우우 높새바람, 태평양이 범람한다.
> 엘니뇨 이상 기온이 內岸 가득 밀린다.
>
> 날궂이 구름 덮인 심란한 나의 변방.
> 이름 모를 기압골이 상승하고, 소멸하는……
> 엘니뇨 기상 이변이 거푸 밀어닥친다.
>
> 바닷가재, 온갖 패류, 숨이 찬 산호초에
> 우리 친구 물총새 끝내 세상 뜨는구나,
> 저마다 세간을 챙겨 브릉브릉 뜨는구나.

—「엘니뇨, 엘니뇨」 전문

머나먼 남태평양 바닷바람 묻어 있는
육질 고운 참다랭이 배밑살도 놓인 식탁
우리네 잡식성 야망, 목젖을 자극한다.

물덤벙술덤벙으로 흘러온 지난 세월
말자, 생각을 말자. 저만큼 밀쳐둔 세상 읽기
한 접시 굴껍질 위엔
의문부만 쌓인다.

성에 낀 저 창 밖은 바람 또한 흉흉해라.
입엔 달던 푸성귀도 어느덧 씁쓰름하고
사는 일 젓가락질이 이리도 망설여지나.

—「아침 식탁」 제1-3연

위의 두 시 가운데 「엘니뇨, 엘니뇨」는 특히 주목을 요구하는 작품이다. 시조 형식으로 된 여타의 시들과는 달리 처음부터 끝까지 동적인 이미지로 가득 차 있기 때문이다. 어디에도 시인의 정적인 정서가 끼어들 여지가 없는 것처럼 보일 정도로 이 시에는 모든 것이 움직이고 있다. "들끓는 적도 부근 소용돌이 물기둥"에 "높새바람"이 "우우우" 울고 있으며, "태평양"도 "범람한다." 하다못해 "기상 이변"을 노래하는 이 시에는 "산호초"도 "숨"이 차 있으며, "물총새"들도 "세상"을 뜨고 있다. 시조 형식이 이처럼 격렬한 움직임의 세계를 담을 수 있으리라고 생각한 시인은 많지 않을 것이다. 아니, 윤금초가 아니면 이처럼 격렬한 움직임의 세계를 시조 형식이라는 닫힌 형식 속에 가두어 놓을 엄두를 내지 못했을 것이다. 하지만 이 시와 관련하여 우리가 또 하나 유의해야 할 점은 그 격렬한 움직임의 세계를 비집고 시인이 자신의 모습을 드러낸다는 사실이다. "심란한 나의 변방"에 서서 "우리 친구 물총새"가 "저마다 세간을 챙겨" "끝내 세상 뜨는" 것을 지켜보는 시인이 시 속에 있는 것이다. 따라서 이 시는 단순한 자연 관찰 기록 이상의 의미를 지닌다. 그 의미가 무엇인지는 독자의 마음속에 구체적인 의미를 띠고 재현되어야 하지 않겠는가.

「아침 식탁」도 역시 「엘니뇨, 엘니뇨」에 못지않게 주목할 만한 작품이다. 일상의 흐름 어느 한 지점에서 "사는 일" 또는 "세상 읽기"를 반추하는 인간의 모습을 이처럼 선명하게 드러내기란 쉽지 않을 것이기 때문이다. 아침 식탁 앞에 앉아서 "우리네 잡식성 야망"을 확인하는 순간, 시인의 시선은 자신에게로 향한다. 그 시선은 "물덤벙술덤벙으로" 살아왔던 자신의 "지난 세월"을 돌이켜보게 하지만, 그렇다 해서 지금 바로 이 순간의 현실 세계로 자신을 이끌어 온 경로를 바꿀 수는 없는 법. 절제의 원리를 깨고 터져 나오는 "말자, 생각을 말자. 저만큼 밀쳐둔 세상 읽기"라는 구절에서 우리는 현실 속으로 되돌아오기 위한 시인의 마음을 읽을 수 있다. 하지만 자각의 순간이 일단 찾아오면 그 순간을 무화無化하기란 결코 쉽지 않다. 문제는 다만 자각의 순간에 이어지는 자기 반성과 회한을 얼마만큼 절제해야 할 것인가에 있다. "한 접시 굴껍질 위엔 / 의문부만 쌓인다"에서 보듯, 시조 형식의 미덕인 절제의 원리에 다시금 무게를 실으면 시인이 "사는 일"에 대하여 절제된 내면적 물음을 계속하는 이유는 이 때문일 것이다. 이어지는 셋째 연에서 시인은 시조 형식 특유의 절제된 표현을 통해 "흥흥"함과 "씁쓰름"함, "망설"임을 효과적으로 감추는 동시에 드러낸다. 의미가 외적인 형식의 바깥으로 뛰쳐나오려고 하는 동시에 갇혀져 있는 가운데, 시적 절제감과 긴장감을 동시에 아우르고 있는 것이다.

4. 시조 형식과 형식에의 저항

몇몇 시를 통해 확인한 바와 같이, 윤금초는 시조 형식이라는 절제의 원리를 충실히 따르되, 순간순간 그 원리를 파기하고 있다. 하지만 우리가 이제까지 그의 시에서 확인한 바 있는 파격은 갑작스러운 것이라거나 예외적인 것이라 할 수는 없다. 어떤 의미에서 본다면, 윤금초의 시들을 통해 이제까지 우리가 확인한 '형식으로부터의 일탈'은 엇시조 또는 사설시조를 포괄하는 유구한 시조의 전통을 크게 벗어난 것이라 할 수 없다. 따라서 이를 형식상의 실험이라 하기에는 어려운 점이 있다. 물론 여러 수의 시조를 한데 묶어 한 편의 시로 만들거나 시조의 한 행을 여러 행으로 나누어 여백의 효과를 살리는 일 등이 형식상의 실험으로 여겨질 수 있지만, 이는 윤금초 개인의 것만이 아니다. 더욱이 이는 이미 또 하나의 형식적 관행으로 굳어져 있는 것이기도 하다.

사실 시조 형식에 대한 윤금초의 실험—또는 형식화에 대한 시인의 저항과 극복 과정—을 두드러지게 보여 주는 것은 제4부를 이루는 연작시 형태의 「청맹과니의 노래」다. 원론적 입장에서 본다면, 「청맹과니의 노래」 역시 시조 형식으로부터의 완전한 일탈은 아니다. 이는 다만 형식화라는 굴레 안에서 형식화가 강요하는 압력에의 저항일 뿐이다. 하기야 누군들 형식화의 굴레에서 완전히 벗어날 수 있겠는가. 형식화의 굴레에서 완전히 벗어나는 경우 예술 창작의 작업 자체를 포기해야 하는 위험을 감수해야 하기 때문이다. 예술 창작의 작업을 포기하지 않기 위해서는 어쩔 수 없이 형식에 의지할 도리밖에 없는 것이다. 이러한 의미에서 본다면, 시조 형식에 대한 저항이 시조 형식 안에서 이루어질 있음은 시조 시인들만이 누리는 일종의 '행운'이 아닐 수 없다. 이와 관련하여 시조 형식에는 평시조라는 기본형 이외에 엇시조나 사설시조와 같은 변형이 있음에 주목하기 바란다. 이러한 변형들을 어떻게 받아들이느냐에 따라서 시조 형식 안에서의 시조 형식에 대한 저항이 가능할 것이다. 바로 이 가능성의 일단을 윤금초는 「청맹과니의 노래」를 통해 증명하고 있다. 평시조, 사설시조, 엇시조가 얽히고 설키는 가운데, 「청맹과니의 노래」는 이제까지의 예에서 찾아보기 어려운 새로운 형태의 형식에 대한 저항을 드러낸다. 아울러, 그러한 저항이 대단한 성공을 거둘 수도 있다는 점을 뚜렷하게 보여 주고 있다.

「청맹과니의 노래」가 지니는 색다름을 이해하기 위해서는 많은 예가 필요치 않다. 상당한 길이로 된 모두 아홉 편의 시 가운데 다만 한 편을, 그것도 일부분만을 인용해 보기로 하자.

> 두들겨라
> 지게 장단,
> 어서 노를 휘저어라.
> 그 무슨 젓대를 불어
> 이 아픔을 하소하랴,
> 환장할 경치를 지고

떼거지로 그렇게.

조지고, 비비틀고, 직신작신 할퀸 세월.
더러는 혼을 챙겨 공출 나간 아수라장, 도솔천 차양을 드린 그 마름 야로 속에 모가지 얼레
　에 감긴 참혹한 생애던가.
어이어, 어여하 어이. 어이 어이 어여하.

—「사동私瞳 짓소리」 제1-2연

빠른 호흡의 언어가 시조 형식이란 틀과 마치 싸움이라도 하듯 긴박하게 전개되다가, 때때로 그 형식을 박차고 나온다. 사실 「사동 짓소리」의 2연에서 확인되는 파격은 사설시조나 엇시조의 논리로도 완전히 설명되지 않는다. 하지만 여기서 우리가 유의해야 할 점은, 그와 같은 파격조차도 시조 형식의 기본 율격을 깨뜨리지 않은 채 이루어지고 있다는 사실일 것이다. 하지만 시인이 그 어떤 형태의 파격을 시도하든 간에, 언어와 시조 형식이 부딪치는 가운데, 또한 시조 형식과 언어가 담고 있는 긴박한 시적 분위기가 부딪치는 가운데, 시적 긴장감은 극점을 향해 휘달린다. 물론 그와 같은 방식으로 격렬한 감정이 한없이 지속될 때에는 시 자체가 무화되고 말 위험이 있다. 바로 이 지점에 이르러 우리는 "갑작스런 노래"는 "소진되고 말 것"이라는 릴케의 충고를 다시 한 번 들먹이지 않을 수 없다. 이와 관련하여 각 연의 마지막 행이 철저하게 시조의 율격을 따르고 있음은 특히 유의할 만하다. 시인은 그 어떤 파격에도 불구하고 시인은 최소한의 형식 요건을 준수하고 있는 것이다. 바로 이 같은 시작 태도가 격렬한 감정의 성공적인 시적 형상화를 보장하는 것 아닐까.

「청맹과니의 노래」 전편을 하나의 시로 이해하기 위해 우리에게는 몇 가지 상식이 요구된다. 우선, 앞서 「지노귀새남」에 대한 논의에서 언급한 바 있듯, 이 시의 소재가 민초들의 삶이라는 점에 유의해야 할 것이다. 고려 말 노비 해방을 위해 난을 일으키다가 죽임을 당한 만적(시인은 사동私瞳이 만적의 호임을 밝히고 있다)으로 대표되는 핍박받는 민초들의 삶이 이 시 전반에서 다루어지고 있는 것이다. "조지고, 비비틀고, 직신작신 할퀸 세월"을 견디어야만 하는 민초들, 그럼에도 불구하고 "짓밟고 뭉갤수록 피가

절로 솟구치는, 투박한 그 외침"(「사물놀이」)을 잃지 않는 그 끈질긴 생명의 민초들에 대한 따뜻한 이해가 「청맹과니의 노래」를 가능케 했던 것이다. 그렇다면 시인이 민초들의 삶을 노래하는 이 시들을 함께 묶기 위한 제목으로 「청맹과니의 노래」를 택한 이유는 무엇일까. 여기서 우리는 '시적 화자話者'의 문제를 제기하지 않을 수 없는데, 이와 관련하여 우리에게는 다음과 같은 또 하나의 상식이 요구된다. 역시 앞서 「지노귀새남」과 관련하여 언급한 바 있듯, "청맹과니"란 겉으로 보기에는 멀쩡하지만 실제로는 앞을 볼 수 없는 눈을 가진 사람을 말한다. 의학적인 용어를 쓰자면 '녹내장'에 걸린 사람이 이에 해당한다. 요컨대, 멀쩡한 눈에도 불구하고 앞을 못 보는 사람이 들려 주는 노래가 바로 「청맹과니의 노래」다. 이 점과 관련하여 우리는 다음과 같은 문제를 제기할 수 있을 것이다. 만일 눈이 멀어서 앞을 볼 수가 없다면, 「청맹과니의 노래」가 재현하고 있는 그 모든 생생한 장면들은 누구의 눈을 통한 것일까. 다소 짓궂게 말하자면, 청맹과니의 그 모든 노래는 보이지 않는 것을 보이는 것처럼 가장하는 거짓말쟁이의 노래라 할 수도 있지 않을까.

문학에 대해 최소한의 이해력을 지닌 사람이라면, 누구도 제정신을 갖고 이런 투의 질문을 하지는 않을 것이다. 누구라도 "청맹과니"란 표현은 은유적으로 사용된 표현임을 쉽게 알아차릴 수 있기 때문이다. 어떤 의미에서 보면, "청맹과니"는 시인이 자신을 일컫기 위한 표현일 수 있다. 비록 겉보기에 눈은 멀쩡하지만 "세상 읽기"가 수월치 않다고 느끼는 시인의 마음자세를 암시하는 것일 수 있다. 하지만 "청맹과니"라는 단어가 암시하고 있는 깊은 의미를 이상의 설명만으로 완벽하게 드러낼 수는 없다. 여기서 다시금 또 다른 종류의 상식을 운위하지 않을 수 없다. 일반적으로 눈이 먼 사람들은 그에 대한 일종의 보상으로 다른 감각이 보통 사람들보다 더 예민해진다고들 한다. 시각을 대신하여 청각이나 촉각이 여느 사람보다 더 예민해진다는 것이다. 따라서 "청맹과니"라는 표현을 사용함으로써, 시인은 「청맹과니의 노래」를 '읽을' 때 시각이 아닌 다른 종류의 감각—예컨대, 청각—을 동원할 것을 요구하는 것 아닐까. 사실상 「청맹과니의 노래」는 '눈으로 읽기 위한 시'라기보다는 '귀로 듣기 위한 노래'라는 느낌을 지울 수 없다. '눈으로 읽기 위한 시'가 아니라, '낭송을 통해 귀로 듣기 위한 노래로서의 시'가 곧 「청맹과니의 노래」일 수 있는 것이다. 「청맹과니의 노래」 가운데 어느 부분을 인용하더라도 이러한 가정에 대한 증거 자료가 된다.

> 천의 다리, 천의 팔이 비비꼬인 이 매듭을
> 재갈 물린 한 역사의 넌덜머리 이 결박을
> 실꾸리 가닥을 풀 듯 아, 아픔의 끈을 풀라.
>
> 우멍눈, 곰배팔이 방정맞은 굿패로다.
> 천더기 상민들의 울 일을 움켜쥐고, 주검보다 무서운 그 굴욕의 굴헝 아래 무담시 도륙당한 비렁뱅이 식칼들아. 누거만석 아전님네 술찌끼로 흘러나온 얼간이 씨나락도, 두엄 속에 짓눌린 저 봉두난발 어릿광대, 토색질 손갈퀴에 으스러진 벙거지도, 부역꾼 등줄같은 거적들아 일어서라. 치고 패고 차고 밟고, 노들강변 버들같이 휘휘낭창 구부려뜨려 매로 다스려진 몸이로다.
> 앗아라, 춤이나 추자. 미친 밤의 굿거리로.
>
> —「탈놀이」 제1-2연

위의 예에서 보듯, 시인이 사설시조의 형식을 통해 자신의 노래를 펼칠 때 그의 노래가 읽기 위한 시가 아니라 듣기 위한 시라는 느낌은 더욱더 강화된다. 그러한 느낌은 「청맹과니의 노래」의 마지막을 장식하는 「지노귀새남」에서 절정에 도달하게 되는데, 이 길고도 숨가쁘게 진행되는 한 편의 시는 시조 형식이 얼마만큼의 긴장감을 유지할 수 있는가를 선명하게 보여 주고 있다. "그 누가 아픈 혼백 다 거두어 수렴할꼬, 거두어 수렴할꼬"(「지노귀새남」)라는 마지막 행에 이르기까지 긴장은 지속되다가, 시조의 종장을 변형하여 수용한 이 마지막 행을 끝마무리로 하여 정리되고 있는 것이다.

하지만 「지노귀새남」의 끝마무리는 단순히 한 편의 시를 아우르는 끝마무리가 아니다. 우리의 시단에서 '천덕꾸러기' 취급을 받고 있는 시조 형식의 '아픔'을 "거두어 수렴"하고자 하는 윤금초가 자신의 마음을 모아잡아 정리하기 위한 끝마무리이기도 하다. 아울러, 이는 '무엇을 위한 시조 형식인가'라는 우리의 물음을 처음부터 다시 시작하게 하는 또 하나의 끝마무리이기도 하다. □

관조와 성찰의 시학

—시조 시인 이우걸을 "운반해 온 시간의 발자국"을 따라

1. 「팽이」, 또는 현실 앞에 선 시인의 모습

한결같은 마음으로 시인 이우걸과의 만남을 이어 왔다. 그와의 만남은 1980년대 말 우연히 시조가 화제로 떠올랐던 지극히 사적인 자리에서 시작되었고, 그 만남이 계기가 되어 나는 시조 평론에 입문하기까지 했다. 그리고 그 만남 이후 지금까지 그와 나는 시조에 대한 관심과 애정을 공유해 왔다. 확신컨대, 우리는 앞으로도 계속 이 같은 관심과 애정을 공유해 나갈 것이다. 하지만 시인 이우걸과의 만남을 한결같은 마음으로 이어 올 수 있었던 것은 단순히 시조에 대한 공동의 관심과 애정 때문만은 아니었다. 무엇보다도 인간 이우걸의 진솔함이 있었기 때문이다. 진솔함! 내가 시인 이우걸에 대해 느낀 바를 한 단어로 요약하고자 할 때 이보다 더 알맞은 것이 어디 있겠는가. 물론 단어 하나만으로 부족할 수도 있다. 그리하여 온갖 단어와 언어적 표현을 다 동원할 수도 있다. 하지만 그 어떤 단어나 언어적 표현도 인간 이우걸의 진면목을 생생하게 보여 주는 데 걸림돌이 될 수도 있다. 그처럼 인간 이우걸은 진솔한 사람이다. 진솔함이야 별도의 수식어와 부연 설명을 필요로 하지 않는 소중하고도 값진 인간의 덕목 아니겠는가.

인간 이우걸의 진솔함에 이끌려 한결같은 마음으로 그와 만남을 이어온 지 벌써 20

여 년의 세월이 흘렀지만, 예나 지금이나 시인의 이름만 떠올려도 어김없이 마음을 스치는 그의 시 한 편이 있다. 이 한 편의 시와 시인의 이미지는 나의 마음에 '하나'로 합쳐져, 마치 이 시와 시인 이우걸이 서로에 대해 '기호'와 '의미'의 역할을 하는 것처럼 느껴질 정도가 되었다. 말하자면, 이 시가 시인의 '의미'를 밝히는 '기호'로 느껴지기도 하지만 이와 동시에 시인이 이 시의 '의미'를 밝히는 '기호'로 느껴지기도 한다. 이 시는 「팽이」로, 내가 그를 처음 만나기 얼마 전인 1988년도에 발간된 시집 『저녁 이미지』(동학사)의 맨 앞부분을 장식하고 있는 작품이다.

> 쳐라, 가혹한 매여 무지개가 보일 때까지
> 나는 꼿꼿이 서서 너를 증언하리라
> 무수한 고통을 건너
> 피어나는 접시꽃 하나.
>
> —「팽이」 전문

이 시에 대한 읽기 작업은 여러 차원으로 나눠 진행할 수 있을 것이다. 우선 "팽이"를 가지고 노는 아이에 대한 관찰을 있는 그대로 담고 있는 시로 읽을 수 있는데, 아마도 팽이를 가지고 논 적이 있는 사람이라면 이 시가 표면에 담고 있는 이 같은 메시지를 쉽게 이해할 수 있을 것이다. 팽이는 둥근 모양의 나무토막 한 쪽 끝을 뾰족하게 깎아 만든 장난감으로, 아이들은 팽이의 몸통에 끈을 감은 다음 이를 잡아당기거나 또는 손으로 돌린 다음 팽이채로 쳐서 이를 돌아가게 한다. 물론 나무가 아닌 플라스틱 재질로 된 팽이도 있고, 축을 이루는 곳에 쇠로 된 심을 박은 팽이도 있다. 하지만 어느 팽이든 예외 없이 평평한 위쪽 표면에 다양한 색깔이 칠해져 있게 마련이다. 아마도 어린 시절 팽이를 깎아 만든 다음 크레용으로 여러 가지 색깔을 칠해 가지고 놀던 기억을 간직하고 있는 사람도 있을 것이다. 일단 팽이를 돌리기 시작하면 옆으로 누워 있던 팽이는 축을 중심으로 하여 "꼿꼿이" 서게 마련이고, 위쪽 표면은 더할 수 없이 현란한 색채의 향연을 연출하게 마련이다. 시인의 말대로 마치 한 송이의 "꽃"이 피어나는 듯한 착각에 빠져들게도 한다. 팽이채로 쳐서 돌리는 팽이의 경우, 채질을 계속하면 할수록 팽이의 회전 속도는 증가하고 색채의 향연은 "무지개가 보일 때까지" 계속 이어지게 마련이다. 어린 시절 그와 같은 색채의 향연에 매혹되어 본 경험이 있는 사람이라면, 어찌 「팽이」라는 시가 담고 있는 이 같은 표면적 의미에 매혹되지 않을 수 있겠는가.

어떤 의미에서 보면, 이 시에서 "팽이"란 곧 우리들의 어린 시절의 기억을 지시하는 것일 수도 있다. 돌기를 멈춘 채 옆으로 누워 있는 팽이와도 같이 의식의 저편에서 잠자고 있는 것이 바로 우리들의 어린 시절에 대한 기억 아니겠는가. 그것도 팽이와 같은 장난감에 흠뻑 빠져 유희에 열중하던 우리네 어린 시절에 대한 기억 아닐까. 일찍이 요한 호이징가는 인간을 "호모 루덴스Homo Ludens"—즉, "유희하는 인간"—로 정의한 바 있는데, 데즈먼드 모리스가 그의 최근 저서 『우리 아기』(팩컴북스, 2009)에서 말한 것처럼 "인간은 지구상의 동물 가운데 가장 유희 성향이 강한 동물"이다. 한편, 인간에게 배움의 원천이 되는 것은 바로 유희며, 인간은 어른이 되어서도 유희를 계속한다. 모리스의 말대로, 어린 시절의 유희와 어른의 유희 사이에 차이가 있다면 "어른은 유희에 다른 이름을 붙인다는 것뿐"이다. 예컨대, "시니, 문학이니, 음악이니, 예술이니, 연극이니, 과학적 탐구니, 체조니, 운동 경기니, 그런 이름"을 붙인다. 그런 의미에서 보면, 시 쓰기도 일종의 유희다. 어른이 하는 유희 가운데 하나인 셈이다. 우리가 시 쓰기를 팽이 돌리기와 연관짓고자 함은 바로 이런 맥락에서다. 즉, 시인은 시심詩心과 언어를 팽이채와 팽이로 삼아 아이들이 팽이를 돌리듯 시를 쓴다. 그리고 시란 그 시를 읽는 이들에게 옆으로 누워 있는 그들의 의식을 꼿꼿이 일으켜 세우는 일종의 팽이채와 같은 것일 수 있다. 이런 의미에서 「팽이」라는 시는 팽이처럼 옆으로 누워 있는 우리네 어린 시절에 대한 기억을 꼿꼿이 일으켜 세우는 하나의 팽이채일 수 있다. 「팽이」를 읽는 순간 우리들의 어린 시절을 "꽃"처럼 환하게 밝혀 주었던 매혹적인 유희의 순간들을 떠올리지 못했다면, 그와 같은 무미건조한 사람에게 시란 과연 무슨 의미가 있는 것이겠는가. 아마도 「팽이」에 대한 또 한 차원의 읽기가 가능하다면, 이는 어린 시절의 기억을 일깨우는 팽이채로서 이 시를 이해하는 시각에서의 시 읽기일 것이다.

하지만 「팽이」에 대한 시 읽기는 이 같은 차원에서 끝날 수 없다. 무엇보다도 이 시를 장식하는 몇몇 언사들이 결코 예사롭지 않기 때문이다. 먼저 이 시를 시작하는

"쳐라"라는 반항적 언사에 유의하기 바란다. "어져"라는 탄사歎辭로 시작되는 황진이의 시조가 그러하듯, 이 시는 이 같은 반항적 언사로 시작함으로써 몽롱하게 잠들어 있는 우리의 의식에 충격을 가한다. 몽롱한 상태에서 깨어난 우리의 의식을 향해 시인은 "가혹한 매"라든가 "무수한 고통"과 같은 예사롭지 않은 언사를 계속해서 던진다. 이를 통해 시인은 자신의 시가 단순히 우리들의 어린 시절에 대한 기억을 일깨우기 위한 팽이채만은 아님을 암시한다. 시인이 「팽이」라는 팽이채를 동원하여 일깨우고자 하는 또 다른 차원의 대상은 무엇일까. 그것은 바로 당대의 현실에 대한 사람들의 의식 아닐까. 다시 말해, "가혹한 매"는 시인이 몸담고 살던 시대에 대한 우의寓意, allegory를 담기 위한 것일 수 있다. 이런 관점에서의 시 읽기가 가능하다면, 이 시의 화자話者인 "팽이"는 시대적 현실을 견디며 살아가고 있는 시인 자신일 수 있다. 시인은 "팽이"로 등장하여 "가혹한 매"를 가하는 팽이채와도 같은 현실과 마주하고 있는 것이다. 이때의 현실은 물론 정치적 현실을 암시하는 것일 수 있으리라. 시인 이우걸이 청·장년기를 보낼 당시 한국의 정치적 현실을 지배하는 것은 실로 "무수한 고통"을 안기는 "가혹한 매"였다 해도 과언이 아닐 것이다. 문제는 이 시에서 화자인 팽이가 팽이채에게 "가혹한 매"로 자신에게 "무수한 고통"을 주도록 부추기고 있다는 데 있다.

일반적으로 사람들은 "가혹한 매" 앞에서 한없이 두려워하거나 고통에 신음하게 마련이다. 아니, "가혹한 매"를 가하는 쪽에서 원하는 것은 그와 같은 반응이다. 하지만 "쳐라"라는 반항적 언사는 팽이채—다시 말해, 가해자—의 기대를 여지없이 깨뜨린다. 이 경우 가해자는 매질을 포기할 수도 있겠지만 실제로 그렇게 하는 경우는 많지 않을 것이다. 오히려 야멸친 매질의 강도를 높여 상대를 더욱더 고통스럽게 하는 일에 열중할 확률이 높다. 하지만 팽이채의 매질에 더욱 꼿꼿하게 서는 팽이처럼 "가혹한 매"를 견디는 쪽은 당당하기만 하다. "꼿꼿이 서서 너를 증언하리라"라는 말에서 우리는 이 같은 당당함을 읽을 수 있다. 사람에 따라서는 이 시에서 사디즘과 마조히즘의 정면 대결을 읽을 수도 있겠다. 하지만 이 같은 읽기가 가당찮은 것임을 증명하는 것이 바로 "꼿꼿이 서서 너를 증언하리라"라는 언사다. 매질을 견딤은 "증언"을 위한 어쩔 수 없는 것이지 결코 마조히즘적인 것이 아니다. 말할 것도 없이, 마조히즘이라는 퇴행적 정신

성향은 결코 "무수한 고통을 건너 / 피어나는 접시꽃 하나"를 가능케 할 수 없다. 고통스러움에도 불구하고 이를 이겨내는 강인한 정신만이 "무수한 고통을 건너 / 피어나는 접시꽃 하나"를 가능케 할 것이다.

앞서 우리는 이 시와 시인 이우걸이 서로에 대해 '기호'와 '의미'의 역할을 하는 것처럼 느껴질 정도임을 말한 바 있다. 무엇보다도 이 시에 제시된 화자 "팽이"가 곧 시인 자신일 수 있다는 점에서 이 시는 시인 이우걸을 지시하는 '기호'로 읽히는 동시에 그에 대한 '의미 풀이'로 읽히기도 한다. 물론 현실은 변했고, 시인이 이 시를 창작할 당시에 느끼던 "가혹한 매"는 더 이상 존재하지 않게 되었는지도 모른다. 하지만 여전히 "가혹한 매"를 견디는 팽이의 이미지와 시인의 모습이 겹쳐지는 이유는 무엇인가. 아마도 시조와 시조 시인들에 향해 그가 한결같이 보듬어 안고 있는 진솔한 사랑의 마음 때문이리라. 우리 시대는 그가 사랑하고 아끼는 시조에 대해 냉정하기만 하다. 냉정할 뿐만 아니라 무시하거나 폄하하기까지 한다. 마치 극복해야만 하는 구시대의 유물인 양. 진실로 오늘날의 시조는 "가혹한 매"를 견디어 나가지 않을 수 없는 상황에 이른 것처럼 보이기도 한다. 하지만 시인 이우걸의 시조 사랑은 한결같다. 아니, 시단의 "가혹한 매"에 정면으로 맞서고 있는 시조 시인이 다름 아닌 이우걸이다. 그는 "무수한 고통을 건너 / 피어나는 접시꽃 하나"와도 같은 시조 작품 창작을 위해 온 마음을 다하고 있다. 어찌 보면, 「팽이」라는 시조 자체가 "무수한 고통을 건너" 피어난 하나의 "접시꽃"일 수 있으리라.

2. 「비」, 또는 자연 앞에 선 시인의 모습

시인 이우걸을 떠올릴 때 「팽이」만큼이나 작품과 인간 사이의 '하나됨'을 느끼게 하는 또 한 편의 시가 있다면, 이는 「비」다. "무수한 고통을 건너" 피어난 또 하나의 "접시꽃"과도 같은 시조 작품인 이 시 역시 시인을 지시하는 '기호'이자 그에 대한 '의미 풀이'로 읽혀지기도 한다. 어찌 보면, 「팽이」가 현실을 향한 우의적 시 세계를 대변하는 작품이라면, 「비」는 자연을 향한 상징적 시 세계를 대변하는 작품이라 할 수 있다. 이때 '우의적'이라 함은 시간의 흐름 속에 존재하는 세계에 대한 비유적 이해를 지향하고 있음을, '상징적'이라고 함은 시간의 흐름을 초월하여 존재하는 세계에 대한 비유적 이해를 지향하고 있음을 뜻하기 위해 동원된 표현이다. 사실 「팽이」가 삶 또는 현실 세계에 저항의 눈길을 주고 있는 시인의 모습을 담고 있는 작품이라면, 「비」는 자연 현상에 섬세하고 예민한 눈길을 주고 있는 시인의 모습을 담고 있는 작품이라 할 수 있다. 물론 「비」를 단순히 자연 현상에 대한 관찰만을 담고 있는 작품이라 단정할 수는 없다. 이 시는 대상에 적절한 "이름"을 부여하기 위해 고심하는 시인의 모습을 엿보게 하기도 하거니와, 이를 통해 우리는 대상과 언어 사이의 관계 맺기가 시 쓰기 작업에서 더할 수 없이 중요한 과제임을 확인할 수 있다. 이를 확인하기 전에 우선 이 시를 함께 읽기로 하자.

나는 그대 이름을 새라고 적지 않는다.
나는 그대 이름을 별이라고 적지 않는다.
깊숙이 닿는 여운을
마침표로 지워버리며

새는 날아서 하늘에 닿을 수 있고
무성한 별들은 어둠 속에 빛날 테지만
실로폰 소리를 내는
가을날의 기인 편지.

―「비」 전문

시각적 이미지와 청각적 이미지의 향연이라 할 수 있는 「비」에는 새와 별과 비가 등장한다. 모두가 하늘의 존재를 우리에게 일깨워 주는 것들이다. "새는 날아서 하늘에 닿"음으로써 하늘의 높이를 우리에게 일깨워 주고, "무성한 별들은 어둠 속에 빛"남으로써 하늘의 넓이를 일깨워 준다. 사실 하늘의 높이와 넓이를 우리에게 일깨워 주는 아름다운 시는 적지 않다. 이 자리에서 각각 예를 하나씩 들어 보기로 하자.

一鶴高飛萬仞天

몇 개의 초가집이 솔가지를 태워
그 연기 날개처럼 솟아
그대 사는 하늘의 넓이를 재고

첫째 인용은 지난 2008년 초여름 마산에 거주하는 시조 시인 이달균의 안내로 찾았던 곳에서 얻은 것이며, 둘째 인용은 우리 시대를 대표하는 시인 황동규의 「아이오와 일기 · 2」에 나오는 구절이다. 우선 첫째 인용에 대해 말하자면, 인조仁祖 11년(1633) 낙동강과 진주 남강이 만나는 지점에 선비 조임도趙任道가 합강정合江亭을 세웠는데, 그 정자를 찾았더니 그 옆에 있는 고옥古屋의 기둥에 이 같은 시 구절이 있었다. 학이 한 마리 드높은 하늘 위로 날아오르는 정경을 담고 있는 이 시 구절을 되뇌며 합강정의 마루에 앉아 바라보았던 텅 빈 푸른 하늘이 지금도 눈에 선하다. 사실 텅 빈 하늘은 비교의 대상이 없는 절대적인 것이어서 높이나 넓이를 가늠케 하지 못한다. 마치 산마루에 걸린 달이 그 크기를 가늠케 하지만 하늘 높이 뜬 달은 그 크기를 가늠케 하지 못하듯. 그 하늘을 헤아릴 수 없을 만큼 높이 날아 오른 "학"이 한 마리가 있어 시인은 하늘의 높이를 새삼 실감하지 않을 수 없었던 것이리라. 한편 황동규 시인의 시 구절은 하늘의 넓이를 가늠케 한다. 텅 빈 하늘 위로 "날개처럼" 솟는 "연기"가 우리에게 하늘의 넓이를 일깨우고 있는 것이다. 아니, 하늘의 높이와 넓이를 일깨우는 것은 '학'이나 '연기'가 아니다. 하늘을 배경으로 날고 있는 '학'이나 솟아오르는 '연기'를 한 편의 시에 담을 수 있는 시인의 눈길이 있기에 우리는 비로소 하늘의 높이와 넓이를 깨닫게 되는 것이리라.

시인은 "하늘에 닿을 수 있"는 "새"와 "어둠 속에 빛"나는 "무성한 별들"을 시에 담음으로써 우리에게 하늘의 높이와 넓이를 일깨운다. 하지만 시인은 여기서 끝내지 않고, "깊숙이 닿는 여운을 / 마침표로 지"우는 "비"까지 시에 담고 있다. 하늘에서 내려와 땅바닥에 "마침표"를 찍는 비—시인의 표현을 따르자면, "깊숙이 닿는 여운을 / 마침표로 지워"버리는 비—가 우리에게 일깨우는 것은 무엇일까. 그것은 혹시 하늘의 깊이 아닐까. 이와 관련하여, "새"와 "별"의 경우와는 달리 "비"의 경우 청각적 이미지가 동원되고 있음을 주목할 수 있다. "깊숙이 닿는 여운"이란 청각에 호소하는 것이라는 점에서 그러하다. 하필이면 왜 청각에 호소하는 것일까. 여기서 우리는 일반적으로 '넓이'와 '높이'를 일깨우는 데는 시각적 이미지가 효과적 역할을 하지만 '깊이'를 일깨우는 데는 별다른 도움이 되지 못함에 유념할 수 있을 것이다. 아마도 깊이는 눈으로 확인할 수 없는 것이기 때문이리라. 우물의 깊이나 산의 깊이를 일깨울 때 그러하듯, 깊이를 일깨우는 데는 청각적 이미지가 동원되는 경우가 적지 않다. 이를 의식하기라도 한 듯 시인은 "여운"이라는 표현을 동원하고 있다. 물론 이때의 "여운"은 마음의 귀로 시인이 듣는 빗소리를 암시하는 것일 수도 있다. 또한 "마침표로 지워버리며"라는 구절을 통해 시인은 빗방울이 땅에 떨어지는 모습이 어떠한가를 시각적으로 생생하게 전하고자 했는지도 모른다. 어찌 보면, 시각적 이미지를 동원하여 청각적 이미지만으로 다 전할 수 없는 의미를 전하고자 하는 것이 시인의 의도였으리라. 아무튼, "마침표로 지워버리며"는 "비"의 마지막을 암시하는 표현인 동시에 비가 하늘 위에서 땅바닥까지 이동했음을 암시하는 표현이기도 하다. 말하자면, 거리의 변화를 암시하는 표현일 수 있다. 문제는 이때의 거리가 "깊숙이 닿는 여운"과 같은 청각적 표현으로 인해 높이가 아닌 깊이를 지시하는 것으로 읽힌다는 점이다. 그것도 깊이 자체가 만만치 않음을 암시하는 표현으로 읽힌다.

요컨대, 시인은 지상에서 하늘로 오르는 "새"와 하늘에 떠 있는 "별"과 하늘에서 지상으로 내려오는 "비"의 이미지를 통해 하늘의 높고 넓고 깊음을 우리에게 일깨우고 있다. 이 가운데 특히 시인이 마음의 눈길을 주는 것은 시의 제목이 말해 주듯 비의 이미지다. 마치 우물 아래쪽으로 물방울을 떨어뜨렸을 때 들리는 메아리가 그 깊이를 가늠케 하듯, 하늘 높은 곳에서 땅 위로 떨어지는 빗물의 "깊숙이 닿는 여운"은 하늘에서 땅까지의 거리가 얼마나 '깊은가'를 가늠케 한다. 한편, 시인이 하늘의 깊이를 깨닫는 데는 단순히 "여운"이 암시하는 청각적 이미지만 동원하고 있는 것이 아니다. 이 시의 압권에 해당하는 마지막 부분의 "실로폰 소리를 내는"이라는 구절이 일깨우는 것은 바로 또 하나의 청각적 이미지로, 시인은 빗소리를 "실로폰 소리"로 묘사하고 있다. "깊숙이 닿는 여운"이 지워지는 순간 비는 맑고 청아한 소리로 자신의 존재를 알리는 동시에 마감한다.

마치 촛불이 꺼지는 순간 환한 불꽃으로 자신을 마감하듯. 아니, 깊은 우물의 표면으로 떨어지는 물방울이 청아한 소리로 자신의 존재를 끝맺듯. 이처럼 비는 시인이 열어 놓은 마음의 귀에 "실로폰 소리를 내"며 자신의 긴 여행을 마감한다.

비에 대한 시인의 의미 부여는 여기서 끝나지 않거니와, 이 시의 마지막 부분이 보여주듯 시인은 "비"를 "가을날의 기인 편지"로 묘사한다. 편지라니? 이는 계절이 바뀌어 가을이 왔음을 누군가가 세세하게 적어 이를 시인에게 전하는 편지와도 같은 것이 가을비임을 암시하기 위한 것이리라. 어찌 보면, 여기서 우리는 "비"의 "이름"을 "편지"라고 '적는' 시인과 만날 수 있는데, 이로 인해 우리는 다시 이 시의 첫째 수 또는 연에 눈길을 주지 않을 수 없다. 여기서 우리는 "비"에 어떤 이름을 부여할 것인가를 놓고 망설이는 시인과 만난다. 일찍이 마르틴 하이데거가 말한 바 있듯, '이름 부여하기'란 "대상을 언어의 안쪽으로 끌어들이는" 작업으로, 이를 통해 인간은 대상을 언어적—다시 말해, 의미가 있는 그 무엇—으로 이해하게 된다. 어떤 의미에서 보면, 시 쓰기란 대상에 이름을 부여하는 작업 가운데 하나일 수 있다. 그것도 가장 창조적인 '이름 부여하기' 작업으로, 이를 통해 시인은 대상을 새롭게 이해하고, 나아가 타인을 이 같은 새로운 이해로 이끈다. '이름 부여하기'가 결코 쉽지 않은 작업임은 이 때문이다. 즉, 시인뿐만 아니라 시인의 시를 읽는 이들에게도 시인이 대상에 부여한 이름이 호소력을 가져야 하기 때문에, '이름 부여하기'란 결코 쉽게 이루어지는 자의적恣意的인 작업일 수 없다. 따라서 시인의 망설임은 필연적인 것일 수밖에 없거니와, "비"의 "이름"을 "새라고 적지[도] 않"고 "별이라고 적지[도] 않"음은 시인의 그와 같은 망설임을 암시하는 것이리라. 이때 '적다'라는 말 자체가 시 쓰기를 암시하는 것일 수 있거니와, 이 점에서 시 창작의 어려움을 읽는 이에게 일깨우는 작품이 「비」라는 시로 이해될 수도 있다. 아무튼, "깊숙이 닿는 여운을 / 마침표로 지워버리며" 시인의 의식을 일깨우는 이 "비"에 어떤 이름을 부여할 것인가. 과연 어떤 이름을 부여함으로써 시는 "무수한 고통을 건너" 하나의 "접시꽃"으로 피어날 수 있을 것인가.

이 물음에 대한 답을 제공하는 것이 바로 이 시의 둘째 수 또는 연이다. "날아서 하늘에 닿"음으로써 하늘의 높이를 일깨우는 "새"와는 다른 것, "어둠 속에 빛"남으로써 하늘의 넓이를 일깨우는 "무성한 별들"과도 다른 것이 "비"다. "깊숙이 닿는 여운을 / 마침표로 지워버리며"라는 구절은 "비"가 어떻게 "새"와 "별"과 다른가를 이해하도록 우리를 이끄는 단서가 될 수 있거니와, 앞서 논의한 바와 같이 청각적 이미지를 통해 시인은 하늘의 깊이를 우리에게 일깨운다. 깊은 하늘 저편에서 우리에게 내려 온 "편지"가 바로 시인이 마음의 눈으로 본 "비"인 것이다. 하지만 "가을날"의 비를 묘사하는 데는 "깊숙이 닿는 여운"이라는 구절만으로는 부족하다. 가을날의 비를 '가을날의 비'로 생생하게 살아나도록 하기 위해 시인은 또 하나의 언어 표현을 동원하고 있는데, 앞서 주목한 바와 같이 "실로폰 소리"가 바로 그것이다. 이 얼마나 경쾌하고 멋진 시적 비유인가. 여운이 담긴 맑은 소리를 내는 실로폰의 소리에 비유함으로써 시인은 "비"에 전혀 새로운 의미를 부여하고 있다. 우리는 으레 비라 하면 우울함이나 고적함 또는 스산함이나 을씨년스러움을 떠올리게 마련이다. 하지만 이우걸 특유의 비유로 인해 이제부터 우리는 비란 맑고 깨끗한 그 무엇, 세상을 청아한 윤기로 한껏 감싸는 그 무엇으로도 이해할 수 있게 되지 않았는가. 한국의 가을날을 적시곤 하는 비에서 우리가 느낄 법한 맑고 청초한 정취를 어찌 이보다 더 잘 살릴 수 있겠는가. 모름지기 가을날을 수놓는 온갖 단풍의 빛깔을 선명하게 떠오르도록 읽는 이를 유도하는 이 같은 시적 비유에 비견한 만한 유례를 우리 시사詩史에서 찾아보기란 쉽지 않을 것이다.

새롭지만 자연스럽고 자연스럽지만 돌올突兀한 이 같은 청각적 이미지에 호소함으로써 시인 이우걸은 이제 한국의 가을날을 이따금 수놓는 비에 대한 이해의 시선 자체를 바꿔 놓았다 해도 틀린 말이 아닐 것이다. 아니, 이제야말로 한국의 가을비는 본연의 의미를 확보하게 되었다. 말하자면, 산과 들을 물들이고 있는 단풍의 빛을 더욱 선명케 할 만큼 청아하고 상쾌한 느낌의 가을비가 "언어의 안쪽으로" 들어오게 된 것이다. 정녕코 이 시 한 편만으로도 시인 이우걸의 이름은 한국 시사詩史에 길이 남으리라.

앞서 우리는 「비」 역시 시인 이우걸을 지시하는 '기호'이자 그에 대한 '의미 풀이'로 읽히는 작품이라고 말한 바 있다. 무엇보다도 시인 이우걸은 이 시가 암시하는 하늘의 깊이만큼 시조에 대해 깊은 마음을 지닌 사람이다. 누구도 그만큼 시조와 시조 시인들에 대해 깊은 사랑과 애정을 한결같이 보내는 사람은 찾기 어렵다는 것이 우리의 판단이다. 어디 그뿐이랴. 그는 이 시의 소재가 되고 있는 가을날의 비와도 같은 존재다. 시조에 대한 우리의 이해가 현실의 먼지로 더럽혀져 있을 때 그를 만나 보라. 그와 만나 시조에 대해 이야기를 꽃피우는 동안, 아마도 우리 마음에 낀 현실의 먼지는 깨끗이 씻겨질 것이다. 그러니 어찌 가을날의 맑고 깨끗한 비와 같은 존재라 하지 않을 수 있겠는가.

3. 「안경」과 「시」, 또는 자아 성찰의 과제 앞에 선 시인의 모습

시인 이우걸은 자신의 시집 『나를 운반해 온 시간의 발자국이여』(천년의 시작, 2009)의 서문에서 "삼월이 되면 천근 같은 사무실의 키를 넘겨 주고 들판으로, 숲으로 또는 바다로 나갈 것이다"라 쓰고 있다. 어떤 의미에서 보면, 『나를 운반해 온 시간의 발자국이여』는 "들판으로, 숲으로 또는 바다로" 나가기 전에 그 동안의 문학적 궤적을 정리하는 시인의 모습을 담기 위한 것일 수 있다. 또는 "그 동안 숨어서 울던 피로들 / 그 고통의 소리들"을 정리하기 위한 것일 수도 있다. 이 시집에 수록된 작품들을 읽으면서 나는 그가 "그 동안 숨어서 울던 피로들"을 가늠해 보기도 하고, 또 "그 고통의 소리들을" 되짚어 보기도 했다. 그러는 가운데 언뜻 나의 눈길을 묶는 시가 있었으니, 그것은 바로 「안경」이었다.

> 껴도 희미하고 안 껴도 희미하다
> 초점이 너무 많아
> 초점잡기 어려운 세상.
> 차라리 눈감고 보면
> 더 선명한
> 얼굴이 있다.
>
> —「안경」 전문

시력이 나쁜 사람이 안경을 끼지 않았다 하자. 어찌 세상이 희미해 보이지 않을 수 있겠는가. 하지만 안경을 꼈다 해서 항상 세상이 밝아 보이는 것만은 아니다. 오랫동안 안경을 사용하다 보면 렌즈 표면에 잔금이 생기게 마련이고, 이 때문에 안경을 껴도 세상은 여전히 희미하게 보일 수도 있다. 안경을 새것으로 바꾸면 되지 않겠는가. 문제는 그렇게 하더라도 시력이 좀처럼 나아지지 않는 사람도 있다는 데 있다. 특히 나이든 사람이 그러하다. 감퇴된 시력 때문에 안경을 바꾸더라도 초점을 맞춰 세상을 보기란 쉽지 않을 수 있다. 어디 그뿐이랴. 눈의 수정체가 탄력성을 잃어 안경은 세상을 선명하게 보는 데 오히려 방해물이 될 수도 있다. 따지고 보면, 새 안경 때문에 이제까지 희미해 보이던 세상이 갑자기 밝아지는 경험은 젊을 때나 가능한 것인지도 모른다. 그러니 어쩌겠는가. 이래저래 물처럼 구름처럼 흘러가는 세월을, 그 세월이 이끼처럼 쌓아 놓는 나이를 탓할 밖에.

하지만 이우걸 시인이 안경을 "껴도 희미하고 안 껴도 희미하다"고 했을 때 그가 그렇게 말하는 이유는 단순히 나이를 먹어 시력이 감퇴되었거나 눈의 수정체가 탄력성을 잃었기 때문만이 아니다. 그에 의하면, "초점이 너무 많아," 또는 "초점"을 맞춰 보아야 할 것이 "너무 많아," "초점"을 "잡기"가 "어려운" 것이 우리가 삶을 살아가는 세상이기 때문이다. 이처럼 초점을 맞출 것이 너무 많다는 말을 뒤집어 보면, 초점을 맞춰 볼 만한 것이 따로 존재하지 않는다는 말이 될 수도 있다. 여기서 우리는 콘스탄틴 비르길 게오르규의 소설 『25시』의 등장 인물 트라얀 코루가를 떠올릴 수도 있는데, 안경을 벗으면 아무것도 볼 수 없는 트라얀 코루가는 자신에게 남은 유일한 개인 소지품인 안경을 벗어 함께 수용소에 갇혀 있던 모리츠에게 건넨다. 이를 보관했다가 후에 먼저 수용소에서 풀려나면 이를 자기 아내에게 전해달라는 부탁의 말과 함께. 그가 처음 자신의 사랑하는 아내를 보게 된 것도 안경을 통해서이듯 그에게 세상의 모든 아름다운 것들을 보게 해 준 것이 바로 안경이지만, 이제 안경의 도움으로 확인할 수 있는 것은 다만 멸망을 향해 나가는 부조리한 현실이기 때문이다. 그리하여 그는 이제 더 이상 안경을 통해 세상을 보지 않겠노라고, 세상에 눈길을 주는 일을 포기하겠노라 말한다. 시인이 "초점이 너무 많아 / 초점잡기 어려운 세상"이라고 했을 때 그의 눈에 비친 "세상"은 트라얀 코루가가 눈길을 주기를 포기했던 세상과 다를 바 없는 것 아닐까.

초점을 맞출 것이 너무 많든, 또는 초점을 맞춰 볼 만한 것이 따로 존재하지 않든,

"세상"에 눈길을 주기가 어려움을 깨달은 시인이 선택하는 대안은 "차라리 눈감고 보"는 것이다. "차라리 눈감고 보면 / 더 선명한 / 얼굴이 있"기 때문이다. '차라리 눈감고 세상을 보겠다'는 말은 '육신의 눈'이 아닌 '마음의 눈'으로 세상을 보겠다는 말로 이해될 수 있는데, 마음의 눈으로 세상을 보겠다는 말은 시인의 경우 '시적으로' 세상을 보겠다는 것을 뜻할 수 있다. 시적으로 세상을 보다니? 이는 곧 상상력이 시인에게 허락한 마음의 눈으로 세상을 보겠다는 말이 될 수 있다. 상상력이 허락한 마음의 눈으로 보았을 때 보이는 "더 선명한 얼굴"을 탐구하는 일이야말로 시인이 할 수 있는 일이 아니겠는가. 이런 관점에서 볼 때, 시인 이우걸이 「안경」을 통해 우리에게 전하는 메시지는 단순히 희미해져 가는 시력과 복잡해져 가는 세상사에 대한 푸념만은 아니다. 이 시는 시인이라면 또는 시인이기 위해서는 세상을 어떤 눈으로 보아야 할 것인가에 대한 조언으로 읽히기도 하고, 나아가 시를 읽을 때 어떤 눈이 필요한가에 대한 암시로 읽히기도 한다. 이 같은 시인의 조언과 암시가 우연히 던지는 일과성의 발언이 아님을 확인케 하는 시가 있으니, 이는 바로 "시"라는 제목의 시다.

> 무릇 시란 정신의 핏빛 요철이므로
> 장님도 더듬으면 읽을 수 있어야 하리
> 집 나간 영혼을 부르는
> 성소의 권능으로.
>
> 얽힌 말의 실타래 같은
> 이미지의 굴레 같은
> 그 터널을 절뚝거리며
> 내 독자는 걸어 왔구나
> 그러나 양파 속이여
> 아 드러날
> 허방이여.

—「시」 전문

이 시는 단순히 '시란 무엇인가'에 대한 시인의 사유를 드러내는 작품만은 아니다. 이는 일종의 반성적 사유를 담고 있는 작품으로, 여기서 우리는 오랜 세월 시 창작에 몸과 마음을 바쳐 온 한 시인의 진솔한 자기 반성 또는 자기 성찰을 확인할 수 있다. 이우걸은 1973년 『현대 시학』을 통해 시조 시인으로 등단했으며, 그가 교직에 입문한 것은 이듬해인 1974년의 일이다. 말하자면, 시인으로서의 활동과 교직자로서의 활동이 거의 비슷한 시기에 시작되었다 할 수 있다. 누구도 의심하지 않는 사실이지만, 앞으로도 그는 시인으로서 그가 의당 해야 할 뿐만 아니라 모두가 그에게 요구하는 창작 활동을 왕성하게 이어나갈 것이다. 하지만 이제 교직 생활을 정리할 때가 다가옴에 따라 창작 활동과 관련해서도 그는 일종의 숨고르기의 필요성을 느끼고 있는 것 아닐까. 위의 시는 비교적 최근에 창작된 것으로, 여기서 우리는 나름의 숨고르기 작업에 임하고 있는 시인과 만날 수 있다.

먼저 이 시의 첫째 수 또는 연을 함께 읽기로 하자. 여기서 시인은 '시란 무엇인가'를 이야기한다. 앞서 살펴본 작품인 「안경」과 관련하여 논의한 바 있듯, 시인에게 시 쓰기란 결코 육체의 눈을 통해 세상을 보는 일이 아니다. 마음의 눈을 통해 세상을 보되 그것을 "정신"에 '힘주어 새겨 넣는 일'이 다름 아닌 시 쓰기다. 시인의 표현에 따르면, "무릇 시란 정신의 핏빛 요철"인 것이다. "정신의 핏빛 요철"이라는 표현에서 우리는 시 쓰기에 쏟아 붓는 시인의 정신적 노력이 더할 수 없이 강렬한 것이어야 한다는 메시지를, 이 같은 노력의 결과물이 더할 수 없이 선명한 것이어야 한다는 메시지를 읽을 수 있다. 이처럼 정신의 강렬한 노력을 통해 시인이 "정신"에 선명하게 새겨 놓는 것이 시라면, 이를 읽는 일은 육체의 눈만으로 가능할 수는 없을 것이다. 아니, 육체의 눈을 포기하고 마음의 눈으로 읽어야 하는 것이 다름 아닌 시다. 다시 말해, "장님도 더듬으면 읽을 수 있어야" 하는 것, 그것이 바로 시다. 물론 이때의 "장님"은 수사적 표현일 수 있거니와, 이는 육체의 눈을 상실했다 하더라도 밝은 마음의 눈을 소유한 사람을 가리키기 위한 것이리라.

하지만 '시란 무엇인가'에 대한 시인의 논의는 여기서 끝나지 않는다. 그는 시란 "집 나간 영혼을 부르는 / 성소의 권능"까지 갖춰야 함을 말한다. 이른바 '아우라aura'

로 불리는 것을 시가 지녀야 함을 말하는 것이리라. 결국 시란 "장님"도 더듬어 읽을 수 있을 만큼 선명하게 정신에 각인된 것이어야 하는 동시에 "집 나간 영혼"도 되돌아오게 할 수 있을 만큼 강력한 '아우라'를 지닌 것이어야 한다는 것이 시인이 제시하고 있는 시론의 요체要諦다. 이 시론 앞에서 어느 시인이 과연 멈칫하지 않을 수 있겠는가. 당연히 이 같은 시론을 제시한 시인 자신도 자신의 시 세계에 대해 자기 성찰의 눈길을 던지지 않을 수 없었으리라. 이 시의 둘째 수 또는 연은 이 같은 자기 성찰의 기록이라 할 수 있는데, 무엇보다도 시인은 자신의 시 세계를 "터널"에 비유한다. "그 터널"이 "얽힌 말의 실타래 같은 / 이미지의 굴레 같은" 것이라면, 실로 "장님"조차 헤쳐 나가기 쉽지 않은 미로의 세계일 뿐만 아니라 "성소의 권능"을 지니기도 어려운 세계일 것이다. 자기 시의 "독자"들이 바로 그와 같은 "터널을 절뚝거리며" "걸어 왔"을지도 모른다는 생각이 언뜻 그리고 새삼스럽게 시인의 의식을 자극한다. 이를 암시하는 것이 탄성歎聲의 뉘앙스를 담고 있는 "왔구나"라는 표현 아니겠는가. 문제는 "터널"을 절뚝거리며 걸어와서 도달한 곳도 "양파 속"일 뿐이라는 데 있다. 속이 채워져 있긴 하지만 껍질을 하나하나 벗기면 아무것도 남는 것이 없는 것, 그것이 양파 아닌가. 바로 이 양파와 같은 것, 그리하여 "허방"밖에 "드러날" 것이 없는 것이 자신의 시 세계라는 자기 비판을 이 시의 둘째 수 또는 연은 담고 있다.

말할 것도 없이, 이처럼 진솔한 자기 비판 또는 자기 성찰은 결코 아무나 할 수 있는 것이 아니다. 그리고 우리 모두가 확신하는 것이 있다면, 시인이든 소설가든 비평가든 이 같은 자기 비판 또는 자기 성찰이 있을 때 그는 비로소 자신의 문학 세계를 한층 더 높고 깊고 넓은 곳으로 이끌어 갈 수 있을 것이라는 점이다. 쉽지 않지만 새로운 문학의 차원으로 넘어가기 위해 반드시 거쳐야 하는 것이 이 같은 자기 비판 또는 자기 성찰이라는 점에서, 우리는 시인 이우걸이 앞으로 우리에게 펼쳐 보일 새로운 "정신의 핏빛 요철"에 큰 기대와 희망을 갖지 않을 수 없다.

모름지기 그가 앞으로 펼쳐 보일 새로운 "정신의 핏빛 요철"은 현실과 세속의 눈길에서 벗어나 자유를 마음껏 구가하는 것이 될 것이다. 또 한 편의 자기 성찰을 담은 시 「월평을 읽으며」에서 시인은 "월평을 경전처럼 받들던 때가 있었"음을, "말들을 길들이고 자유에 경고를 주던 / 서글픈 눈치 보기가 / 젊은 한때의 공부였"음을, "노을처럼 흩어져 있는 감정의 파편을 보며 / 깨어진 거울에 비친 사물들의 음영을 보며 / 철없이 내가 믿었던 / 그 독서는 / 끝이 났"음을 고백하고 있거니와, 이 같은 고백은 앞으로 시인이 "들판으로, 숲으로 또는 바다로" 나가 누릴 정신의 자유를 암시하는 것 아니겠는가. 바라건대, 앞으로 펼쳐질 시인 이우걸의 시 세계가 교직 생활에 몸담고 있었을 때 못지 않게 차원이 높고 넓고 깊은 것이 되기를! 아니, "나를 운반해 온 시간들의 발자국"(「흉터」)을 되돌아보는 일이기도 한 일련의 자기 성찰을 계기로 하여 시인 이우걸이 더욱더 아름다운 "접시꽃"을 풍성하게 피우기를! □

여백과 비움의 시학
—유재영의 『절반의 고요』와 "접미사가 아름다운" 운문의 세계

1. 시조, 관조의 시심을 담기 위한 하나의 그릇

중세 유럽풍의 고색 창연한 건물들이 자리다툼을 하고 있는 예일 대학의 캠퍼스에서 남쪽으로 채 100미터도 되지 않는 곳에 백여 년 된 아파트 건물이 하나 있다. 지난 2006년 여름 예일 대학의 여름학기 강의에 참여하는 서울대 학생들을 인솔하고 그곳을 찾은 나에게 예일 대학이 마련해 준 숙소는 바로 그 아파트에 있었다. 예일 대학의 건물들 못지않게 고색창연한 아파트의 문을 열고 들어가 어두운 복도로 들어서면, 한 쪽으로 문이 있고 그 문을 열면 1900년대 초를 배경으로 한 영화에나 등장할 만큼 그야말로 고색 창연한 엘리베이터가 나온다. 있는 힘을 다해 옆으로 밀어야 겨우 열리는 철문을 열고 이 구식 엘리베이터에 오른 다음 건물의 3층으로 올라가면, 한 달 반 가량 내가 머물렀던 스튜디오 형태의 방에 이를 수 있다. 예상하긴 했지만, 첫날 방으로 들어서니 실내 분위기 또한 고풍스러움으로 가득했다. 특히 창문의 고풍스러움은 중세 유럽의 건물에서 그대로 옮겨 놓은 듯도 했다. (예외가 있기도 했는데, 조리 도구 및 부엌 살림은 현대식이었다.)

짐을 풀고 그 방에서 지내기 시작한 지 며칠이 되던 어느 날 나는 창문에 블라인드를 드리워 놓은 채 그 사이로 들어오는 빛에 의지하여 시를 읽었다. 그날 읽었던 시는 미국으로 떠나기 바로 전에 건네받은 유재영의 최근 시조 작품들이었는데, 그때의 분위기가 지금도 기억에 생생하다. 소파에 파묻혀 작품에 눈길을 주다가 가끔 블라인드 틈 사이로 보이는 창틀에, 그 너머의 푸른 하늘에 눈길을 던지곤 하던 나의 몸짓까지 떠오르곤 한다. 물론 그 방에서 지내면서 우리말로 된 것이든 영어로 된 것이든 다른 시인들의 작품들도 읽었던 것도 사실이다. 하지만 유독 유재영의 작품을 읽었을 때의 분위기만큼은 마치 흑백 영화의 일부분처럼 기억에 선명히 남아 있다. 그 이유는 무엇일까.

무엇보다도 유재영의 시조 작품이 담고 있는 독특한 정취에 그 원인이 있었을 것이다. 창호지로 마감한 한옥의 격자 문을 통해 방안으로 들어올 법한 빛을 연상케 하는 단아함, 그 격자 문을 조금 열어 놓고는 가끔 눈을 들어 그 틈 사이로 밖을 보았을 때 보일 법한 하늘을 연상케 하는 청아함이 그의 시 세계를 지배하고 있었기 때문일 것이다. 만일 유재영의 시조 작품을 우리나라 여기저기에 있을 법한 정갈한 고택—그러니까 오래되었지만 관리가 잘 되고 있는 한옥—에서 읽었다면, 그것도 창호지로 마감한 격자 문이 있는 사랑방에 앉아 읽었다면, 주변 분위기와 너무도 잘 어울리는 시의 정취 때문에 그때의 기억은 오래 가지 못했을지도 모른다. 역설적으로, 시와 전혀 어울리지 않는 주변의 분위기—오래된 서양 건물의 실내를 감싸고 있는 무겁고 어두운 분위기—가 이와는 전혀 다른 분위기의 시 세계에 대한 느낌을 그만큼 더 강렬한 것으로 만들었던 것이리라.

유재영의 시조 세계 특유의 정취를 낯설게 느껴지도록 함으로써 더더욱 깊이 주목케 하고 또 기억케 했던 당시의 실내 분위기를 뭐라고 설명해야 할까. 대상을 낯설게 함으로써 이를 더욱 주목케 했다는 점에서, 낯설다 하기에 너무도 친숙해진 '낯설게 하기'라는 예술 이론을 이 자리에서 다시 한 번 끌어들이고 싶은 유혹에 끌릴 수도 있으리라. 다시 말해, 예술 작품이란 너무도 친숙하여 그 존재 자체에 대해 전혀 의식케 하지 않던 대상을 나름의 독특한 방식으로 제시함으로써 이를 주목케 하고 그러는 가운데 대상의 존재 이유와 의미를 깨닫게 하는 것이라는 논리에 기대어, 당시 실내 분위기를 '예술적인 그 무엇'으로 신비화하고 싶은 유혹에 빠져들 수도 있겠다. 하지만 그런 유혹에 넘어가는 것은 가당찮은 일이다. 그 분위기에 굳이 의미를 부여하자면, 이는 그림을 감싸는 일종의 액자와 같은 것이었다 해야 하리라. 그림에 어울리지 않은 액자이기에 오히려 그 안의 그림을 더욱더 도드라져 보이게 하는 액자와도 같은 것, 당시 실내의 분위기를 기준으로 할 때 지극히 이국적인 정조의 시 세계를 돋보이게 하는 배경과도 같은 것이었다 할 수 있으리라. 물론 액자가 없다 해서 그림의 고유한 가치가 떨어지거나 상실되는 것은 아니듯 당시의 분위기가 유재영의 시조 세계를 그만큼 더 가치 있는 것으로 만들었다는 뜻은 아니다. 다만 더욱 '도드라지게' 했음을 말하고자 할 뿐이다.

아무튼, 예일 대학 근처의 오래된 아파트의 방 안에서 유재영의 시조 작품들을 읽었을 때의 감흥은 각별한 것이었다. 다시 말하지만, 오래된 서양 건물의 어둡고 무거운 분위기 자체를 더더욱 의식하게 할 만큼 단아하고 청아한 것이었기 때문이다. 드러낼 듯 감추고 감출 듯 드러내는 절제의 시 세계, 절제가 너무도 은근하여 낮은 숨결마저 거칠게 들리도록 하는 시어의 세계, 낮은 숨결마저 죽여야 할 만큼 낮은 목소리로 말하지만 그 울림이 만만치 않은 공명共鳴의 시 세계, 낮은 목소리마저 지우려는 듯 드넓지만 이를 마주한 사람을 전혀 압도하지 않는 여백의 시 세계가 그 당시 내 마음에 깊이 각인되었던 것이다. 그렇다, 유재영의 시 세계만큼이나 절제된 언어와 넓은 여백으로 이루어진 시 세계는 정녕코 오늘날의 우리 시단—심지어 시조 시단—에서조차 찾아보기 쉽지 않을 것이다.

이제 그때 읽었던 유재영의 시조 작품들에 다시금 눈길을 준다. 유재영은 이들 작품에 신작 몇 편을 보태어 시집을 발간하게 되었고, 이를 계기로 그의 작품들을 다시 읽을 기회가 주어졌기 때문이다. 시를 읽으며 액자와도 같이 그의 시 세계를 감싸던 예일 대학 근처 아파트의 방 분위기를 떠올려 보기도 하고, 또 절제와 여백이 강조되는 시조의 아름다움에 다시금 젖어 보기도 한다. 그러는 가운데 문득 요즈음 시조 시인들 가운데 유재영만큼 정형 시조의 율격을 엄격히 지키는 시인이 그리 많지는 않다는 데 생각이 미치기도 한다. 물론 시조 형식이라는 틀은 유재영 개인의 것만이 아니다. 우리 모두가 알고 있듯, 그 틀은 적어도 600년이 넘은 것이다. 이렇듯 오래된 틀을 유재영은 고집스럽게 지키고 있지만, 그 틀에 담긴 시 세계가 600년의 세월을 느끼게 할 정도의 '고풍스러운 것'은 아니다. 물론 그의 시 세계는 서양의 고풍스러운 분위기를 그만큼 더 의식하게 할 만큼 한국 고유의 정조를 담은 지극히 한국적인 것이다. 하지만 600년의 시조 어디에서도 찾아보기 어려운 그만의 독특한 시 세계를 펼쳐 보이고 있는 것이 유재영의 시 세계이기도 하다. 이렇게 말하면 어떨까. 그의 시 세계는 전통적으로 시조가 펼쳐 보이는 시 세계에 비해 정적靜的이라고. 이 같은 정적인 시 세계는 물론 유재영 개인한테서 비롯된 것만은 아닐 것이다. 어찌 보면, 이는 가람 이병기나 초정 김상옥의 시 세계에서 자주 확인되는 관조의 시로부터 그 전통을 계승한 것이라 할 수 있다. 난蘭이나 도자기와 같은 대상을 관조의 대상으로 삼고 있는 가람이나 초정처럼 유재영도 자연의 사물이나 현상을 관조의 대상으로 삼고 있다는 점에서 그러하다.

자연의 사물이나 현상에 대한 관조를 엄격한 율격에 담고 있는 유재영의 시조 세계와 마주하다 보면 그에게 시조라는 형식적 틀 자체가 그 옛날 내가 느꼈던 아파트의 분위기와 같이 일종의 액자 역할을 하는 것은 아닐까라는 데 생각이 미치기도 한다. 관조의 시심을 담되 그 시심이 더욱 도드라져 보이게 하는 역할을 하는 것이 시조 형식이라는 점에서 그러하다. 하지만 예술 작품의 형식을 단순히 액자 역할을 하는 것만으로 볼 수는 없다. 어찌 보면, 형식은 내용과 유기적으로 결합하여 예술 작품을 예술 작품으로 존재하게 하는 필수 요건일 수 있다. 다시 말해, 유재영의 시조에서 시조 형식이 단지 액자 역할만을 하는 것은 아니다. 그의 시조 작품에서 시조 형식을 제거했을 때 무엇이 남게 될 것인가를 생각해 보면 답은 명백해진다. 이런 관점에서 볼 때, 유재영의 시조에서 시조 형식은 하나의 필연적 요인이라 할 수 있다. 예일 대학 근처 아파트의 실내 분위기는 필연이 아니라 우연이라는 점, 그렇기 때문에 그 아파트를 떠나 지금 이곳 한국의 하늘 아래서 다시 그의 시조를 읽으면서도 그의 작품이 지닌 단아함과 청아함을 여전히 느낄 수 있는 것이리라. 앞서 말한 바 있듯, 액자가 없다 해서 그림 고유의 가치가 떨어지거나 상실되는 것은 아니지 않는가.

2. 관조의 시선과 "접미사가 아름다운" 운문의 시 세계

이제 시조라는 틀 안에서 시인이 펼쳐 보이는 고유의 시 세계에 직접 들어가 보기로 하자. 시집 『절반의 고요』(동학사, 2009)에서 무엇보다도 먼저 우리가 주목하고자 하는 것은 자연에 대한 관조의 시선이 더할 수 없이 돋보이는 다음과 같은 작품이다.

분홍빛
물여뀌꽃

날개 말리는
밀잠자리

늙은 화강암
그늘 아래

꼬리 끊는
도마뱀

여울엔
버들치 닮은

낮달이
빠져있다

—「가은리」 전문

이 시에는 물여뀌꽃, 밀잠자리, 화강암, 도마뱀, 낮달 등 다양한 자연의 사물들이 등장한다. 이 모든 것이 어우러져 지금 시인이 눈길을 주고 있는 자연의 한 풍경을 이루고 있는 것이다. 아무런 마음의 준비 없이 이 시를 처음 읽는 이에게 이 같은 자연의 모습은 어딘가 어수선하게 느껴질지도 모른다. 모든 사물이 두서없이 제시되고 있는 것처럼 보이기 때문이다. 하지만 이 시가 시조 형식의 시라는 점을 의식하게 되면 하나의 질서가 보이게 될 것이다. 무엇보다도 이 시의 첫째 연과 둘째 연은 단순한 병치가 아님을 알 수 있다. 이와 관련하여 다음 사실에 주목하기 바란다. 이 시의 셋째 연과 넷째 연은 시조의 중장에 해당하는 부분으로, "늙은 화강암 / 그늘 아래 // 꼬리 끊는 / 도마뱀"이라는 단일한 시적 이미지가 여기서 제시되고 있다. 바로 이 부분에 대한 이미지 읽기는 초장에 해당하는 부분의 이미지 읽기에 방향을 잡아 주고 있거니와, "분홍빛 / 물여뀌 꽃"과 "날개 말리는 / 밀잠자리"는 단순한 두 이미지의 병치로가 아니라 '분홍빛 물여뀌 꽃 위에서 날개 말리는 밀잠자리'로 읽는 것을 가능케 한다. 말하자면, 이 부분이 제시하고 있는 것도 역시 또 하나의 단일한 시적 이미지다. 물론 시조의 종장에 해당하는 "여울엔 / 버들치 닮은 // 낮달이 / 빠져있다"도 중장에 해당하는 부분과 마찬가지로 단일한 시적 이미지로 읽힌다.

전체적으로 종합할 때, 잠자리가 앉아 있는 꽃에 눈길을 주던 시인이 이윽고 눈길을 낮춰 그 아래쪽에 있는 화강암에 눈길을 주자 도마뱀이 눈에 띄었던 것이고, 다시 더 눈길을 낮췄을 때 여울에 비친 낮달이 눈에 띄었던 것이다. 말하자면, 시인의 눈길이 꽃에서 화강암으로, 화강암에서 여울로, 그러니까 위에서 아래로 이동하고 있음을 이 시는 보여 준다. 하지만 이 같은 눈길의 이동이 의미하는 바는 무엇인가. 눈길이야 옆으로 옮길 수도 있고, 또 아래에서 위로 옮길 수도 있지 않은가. 그렇다면 시인이 굳이 시선을 위에서 아래로 움직이는 상황을 제시한 이유는 무엇일까. 우리가 이 시의 마지막 부분—그러니까 시조의 종장에 해당하는 부분—을 주목하는 이유는 이 의문에 대한 답이 바로 이 부분에 숨어 있다고 판단하기 때문이다. 무엇보다도 "낮달이 빠져 있는 여울"이 암시하는 바에 논의의 초점을 맞출 수 있는데, 이는 하늘이 땅으로 내려와 있음을 암시하는 구절로 읽힐 수 있기 때문이다. 말하자면, 시인의 시선이 이동한 거리는 극히 짧지만, 또한 아래쪽으로 이동하지만, 놀랍게도 그 눈길은 땅 위의 정경뿐만이 아니라 하늘의 정경까지 포착하고 있다. 아니, 하늘까지도 감싸 끌어안고 있는 평화로운 자연의 정경을 시인의 눈길은 포착하고 있다. 지극히 간결하고 꾸밈없는 시 안에 시인은 온 세상을 담고 있는 것이다.

여기서 우리는 『주역』의 논리를 끌어들일 수도 있으리라. 『주역』에는 지천태地天泰라는 괘와 천지비天地否라는 괘가 있다. 지천태는 하늘을 뜻하는 건乾, ☰이 아래에 있고 땅을 뜻하는 곤坤, ☷이 위에 있는 괘䷊이며, 천지비는 곤이 아래에 있고 건이 위에 있는 괘䷋다. 산문적 정신의 소유자라면 그의 눈에는 하늘이 위에 있고 땅이 아래에 있는 천지비의 정경이야말로 안정을 암시하는 괘로 보일 것이다. 하지만 무비無比의 시적 암시로 가득 차 있는 『주역』의 해석은 다르다. 이 같은 정경은 세계가 정지해 있음을 암시하는 것으로 간주하여, 『주역』은 이를 더할 수 없는 흉괘凶卦 가운데 하나로 본다. 반면, 땅이 위로 올라가 있고 하늘이 아래로 내려와 있음을 암시하는 지천태는 더할 수 없는 길괘吉卦 가운데 하나라는 것이다. 이 같은 해석의 근거는 무엇인가. 이와 관련하여 우리가 무엇보다도 『주역』의 근본 원리가 '변화'라는 점에 유념해야 할 것이다. 다시 말해, 만물은 변화하는 가운데 생명력을 갖는다는 세계관이 『주역』의 핵심이다. 그렇다면, '땅이 위로 올라가 있고 하늘이 아래로 내려와 있다'는 말이 구체적으로 암시하는 바는 무엇인가. 이는 땅이 하늘을 품고 있는 형상을 암시하는 것으로, 땅 위의 맑은 호수가 하늘을 품어 비추는 것이 그 예가 될 수 있다. 시인 유재영이 의식했든 의식하지 않았든, 그의 시가 제시하고 있는 세계는 바로 이 같은 세계, 그러니까 '땅이 하늘을 품고 있는 세계'다. "낮달"이 여울에 "빠져 있"음을 포착하는 시인의 눈은 결코 예사로운 것이 아니다. 그는 지극히 경제적인 언어 운용을 통해 자신이 찾은 자연의 세계에 담긴 생명의 약동과 평화로움을 더할 수 없이 생생하게 전하고 있는 것이다. 어떤 의미에서 보면, '말리다'·'늙다'·'끊다'·'닮다'·'빠져 있다' 등의 표현들은 겉으로 보아서는 너무도 평화로워 아무런 움직임이 없어 보이지만 더할 수 없이 활발하게 약동하고 있는 자연을 암시하기 위해 동원된 것이라 할 수 있다.

유재영의 시조 작품 가운데 자연을 관조하는 시인의 눈길을 통해 새롭게 정리되고 질서가 잡히는 자연의 몸짓과 숨결을 확인케 하는 것이 하나둘이 아니지만, 「저 물소리」는 「가은리」에서 확인한 것과는 다른 종류의 시적 메시지를 확인케 한다는 점에서 주목을 요구하는 작품이다.

싸리꽃 환한 골짝
은빛 구름 몰리는 땅

오늘도 주인 없는
저 물소리 어디가나

돌벼랑 아득한 노을
들새 한 쌍 비껴난다

—「저 물소리」 전문

이 시에서 시인의 시선은 아래에서 위로 이동하고 있다. 먼저 "싸리꽃 환한 골짝"에 시인의 시선이 머물고 있다. 언뜻 싸리꽃의 환함은 시인에게 "은빛 구름"을 연상케 한다. 시조의 초장에 해당하는 첫째 연은 '싸리꽃 환한 골짝은 은빛 구름 몰리는 땅'으로 읽을 수 있는데, "은빛 구름"은 바로 골짝을 흐르는 물이 일으키는 물보라를 암시하는 것일 수도 있다. 꽃이 피어 있고 물이 흐르는 "골짝"에 시선을 주고 있는 시인의 마음은 어느덧 "물소리"가 가는 곳을 찾아 더듬는다. 물론 "주인없는 / 저 물소리"가 가는 곳을 시인은 알 길이 없다. 어디로 가는지 알 길이 없는 "물소리"에 귀를 기울이며 시인은 눈을 들어 하늘과 맞닿아 있는 "돌벼랑"으로 향한다. "돌벼랑" 위로 노을이 지고, 그 노을을 비껴 "들새 한 쌍"이 날고 있다. 지극히 단순화했을 때, 이 시가 보여 주는 것은 "골짝"을 바라보다 문득 생각에 잠긴 채 눈을 들어 노을지는 하늘을 바라보는 시인의 모습이다. 그리고 그 시선을 따라 이 시를 읽는 이들은 "골짝"을 바라보며 "물소리"를 듣다가 그 "골짝" 위쪽의 하늘에 눈길을 주게 된다. 어찌 보면, 마음의 눈과 귀를 동원하여 감상할 것을 요구하는 한 폭의 그림과 마주하는 듯한 느낌을 주기도 한다.

하지만 시에 대한 이 같은 이해는 지극히 피상적인 것이라 할 수 있는데, 이 같은 피상적인 시 읽기는 이 시에 담긴 정경을 이루는 두 요소를 주목함으로써 극복될 수 있을 것이다. 우리가 문제 삼고자 하는 두 요소는 움직이는 것과 움직이지 않는 것으로 요약될 수 있다. 우선 첫째 연의 "골짝"은 언제나 움직이지 않고 그 자리에 머물러 있는 자연물이다. 이는 시간의 흐름과 세상의 변화에도 불구하고 이와 관계없이 영원히 존재하는 세계를 암시하는 것일 수 있거니와, 초시간적 존재로서의 대자연 또는 영원의 세계를 환유적으로 지시하는 것이 바로 골짝일 수 있다. 이 같은 논리는 그대로 셋째 연의 "돌벼랑"에 대해서도 적용될 수 있는데, 돌벼랑 역시 시간을 초월하여 영원히 존재하는 대자연 또는 영원의 세계에 대한 환유적 이미지일 수 있다. 한편 첫째 연의 골짝뿐만 아니라 셋째 연의 돌벼랑 역시 그 주변에 움직이는 것들을 거느리고 있다. 우선 첫째 연의 "싸리꽃"은 "환"하게 꽃을 피움으로써 아주 미세하긴 하나 여전히 살아 움직이는 존재임을 증명한다. 실로 꽃이 피는 과정에 간단없이 이어지는 꽃잎의 움직임은 우리 눈으로 포착하기 어려운 것이다. 그럼에도 불구하고 여전히 꽃은 살아 움직이는 존재다. 또한 움직이지 않는 골짝에 "몰리는" "은빛 구름"도 움직이는 세계를 암시한다. 그것이 환하게 핀 꽃이든 또는 흐르는 물의 물보라든 "은빛 구름"은 "꽃"과 마찬가지로 움직이는 것이 움직이지 않는 것과 함께 공존함을 보여 준다. 이를 암시하는 것이 바로 첫째 연이다. 어떤 의미에서 보면, 움직이고 변화하는 것은 시간의 흐름을 의식케 하는 존재일 수 있으며 그런 의미에서 변화와 순간의 세계를 환유적으로 지시하는 것일 수 있다. 셋째 연의 경우, "아득한 노을"이나 노을을 "비껴"나는 "들새 한 쌍"이 움직이고 변화하는 세계의 한 단면을 지시한다.

이처럼 이 시의 첫째 연과 셋째 연은 변하지 않는 세계와 변하는 세계가 함께 존재함을 몇 개의 정제된 이미지들을 통해 보여 주고 있다. 어떤 의미에서 보면, 영원하고 변치 않는 것들과 순간적이지만 살아 있거나 변하는 것들이 동시에 존재함으로써 자연은 자연으로서의 완결성을 지님을 이 시는 암시하고 있다 할 수 있다. 문제는 둘째 연이다. "주인 없는 / 저 물소리"에 대해 생각에 잠기는 시인의 모습이 바로 이 연에서 암시되고 있는데, 이것이 의미하는 바는 무엇인가. 사실 이 시에서 꽃이든 노을이든 들새든 모두 움직이지만, 그들의 움직임은 눈에 띄지 않거나 소리 없이 느리게 진행되는 것들이다. 물론 들새들의 움직임은 느린 것이 아닐 수 있다. 하지만 멀리에서 바라보는 시인의 눈에는 느리고 여유 있게 날고 있는 것으로 비쳐질 수 있다는 점에 유의해야 할 것이다. 하지만 물의 움직임은 어떠한가. 물의 움직임은 빠르기 때문에 "물소리"가 나는 것 아닌가. 적어도 시인이 위치하고 있는 곳에서 볼 때 빠르게 움직이는 것은 바로 골짝을 흐르는 물이다. 소리를 내며 어디론가 흘러가지만 어디로 흘러가는지를 알 수 없는 물인 것이다. 왜 하필이면 움직이는 것과 움직이지 않는 것들이 공존하는 자연의 한가운데서 시인은 이처럼 소리가 들릴 정도로 빠르게 움직이는 물에 마음을 쓰는 것일까. 여기서 우리는 물의 흐름에서 자신의 삶을 읽고 있는 시인을 추정해 볼 수도 있다. 다시 말해, 야단스럽게 소리를 내며 흐르는 물은 인간의 삶에 대한 비유일 수도 있는 것이다. 하지만 물소리가 "주인 없는" 이유는 무엇일까. 물은 시인이 눈길을 주고 있는 세계에 존재하는 동시에 존재하지 않는 것이기 때문 아닐까. 말하자면, 물은 흘러서 시인이 눈길을 주고 있는 세계에서 벗어나 어디론가 가 버리는 것이기에 그 세계에 소속되어 있는 것이 아니다. 따라서 주인이 따로 있는 것이 아니다. 그리고 또한 자연을 찾은 인간이 그렇지 않은가. 자연을 찾아 잠시 그곳에 몸을 담을 수 있지만 언젠가 그 자연을 떠나게 마련인 존재가 인간이다. 이 같은 논의에서 한 걸음 더 나아가, 인간은 '자신'의 삶을 살고 있지만 자신의 삶이 도대체 자신의 것인지조차 확신이 서지 않는 때와 마주하게 마련이다. 바로 이 같은 인간—그러니까 자신의 존재 또는 삶에 대해 확신할 수 없어 회의에 잠기기도 하는 인간—의 모습을 시인은 여기서 또한 암시하고 있는지도 모른다.

골짝과 벼랑, 그리고 그 주변에서 생멸生滅과 변화를 거듭하는 모든 자연의 사물들 한 가운데서 시인은 흐르는 물의 물소리를 들으며 문득 자신의 삶에 대해 되돌아보고 있는 것 아닐까. 이 같은 해석과 더불어 우리는 이 시의 전체적인 구도 역시 흥미로운 논의를 가능케 함을 확인할 수 있다. 즉, 이 시의 첫째 연과 셋째 연은 둘째 연의 위아래에 위치하여 있음으로써 마치 둘째 연을 감싸고 있는 듯한 느낌을 준다. 바로 이를 통해 우리는 자연의 한 가운데 위치하여 자신의 삶을 물소리와 함께 문득 되씹어 보고 있는 시인의 모습을 떠올릴 수 있지 않을까. 결국 이 시 자체를 영상화映像化한다면, 자연의 한 가운데 위치한 채 가까운 주변에 눈길을 주다가 생각에 잠겨 이윽고 먼 곳으로 눈길을 옮기고 있는 시인의 모습을 떠올릴 수 있으리라.

사실 유재영의 많은 시조 작품들이 「저 물소리」에서처럼 생생한 영상 또는 이미지의 제시에 바쳐지고 있다. 이미 여러 차례 앞에서 주목한 바 있듯, 이미지즘 운동의 기수였던 에즈라 파운드는 한시漢詩에 대한 논의 과정에서 생생한 회화적 이미지들이 한시의 시 세계를 지배하고 있음을 주목한 바 있다. 구구한 설명이 없이 생생한 회화적 이미지를 제시함으로써 만족해할 수 있었던 한시 시인들에 대한 찬양이 또한 파운드의 논의에서 확인되거니와, 파운드는 이미지즘의 실제實際를 바로 이 한시에서 찾고 있기도 하다. 어떤 의미에서 보면, 별다른 설명이나 감정 표현 없이 이미지만을 제시함으로써 모든 시적 메시지를 감출 듯 드러내고 드러낼 듯 감추는 것은 한시뿐만 아니라 우리나라의 옛 시가들에서 확인되는 지배적인 특징이자 시적 전통일 수 있다. 하지만 오늘날 우리 시단의 시 세계에서 이 같은 이미지의 생생한 제시에 바쳐진 작품을 찾기란 그리 쉽지 않다. 자신의 입장을 설명하거나 감정을 드러내는 데 몰두하여 시인들은 이미지의 시 세계를 잊고 있는 듯해 보이기도 한다. 바로 이런 이유 때문에, 생생한 이미지 제시에 탁월한 능력을 보이고 있는 유재영의 시 세계는 각별한 주목의 대상이 되지 않을 수 없다. 그러한 능력을 확인케 하는 작품이 하나둘이 아니지만 그래도 그런 예를 하나 더 들 것이 요구된다면, 우리는 무엇보다도 「가을 은유」에 눈길을 주지 않을 수 없다.

Ⅰ

달빛이나 담아둘까 새로 바른 한지창에
누구의 그림에서 빠져나온 행렬인가
기러기 머언 그림자 무단으로 날아들고

Ⅱ

따라 놓은 찻잔 위에 손님같이 담긴 구름
펴든 책장 사이로 마른 열매 떨어지는
조용한 세상의 한때, 이 가을의 은유여

Ⅲ

개미취 피고 지는 절로 굽은 길을 가다
밑동 굵은 나무 아래 멈추어 기대서면
지는 잎, 쌓이는 소리 작은 귀가 간지럽다

—「가을 은유」 전문

이 시에 어떤 설명이 따로 필요하겠는가. 있는 그대로 한 폭의 회화가 아닌가. 아니, 회화라 하기보다는 살아 움직이는 영상이라 해야 할 것이다. 시인은 가을밤 방안에 앉아 차를 마시며 책을 펴들고 읽다가 문득 "달빛이나 담아둘까 새로 바른 한지창"에 비친 "기러기 머언 그림자"에 눈길을 준다. ("기러기 그림자"가 실제로 "한지창"에 비칠 수 있는가에 의문을 제기하는 사람도 있을 수도 있지만, 마음의 눈이 밝기만 하다면 어찌 이를 상상하고 볼 수 있지 않겠는가. 사실 여부를 떠나 생생한 회화적 이미지로 인해 마치 우리는 실제로 이런 현상을 눈으로 보고 있는 듯한 착각에 빠져들기도 한다.) 그러는 동안에도 바깥에서는 나뭇잎이 지고 쌓인다. 나뭇잎 지는 소리에 귀 기울이던 시인은 "개미취 피고 지는 절로 굽은 길을 가다 / 밑동 굵은 나무 아래 멈추어 기대서"서 "지는 잎, 쌓이는 소리"에 "작은 귀"를 기울이던 자신의 모습을 문득 떠올린다. 아니, 이렇게 읽을 수도 있겠다. "개미취 피고 지는 절로 굽은 길을 가다 / 밑동 굵은 나무 아래 멈추어 기대서"서 "지는 잎, 쌓이는 소리"에 "작은 귀"를 기울인다. 그러는 가운데 시인은 문득 지난 밤 "한지창"이 있는 방안에 앉아 차를 마시며 책을 펴들고 읽던 바로 그 순간을 떠올린다. 이 같은 시 읽기에서 한 걸음 더 나아가, 위의 시를 세 폭의 그림으로 이루어진 병풍과도 같은 것으로 볼 수도 있다. 말하자면, 각각 독립되어 있지만 세 폭의 그림이 한데 어우러져 가을의 정경을 제시하고 있는 것으로 볼 수도 있으리라.

「저 물소리」나 「가을 은유」에서 확인할 수 있듯, 유재영의 시조 세계를 지배하는 것은 단순히 시각적 이미지만이 아니다. 그의 시조에서는 청각적 이미지는 물론 여타의 감각적 이미지들 역시 중요한 역할을 하고 있거니와, 이를 보여 주는 작품들 가운데 특히 주목을 요구하는 것이 「가을 이순」일 것이다.

접미사가 아름다운 누구의 운문이냐

맑게 고인 어둠 저편 난초 휘인 창문 하나

잔 가득 고요를 부어 절반쯤 마셔본다

귀얄무늬 잠길 듯 남겨 둔 향기처럼

내 생각 마른 대궁 가만히 와 흔드는 이

이 밤도 지는 잎 소리 적막보다 크구나

—「가을 이순耳順」 전문

형식적 측면에서 보면, 이 시는 두 수首의 시조가 하나의 작품을 형성하고 있는 연시조라 할 수 있겠다. 이 때문에 전반 3행과 후반 3행을 나눠 읽을 수도 있다. 먼저 전반 3행에서는 외적外的인 시적 정황이 설정되고 있는데, 이 3행을 통해 우리는 "어둠" 속에서 "난초"와 마주하는 시인과 만날 수 있다. 이 부분에서 시인이 동원하고 있는 것은 물론 시각적 이미지다. 또한 구체적으로 확인이 되지는 않지만 "마셔본다"라는 구절을 통해 시인이 미각적 이미지까지 암시하고 있다는 추정을 해 볼 수도 있겠다. 한편, 후반 3행에서 우리는 앞서 제시된 시적 정황을 놓고 이를 음미하는 시인과 만날 수 있다. 어쩌면 '음미'라는 표현은 적절한 것이 아닐 수도 있는데, 이 부분에서 시인이 동원하는 것은 후각, 촉각, 청각적 이미지이기 때문이다. 따라서 좀 더 정확하게 말하자면, 시인은 후각, 촉각, 청각을 동원하여 지극히 미묘하여 느껴지지 않을 듯 느껴지는 자극에 반응하고 있다. 어쩌면 이 부분이 암시하고 있는 것은 "어둠" 속에서 눈을 감고 미동도 하지 않은 채 앉아 있는 시인의 모습이리라.

먼저 전반 3행에 주목하기로 하자. 여기서 제시되고 있는 중심 이미지는 "난초"다. 이 "난초"의 뒤쪽으로 "창문 하나"가 보인다. 말하자면, "맑게 고인 어둠"의 이쪽 편에 앉아 시인이 눈길을 주고 있는 것은 "창문 하나"를 배경으로 하여 놓여 있는 "난초"다. 이를 "난초 휘인 창문 하나"로 묘사하고 있다. "난초 휘인 창문 하나"라니? 이는 시인의 눈길이 난초만을 향하고 있지 않음을 암시하는 것이리라. 말하자면, 난초뿐만 아니라 창문까지도 시인의 눈에 들어오고 있는 것이다. 어찌 보면, 난초가 전경前景을 이루고 있다면 창문이 배경背景을 이루고 있는 정경에 시인이 눈길을 주고 있다 할 수 있다. 바로 이런 느낌 때문에 우리는 이 구절을 읽으며 한 폭의 그림을 연상하지 않을 수 없다. 마치 창문이 하나의 화폭이고 난초는 그 화폭 위에 그려 놓은 난초의 형상과도 같이 느껴지기 때문이다. 어찌 보면, "휘인"이라는 단어는 이 같은 느낌으로 우리를 유도하는 하나의 작은 단초일 수도 있다. 이 단어가 연상시키는 것은 휘어 있는 난초 잎을 화폭에 세련되게 그려 놓는 화가의 손길 아닐까. 문제는 무엇 때문에 시인은 난초를 '실제의 난초'가 아니라 '그림 속의 난초'처럼 느껴지도록 시를 읽는 이들을 이끄는 것인가에 있다. 어떤 의미에서 보면, '실제의 난초'는 시인의 주변을 장식하는 수많은 사물들 가운데 하나, 평소에는 그냥 지나쳐 버리는 일상의 사물 가운데 하나일 수도 있다. 그런데 어느 날 시인은 창문을 배경으로 놓인 난초에 새삼스러운 눈길을 주게 된 것이다. 그렇게 눈길을 주게 된 난초는 평소에 의식치 않은 채 스쳐 지나가던 난초가 아니다. 마치 너무도 친숙하고 일상적이어서 그 존재 자체에 대해 전혀 의식케 하지 않았던 사물이 나름의 독특한 방식—즉, 화가의 그림과도 같은 것—으로 제시됨으로써 이를 주목하게 되고 그러는 가운데 그 의미에 대해 깊이 생각하게 된 것처럼 말이다. 앞서 말한 것처럼 예술의 존재 이유는 여기에 있다. 말하자면, 이 시는 자연의 한 사물이 예술의 방식으로 시인의 눈에 제시되고 있음을 암시하고 있다.

하지만 창문을 배경으로 한 난초를 한 폭의 예술 작품과도 같이 느껴지게 하는 데 보다 더 적극적인 역할을 하는 것은 바로 이 시의 첫 행을 이루고 있는 "접미사가 아름다운 누구의 운문이냐"라는 물음이다. 이 물음에 대한 답은 물론 창문을 배경으로 한 난초의 모습이다. 하지만 "접미사가 아름다운" "운문"이란 언어 예술 작품인 시 가운데 더할 수 없이 미묘한 의미와 분위기를 담고 있는 예사롭지 않은 시를 지시하는 데 더 적절히 쓰일 수 있는 표현이다. 그런데 시인이 마음의 눈으로 본 창문을 배경으로 놓인 난초가 바로 그와 같은 예사롭지 않은 시로 읽히고 있는 것이다. 요컨대, 시인의 눈에 난초는 예사롭지 않게 아름다운 한 편의 시로 비쳐지고 있는 것이다.

여기서 우리는 잠깐 "접미사가 아름다운"이라는 말에 대해 좀 더 생각해 볼 수 있다. '접미사가 아름답다'는 과연 성립될 수 있는 말일까. 접미사야 그냥 접미사일 뿐이지 어떻게 아름다운 것일 수 있겠는가. 하지만 아름다운 시적 표현에 담긴 접미사를 난초 잎의 끝 부분—아니, 화폭에 아름답게 그려진 난초 잎—과 나란히 떠올려 보라. 두 이미지가 서로를 떠받치는 가운데 또 하나의 이미지가 살아나지 않는가. 아니, 두 이미지는 서로를 묘사하고 서로를 설명하는 매개물이 되는 가운데, "접미사가 아름다운"이라는 표현은 의미의 실체를 획득한다. 이처럼 "접미사가 아름다운"과 같은 표현에게 의미의 실체를 획득케 하는 시인의 시적 능력은 결코 예사로운 것일 수 없다. 결국 시인은 이처럼 첫 두 행을 통해 '실제의 사물'조차 시인의 눈을 통해 하나의 예술 작품으로 승화할 수 있음을, 그리고 궁극적으로 시와 그림이 하나일 수 있음을, 그리하여 현실 속의 사물인 한 포기의 난초와 시 그리고 그림이 모두 하나일 수 있는 극적 순간이 시인의 상상력을 통해 가능할 수 있음을 보여 주고 있다.

시인은 "맑게 고인 어둠"을 사이에 두고 한 폭의 그림과도 같은, 또는 한 편의 시와도 같은 "난초 휘인 창문 하나"와 마주하고 있다. "맑게 고인 어둠"이라는 표현은 맑은 물의 이미지를 떠올리게 하는데, 이 점은 이 시의 다음 행을 장식하는 "고요"도 마찬가지다. "맑게 고인 어둠"과 마찬가지로 "잔"에 따른 "고요"는 물의 이미지를 연상케 하거니와, 시인은 "고요"를 "잔 가득" 따르고 이를 "마셔본다." 아마도 시인은 차를 따라 마시고 있는 것이리라. 아니, 맑고 향기 그윽한 술을 마시고 있다 해도 좋으리라. 차든 술이든 시각적 이미지를 청각적 이미지로 바꿈으로써 시인은 이를 "고요"로 이해한다. 그런데 그 "고요"를 "절반쯤" 마시고 나머지는 그대로 잔에 남겨 둔다. 어찌 보면, "절반쯤"이라는 말은 서두를 것도 없고 급할 것도 없는 시인의 마음을, 그러니까 주변의 사물에 '맑은' 눈길을 줄 만큼 여유 있는 마음을 암시하는 것일 수 있다. 바로 이 같은 여유가 유재영 특유의 여백의 미학을 가능케 한 것이리라.

이어서 이 시의 후반 3행에서 우리는 앞서 말한 바와 같이 지극히 미세하여 포착하기 어려운 자극에 반응하고 있는 시인과 만날 수 있다. 우선 후각 이미지가 동원되고 있다. 이 이미지는 시의 전반부와 후반부를 연결하는 역할을 하기도 하는데, "절반쯤" 남겨 놓은 "고요"에서 시인은 "귀얄무늬 잠길 듯 남겨 둔 향기"를 느낀다. 이때의 "귀얄무늬 잠길 듯"이라는 표현에서 우리는 시각적 이미지까지 확인할 수 있거니와, 귀얄무늬란 그릇에 도료를 바르거나 유약釉藥을 입힐 때 사용하는 솔이나 붓이 스쳐지나간 자국을 말한다. 이는 주로 조선 시대 도자기의 특징 가운데 하나로, 그 무늬에서 사람들은 도공의 역동적인 손놀림을 연상케 하는 생동감을, 그 생동감이 연출하는 소박함을, 그리고 소박하면서도 고풍스러운 아름다움을 느끼게 마련이다. 여기서 우리는 "고요"를 "가득" 부었다가 "절반쯤" 비운 "잔"의 고풍스럽고 소박한 아름다움을 떠올릴 수도 있으리라. 이처럼 소박하고 고풍스러운 멋을 느끼게 하는 "잔"에 아직도 남아 있는 "절반쯤"의 "고요"에서 시인은 "향기"를 느낀다. 앞서 논의한 바와 같이, 시인의 한가롭고 여유 있는 마음이 감지되지 않는가. 우리네 인간의 삶이 아무리 부산한 것이라 하더라도 이처럼 틈틈이 여유를 맛볼 수 있고 또 즐길 수 있다면 더 바랄 것이 무엇이겠는가. 어떤 의미에서 보면, "잔"의 "귀얄무늬"가 "잠길 듯 남겨" 놓은 "고요"에서 "향기"를 느끼게 하는 것, 그것이 바로 시인이 지향하는 바 그 특유의 시 세계이리라.

이어지는 행에서 우리는 고요 속에 침잠하여 생각에 잠기는 시인과 만난다. 이처럼 생각에 잠긴 시인의 모습은 정중동靜中動의 이미지로 제시되고 있는데, "내 생각 마른 대궁"을 "가만히 와 흔드는 이"가 있지 않은가. 이처럼 "가만히" 시인에게 다가와 "흔드는 이"의 정체는 무엇일까. 바로 앞의 행이 "향기처럼"으로 끝나고 있는 데서 우리는 그 단서를 찾을 수도 있을 것이다. 말하자면, "잔"에 "절반쯤" 남겨 둔 "고요"에서 피어오르는 "향기"와 같은 그 무엇이 시인의 마음을 건드려 흔들리게 하는 것이다. "향기처럼" 누군가에게 다가가 "내 생각"의 "마른 대궁"을 "흔드는 이"의 정체는 과연 무엇일까. 이는 어쩌면 시인의 내면에 존재하는 시적 영감을 지시하는 것일 수도 있고, 이 시적 영감을 불러일으키는 외부의 사물이나 정황—예컨대, "맑게 고인 어둠 저편 난초 휘인 창문 하나"—을 지시하는 것일 수도 있다. 아무튼, 이때 '흔들다'는 무언가 미세한 접촉이 이루어지고 있음을 암시하기도 하는데, 이를 통해 우리는 '촉각'까지 동원하고 있는 시인과 만날 수 있다.

또한 '흔들다'는 말은 느껴질 듯하면서 느껴지지 않고 느껴지지 않을 듯하면서 느껴지는 무언가의 미세한 기운氣運을 연상케 하기도 하는데, 여기서 우리는 만물을 생성케 하고 움직이게 하는 근원적 힘과 같은 그 무엇이 시인의 마음을 움직이고 있음을 감지할 수도 있을 것이다. 바로 이 무언가의 근원적 힘이란 라이너 마리아 릴케가 『오르페우스에게 바치는 소네트』 제1부 셋째 시에서 말하는 "신 안에서의 동요" 또는 "바람"과도 같은 것 아닐까. 릴케는 이 시에서 "갑작스런 노래를 잊어버리는 법을" 배울 것을 "젊은 이들"에게 충고하면서 "참다운 노래는 다른 숨결에서 나오는 것"임을 힘주어 말한다. 이때의 다른 숨결을 릴케는 "아무것도 바라지 않는 숨결. 신 안에서의 동요. 바람"이라고 노래한 바 있는데, 유재영이 말하는 "내 생각 마른 대궁 가만히 와 흔드는 이"란 바로 이 "아무것도 바라지 않는 숨결. 신 안에서의 동요. 바람"과도 같은 그 무엇 아닐까.

이처럼 무언가의 동요 또는 바람에 대한 암시는 자연스럽게 이 시의 마지막 행을 이끈다. "이 밤도 지는 잎 소리 적막보다 크구나." 귀가 예민한 사람이라고 해도 잎이 지는 소리를 듣기란 쉽지 않을 것이다. 하지만 진실로 마음의 귀를 열면 어찌 잎이 지는 소리까지 들리지 않을 수 있으랴. 그것도 "적막보다" 더 큰 "소리"임을 느끼지 않을 수 있으랴. 사실 "적막"이란 말은 '소리의 부재'를 암시하는 것일 수 있거니와, '적막보다 더 큰 소리'란 '소리의 부재'를 한층 더 강조하는 말일 수 있다. 그런 의미에서 볼 때, 이 시의 마지막 행은 "고요"가 더할 수 없이 극에 달해 있음을 암시하기 위한 것이리라. 시인은 이 "고요"를 "향기"로 느낄 뿐만 아니라 "소리"로 듣고 있는 것이다. 물론 "고요"를 "소리"로 듣고 있음은 이 시의 제목이 "가을 이순耳順"인 것과도 무관하지 않다. 세상의 온갖 소리는 물론이고 들리지 않는 소리까지도 듣고 또 이를 이해할 수 있음을 뜻하는 말이 '이순' 아닌가. 1948년 생인 유재영은 이제 이순의 나이에 들어서 있다. 그 나이에 들어선 시인이 어느 날 가을 밤 남긴 '접미사가 아름다운 운문'이 다름 아닌 「가을 이순」이리라.

3. 논의를 마무리하며

이제 논의를 마감할 때가 되었다. 나는 유재영의 시조 작품에 대한 논의를 담는 이 글의 앞 부분에서 그의 "시 세계는 전통적으로 시조가 펼쳐 보이는 시 세계에 비해 정적"이라고 말한 바 있다. 이는 전통적으로 시조를 지배해 온 것이 '알레고리'라는 내 자신의 견해를 반영한 것으로, 알레고리가 지배하는 시 세계란 결코 정적인 것일 수 없다. 비록 절제된 형태의 것이라 하더라도, 그와 같은 시 세계에는 세태에 대한 첨예한 의식과 이에 대한 비판의 목소리가 담기지 않을 수 없기 때문이다. 돌려 말하고 우회적으로 표현하는 것이 알레고리라 하더라도, 또한 시인의 목소리가 아무리 절제되어 있다 하더라도, 알레고리의 목소리를 담은 시 세계는 필연적으로 동적인 것이 되지 않을 수 없다. 하지만 이제까지 검토한 바와 같이 유재영의 시 세계는 지극히 정적靜的이다. 물론 무언가의 움직임 자체가 아예 결여된 정적靜寂이 그의 시 세계를 지배하고 있다는 뜻은 아니다. 하지만 기본적으로 정적인 정조가 그의 시 세계를 지배하고 있거니와, 유재영의 시 세계는 알레고리와는 관계가 없는, 또는 이를 넘어서는 것이기 때문일 수도 있다. 문제는 전통적인 시조의 전략을 취하고 있지 않음에도 불구하고, 유재영의 시조가 그 어떤 시인의 시조보다도 더 시조다운 시조라는 느낌을 주는 이유는 무엇일까. 아마도 그의 시조는 한국인 특유의 절제되어 있으되 여유 있는 시적 정감을 생생하게 드러내고 있기 때문이리라. 또한 여유와 절제에서 비롯된 여백의 미학을 십분 살리고 있기 때문이리라. 이런 점에서 볼 때 유재영의 시조는 시조 형식에 대한 창조적 변용과 확장으로서의 의미를 갖는 것이라 하겠다.

마지막으로 시인에게 '시조 쓰기'란 무엇인가를 암시해 주는 그의 시편을 일별하는 것으로 우리의 논의를 끝맺기로 하자.

지우고 고쳐 쓰다 확 불 지른 종장 같이

와와와 소리치면 금방 뚝 떨어질 듯

우주 속 소행성 하나 발그랗니 물이 든다

—「홍시를 두고」 제2연

그에게 시조란 결코 릴케의 충고대로 "갑작스러운 노래"일 수 없다. "지우고 고쳐 쓰다 확 불" 지르는 일을 거듭하는 가운데 겨우 가능한 것이 그에게 시조다. 특히 "종장"에 대한 시인의 마음 고생을 생생하게 보여 주는 위의 인용에서 우리는 시조 쓰기의 어려움을 읽을 수 있다. "소리치면 금방 뚝 떨어질 듯"한 "홍시"와도 같은 것, "우주

속 소행성"과도 같은 것이 시인에게 시조의 종장, 그것도 고심하다 포기한 시조의 종장인 것이다. "홍시를 두고" 읊은 이 시를 읽으면서 우리는 소리쳐도 떨어지지 않는 열매와 같은 종장을 위해 "지우고 고쳐 쓰"는 시인의 모습을, 시조 창작을 위해 더할 수 없이 고심하고 있는 시인의 모습을 문득 떠올려 보기도 한다. 그리고 이 같은 인고의 작업 끝에 그가 우리에게 선사한 '접미사가 아름다운 운문'들 하나하나에 다시금 눈길을 준다. 바라건대, 이순을 넘어선 시인이 앞으로도 계속 우리에게 '접미사가 아름다운 운문'들을 선사하기를. □

제3부

시조 문학의 현재와 미래

시조 시단의 새로운 물결

살아 숨 쉬는 시조 문학의 향연 한 마당, 그 하나

살아 숨 쉬는 시조 문학의 향연 한 마당, 그 둘

시조의 세계화, 또는 세계 속의 시조

시조 영역英譯의 가능성을 찾아서

시조 시단의 새로운 물결
―변화와 실험의 자취를 따라서

1. 시조 시단의 변화에 대해

만사가 시위를 떠난 화살처럼 어딘가를 향해 빠르게 움직여 가고 있는데, 유독 시조 문학만이 제자리에 멈춘 채 정체 상태를 벗어나지 못하고 있는 것은 아닐까. 아니, 정체 상태를 벗어나지 못하고 있는 정도가 아니라, 혹시 퇴행의 길을 걷고 있는 것은 아닐까. 이 같은 우려가 오늘날 시조 시인들은 물론 시조 문학을 아끼는 시조 시단 바깥쪽 사람들의 의식을 지배하고 있다. 그리고 이 같은 우려는 외적 상황에 대한 판단에서 비롯되는 것이기도 하지만 내적 상황에 대한 판단에 따른 것이기도 하다. 말하자면, 시조 문학에 대한 일반인의 관심이 점점 옅어져 가고 이로 인해 시조 시인들의 작품 발표 기회가 점점 줄어들고 있다는 외적 상황을 문제 삼을 수도 있지만, 시조 시인들 스스로가 시조를 유기적 변화의 논리보다는 전통의 논리를 중시하는 문학 장르로 받아들이고자 하는 내적 상황을 문제 삼을 수도 있다. 과연 시조는 유기적 변화의 논리와는 관계없는 문학 장르일까. 따지고 보면, 전통의 계승이라는 명분 아래 시조를 '화석화'된 그 무엇으로 받아들이려 했던 경향이 우리의 현대 문학사에서 일별되는 것도 사실이고, 적지 않은 시조 시인들이 형식이나 소재 선택의 면에서 변화의 논리를 등한시해 왔던 것도 사실이다. 하지만 오늘날의 시조 시단에서 우리가 확인할 수 있는 것이 과연 그와 같은 정체의 논리뿐일까.

여기서 우리는 고대 희랍의 철학자 제논의 역설 가운데 하나를 떠올리지 않을 수 없다. 시위를 떠나 포물선을 그리며 날아가는 화살이 있다 하자. 이 화살이 포물선상의 어느 한 지점을 지나는 순간 화살은 순간적으로나마 바로 그 지점에 존재하는 것이지 다른 어디에 존재하는 것이 아니다. 다시 말해, 순간의 관점—또는 미분학微分學의 관점—에서 보면, 화살의 움직임은 순간마다 이어지는 정지 상태의 연속이라 할 수 있다. 바로 이 같은 역설의 논리에 맞춰 시조 시단의 현재를 볼 수는 없을까. 하지만 시조 시단이 나는 화살처럼 빠르게 움직이고 있다는 증거를 제시하기란 불가능하다. 따라서 우리에게는 논리의 반전이 요구되는데, 혹시 정지해 있는 것도 실은 빠르게 움직이고 있는 것일 수 있다는 또 하나의 역설을 시조 문학과 관련하여 세울 수는 없을까. 말하자면, 정지해 있는 것처럼 보이지만 빠르게 움직이고 있는 것이 시조 시단이라는 논리를 세울 수는 없을까. 어떤 관점에서 보면, 이를 가능케 하는 것이 영국의 시인 워즈워스가 남긴 시 구절이다. 그는 「옅은 잠이 내 영혼을 닫아놓았지A Slumber Did My Spirit Seal」라는 시의 둘째 연에서 이렇게 노래한다.

> 이제 그녀에겐 움직임도, 힘도 없고,
> 그녀는 이제 듣지도 보지도 못한다.
> 다만 바위와 돌과 나무와 함께
> 지구의 자전 궤도를 따라 돌기만 할 뿐.

"움직임도, 힘도 없고" 또한 "듣지도 보지도 못한다"니? "그녀"는 죽음에 이른 것이다. 죽음에 이른 대상을 지배하는 것은 물론 정지 상태다. 하지만 지구 위에서 정지 상태를 유지한다는 것은 역설적으로 지구의 자전에 몸을 내맡긴 채 엄청나게 빠른 속도로 움직이는 것이 된다. 요컨대, 빠르게 움직이는 대상에서 정지 상태를 꿰뚫어보는 것이 제논의 시각이라면, 정지 상태의 대상에서 격렬한 움직임을 꿰뚫어보는 것이 워즈워스의 시각이다. 전자를 미시적 시각이라 한다면 후자를 거시적인 시각이라 할 수 있는데, 오늘날의 시조 시단을 바라보는 우리에게 요구되는 것은 제논의 미시적 시각을 넘어선 워즈워스의 거시적 시각일 것이다.

거시적 시각에서 보면, 정지해 있는 것도 실은 움직이고 있는 것일 수 있다. 오늘날의 시조 시단을 단순히 정체의 논리로만 보는 것이 바람직하지 않음은 이러한 역설이 가능하기 때문이다. 사실 오늘날의 시조 시단이 정체되어 있는 것처럼 보인다면, 이는 우리가 던지는 시선이 협소한 것 또는 미시적인 것이기 때문인지도 모른다. 미시적 시각에서 거시적 시각으로 관점을 바꾸는 경우 정체되어 있는 것처럼 보이는 오늘날의 시조 시단에서 우리는 격렬한 움직임과 변화의 물결을 엿볼 수도 있을 것이다. 물론 그와 같은 움직임과 변화의 동인動因은 항상 시조라는 문학 장르 안에 내재되어 있는 것이고, 이로 인해 움직임과 변화는 결코 우발적인 것일 수 없다. 필연적 변화의 원리에 의해 시조 시단은 시위를 떠난 화살처럼 빠르게 움직이고 있는 것이다. 다만 미시적 시각에는 그 움직임이 보이지 않을 따름이다.

오늘날의 시조 시단에서 일고 있는 변화의 물결 가운데 가장 두드러진 것 가운데 하나의 시원始原은 아마도 지난 60년대와 70년대에 시조 문학을 시작한 몇몇 진보적인 시조 시인들에서 찾을 수 있을 것이다. 형식상의 제약을 벗어나려 하고 소재 선택의 폭을 넓히려 했던 그들의 노력에 힘입어 작은 변화의 물결 가운데 하나가 시작되었고, 80년대와 90년대를 거치면서 이제 이 흐름은 보이지 않는 급류를 이루고 있는지도 모른다. 물론 그 흐름은 잘 짚이지도 보이지도 않는다. 깊게 흐르는 물결은 소리도 없고 보이지도 않는 법 아닌가. 하지만 멀리 떨어져 바라보면 정지되어 있는 것 같은 시조의 바다 위에 하나의 물결을, 빠르고 힘차게 움직이는 하나의 물결을 우리는 엿볼 수 있다. 시조 문학의 새로운 가능성을 가늠케 하는 이러한 물결을 정확하게 짚어 보기란 물론 쉽지 않다. 하지만 단순화의 위험을 무릅쓰는 경우 우리는 그 물결의 흐름을 몇몇 젊은 시조 시인들의 작업을 통해 확인해 볼 수 있다. 이제 1980년대와 90년대에 등단한 시조 시인들의 작업에 초점을 맞추어 그러한 흐름의 자취를 더듬어 보자.

2. 자기 성찰로서의 시조 쓰기

어느 시조 시인보다도 소재 선택의 자유로움과 여유를 느끼게 하면서도 동시에 인간사의 깊이를 일깨우는 시인은 고정국일 것이다. 물론 그가 선택한 시적 소재는 여느 시조 시인의 작품에 흔히 등장하는 평범한 자연과 일상의 사물들이다. 그것은 뻐꾸기나 청둥오리일 수도 있으며, 개망초나 할미꽃일 수도 있고, 시인의 삶 주변에서 찾아볼 수 있는 괭이나 가위손과 같은 소박한 농기구일 수도 있다. 하지만 고정국의 시에 등장하는 시적 소재들은 우리들의 아픈 삶이나 역사의 체취를 읽기 위한 장치라는 점에서 기존의 시조에 등장하는 자연물이나 일상의 사물과는 다르다. 따지고 보면, 자연물이나 일상의 사물을 매개로 하여 인간의 삶과 역사를 읽는 시조 시인이 고정국만 있는 것은 아니다. 문제는 그와 같은 삶과 역사 읽기가 얼마만큼 강렬하고 절실한 것인가에 있다. 바로 이 점에서 볼 때 고정국의 시조가 갖는 의미는 결코 심상치 않다.

> 산이 산을 막고 무심이 무심을 불러
> 해마다 뻐꾸기 소리 제삼자처럼 듣고 있지만
> 이모님 원통한 숲엔 오뉴월 서리도 내렸으리.
>
> —고정국, 「한라산漢拏山 뻐꾸기」 제2연

> 열을 불러 모아도 한 몸 구실에 미치지 못 할
> 산번지 미개발구역엔 무허가 꽃들이 밀려와 핀다.
> 순순히 몸을 비키며 개망초도 피어 있다.
>
> —고정국, 「개망초 마을의 풍경」 제1연

"해마다" "제삼자처럼 듣고 있"는 "뻐꾸기 소리"와 "4·3때 청상이 됐던 올해 칠순 이모"의 원통함, "순순히 몸을 비키며" "피어 있"는 "개망초"와 "산번지 미개발구역"에 "밀려와 핀" "무허가 꽃"과도 같은 서민의 고단한 삶 사이의 대비는 실로 절묘한 것이다. 일찍이 시인 엘리엇은 어떤 특정한 사건, 사물, 상황 등의 외적 사실이 이에 상응하는 고유한 느낌을 즉각적으로 불러일으킨다는 사실에 주목하고 이를 '객관적 상관물 objective correlative'이라는 개념으로 정리한 바 있는데, 고정국의 시적 이미지들은 엘리엇의 이 같은 시론을 적용할 수 있는 좋은 예로 꼽힐 수 있을 것이다. 하지만 고정국의 그 어떤 시조보다 우리의 눈길을 끄는 것은 「곡괭이」와 같은 작품이다.

지상에 헤프게 지는 꽃잎들을 헤아리며
사람은 눈물이 남아
서정시를 읊고 있지만
저 혼자 막장을 향해 생이마를 찍는 이여.

마침내 슬픈 영토에 희디흰 뼈를 찾으리라
찍으리라, 아직 캄캄한
그대 폐광의 침묵 저편
죽도록 방벽에 야위는 붓 한 자루를 섬기리라.

—고정국, 「곡괭이」 제3-4연

"지상에 헤프게 지는 꽃잎들을 헤아리며" "눈물이 남아 / 서정시를 읊고" 있는 "사람"은 과연 누구를 지시하는 것일까. 또한 "저 혼자 막장을 향해 생이마를 찍는" "곡괭이"와도 같은 "이"는 누구를 지시하는 것일까. 단순화가 허락된다면, 양자는 현실을 외면한 채 한가하게 시조를 쓰는 시인과 현실에 맞서 고통스럽게 시조를 쓰는 시인을 지시하는 것으로 볼 수 있으리라. 그렇다면, 이 같은 대비를 통해 시인이 말하고자 하는 바는 무엇일까. 무엇보다도 우리는 전자의 시인이 되기보다는 후자의 시인이 되고자 하는 시인의 자기 다짐을 이 시조에서 읽을 수 있다. 추측건대, 시인은 어느 날 곡괭이를 연장 삼아 일하다가 이를 계기로 문득 자신의 시조 쓰기를 되짚어 보게 되었는지도 모른다. 그 과정에 "막장을 향해 생이마를 찍는" 곡괭이와도 같은 자세로 시조를 쓰기보다는 "눈물이 남아 / 서정시를 읊고" 있는 "사람"과 같은 자세로 시조를 쓰고 있는 것은 아닌가 하는 자기 반성이 뒤따랐는지도 모른다. 이런 관점에서 보면, "저 혼자 막장을 향해 생이마를 찍는" "곡괭이"와도 같은 "이"는 곧 시인이 희망하는 시조 시인으로서의 자신의 모습일 수 있다. 이어지는 넷째 연의 "찾으리라" 및 "찍으리라"와 "섬기리라"라는 동사가 모두 다짐을 암시하는 '-리라'로 끝나고 있음은 이를 뒷받침한다. 시인에게 현실이란 "슬픈 영토"나 "침묵"이 이어지는 "아직 캄캄한 / 그대 폐광"과 같은 곳일 수 있으며, 그곳에서 "희디흰 뼈"를 찾고 "아위는 붓 한 자루"를 섬기는 일이 곧 그가 자각하는 시조 시인으로서의 자신의 역할이리라. 정녕코, 시조란 인간의 삶과 현실에 대한 관찰과 탐구로서의 '시절가조時節歌調'이어야 하지, 현실을 외면한 채 "지상에 헤프게 지는 꽃잎들을 헤아리며" 읊는 "서정시"일 수는 없다. 바로 이 같은 자기 반성과 자각이 「곡괭이」라는 시조 작품의 창작을 가능케 했던 것은 아닐까. 시조란 "막장을 향해 생이마를 찍는" "곡괭이"와도 같은 것이어야 한다고 다짐하는 시인이 있기에 시조 시단의 미래는 그만큼 더 밝은 것이 아니겠는가!

시조의 정체성에 대한 깊은 자기 반성과 자각을 드러내고 있다는 점에서 고정국의 「곡괭이」는 각별한 의미를 지니는 작품이지만, 이달균의 「관계」도 또 다른 의미에서 주목을 요구하는 작품이다.

혼자 이곳까지 걸어왔다고 말하지 말라
그대보다 먼저 걸어와 길이 된 사람들
그들의 이름을 밟고 이곳까지 왔느니

별이 저 홀로 빛나는 게 아니다
그 빛을 이토록 아름답게 하기 위하여
하늘이 스스로 저물어 어두워지는 것이다

—이달균, 「관계」 전문

일종의 잠언과도 같은 위의 시조에서 시인은 누군가에게 "혼자 이곳까지 걸어왔다고 말하지 말라"는 조언 또는 경계의 말을 전한다. 이는 과연 누구를 향한 것일까. 말할 것도 없이, 누구든 자신이 이룬 것은 모두 자신의 재주와 능력 덕분이라 생각하는 사람들—그러니까 그릇된 자존과 오만에 젖어 있는 사람들—을 향한 것일 수 있다. 이처럼 불특정 다수에게 자기 반성의 기회를 일깨운다는 점에서, 이 시조는 다름 아닌 '잠언'의

반열에 올리기에 충분한 것이리라.

하지만 우리에게 범위를 좁힐 것이 허락된다면 이는 역사와 전통을 가볍게 생각하는 사람들을 향한 조언과 경계의 말로 볼 수도 있다. 무엇보다도 시인이 "먼저 걸어와 길이 된 사람들"과 "그들의 이름"에 초점을 맞추고 있다는 점에서 그러하다. 아니, 더욱 범위를 좁히면 우리 시대의 시인들을 향한 조언과 경계의 말로 볼 수도 있는데, 이 지점에서 우리는 다시 엘리엇의 시론을 거론할 수도 있으리라. 엘리엇은 '개인의 재능'에 앞서는 것이 '전통'으로, 전통의 계승과 재창조를 통해서 비로소 개인의 재능은 의미 있는 것이 된다 주장한 바 있다. 이런 관점에서 볼 때, 시인의 조언과 경계는 전통을 무시한 채 개인의 재능을 앞세우는 시인들을 향한 것일 수 있다. 그리고 바로 이 때문에, 한 걸음 더 나아가, 그의 조언과 경계는 오랜 역사와 전통을 지닌 한국 문화 고유의 시가 형식인 시조를 창작하는 시조 시인들을 향한 것일 수도 있다. 시조를 창작하되 시조 고유의 역사와 전통을 무시하려 하는 시조 시인들, '자수 맞추기'라는 외적 형식 요건이 존재한다는 것만을 알 뿐 시조가 어떻게 서양 전통의 서정적 자유시와 근원적으로 다른 것인가에 대해 무지하거나 이에 대한 고민의 과정을 거치지 않은 채 시조를 창작하는 시조 시인들, 그럼에도 불구하고 어쩌다 남의 눈길을 끄는 작품을 발표하고는 자기 만족에 빠져 있는 시조 시인들을 향해 던지는 비판의 말일 수도 있는 것이다. 시조가 왜 시조인가, 시조의 정체성은 어디에서 찾아야 하는가, 오늘날 시조 시인에게 요구되는 마음가짐은 어떤 것인가 등의 문제를 다시 생각하게 한다는 점에서, 이달균의 「관계」는 '잠언' 이상의 작품이기도 하다.

사실 '잠언'과도 같은 작품이라는 투의 평가는 자칫 이 작품의 탁월한 시적 성취도를 제대로 파악하지 못하게 하는 방해물이 될 수도 있다. 말할 것도 없이, 이달균의 「관계」는 잠언이기에 앞서 탁월한 시적 창작물로, 이를 확인케 하는 것이 바로 둘째 연이다. 다시 말해, 이 작품의 전체적인 시적 형상화를 성공적인 것으로 만든 것은 둘째 연이다. 따지고 보면, 둘째 연에 등장하는 "아름답게" "빛나는" "별"과 "스스로 저물어 어두워지는" "하늘"이라는 이미지들과 이들 이미지 사이의 대비는 시적으로 새로울 것이 하나도 없는 것들이다. 말하자면, 진부한 것들이다. 하지만 둘째 연의 진부한 시적 이미지들과 이들 이미지 사이의 대비는 첫째 연의 시적 발언과 병치되는 가운데 문득 새롭고 낯선 것이 된다. "스스로 저물어 어두워지는" "하늘"의 이미지와 "먼저 걸어와 길이 된 사람들"의 이미지가 서로 겹쳐지는 가운데 제3의 시각적인 시적 이미지가 생생하게, 입체적으로 살아나고 있지 않은가. 아울러, "아름답게" "빛나는" "별"의 이미지에 힘입어 "혼자 이곳까지 걸어"오는 사람의 이미지가 더욱 선명해지지 않는가. "혼자 이곳까지 걸어"오는 사람이 처해 있을 법한 적막하고 쓸쓸한 분위기를 살리는 데 어찌 어두워지는 하늘의 별보다 더 적절한 것이 있겠는가. 또한 그처럼 "혼자" 걸어가는 사람에게 이곳까지 온 것은 "먼저 걸어와 길이 된 사람들"의 "이름"을 밟고 온 것임을 깨닫게 하는 데 어찌 "스스로 저물어 어두워지는" "하늘"의 별보다 더 만큼 적절한 것이 있을 수 있겠는가. 어찌 보면, 전통적이기에 진부하게 느껴지고 진부하기에 시인들이 외면하는 시적 이미지를 받아들여 다시 새롭게 창조하는 작업이 이루어지고 있는 현장이 바로 「관계」라는 시일 수 있다. 아니, 이렇게 말할 수도 있겠다. 이 시의 첫째 연이 별처럼 아름답게 빛나는 것은 둘째 연의 존재 때문이고, 둘째 연이 새로운 의미의 빛으로 환한 것은 첫째 연의 존재 때문일 수도 있다.

이달균의 탁월한 작품 세계 안에서 우리가 또 하나 주목하고자 하는 작품은 「저무는 가내공업같은 내 영혼의 한 줄 시」다.

> 그래도 나는 쓰네 손가락을 구부려
> 떠나는 노래들을 부르고 불러모아
>
> 저무는 가내공업같은 내 영혼의 한 줄 시
>
> —이달균, 「저무는 가내공업같은 내 영혼의 한 줄 시」 전문

이 시조의 초장과 중장을 통해 시적 화자는 자신의 시 창작에 자신이 쏟는 정성이 어떠한 것인지를 암시한다. 무엇보다도 초장의 시작이 "그래도"임에 유의할 수 있는데, 이는 시를 쓰는 일을 막거나 방해하는 그 무엇의 존재를 암시하는 것일 수 있다. 그럼에도 불구하고 시적 화자는 "손가락을 구부려" 시를 쓴다. "손가락을 구부려" 시를 쓰다니!

시를 쓰는 일에 안간힘을 쓰는 시적 화자의 모습을 어찌 이보다 더 간명하면서도 효과적으로 드러낼 수 있겠는가. 중장에 이르러 시적 화자는 그에게 시 쓰기란 "떠나는 노래들을 부르고 불러"모으는 일임을 암시한다. "떠나는 노래들"이란 어쩌면 시적 화자에게 언뜻 다가왔다가 어디론가 사라지는 시상을 암시하는 것일 수도 있지만, 이제 우리의 무관심으로 인해 우리 곁을 떠나는 시—말하자면, 시조—를 암시하는 것일 수도 있으리라. 이어서 종장에 이르러 시적 화자는 초장과 중장을 통해 말하는 자신의 시 쓰기 작업이 어찌 보면 "저무는 가내공업"과도 같은 것임을 암시한다. 근대화 또는 현대화라는 명분과 함께 우리에게 강요되어 온 새로운 형식과 내용의 시들, 기계로 대량 생산하듯이 마구 쏟아져 나오는 자유시의 물결 속에서 "떠나는 노래들"인 시조를 지키겠다는 이달균 시인의 결연한 의지를 우리는 여기서 읽을 수 있지 않을까. 그에게 시조는 "저무는 가내공업"처럼 이미 매력을 상실한 것일 수도 있으나 더할 수 없이 소중한 것, 그리하여 "내 영혼의 한 줄 시"라 할 수 있는 그 무엇인지도 모른다.

「저무는 가내공업 같은 내 영혼의 한 줄 시」는 말을 아끼면서 동시에 아낀 말 안에 깊고 생생한 의미를 담고 있는 시조 작품 가운데 하나라 할 수 있거니와, 이런 관점에서 볼 때 간결하면서도 소박한 이 작품은 시조 쓰기의 한 전범이 될 수 있다. 아무튼, 우리는 시인이 왜 중장과 종장 사이를 떼어 놓음으로써 호흡의 조절을 꾀하고 있는가에 대해 잠깐 의문을 가질 수 있다. 아마도 그렇게 한 이유는 "쓰네"의 목적어에 해당하는 종장의 의미를 강화하기 위한 것일 수 있다. 아울러, 중장과 종장의 여백을 제거하는 경우, "떠나는 노래들을 부르고 불러모아"라는 구절이 종장에 이어지는 것으로 잘못 읽힐 수 있다는 점도 고려해 볼 수 있을 것이다. 물론 그런 혼동이 일어날 가능성은 희박하지만, 시적 진술이 전체적으로 자연스럽지 못한 것이 될 수도 있다.

3. 현실에 대한 이해와 비판으로서의 시조 쓰기

물론 시조는 "떠나는 노래"일 수도 있고 시조 쓰기란 "저무는 가내공업"과도 같은 것일 수도 있다. 하지만 근원적으로 시조란 현실에 대한 우의적 이해의 장치일 수도 있으며 시조 쓰기란 현실 세계에 대한 비판적 이해의 방법일 수도 있다. 따라서 오늘날의 시조는 오늘날의 현실을 소재로 하여 오늘날의 현실을 이해하고 비판하는 장치로서의 기능도 해야 한다. 이런 관점에서 볼 때 김복근의 「톱니바퀴의 시詩」 역시 일별을 요구하는 작품이다.

> 날 선 어둠은 보랏빛 어지럼이다.
> 꽉 조인 몸으로 운신도 하지 못한 채
> 완강한 서로의 긴장 유착되는 아픔이다.
>
> 누적된 허물들이 녹스는 공간에서
> 캄캄한 동굴 저 편 태아처럼 웅크리고
> 허기진 가슴을 쓸며 체념에 젖어 있다.
>
> 우수의 덫에 잠긴 살 시린 저항 의지
> 누구도 풀지 못한 젖은 자존을 위해
> 아리는 신경통에도 말 한 마디 않고 있다.

—김복근, 「톱니바퀴의 시」 전문

과문한 탓인지는 몰라도, 톱니바퀴와 같이 기계 문명의 상징물을 시조의 소재로 삼은 최초의 시인은 아마도 김복근일 것이다. 김복근은 "톱니바퀴"뿐만 아니라 "볼트와 너트"까지 시조의 소재로 삼기도 했는데, 이는 시조에 대한 전통적 선입견을 깨뜨리고 소재 선택의 지평을 넓히는 데 나름의 역할을 했다 하지 않을 수 없다. 하지만 위의 시조는 소재 선택의 새로움에도 불구하고 전통적인 시조의 형식과 내재율을 상당히 충실하게 지키고 있음에 유의할 필요가 있다. 여기에는 어떤 전략이 숨어 있는 것일까. 어떤 의미에서 보면, 이 시의 첫째 연에 그 답이 숨어 있는지도 모른다. 주지하는 바와 같이, 톱니바퀴의 움직임은 규칙성과 정확성을 생명으로 하는데, 시인은 이를 "날 선 어둠은 보랏빛 어지럼" 또는 "꽉 조인 몸으로 운신도 하지 못한 채 / 완강한 서로의 긴장 유착되는 아픔"으로 표현하고 있다. 이는 바로 시조 형식과 운율이 많은 시조 시인들에게 강요하던 바 아닐까. 즉, 시조의 짜여진 형식과 운율에서 톱니바퀴의 긴장되고 유착된 움직임을 연상할 수도 있는데, 시조의 형식과 운율에 대체로 충실한 위의 시 자체가 톱니바퀴의 움직임을 운율적으로나 시각적으로 형상화하고 있다는 판단도 가능하다. 문제는 그와 같은 형상화를 통해 시인이 말하고자 하는 바가 무엇인가에 있다. 여기서 우리는 많은 사람들이 맞물려 돌아가는 톱니바퀴에서 오늘날의 사회 현실을 읽는다는 점에 주목할 수 있다. 김복근의 경우도 예외는 아니지만, "체념"과 "저항"을 동시에 담고 있다는 점에서 현대 사회의 억압성이나 군중의 피동성만을 암시하는 여타의 시적 형상화들과 구별된다. 즉, 김복근의 "톱니바퀴"는 "허기진 가슴을 쓸며 체념에 젖어 있"으면서 동시에 "우수의 덫에 잠긴 살 시린 저항 의지"를 보듬어 안고 있다. 아울러, "누구도 풀지 못한 젖은 자존을 위해 / 아리는 신경통에도 말 한 마디 않고 있다." 여기서 우리는 김수영이 「풀」이라는 시를 통해 형상화한 것으로 여겨지는 서민 또는 민중, 역사의 주체이자 삶의 개척자로서의 서민 또는 민중의 아픔과 저항을 새롭게 읽을 수도 있다. 한국 현대사의 격변기를 꿋꿋하게 헤쳐온 서민 또는 민중의 "체념"과 "저항"을 동시에 읽을 수 있도록 한다는 점에서, 이 시조 작품의 의미는 각별한 것이라 하지 않을 수 없다.

오늘날의 삶에 대한 비판적 시선을 담은 시조 가운데 또 하나 주목할 만한 것이 있다면, 이는 바로 홍성운의 「가을 폐차장 · 1」일 것이다.

> 세상이 답답할 땐 폐차장을 가 본다 부위별로 진열된 튼실한 정육점같이 쇳덩이 무덤을 따라 가을바람 경적 우는
>
> 그랜저 쏘나타 프라이드 티코까지 한 때의 애증으로 번지는 쇠울음아 아직도 철기시대가 이 땅에 견고하다.
>
> —홍성운, 「가을 폐차장 · 1」

먼저 이 작품은 여느 시조와 달리 세부적인 행의 구분이 없다. 호흡을 가다듬지 않고 단숨에 한 행을 읽어 나갈 것을 요구하고 있는 것처럼 보이지만, 그렇다 해서 시를 읽는

과정에서 속도감이 느껴지는 것도 아니다. 여백의 미를 거부하면서 동시에 속도감마저 거부하는 듯한 이 작품을 통해 시인이 의도하는 바는 무엇일까. 이 물음에 답하기에 앞서 우리는 또 하나의 물음을 던지지 않을 수 없다. 즉, "세상이 답답할 땐 폐차장을 가 본다"라는 진술이 의미하는 바는 무엇인가. 사실 상투적인 시적 표현에 따르면 세상이 답답할 때 사람들은 들판이든 호숫가든 숲이든 자연의 세계로 나간다. 이는 자연과 만나는 가운데 답답함을 풀기 위해서다. 하지만 이 시에서 시인은 "폐차장"으로 간다. 인간이 "한 때" 애증의 감정을 가졌던 자동차, 기계 문명의 총아인 자동차들의 시체가 쌓여 있는 "폐차장"으로 가 보아야 그가 확인할 수 있는 것은 "쇠울음"뿐이다. "부위별로 진열된 튼실한 정육점"을 연상시키는 "쇳덩이 무덤"을 간들 확인할 수 있는 것은 "한 때의 애증으로 번지는 쇠울음"뿐인 것이다. 사정이 이러하다면 "폐차장"에 가는 이유는 결코 답답함을 풀기 위한 것이 아닐 수 있다. 아니, 보다 더 거대한 답답함 속으로 빠져들기 위해 생명의 숨결이 느껴지지 않는 차가운 "쇳덩이 무덤"에 가는 것인지도 모른다. 그와 같은 거대한 답답함 속으로 빠져들다 보면 이전에 느끼던 답답함이 대단치 않은 것으로 느껴질 수도 있지 않을까. 바로 이러한 위로의 느낌을 위해 "폐차장"에 가는 것은 아닐까. 사실 오늘날의 삶을 살아가는 우리에게 답답함을 풀기란 하나의 사치, 이제는 쉽게 맛 볼 수 없는 사치일 수도 있다. 어디를 가나 우리가 확인할 수 있는 것은 "아직도 철기시대가 이 땅에 견고하다"는 느낌일 뿐이기 때문이다. "아직도" "이 땅에 견고"한 "철기시대"를 더욱더 절실하게 확인하도록 하는 장소가 바로 "폐차장"인 이상, 시인은 마음의 여유도 삶의 활기도 느낄 수 없다. 위의 시가 여백의 미를 거부하면서 동시에 속도감마저 거부하는 듯한 느낌을 주는 이유는 바로 이러한 시인의 정서를 반영하기 때문인지도 모른다.

4. 형식에 대한 실험으로서의 시조 쓰기

젊은 시인들의 시조 작품에서 우리는 소재상의 새로움뿐만 아니라 형식상의 새로움도 어렵지 않게 확인할 수 있다. 사실 현대 시조의 주류를 이루어 온 것은 전통적인 평시조 또는 단시조 양식이다. 물론 전통적인 평시조 양식만으로는 복잡 다단한 현대의 삶과 세계를 시화하기에는 미흡하다는 의견에 따라 평시조를 여러 수 연결하여 연시조의 형태로 시조를 창작하는 경향이 지배적인 것도 사실이며, 시조의 초・중・종장 가운데 일부 또는 전부에 대한 행갈이를 통해 새로운 여운과 리듬을 창조하려는 경향 역시 작지 않은 것도 사실이다. 아울러, 보다 역동적이고 강렬한 시심을 표현하기 위해 사설시조 형식을 채용하는 경우도 있었는데, 이를 우리는 60년대와 70년대를 거쳐 오늘날에 이르기까지 활발하게 활동하고 있는 몇몇 중견 시인들의 작품에게 확인할 수 있다. 최근에는 형식에 대한 실험이 한 걸음 더 나아가서 평시조와 사설시조의 경계를 무너뜨리고 있는 작품까지도 등장하게 되었다. 아마도 그 대표적인 예가 되는 것이 홍성란의 「명자꽃의 말」일 것이다.

네가 무엇이라고 억센 바람 비껴 가고
白雪 어두운 무게 가뿐히 벗었겠느냐
이 땅에 피고 지는 넌들 왜 그 한파 모르겠느냐.

춘삼월이 뭔지 몰라, 세 살 같이 난 몰라.
소월길 가는 길목 포장집 잔소주랑 터덜터덜 올라와 불 꺼진 빌딩 숲 오래오래 바라보는 아버지 굳은 표정, 죄 없이 배고픈 갓난아기 울음소리 난 몰라요, 몰라. 삼년치 품삯 소매치기 당하고 쫓겨 가지도 못하는 외방의 근로자 잘린 손목 난 몰라요, 몰라. 눈물의 대처분을 처분하지 못하고 한숨짓는 시장통 난 몰라요, 몰라. 새벽 시장 오뎅 국물 몇 사발을 들이켜도 팔려가지 못하는 잡역부 명치끝에 뭉클뭉클 뭉친 울음 난 몰라, 몰라.
그 기쁨 감추지 못해 참은 웃음 불거지네.

물빛 소매 걷어붙이고 와글대는 꽃망울처럼
쇳소리 바람소리 조목조목 가르치는
새빨간 네 거짓말로 착한 눈 빛난다.

—「명자꽃의 말」 전문

누구나 한눈에 알 수 있듯이, 위의 시는 평시조 형식과 사설시조 형식의 혼합 형태로 씌어져 있다. 한편 내용상으로 보면 이 시는 시인과 "나"(또는 "명자꽃") 사이의 대화로 이루어져 있다. 먼저 첫째 연에서 시인은 "나"에게 다그치다시피 힐난조로 묻는다. 둘째 연에 "나"의 대꾸가 이어지는데, 이 부분은 특히 사설시조 고유의 자연스러움과 활달함을 유감없이 살리고 있다. (둘째 연의 마지막 행은 연극 대본의 설명문과도 같은 역할을 한다.) 둘째 연의 "나"의 대꾸가 무엇보다도 시적으로 값진 이유는 이 부분이 고도의 해학을 담고 있다는 데 있다. 이와 관련하여 약간의 설명이 필요한데, 자세히 캐묻지도 않았는데 누군가가 '나 그거 안 먹었어요'라고 말한다면 이는 십중팔구 '그것을 먹었다'는 사실을 숨기려는 의도를 무의식적으로 드러내는 것일 수 있다. 마찬가지로 "나"의 "모른다"는 말은 "다 알고 있음"을 무의식적으로 드러내는 것일 수 있다. 바로 이 점을 암시하듯 셋째 연에서 시인은 "새빨간 네 거짓말로 착한 눈 빛난다"라고 말한다. "모른다"라는 대꾸가 "새빨간 네 거짓말"인줄 알면서도 "나"의 "착한 눈"을 알아보는 시인의 눈은 너그럽고 따뜻하다. 어떤 의미에서 본다면, "새빨간 네 거짓말"에도 불구하고 "착한" "나"는 "명자꽃"과도 같은 삶을 살아간 우리 시대의 이름 없는 여인들 가운데 하나일 수 있다. 삶의 애환에도 불구하고 "그 기쁨 감추지 못해 참은 웃음 불거지"는 착한 여인들, 수모를 당하고 짓밟히면서도 삶의 기쁨과 웃음을 잃지 않는 우리 시대의 이름 없는 여인들 가운데 하나인지도 모른다.

우리는 「명자꽃의 말」에서 시조 형식에 대한 실험이 성공적이었을 때 얼마만큼 생동감이 넘치는 시가 창작될 수 있는가를 확인할 수 있다. 이와는 각도가 다르지만, 시조 형식에 대한 좀 더 적극적이고 개방적인 실험을 통해 시조의 새로움과 생동감을 살리고 또 한 편의 시가 있으니, 이는 바로 이지엽의 「해남에서 온 편지」다. 이 작품을 함께 읽기로 하자.

아홉배미 길 질컥질컥해서
오늘도 삭신 꾹꾹 쑤신다

아가 서울 가는 인편에 쌀 쪼깐 부친다 비민하것냐만 그래도 잘 챙겨묵거라 아이엠 에픈가 뭔가가 징허긴 징헌갑다 느그 오래비도 존화로만 기별 딸랑하고 지난 설에도 안와브렀다 애비가 알믄 배락을 칠 것인디 그 냥반 까무잡잡하던 낯짝도 인자는 가뭇가뭇하다 나도 얼릉 따라 나서야 것는디 모진 것이 목숨이라 이도저도 못하고 그러냐 안.

쑥 한 바구리 캐와 따듬다 말고 쏘주 한 잔 혔다 지랄 눔의 농사는 지먼 뭣 하냐 그래도 자석들한테 팔이란 돈부, 깨, 콩, 고추 보내는 재미였는디 너할코 종신서원이라니…… 그것은 하느님하고 갤혼하는 것이라는디…… 더 살기 팍팍해서 어째야 쓸란가 모르것다 너는 이 에미더러 보고 자퍼도 꾹 전디라고 했는디 달구똥마냥 니 생각 끈하다

복사꽃 저리 환하게 핀 것이
혼자 볼랑께 영 아깝다야

—「해남에서 온 편지」 전문

형식상 위의 작품은 사설시조의 하나로 분류될 수 있을 것이다. 따라서 중장의 파격을 당연한 것으로 여길 수도 있다. 문제는 전통적 운율 계산법에 따르면 초장과 종장 역시 일종의 파격에 해당한다는 사실이다. 사실 중장의 경우에도 문제가 없는 것은 아닌데, 일반적 예와 달리 중장이 두 행으로 나누어져 있다는 점에 유의하기 바란다. 하지만 시의 내재율을 문제 삼는다면 이상과 같은 파격은 아마도 크게 문제 삼을 수 없을 것이다. 따지고 보면, 위의 작품이 갖는 형식상의 새로움은 단순히 운율상의 파격에만 있는 것은 아니다. 위의 작품이 갖는 새로움 가운데 무엇보다도 주목해야 할 점은 위의 작품이 '극적 독백dramatic monologue'의 형식으로 되어 있다는 사실일 것이다. 누군가가 암시적으로만 드러나 있는 상대(위의 작품의 경우에는 "종신서원"을 하고 수녀가 된 화자의 딸)에게 일방적으로 전하는 이야기를 독자가 옆에서 훔쳐 듣는 듯한 느낌을 주는 '극적 독백'이라는 형식은 시적 화자의 성격과 심리를 하나의 생생한 장면으로 살려 준다는 장점으로 인해 서구 문학계에서 이미 오래전부터 한 흐름을 형성해 오고 있다. 자유시로든 시조로든 우리에게는 아직 낯선 이 형식의 시는 기본적으로 화자가 무심결에 던지는 말이나 여담으로 하는 말로 이루어지는데, 독자는 그러한 말을 엿듣는 동안 시인이 의도한 극적 상황을 마음속에 재현하게 된다. 위의 작품의 경우 화자는 남편을

여위고 혼자 살면서 자식 생각으로 세상을 살아가는 늙은 여인이다. 수녀가 되어 서울에 살고 있는 딸에게 말—제목에 의하면, "편지"를 통해 사연—을 전하는 형식으로 되어 있는 위의 시에서 우리는 자식에 대한 어머니의 그리움뿐만 아니라 세파에 어려움을 겪고 있는 자식에 대한 어머니의 근심과 걱정을 생생하게 읽을 수 있다. 질박한 호남 사투리로 한국적 어머니의 자식에 대한 그리움과 걱정을 극적劇的인 아름다움 속에 되살리고 있는 위의 시에서 특히 압권을 이루는 것은 종장 부분이다. "복사꽃 저리 환하게 핀 것이 / 혼자 볼랑께 영 아깝다야." 어찌 이보다 더 절절하게 멀리 떠나 있는 자식에 대한 그리움을 표현할 수 있겠는가.

사실 "복사꽃 저리 환하게 핀 것이 / 혼자 볼랑께 영 아깝다야"라는 말은 한국적 어머니의 것만이 아니다. 오늘날 시조 시단을 아름답고 수놓고 있는 젊은 시조 시인들의 새로운 시를 바라보면서 우리 모두가 던질 수 있는 말이기도 하다. "저리 환하게 핀" "복사꽃"과도 같이 새롭고도 아름다운 시조들을 시조 시인들끼리만 즐기기엔 진실로 "아깝다." 시조 시인들뿐만 아니라 모든 문학인들, 나아가서 문학을 사랑하는 모든 이들에게 오늘날의 젊은 시조 시인들이 이룩해 놓은 새롭고도 아름다운 시조의 세계를, "저리 환하게 핀" "복사꽃"과도 같은 시조의 세계를 함께 즐기기를 권하고 싶다. □

살아 숨 쉬는 시조 문학의 향연 한 마당, 그 하나
—시조의 미래를 이끌어 갈 시인들의 작품을 찾아서

1. '한국 시조 작품상'의 의의

온갖 어려움에도 불구하고 한국의 전통 시가인 시조가 빛과 향기를 잃지 않은 채 오늘날까지 넉넉한 생명력을 누려온 것은 수많은 분들의 노고 덕택이었다. 그런 분들 가운데 한 분이 오랜 세월 사재를 털어 '한국 시조 작품상'을 운영해 온 이상범 시인이다. 정갈하고 단아한 시조 작품을 지속적으로 발표함으로써 시조 문학이 나아가야 할 길을 후배 시조 시인들에게 몸소 밝혀 주고 있기도 한 그가 '한국 시조 작품상'의 운영을 통해 시조 문학의 발전에 기여하는 바는 각별한 것이다. 시조 문학의 발전을 위해 무엇보다 요구되는 것은 탁월한 시조 작품의 창작과 발표를 적극 장려하는 일인데, 이 점에서 '한국 시조 작품상'이 갖는 의미는 결코 작은 것이 아니다. 지난 1991년 제1회 수상작을 낸 이래 매년 거르지 않고 작품 위주의 엄정하고 세심한 심사 과정을 거쳐 한 해 동안 발표된 시조들 가운데 최고의 작품을 가려 뽑는 일을 해 왔다는 점에서 그러하다. 실로 수상작 한 편 한 편을 살펴보면 모두가 시조 문학이 앞으로 나아가야 할 방향을 알려 주는 전범과도 같은 작품임을 인정하지 않을 수 없다. 또한 시조란 과거의 문화유산이라는 자리에 머물지 않고 살아 숨 쉬는 오늘날의 문학 양식임을 새삼 깨닫게 하는 것이 이들 수상작임을 부정할 수 없다. 확신컨대, '한국 시조 작품상'과 같은 시조 창작 장려 제도가 존재하는 한, 시조의 소중한 생명력은 앞으로도 오래오래 이어질 것이다.

우연한 기회에 이제까지 '한국 시조 작품상'을 수상한 시인들의 작품을 한데 모아 놓은 시집이 출간될 것이라는 소식을 접했는데, 시집의 출간에 앞서 원고를 검토하는 행운이 나에게 주어졌다. 역대 수상자들의 수상작 및 다섯 편의 대표작들로 구성되어 있는 시집 원고는 1990년대부터 현대 시조가 지향해 온 시조 문학의 길을 한눈에 확인할 수 있게 하는 소중한 자료가 아닐 수 없었다. 아무튼, 제1회 수상자가 1976년 한국일보 신춘문예를 통해 등단했다는 점을 감안하면 그는 등단 이후 15년 동안의 작품 활동 끝에 수상의 영광을 안게 되었던 것이고, 그 이후의 수상자들도 대체로 10년에서 15년 동안의 작품 활동 끝에 수상의 영광을 안게 되었음을 확인할 수 있다. 말하자면, 수상 시점에서 볼 때 수상자들은 등단 이후 상당한 기간 동안 연륜을 쌓아 온 중견 시인들이었다. 이 점은 수상자들이 미래의 시조 시단을 이끌어 갈 '중추'에 해당하는 시인들이었음을 말해 주는 것으로, 수상이 이뤄지던 시기에 그들의 작품 세계에 눈길을 주는 일은 곧 시조 문학의 밝은 앞날을 내다보는 일과 다름없는 것이기도 했다. 그리고 이런 사정은 여전히 변함없는 것이기도 한데, 수상이 이루어지고 상당한 시간이 지난 현재 명실상부한 중견 시조 시인으로 활동하고 있는 그들은 오늘의 시조 시단에서 여전히 활발하게 활동하면서 시조 문학의 전범을 보여 주고 있기 때문이다.

원고를 검토하는 과정에서 필자는 문득 "구슬이 서 말이라도 꿰어야 보배"라는 속담을 떠올리기도 했다. 아름다운 구슬을 꿰어 놓은 보배와도 같은 시집을 마음속에 떠올릴 수 있었기 때문이었다. 아니, 어쩌면 이 같은 말은 이 시집에 결코 적절한 것이 아닐 수도 있었다. 왜냐하면 이번 작품집에 실린 모든 작품이 하나하나 다 '구슬'의 차원을 넘어서서 그 자체로서 '보배'로 여겨지기도 했기 때문이었다. 그런 의미에서 볼 때 그들의 작품집은 '보배'들로 가득 찬 '보석함'이라 하는 것이 더 적절한 표현일지도 모르겠다. 이 자리에서 필자는 '보석함'의 '보배'들을 하나하나 감상하듯 원고를 읽고 느낀 바를 간략하게 논의하되, 주어진 지면을 고려하여 논의 대상의 범위를 제1회 수상자에서 제8회 수상자까지의 작품에 한정하기로 한다.

2. 민병도의 「장국밥」

제1회 수상자인 민병도의 작품 세계는 단아하고 정갈하다. 단아하고 정갈할 뿐만 아니라, 따뜻하고 깊다. 삶과 세상에 대한 시인의 따뜻한 이해와 깊은 사색이 구절마다 느껴지는 그의 작품 세계에서 특히 우리의 눈길은 끄는 작품은 「장국밥」이다.

울 오매 뼈가 다 녹은 청도 장날 난전에서
목이 타는 나무처럼 흙비 흠뻑 맞다가
설움을 붉게 우려낸 장국밥을 먹는다.

5원짜리 부추 몇 단 3원에도 팔지 못하고
윤 사월 뙤약볕에 부추보다 늘쳐져도
하교 길 기다렸다가 둘이서 함께 먹던……

내 미처 그때는 셈하지 못하였지만
한 그릇에 부추가 열 단, 당신은 차마 못 먹고
때늦은 점심을 핑계로 울며 먹던 그 장국밥.

민병도, 「장국밥」 전문

시인은 이 시에서 "장국밥"을 매개로 하여 어린 시절을 회상한다. "울 오매 뼈가 다 녹은 청도 장날 난전에서"나 "5원짜리 부추 몇 단 3원에도 팔지 못하고 / 윤 사월 뙤약볕에 부추보다 늘쳐져도"와 같은 구절이 전하듯 시인의 "오매"가 꾸려 가야 했던 삶의 여정은 더할 수 없이 신산한 것이었다. 그런 가운데서도 "오매"는 시인의 어린 시절 "당신은 차마 못 먹"는 장국밥을 자식에게 먹이곤 했다. "셈하지 못"했던 시인은 이제 어른이 되어 그 장국밥이 얼마나 값진 것이었는지를 새삼 깨닫는다. 비록 한 마디의 언급도 없지만, 자식에 대한 어머니의 사랑과 이를 뒤늦게 깨닫는 자식의 아픈 마음이 생생하게 감지되지 않는가. 또한 둘째 연 또는 둘째 수의 종장에 나오는 말없음표에서 목이 메어 말을 잇지 못하는 시인의 모습이 생생하게 잡히지 않는가.

정감이 넘치는 시인의 따뜻한 마음과 눈길을 우리는 「아침 노을」과 같은 시에서도 확인할 수 있다. "밤비"에 "인도위로 쓰러"진 "플라타나스"가 있고, "행인들은 아무 말 없이 / 꺾인 가지를 "밟고 지나"간다. 이처럼 쓰러져 버림받은 나무에 비친 "아침 노을"에서 시인은 "이마"를 덮어 주는 "작은 손수건 하나"를 본다. 어떤 의미에서 보면, 시인의 작품 하나하나가 모두 세상의 "이마"를 덮어 주는 "작은 손수건 하나"와 같은 "아침 노을" 아닐까. 진실로 시인이 말하듯 "정녕 무서운 힘은 창칼도 붓도 아닌 / 한 근斤도 못 미치는 마음 안에 있는 것"(「보리밟기」)이라면, 시인의 따뜻한 마음을 담고 있는 그의 작품 세계는 "아침 노을"만큼 포근하고 아름다울 뿐만 아니라 "무서운 힘"—크고 강한 울림을 갖는다는 점에서 무서울 만큼 큰 시적 감동의 힘—까지 지니고 있다 할 수 있겠다.

3. 이정환의 「새와 수면」

제2회 수상자인 이정환의 작품 세계에서 우리는 무엇보다도 대상에 대한 섬세한 관찰자의 눈길을 확인할 수 있다. 시인은 여느 사람이라면 쉽게 지나칠 수 있는 우리 주변의 사물들에 섬세한 눈길을 던져 그 사물들을 새로운 의미에 휩싸이도록 한다. 그렇게 함으로써 그 사물에 새롭게 주목하도록 우리를 유도한다. 그 대표적인 예로 우리는 「새와 수면」을 꼽을 수 있겠다.

강물 위로 새 한 마리 유유히 떠오르자

그 아래쪽 허공이 돌연 팽팽해져서

물결이 참지 못하고 일제히 퍼덕거린다

물속에 숨어 있던 수천의 새 떼들이

젖은 날갯죽지 툭툭 털며 솟구쳐서

한 순간 허공을 찢는다, 오오 저 파열음!

이정환, 「새와 수변」 전문

수면을 가르거나 또는 스치면서 새가 나는 것이야 우리가 흔히 보는 정경일 것이다. 하지만 시인의 눈을 통해 이 정경은 예사롭지 않은 것으로 바뀐다. 우선 "강물 위로 새 한 마리 유유히 떠오르자" 새와 수면 사이의 "허공이 돌연 팽팽해"짐을 시인의 '눈'은 포착한다. 이윽고 시인의 '눈'은 수면 위로 튀어 오르는 "물결"에서 "참지 못하고 일제히 퍼덕거"리는 "새 떼들"까지 포착한다. 튀어 오르는 "물결"에서 "물속에 숨어 있던 수천의 새 떼들"을 읽어내는 시인의 '눈'은 실로 예사로운 것이 아니다. 하지만 예사롭지 않은 시인의 관찰은 여기서 끝나지 않는데, 시각적 이미지가 마지막 순간 청각적 이미지로 바뀌고 있지 않은가. 어찌 보면, 물결이 일어난 다음 가라앉으면서 나는 소리가 바로 "파열음"일 수도 있다. 하지만 이 시의 거의 모든 부분을 지배하는 시각적 이미지에 힘입어 마지막 행의 "저 파열음!"이라는 구절은 시각적 이미지의 청각화로 읽히기도 한다. 이 같은 시각적 이미지의 청각화로 인해 야기되는 팽팽한 시적 긴장감이 생생하게 살아나고 있지 않은가.

이정환의 이처럼 섬세한 눈길을 던져 사물을 관찰하기도 하지만 경우에 따라서는 섬세할 뿐만 아니라 따뜻한 눈길을 던져 그 사물들을 새로운 의미에 휩싸이도록 하기도 한다. 예컨대, "나"라는 대상을 "길 한 모퉁이에 버려져 발끝에 더러 채이다가 / 어느 날 그 누군가의 손에 불현듯 쥐어"진 "더없이 낡고 해진" "마른 헝겊조각"에 비유하고 있는 「남루襤褸의 시詩」를 보자. 이 시의 "나"는 무엇보다도 "시"를 지시하는 것으로 읽히는데, 그렇다면 "나의 쓸모를 묵묵히 헤아린 끝에 / 사랑은 젖어드는 일, 속속들이 젖는 일이라며 / 서늘한 한 두레박 물을 가만 끼얹어 주"는 "그 누군가"는 누구인가. "더없이 낡고 해진" "마른 헝겊조각"과 같이 보잘것없는 대상에 따뜻하고 섬세한 눈길을 주는 시인 자신이 아니라면 어찌 그와 같은 비유가 가능할 수 있겠는가.

4. 정해송의 「2월 산은」

제3회 수상자인 정해송의 시 세계에서도 우리는 보이지 않는 것을 보는 시인의 눈길을, 들리지 않는 것을 듣고 만져지지 않는 것을 만져 느끼는 시인의 예사롭지 않은 감수성과 만날 수 있다. 바로 이 점을 확인케 하는 작품 가운데 하나가 「2월 산은」이다.

> 한바탕 격전을 앞둔 정적이 감돈다.
> 은밀한 신호들이 나무 사이 오가면서
> 능선은 귀를 세우고 숨을 죽여 엎드렸다.
>
> 불꽃 튈 싸움을 예감하는 바람이
> 벗은 가지 끝을 전율처럼 흔들어
> 전신에 촉수가 서고 응전하는 자세된다.
>
> 까치집 망대에서 초병이 견시하고
> 철 늦은 눈보라가 이따금 흩날려도
> 녹두빛 깃발을 날리며 함성들은 오고 있다.

정해송, 「2월 산은」 전문

제목에 비추어 볼 때 이는 생명의 노래가 시작되는 봄이 오기 직전의 순간을 포착한 시라 할 수 있다. 먼저 시인은 "한바탕 격전" 또는 "불꽃 튈 싸움"에 비유되는 봄의 향연을 앞둔 "2월 산"에서 "정적"을 '본'다. 마치 폭풍 전의 고요를 감지하듯 말이다. 즉, "나무 사이 오가"는 "은밀한 신호들"과 "귀를 세우고 숨을 죽여 엎드"린 "능선"을 통해 "정적"을 '본'다. 이윽고 시인은 "벗은 가지 끝을 전율처럼 흔들어 / 전신에 촉수가 서고 응전하는 자세"가 된 "바람"을 '본'다. 이어서 "까치집 망대"의 "초병"과 "철 늦은 눈보라"를 배경으로 시인은 "녹두빛 깃발을 날리며" 오는 "함성들"을 '본'다. "정적"과 "바람"과 "함성들"은 모두 청각과 관계되는 표현으로, 강도의 면에서 점층적 변화를 암시한다. 하지만 이 시에서는 "정적"이든 "바람"이든 "함성들"이든 그 어느 것도 실제로 들리는 것도 아니고 보이는 것도 아니다. 다만 시인은 "2월 산"의 "나무"와 "능선"과 "벗은 가지" 및 "까치집 망대"의 "초병"과 "철 늦은 눈보라"라는 시각적 이미지들을 통해 이를 감지하고 있을 뿐이다. 말하자면, 시각적 이미지들을 통해 청각적 이미지를 확인하고 있는 것이다. 우리가 "정적"을, "바람"을, "함성들"을 '본'다고 표현함은 이 때문이다.

보이지 않는 것을 보고 들리지 않는 것을 듣는 시인의 예민한 눈과 귀는 물론 「검」과 같은 시에서도 확인된다. "한 시대 협기 서린 수평선을 가늠하며 / 오랜 해를 담금질로 벼린 끝에 혼이 섰다"라든가 "서정을 엮은 달빛도 이 날 아랜 갈라진다"는 시적 진술, 또는 "머리맡에 걸어두면 가을물 소리 높다"라든가 "굽은 목을 치려는 살의에 찬 저 눈빛"과 같은 시적 진술은 모두 이를 증명하는 것일 수 있다. 어쩌면 시인이 검을 놓고 보고 듣는 것은 그가 시를 통해 추구하는 바일 수도 있다. 그런 의미에서 "검"은 곧 시인에게 시 자체를 암시하는 것일 수도 있겠다. 바라건대 시인의 시가 "쓰러진 함성"을 "섬광"으로 일으키는 "검"으로 계속 살아 있기를!

5. 백이운의 「빈산」

제4회 수상자인 백이운의 작품 세계를 지배하는 단어를 하나 고르라면 그것은 아마도 '비움'일 것이다. 이 시인의 작품들을 수놓고 있는 풍요로운 시어들에도 불구하고 '비움'이라는 단어가 문득 떠오르는 것은 마음을 비우고 세속적 욕망에서 벗어나고자 하는 시인의 마음이 그의 작품 곳곳에서 읽혀지기 때문일 것이다. 「지리산에 들 땐」에서 시인은 "지리산에 들 땐 모든 걸 벗어야 하리 / 겸허와 온화함의 삼베옷을 걸치고 / 몸 굽혀 좁은 산문을 들어서야 하리"라고 노래하고 있거니와, 이때의 "지리산"이 어찌 문자 그대로의 지리산만을 가리키는 것이겠는가. 이때의 "지리산"은 곧 시인 자신이 꿈꾸는 '시'를 지시하는 것일 수도 있고, 또 그가 지향하는 '삶'을 지시하는 것일 수도 있으리라.

시인 백이운이 추구하는 바의 시와 삶을 '비움'과 연계하고자 함은 "집착에서 자유로

우면 이 봄도 물로 흐르리, / 나뭇가지에 의지해 있던 힘없는 작은 새가 / 한순간 물그림자를 향해 내려앉다 솟구친다"(「물 위에 그림자」)와 같은 시적 진술이 예사롭게 느껴지지 않기 때문이다. 어떤 의미에서 보면, "집착에서 자유로우면"이라는 말은 시든 삶이든 또는 그 무엇이든 지향해야 할 목표가 무엇인지를 암시하는 것일 수 있다. 시인의 말대로 "집착에서 자유로우면," 마치 "봄"이 "물로 흐르"듯 시도 삶도 물로 흐르듯 자연스러워질 것이다. 아울러, "나뭇가지에 의지해 있던 힘없는 작은 새가 / 한순간 물그림자를 향해 내려앉다 솟구"치듯, 시에서도 삶에서도 예기치 않았던 자유로운 비상飛上이 가능해질 것이다. 바로 이 "물로 흐르"듯 자연스러운 시와 삶, "한순간 물그림자를 향해 내려앉다 솟구"치는 "작은 새"의 자유로운 비상과도 같은 시와 삶이야말로 시인이 시를 창작하고 삶을 살아가면서 꿈꾸고 추구하는 바 아닐까.

이 같은 비움의 미학 또는 비움의 생활 철학을 어떤 시보다도 선명하게 드러내는 시가 있다면 이는 바로 「빈산」일 것이다. 무언가를 보태지도 않고 빼지도 않은 채, 있는 그대로 그 자체의 시적 이미지와 함의를 음미하도록 우리를 이끄는 이 시에 정신과 마음을 빼앗겨 보자. 하기야 비우겠다는 마음 자체가 집착이 되는 경우 마음은 또 다른 그림자로 채워질 수 있는 법. 이 점을 경계하듯, 시인의 몸과 마음은 "빈산"을 향하고 있다.

우리들 넝마같은 삶을 좀 돌아보라고

돌아보다간 더러 풀빛 웃음도 웃어보라고

다 헤진 검정 고무신
벼랑 위에 벗어 두었네.

누덕누덕 기운 장삼은 허공장에 펼쳐 두고

누구든 와서 입어 보라 그리곤 춤도 추어 보라고

침묵의 붉은 그 이름
빈 산 가득 울리네.

백이운, 「빈산」 전문

6. 전원범의 「팽이」

제5회 수상자인 전원범의 작품 세계는 대상과 자아의 합일이라는 말로 요약할 수 있을 것이다. 즉, 대상에서 자신을 보고 자신에서 대상을 보는 가운데 시인은 대상과 자아에 대한 새롭고 구체적인 이해에 이른다. 이와 관련하여 우리는 이 시인의 시 제목에 등장하는 "팽이"라든가 "거미" 또는 "벌레"는 있는 그대로의 관찰 대상일 뿐만 아니라 자기 자신에 대한 이해에 이르기 위한 일종의 거울과 같은 대상임에 유의해야 할 것이다. 심지어 시인은 "목재소"의 "한 토막씩 쳐내는" "통나무"에서도 자신의 아픔을 느끼기도 한다. 아마도 이처럼 사물과 자아를 하나의 지평에서 이해하고자 하는 시인의 마음을 담은 시 가운데 대표적인 것이 「팽이」일 것이다. 이 시에서 "팽이"는 시인이 눈길을 주고 있는 사물로서의 팽이일 수도 있지만, 이와 동시에 시인이 자신의 처지와 소망을 드러내기 위한 일종의 매개물—다시 말해, 자기 표현을 위한 수단—으로서의 팽이기도 하다.

이 고독한 운동으로부터
벗어나고 싶다
남루한 탈을 벗고
쓰러지고 싶다
품계 밖 저만치 서서
물구나무라도 서고 싶다.

죽어도 눈감지 못할
그리움 하나 때문에
한 벌뿐인 목숨을
감아온 마디마디

이제는 문밖에 서서
가슴으로만 돌고 싶다.

풀리는 태엽으로
하루를 보내며
헛짚어 온 세월을
다시 털어내면서
참된 내 자리에 와서
맷돌이 되고 싶다.

전원범, 「팽이」 전문

사실 팽이를 시적 주제로 한 시들이 우리 주변에는 많다. 꼿꼿하게 서서 돌고 있지만 언제 쓰러질지 모르는 팽이의 이미지가 우리네 삶의 모습을 드러내는 데 더할 수 없이 적절한 것이기 때문일 것이다. 바로 이런 이유 때문에 팽이를 주제로 한 시들은 대체로 울림이 비슷하다. 만일 이 시가 "이제는 문밖에 서서 / 가슴으로만 돌고 싶다"라는 시적 발언만으로 이루어졌다면, 이 같은 비판에서 자유로울 수 없을지도 모른다. 하지만 "이 고독한 운동으로부터 / 벗어나고 싶다"라든가 "남루한 탈을 벗고 / 쓰러지고 싶다" 또는 "품계 밖 저만치 서서 / 물구나무라도 서고 싶다"라든가 "참된 내 자리에 와서 / 맷돌이 되고 싶다"라는 시적 발언은 사물 자체뿐만 아니라 사물을 통해 자신을 바라보는 시인의 눈길이 결코 상투적이거나 진부하지 않음을 선명하게 보여 주고 있다.

대상을 관찰하고 관찰하는 대상에서 자신의 모습을 읽는 또 한 편의 주목할 만한 작품으로 우리는 「거미가 되어」를 들 수 있다. 이 시에서 시인은 "은실 하나 이끌고 / 허공의 길을 걸어서 / 나 거미가 되어 그대에게 간다 / 잎 다 진 고갯길에서 / 바람으로 만나는 우리"라고 노래하고 있거니와, "은실 하나 이끌고 / 허공의 길을 걸어서"라는 구절에서 보듯 거미의 움직임에 대한 관찰만으로도 이 시는 탁월하다. 하지만 이 같은 거미의 움직임에서 자신의 모습을 보는 시인의 눈이 있기에 이 시는 한결 더 시적 깊이를 갖는 작품이 되고 있다. 이 시를 읽으며 우리는 "나"와 만나 "우리"가 되는 "그대"가 지시하는 바가 무엇일까라는 의문을 갖기도 한다. "그대"는 누구인가. 물론 이 시의 "그대"는 시인이 「벌레 두 마리」에서 말하는 "아내"일 수도 있지만, 그가 지향하는 '시조' 또는 '시조 세계'일 수도 있으리라.

7. 정수자의 「장엄한 꽃밭」

제6회 수상자인 정수자의 작품 세계에 이르러 우리는 비로소 현실적 삶의 현장 한가운데 서 있는 시인과 만난다. '비로소 현실적 삶의 현장 한가운데 서 있는 시인'과 만나다니? 물론 시인이라면 누구나 삶의 기쁨과 슬픔을 시에서 노래하게 마련이다. 하지만 많은 경우 시인들은 자신이 몸담고 있는 현실적인 삶의 현장 한가운데 서서 노래하기보다 자신의 삶조차도 저만큼 떨어져 바라보는 위치에 서서 노래하는 쪽을 택한다. 말하자면, '삶을' 노래하기보다 '삶에 관해' 노래하고자 한다. 이로 인해 그들의 노래에서 삶은 자칫 대상화 또는 추상화되는 경향이 있다. 반면 정수자의 시에는 "힘들게 죽은 나무"를 "일으켜 세"우는 "아비"와 "아들"(「죽은 나무를 심는 부자父子」)이, "혼자 밥 먹는 이"(「늦저녁」)가 등장하며, 또 "저녁내 배고픈 이 밥 먹여준 의자들"과 "거리에서 밥 퍼주는 그이"(「적막한 기도」)가 등장하고, 또 "한 모금 입에 물어 소름 돋은 팔을 씻고 / 한 모금 손에 뿜어 얼굴을 마저 닦는" "열두어 살 라마승"(「라다크의 겨울」)이 등장한다. 요컨대, "세상의 젖은 손들"(「적막한 기도」)이 살아 숨 쉬는 모습으로 등장한다. 아니, 현실을 살아가는 사람들의 희망과 아픔과 고독과 그리움과 사랑과 허기가 생생하고 구체적인 모습으로 시를 장식한다.

현실의 삶 한가운데 서서 시인 정수자는 지극히 평범한 주변의 일상적 사람들에게 정감 어린 눈길을 주고, 그 눈길을 통해 그들의 삶이 지니는 깊이와 넓이를 읽어 낸다. 이렇게 해서 얻어진 시인의 시 세계는 포근하고 따뜻할 뿐만 아니라 아늑하고 편하게 느껴진다. 시인은 「빈들」이라는 시에서 "일을 마친 소처럼 순하게 엎드린 들판 / 지친 숨소리에 하늘 가만 내려와 / 더불어 등을 쓸면서 끄덕이고 있다"고 노래하고 있는데, 어찌 보면 정수자 시인의 시 세계는 "일을 마친 소처럼 순하게 엎드린 들판"과도 같다. 또는 "지친 숨소리에" "가만 내려와 / 더불어 등을 쓸면서 끄덕이고 있"는 "하늘"과도 같다.

삶의 현장을 노래한 정수자의 시 가운데 특히 우리의 눈길을 끄는 것은 「장엄한 꽃밭」이다. 선명하고 아름다운 이미지가 삶의 현장과 자연스럽게 조화를 이루고 있는 이 시의 뛰어난 미덕은 삶의 현장을 하나의 "장엄한 꽃밭"으로 형상화하고 있다는 데 있다. 우리네 삶의 현장을 "장엄한 꽃밭"으로 형상화하는 시인의 시적 상상력은 실로 예사로운 것일 수 없다.

1.

오체투지 아니면 무릎이 해지도록
한 마리 벌레로 신을 향해 가는 길
버리는 허울만큼씩 허공에 꽃이 핀다

그 뒤를 오래 걸어 무화된 바람의 발
雪山을 넘는 건 사라지는 것뿐인지
경계가 아득할수록 노을꽃 장엄하다

2.

저물 무렵 저자에도 장엄한 꽃이 핀다
집을 향해 포복하는 차들의 긴 행렬
저저이 강을 타넘는 누 떼인 양 뜨겁다

저리 힘껏 닫다 보면 경계가 꽃이건만
오래 두고 걸어도 못 닿은 집이 있어
또 하루 늪을 건넌다, 순례듯 踏靑이듯

정수자, 「장엄한 꽃밭」 전문

8. 오승철의 「고래 콧구멍」

제7회 수상자인 오승철의 시 세계에서 무엇보다 눈에 띄는 특징은 제주에 대한 시인의 애정과 관심일 것이다. 특유의 상상력을 통해 제주도의 삶과 역사와 풍광을 시 세계에 담고 있는 시인 오승철의 작품 가운데 특히 우리의 눈을 끄는 것은 「고래 콧구멍」이다. 이 시는 제주도 동쪽 끝에 있는 섬 우도에 관한 것으로, 시를 통해 시인은 섬의 풍광을 생생하게 살려내고 있다.

간신히 돌아앉아 마음잡은 우도바다
때로는 돌고래 떼, 트랙터 쟁깃날처럼
유랑의 바다 한 끝을 휘휘 갈아엎는다.

길이란 길은 죄다 바다에 와 끊기고
들고양이처럼 장다리꽃 밭돌담 넘는 오후
섬 뱅뱅 토악질하듯 떠도는 저 숨비소리

4·3도 섬을 그냥 비켜가지 않았는가.
토박이, 토박이말로 주간명월晝間明月 돌아들면
어머니 가슴 한 복판 대낮에도 달이 뜬다.

파도치지 않아도 우도여, 넌 노래다.
누가 이 그리움 통발로 가뒀는지
한 마리 고래 콧구멍, 석관악기 불어댄다.

오승철, 「고래 콧구멍」 전문

첫째 수에서 우리는 우도를 감싸고 있는 바다를, 둘째 수에서 우도를, 그리고 셋째 수에서 우도에서 보이는 하늘과 만난다. 이윽고 시인은 넷째 수에서 우도를 "고래"에 비유한다. 아니, 시인의 눈을 통해 우도는 "콧구멍"으로 "석관 악기 불어"대며 "노래"하는 한 마리의 고래로 되살아난다. 소가 엎드려 있는 것 같은 형상을 하고 있다 해서 부쳐진 이름이 우도라는 것은 널리 알려진 사실이다. 그런데 이 '소 섬'이 시인의 상상력을 통해 '고래 섬'으로 되살아나고 있는 것이다. 바다를 건너 고래 등에 올라가 이리저리 돌아다니기도 하고 하늘을 올려다보기도 하는 시인, 또한 콧구멍에 다가가서 자기가 타고 있는 고래의 노랫소리에 귀를 기울이기도 하는 시인의 모습이 떠오르지 않는가. 활달하고 장쾌한 시인 오승철의 상상력을 통해 이처럼 제주의 풍광은 새로운 생명력을 얻고 있다.

시인의 관심은 물론 풍광에만 있는 것이 아니다. 앞서 잠깐 언급했듯 그는 제주도민의 삶과 역사에도 깊은 관심을 갖고 있거니와, 「사고 싶은 노을」과 같은 시에서는 우리에게 전혀 알려지지 않은 제주의 숨은 역사 한 자락을, 「송당 쇠똥구리 · 1」에서는 4 · 3의 기억과 흔적을 읽을 수 있다. 아마도 이처럼 인간의 삶이든 역사든 또는 풍광이든 제주가 이 시인의 주된 시적 관심사라는 점을 놓고 우려의 목소리를 내는 사람도 있을지 모르겠다. 시 세계가 좁아질 수 있다는 이유에서 말이다. 하지만 보편은 특수와 구체에 뿌리를 두고 있고 그곳에서 비롯되는 법이다. 제주도민들의 삶과 역사에 대한 애정과 제주도의 풍광에 대한 관심—그것이 깊이와 섬세함을 더할 때 보편적 인간의 삶과 역사와 그 인간이 처한 세계에 대한 폭넓은 이해로 우리를 이끌 수 있다는 점에서, 그런 종류의 우려는 근거 없는 것일 수 있다.

9. 이지엽의 「뽕나무 아래—가벼워짐에 대하여 · 1」

제8회 수상자인 이지엽의 작품 세계에서는 무엇보다도 삶에 대한 깊이 있는 이해의 시선이 느껴진다. 그의 시 세계를 지배하고 있는 것은 삶에 대한 어른스러운 이해력과 포용력이라는 말은 결코 과장된 것일 수 없는데, 이를 우리는 그의 작품 가운데 백미로 알려진 「해남에서 온 편지」와 같은 시에서 확인할 수 있다. 「해남에서 온 편지」에서도 확인할 수 있듯 호남 토속어의 '달인'이라고 해도 전혀 손색이 없는 이지엽의 작품 가운데 「뽕나무 아래—가벼워짐에 대하여 · 1」도 각별히 주목할 만한 수작秀作이다.

뽕나무 하면 생각나는 일이 많지만요.

하교길에 뒤가 마려워 후닥닥 뛰어든 뽕밭
웃뜸 영심이 고 쪼그만 계집애
옴시락거리며 먼저 일 보고 있던
다른 무엇보다 고 살끈한 엉덩이 떠오르지만요
몰라몰라 그때 마침 노을빛 콩당콩콩
방아 몇 섬 찧었다던가
쏴하니 개밥바라기 시린 살점 두엇 떠올랐던가
달싹이다 끝내 아무 말 않고 팽 돌아선 고, 고, 고
짜글짜글한 오디 입술 생각 나지만요

그 후로 내 가슴 뽕밭이 하두 환해와서 환해는 와서……

이지엽, 「뽕나무 아래—가벼워짐에 대하여 · 1」 전문

어린 시절의 기억을 그처럼 재치 있게 살려 내는 시인의 언어 구사 능력은 가히 일품이라 하지 않을 수 없다. 하지만 이지엽은 재치에 의존하여 시를 쓰는 시인이 아니다. 가까운 사람의 죽음에 즈음하여 깊은 상념에 잠긴 시인의 마음을 드러내는 「북으로 가는 길」이나 "도문시"에서 만난 "머리카락은 텁수룩하고 / 얼굴은 검고 야위었"지만 "흑진주처럼 빛"나는 "형형"한 "까만 눈동자"의 소년에 대한 기억을 담고 있는 「북한 소년의 눈」의 예에서 보듯, 이지엽은 삶의 고뇌, 삶의 아픔과 상처에 대해서도 깊은 탐구를 멈추지 않는 시인이기도 하다. 바라건대, 우리 모두의 심중에 숨어 있다가 언뜻언뜻 모습을 드러내는 "흘러도 다 울어내지 못한 강물," "도달할 수 없"는 "스스로의 하늘," "잠 하나 못 이루는 섬," "가 닿을 수 없"는 "스스로의 바다"(「적벽을 찾아서」)에 대한 시인의 진지한 탐구가 앞으로도 계속 이어지길.

10. 논의를 마무리하며

이제까지 우리는 한국 현대 시조 시단의 명실상부한 중견 시인들인 민병도, 이정환, 정해송, 백이운, 전원범, 정수자, 오승철, 이지엽의 다양한 작품들에 대한 간략한 이해를

시도하였다. 당연히 그래야 하고 또 그럴 수밖에 없겠지만, 이들 시인이 작품을 통해 각기 추구하고 펼쳐 보이는 시 세계는 서로 다르다. 어떤 시인은 인간의 삶 자체에 깊고 따뜻한 눈길을 던지기도 하고, 어떤 시인은 주변의 사물이나 세상사에 예리하고 섬세한 눈길을 주기도 한다. 때로 어떤 시인은 시 또는 시 창작 행위 자체에 엄정하고 차분한 시선을 집중하기도 한다.

하지만 이들 모두는 자신이 시조 형식에 기대어 시를 창작하고 있음을 작품 자체를 통해 실천적으로 보여 주고 있다. 확신컨대, 이들은 시조 형식이 자신들의 시 창작 작업을 가능케 한 동인動因이자 이를 이끌어 가는 데 필수적 동력動力임을 누구도 부정하지 않을 것이다. 그럼에도 불구하고, 시조가 처한 현실이 밝지 않음을, 또한 시조의 미래가 녹녹치 않음 역시 누구도 부정하지 않을 것이다. 이로 인해 시조에 대한 무한한 신뢰에도 불구하고 이들이 마음 밖으로 떨치지 못하는 불안감은 결코 적은 것이 아니리라.

어찌할 것인가. 지극히 상식적인 대응책일지는 몰라도 시조 시인들이 해야 할 일은 아마도 탁월한 작품을 창작하는 일일 것이다. 물론 그것만으로 모든 문제가 해결되는 것은 아니다. 정녕코 시조 시인들뿐만 아니라 시조에 관심을 갖거나 시조를 사랑하는 사람들이 나서서 강구해야 할 문화적, 제도적, 정책적 대책이 하나둘 아닐 것이다. 하지만 무엇보다도 우선해야 할 것은 탁월한 작품의 창작이다. 어떤 의미에서 보면, 이번 작품집에 수록된 '한국 시조 작품상'의 수상자들의 작품들은 이를 실천적으로 보여 주는 예들이라 하지 않을 수 없다. 바라건대, 하나하나 보배와도 같은 작품들이 이들 시인에 의해 여일하게 창작되기를! 그리고 그들의 작품에 대한 보다 더 폭넓은 관심과 사랑이 끊이지 않기를! □

살아 숨 쉬는 시조 문학의 향연 한 마당, 그 둘
―역류를 가능케 하는 힘의 근원을 찾아서

1. 역류'의 의미

외부로부터 힘이 작용하지 않으면 물은 항상 높은 곳에서 흐르게 마련이고 열은 온도가 높은 곳에서 낮은 곳으로 흐르게 마련이다. 바로 이러한 자연 현상을 설명하기 위한 것이 열역학 제2법칙인데, 이 법칙을 거스르는 것 가운데 하나가 역류 아닐까. 열역학 제2법칙을 거스르는 것 가운데 하나가 역류라니? 역류란 낮은 곳에서 높은 곳으로 흐르는 물줄기를 암시할 수 있다는 점에서 그러하다. 물론 역류 현상은 다만 외부로부터의 힘이 작용할 때만 가능한 것이고, 따라서 역류는 결코 열역학 제2법칙을 거스르는 것이 아니다. 역류란 끊임없이 새로운 힘이 더해질 때 흐름을 멈추지 않을 것이기 때문이다.

이런 관점에서 볼 때, 1990년대에 문단에 나온 시조 시인들이 주축이 되어 결성한 '역류 동인'은 스스로를 역류로 확인하면서 이 역류를 가능케 하는 힘을 스스로 보태고자 하는 뜻을 지닌 사람들의 모임이라 할 수 있다. 말하자면, 영화나 텔레비전 등 대중문화와 물질 문명이 지배하는 이 시대, 문학과 시가 경시되고 있는 이 시대의 시류와 고정 관념에 거슬러 시 쓰기를 이루어 나가고자 하는 의지, 나아가 그와 같은 '거슬러 시 쓰기'가 지속될 수 있도록 서로에게 격려하고 힘을 보태 주고자 하는 의지가 모여 역류 동인을 이루게 된 것이리라. 지난 1999년 역류 동인의 첫 시집인 『강은 역류를 꿈꾼다』(좋은날)의 발간에 이어 1년에 한 번씩 꾸준하게 시집을 발간하고 있음은 바로 이러한 격려와 힘 보태기 덕택일 것이다. 역류의 흐름이 앞으로 계속 끊이지 않기를!

사실 역류 동인이라는 이름 아래 모인 시인들 모두가 시조 시인이라는 점에서 '역류'라는 이름이 갖는 의미는 각별한 것이라 할 수 있다. 무엇보다도 오늘날 우리 시단을 지배하고 있는 것이 자유시라는 점에 비추어 볼 때, 이미 시대 저편의 시 형식으로 여겨지기도 하는 시조에 관심을 갖는 것 자체가 일종의 역류에 해당하는 흐름에 관심을 갖는 것일 수 있다. 이처럼 시단의 본류를 거슬러 흐르는 역류가 시조라면 오늘날에도 계속 이 역류를 가능케 하는 것은 무엇인가. 이는 물론 역류 동인의 구성원들과 같은 젊고 참신한 시인들일 것이다. 역류 동인의 역류라는 명칭이 의미를 갖는 것은 일차적으로 이 같은 맥락에서다. 역류 동인이 젊고 참신한 시조 시인들의 모임이라는 점에서 역류에 대한 또 하나의 의미 부여가 가능한데, 역류 동인의 구성원들은 기존의 시조 시단 안에서 이른바 역류로서의 역할을 수행하고자 하는 의지를 동인 명칭에 담고자 했던 것 아닐까. 기존의 시조 시단에 대한 하나의 충격이 되고, 나아가 시조 시단이 매너리즘에 빠져 참신성과 독창성을 상실하지 않도록 하나의 지속적인 자극이 되고자 하는 뜻을 결집한 것이 역류 동인이리라. 말할 것도 없이, 역류 동인이라는 이름에 걸맞은 동인이 되기 위해서는 시조라는 장르가 발하던 옛날의 영광을 되찾는 일에, 또한 기존 시조 시단에 대한 충격과 자극이 되는 일에 게을리 해서는 안 될 것이다.

하지만 역류 동인이 해야 할 일과 역할은 여기에서 끝나는 것이 아니다. 이와 관련하여 역류 동인의 구성원들은 시조 시인이기에 앞서 시인이라는 점을 상기해야 할 것이다. 시인이란 무엇을 하는 사람인가. 지극히 원론적으로 말하자면, 시인이란 물론 시를 쓰는 사람이다. 그렇다면 시는 무엇을 위한 것인가. 가능한 대답이 수없이 많겠지만, 그 가운데 하나는 언어를 타락화에서 막는 일일 것이다. 언어의 타락화를 막다니? 다소 엉뚱한 예일지 모르지만, 주의를 기울임에도 불구하고 음식이 부패하는 냉장고 안을, 아무리 주의하여도 쓰레기로 뒤덮이는 집 바깥쪽의 길을 생각해 보기 바란다. 아니, 조금만 신경을 쓰지 않으면 종이와 책이 제멋대로 뒤엉켜 어지럽혀지는 책상 위를 생각해 보라. 세상은 이처럼 예외 없이 열역학 제2법칙의 지배를 받게 마련이다. 말하자면, 무질서에 아무런 대책 없이 노출되어 있는 것, 틈만 나면 무질서를 향해 치닫는 것이 다름 아닌 우리의 세계일 수 있다. 물론 언어도 예외일 수 없다. 그냥 내버려 두면 저절로 뒤엉키고 혼란스러워지는 것 가운데 하나가 언어다. 바로 이런 의미에서 볼 때, 시 쓰기란 무질서하게 뒤엉켜져 가고 있는 언어의 세계에 뛰어들어 이를 고르고 가다듬는 작업일 수 있다. 또는 언어의 타락화를 막기 위한 작업 가운데 더할 수 없이 의식적이고 적극적인 작업이 시 쓰기일 수 있다. 말하자면, 언어가 타락의 길로 흘러가는 것을 막고 역류로 돌리는 것이 시인의 시 쓰기 작업일 수 있는 것이다. 역류 동인이 해야 할 작업 가운데 무엇보다도 소중한 것은 바로 이처럼 언어의 타락화를 막는 역류가 되는 것이리라.

역류 동인의 제4시집인 『낯선 시간의 향기』(세시, 2002)는 시를 위해, 언어를 위해, 무엇보다도 시조를 위해 이들 구성원들이 그동안 기울인 노고의 궤적을 확인케 하는 자리 가운데 하나다. 자, 역류 동인의 구성원들이 펼쳐 보이는 역류에 우리의 마음을 담가 보기로 하자. 아니, 역류를 끊임없이 흐르게 하는 힘의 근원을 찾아가 보기로 하자.

2. 강현덕의 「여정旅程」

세계를 구성하고 있는 사물들을 자신의 마음의 눈으로 관찰하고 이를 자기 내면에 담아 새롭게 제시하고 있는 강현덕의 시 세계가 우선 우리의 눈길을 끈다. 사물에 대한 강현덕의 관찰은 지극히 섬세한데, 보통 사람의 눈에는 보이지 않는 것을 사물에서 꿰뚫어 보고 이를 자기화하고 있다는 판단을 가능케 한다. 예컨대, 다음의 작품을 보자.

비가 내리는데
새 한 마리 날아간다

그 뒤를 따라서
또 한 마리 날아간다

긴 밤을

달도 없이 지났다

무거운 날개를
서로 쓰다듬었다

—강현덕, 「여정旅程」 전문

"새 한 마리 날아"가고 "그 뒤를 따라서 / 또 한 마리 날아간다"는 진술이야 사실 새로울 것이 없다. 또 "비가 내리는" 밤이라면 당연히 "달도 없"을 수밖에 없다. 하지만 달도 없는 밤하늘을 지나는 새는 특별한 마음의 눈을 가진 사람이 아니라면 아마도 포착할 수 없을 것이다. 물론 시인이 보는 새는 실제의 세계에 존재하는 새일 수도 있고 시인의 상상 속에 존재하는 새일 수도 있다. 어떤 경우든 시인이 지닌 마음의 눈을 통해 포착되어 언어적 형상화를 거친 두 마리의 새는 시를 읽는 사람들의 마음에 한 폭의 그림을 떠오르게 한다. 텅 빈 밤하늘이 있고, 보일 듯 보이지 않을 듯 달도 없는 어두운 밤하늘을 날아가는 한 마리, 그리고 또 한 마리의 새가 있는 한 폭의 동양화를 떠오르게 하는 것이다. 텅 빈 밤하늘이라니? 시어들이 모여 두 마리의 새가 되고, 이 시어들을 감싸고 있는 여백—짤막한 두 행으로 이루어진 각 연 사이의 넉넉한 공간—이 달도 별도 없는 넓은 밤하늘을 대신하고 있는 것 아닐까. 하지만 밤하늘의 전경을 이루는 "비"는 한 폭의 동양화 어디에 있는가. 바로 이 보이지 않는 밤비를 위해 시인은 마지막 연을 준비하고 있으니, 새들의 날개는 보이지 않는 밤비에 젖어 무겁기만 하다. 말하자면, 새들의 "무거운 날개"는 보이지 않는 밤비에 대한 시적 형상화일 수 있는 것이다. 새들의 "무거운 날개"를 연상하는 순간 우리 마음의 그림 안에서 밤비는 언뜻 보일 듯 보이지 않을 듯 그 모습을 드러내고 있지 않은가. 물론 시인은 '젖은'이라는 표현 대신에 '무거운'이라는 표현을 사용하고 있다는 점에서 "긴 밤"을 날다 보니 새들은 지치고 그로 인해 날개가 무거워졌다는 해석도 가능케 한다. 하지만 '젖은'이라는 표현을 사용했다면 비에 젖어 있을 뿐만 아니라 긴 밤을 새워 빗속을 날다 지친 새들의 날갯짓은 살아나지 못 했을 것이다.

이 시의 매력은 이처럼 우리 마음속에 한 폭의 그림을 그려 주는 것으로 끝나지 않는다. 시인이 지닌 마음의 눈은 우리가 볼 수 없는 또 다른 것을 볼 수 있었으니, 그것은 다름 아닌 "무거운 날개를 / 서로 쓰다듬"는 새들의 모습이다. 물론 새들이 서로를 위로하고 격려하면서 길고 긴 "여정"을 날아간다는 투의 진술은 사실적 진술이 아니다. 어디까지나 시인이 지닌 마음의 눈, 따뜻한 마음의 눈에 비친 새들의 모습을 형상화한 것일 뿐이다. 바로 이 때문에 시인의 마음, 시인의 따뜻한 마음이 이 부분에서 비에 젖고 지친 새들에게 투사되고 있다는 설명도 가능하다. 이 같은 해석의 가능성으로 인해, 「여정」은 단순히 대상에 대한 관찰과 묘사의 선을 뛰어넘어 시인의 마음까지도 담고 있는 시로 읽히게 된다.

강현덕은 정경이나 사물을 묘사할 때 거의 예외 없이 자신의 마음을 투사하고 있거니와, 「달천동 별곡」의 "아주 먼 옛날 / 내가 / 은사시나무였을 때처럼," 「찔레」의 "아팠던 것이다 / 괴로웠던 것이다 / 누군가에게 박혀있을 가시 / 어두운 봄날의 기억 / 그래서 제 몸에 상처를 내고 / 저리 우는 것이다," 「그 은행나무」의 "끝 날엔 숯이 되는 푸른 나무의 생애 // 살아서 제 주검 보는 우곡사 그 은행나무 // 이승과 저승이 함께 독경소리 듣는다" 등이 아마도 그 예가 될 것이다. 특히 「그 은행나무」는 시인과 사물이 하나가 되는 순간을 포착케 하는 예로 약간의 설명을 덧붙일 수 있을 것이다. 이 시에서 시인은 창원의 봉림산에 있는 신라 시대의 고찰인 우곡사에 갔다가 벼락을 맞아 불에 탔지만 여전히 잎이 무성한 은행나무와 마주친다. 바로 그 은행나무에서 시인은 "이승과 저승이 함께" 자리하고 있음을 본다. 또는 은행나무가 "살아서 제 주검을 보"고 있음을, 나아가 살아 있는 부분과 죽어 있는 부분이 함께 "독경소리"를 "듣"고 있음을 본다. 여기에서 '보다'와 '듣다'라는 동사를 통해 시인은 은행나무를 의인화하고 있거니와, 의인화를 통해 시인이 의도하고 있는 바는 무엇일까. "독경소리"를 듣고 있는 것도 시인이고 은행나무의 벼락 맞은 곳을 보고 있는 것도 시인이라면, 은행나무의 의인화는 은행나무와 시인의 동일화를 위한 것일 수 있다. 다시 말해, 삶 한가운데에서 죽음을 응시하는 시인의 마음이 은행나무에 투사되고 있다 할 수 있을 것이다.

3. 권갑하의 「금 호미를 찾아서—상림上林에서」

권갑하도 강현덕과 마찬가지로 대상을 섬세하고 예민한 눈으로 관찰하고 관찰한 바를 내면화하는 능력을 갖춘 시인이다. 또한 섬세한 감수성이 사물의 아무리 작은 움직임이라 하더라도 이를 놓치지 않고 포착하는 능력을 갖춘 시인이기도 하다. 그의 「금 호미를 찾아서—상림에서」는 이를 보여 주는 하나의 예가 될 것이다.

1

위천,
다 들이키고도
여전히 허기는 남아

이끼 낀 행간 속으로 자맥질하는 상림

길게 휜
좁은 샛길로
햇살 빨아들이고

2

고운孤雲이 날려보낸
새들은 떼로 몰려와

그날 그 손놀림으로
숲을 다시 일구는데

오오 저 금빛 햇살에 번쩍이는 호밋날.

3

지리산, 저 끝없는

한 빛깔로 엉긴 정령精靈

어쩌면 그것은 까칠한 천년의 바람

안으로
온몸 다 사른
저 엄동의 하얀 숲.

―권갑하, 「금 호미를 찾아서―상림에서」 전문

상림上林은 경남 함양군 함양읍 대덕리에 있는 우리나라 최초의 인공림으로, 통일신라 말에 고운 최치원에 의해 조성된 것으로 알려져 있다. 위천渭川의 홍수 피해를 막기 위해 조성된 것으로 알려진 이 상림은 둑을 따라 20-80미터의 폭으로 1.6킬로미터 가량 펼쳐져 있으며, 지리산에서 옮겨 심었다고 하는 40여 종의 낙엽관목 등 116종의 나무가 이 숲을 이루고 있다. 추정컨대, 시인은 여느 겨울날 그 상림을 찾은 것처럼 보인다. 첫째 수에서 시인은 상림과 그 주변에 대한 인상을 "위천"을 "다 들이키고도 / 여전히 허기는 남아" 있기에 "길게 휜 / 좁은 샛길로 / 햇살 빨아들이고" 있는 것으로 묘사한다. 필경 건기인 겨울철이기에 위천의 물은 말라 있었을 것이다. 바로 그 사실을 시인은 상림의 "허기"와 연결시킨 다음, "햇살"에 젖어 있는 상림의 모습을 허기를 채우기 위해 햇살을 빨아들이고 있는 것으로 묘사하고 있다. 허기를 채우기 위해 햇살을 빨아들이다니? 이 말이 의미하는 바는 무엇인가. 무엇보다도 '허기를 느낀다'라든가 그 때문에 무언가를 '빨아들인다'라는 말은 생명체의 생명 활동과 관계되는 것임에 유의하기 바란다. 이런 관점에서 보면, 시인이 지닌 마음의 눈에는 숲 자체가 살아 있는 그 무엇, 생명력을 지닌 그 무엇으로 비쳐졌던 것으로 해석될 수 있다. 문제는 둘째 연의 "이끼 낀 행간 속으로 자맥질하는 상림"에서 "이끼 낀 행간"이 의미하는 바가 무엇인가일 것이다. 사실 '자맥질하다'라는 말도 역시 생명체의 생명 활동을 연상케 하는 말이다. 따라서 여전히 남아 있는 허기를 채우기 위해 어딘가의 안으로 자맥질해 들어가는 생명체의 모습을 자연스럽게 떠올릴 수 있다. 하지만 "이끼 낀 행간 속으로 자맥질"을 하다니? "이끼 낀 행간"이 의미하는 바는 무엇인가. 일반적으로 '이끼가 끼어 있다'는 무언가가 오랜 세월의 흐름을 견디어 왔음을 비유적 표현하고자 할 때 종종 사용되는 표현이다. 그런 의미에서 보면, "이끼 낀 행간"이란 최치원이 상림을 조성했던 통일 신라 말기에서 오늘날에 이르기까지를 아우르는 기나긴 세월의 공간, 다시 말해 역사를 의미하는 것일 수 있다. 숲에서 인간의 역사를 떠올리다니? 무엇보다도 상림이 인간의 역사를 초월하여 존재하는 자연림이 아니라 인간의 손길에 의해 조성된 인공림이라는 점, 따라서 유적지나 고찰과 마찬가지로 세월의 흐름에 대한 감회를 불러일으킬 수 있다는 점을 감안한다면, 상림에서 역사에 대한 감회를 느끼는 일은 충분히 가능할 수 있다.

둘째 수에서 숲의 정경이 묘사되고 있다. 이 숲을 조성한 고운 최치원의 손길을 시인은 "떼로 몰려"오는 "새들"을 매개로 하여 가시화하고 있다. 시인은 새들이 숲에서 이리저리 분주하게 날아다니는 모습에서 그 옛날에 숲을 일구었던 최치원의 "손놀림"을 떠올리고 있는지도 모른다. 또는 시인이 지닌 마음의 눈에는 이제 최치원의 손길을 대신하여 새들이 "그날 그 손놀림으로 / 숲을 다시 일구"고 있는 것으로 비쳐지고 있는 것이리라. 하지만 이 시의 아름다움은 여기에서 끝나지 않는다. 햇살을 받아 그 모습이 도드라지는 새들의 움직임에서 시인은 "저 금빛 햇살에 번쩍이는 호밋날"을 보고 있지 않은가. 그 "호밋날"을 움직이도록 하는 것은 누구인가. 나아가, 새들을 날고 움직이게 하는 것은 누구인가. 어떤 의미에서 보면, 시인에게 최치원은 역사 저편의 인물이 아니라 아직 살아서 숲과 함께 숨 쉬는 현존재, 비록 우리의 눈에 보이지 않으나 여전히 숲에 거주하면서 숲을 가꾸고 있는 정령과도 같은 존재인지도 모른다. 그러한 맥락에서 바로 그 새들은 "고운이 날려보낸" 것들인 것이다. 이처럼 우리의 눈에는 보이지 않는 최치원이 새들의 움직임을 "손놀림" 삼아 "금 호미"로 그 숲을, 풍요롭고 생명력에 충만한 숲을 일구고 있는 정경이 시를 통해 형상화되는 가운데 상림은 첫째 수보다 더 넓고 깊은 생명력을 획득하게 된다. 새들의 움직임에서 호밋날을 보고, 새들의 모습에서 숲을 가꾸고 있는 최치원의 손놀림을 보는 시인의 상상력은 실로 예사로운 것이 아니다.

이 시의 셋째 수는 "지리산, 저 끝없는 / 한 빛깔로 엉긴 정령"으로 시작되고 있거니와, 우선 상림의 나무들은 최치원이 지리산에서 옮겨다 심음으로써 조성된 것임에 유의해야 할 것이다. 아울러, 상림의 한쪽 언저리에서는 저 멀리 지리산이 바라보임에도 유의해야 할 것이다. 하지만 "저 끝없는 / 한 빛깔로 엉긴 정령"에 대한 이해는 그것만으로 충분한 것이 아니리라. 우리는 이 구절이 살아 움직이는 거대한 생명체로서의 상림을 지시할 뿐만 아니라 상림과 하나가 되어 아직도 살아 숨 쉬는 최치원—또는 보이지 않으나 시인의 상상력 안에 살아 있는 최치원—의 존재를 지시하는 것으로 읽고자 한다. 이렇게 읽을 때, "까칠한 천년의 바람"은 자기 시대에 뜻을 제대로 펴지 못했던 불운한 지식인으로서의 최치원, 그럼에도 불구하고 상림을 스치는 "바람"이 되어 "천년"의 세월 이편에 이르기까지 숲과 함께 살아 숨 쉬는 최치원의 모습으로 살아나고 있지 않은가.

권갑하의 「목련」도 대상에 대한 섬세하고 예민한 관찰을 담고 있는 시이다. 물론 전자는 정적인 마음을 담은 시로서, 목련이 서 있는 공간이 곧 "내 안"의 공간이 되기도 하며, 이 다의적 공간에서 목련꽃과 꽃잎은 "손"과 "흰 / 손수건"으로 시적 형상화되고 있다. 권갑하의 시 가운데 또 한 편의 각별한 주목을 요구하는 시는 「무늬—시」인데, 이 시에서 시인은 시 쓰기란 그 모든 노고에도 불구하고 결코 쉽지 않은 것임을 "구름 비낀 / 햇살," "풋감," "조는 새," "성긴 무늬" 등등의 구체적인 이미지들을 동원하여 생생하게 전하고 있다. "구름 비낀 / 햇살 한 줌 쥐었다간 놓아 주"기도 하고 "툭! / 풋감 떨구어 / 조는 새도 날려" 보기도 하다니? 다소 비현실적으로 느껴지는 이 같은 엉뚱한 시도들에서 우리는 시 창작을 위해 언어와 이미지를 놓고 고심하는 시인의 모습을 일별할 수 있을 것이다. 하지만 갖은 노력에도 불구하고 시란 "늦도록, / 좇다 놓쳐버린 / 그 설렘의 // 성긴 // 무늬"일 뿐임을 시인은 확인한다. 시 쓰기란 시인에게조차 결코 손쉬운 작업이 아닌 것이다.

4. 김삼환의 「씨방새라고?」

김삼환의 시 가운데 특히 우리의 눈길을 끄는 것은 현실 세계와 인간사에 대한 시인의 관심을 반영하는 작품들이다. 특히 현실 세계에서 확인되는 사람들 사이의 갈등에 대한 시인의 관심은 그의 눈길을 「오사마 빈 라덴」에서처럼 "누구도 / 알 수 없는 / 눈 뜨고도 / 보이지 않는 / 아프간 동굴 속"으로 이끌기도 하는데, 갈등에 대한 그의 이해는 "균형이 깨지고 나면 / 극단이 / 칼을 든다"로 요약된다. 한편 갈등의 해소는 어떤 방식으로 가능한가에 대한 답변으로 시인은 「서해 대교에서」를 준비한다. "바다가 / 길을 막으면 / 사람들은 / 교각을 세웠다"로 시작되는 이 시에서 시인이 제시하는 갈등 해소의 방법은 "사람과 / 사람 사이"에 서해 대교와 같은 "다리"를 놓는 것이다. 물론 그 다리는 "언로"를 "트"기 위한 것이다. 여기에서 우리는 갈등의 원인이자 갈등의 해소에 무엇보다도 중요한 요인이 바로 말 또는 언어임을 암시하고 있는 시인과 만나게 된다. 말 또는 언어가 사람과 사람 사이의 갈등에서 어떤 자리를 차지하는가에 대한 시인의 예리한 이해를 드러내고 있는 시도 있거니와, 그것이 바로 「씨방새라고?」다.

분노가 목까지 차오르는 날엔
언어의 갈기가 파르르 떤다

선행지수로 따진다면
법보다는 주먹인데

불끈 쥔 주먹보다 앞서는 것
파르르 떨며 날아가는 언어.

—김삼환, 「씨방새라고?」 전문

사람과 사람 사이의 갈등과 관련하여 사람들은 흔히 "법보다 주먹"이라는 말을 한다. 이는 분하거나 화나는 일이 있으면 이치를 따져 이를 해소하기보다는 나중에야 어떻게 되든 먼저 완력부터 사용하는 경향이 우리 주변을 지배하고 있음을 일컫는 말이다. 하지만 이 같은 속설대로 사람들은 실제로 완력부터 휘두를까. 시인은 말한다. "분노가 목까지 차오르는 날엔 / 언어의 갈기가 파르르 떤다"라고. 주먹에 앞서는 이 "파르르" 떠는 "언어의 갈기"는 무엇을 의미하는 것일까. 여기에서 우리는 "선행지수로 따진다면 / 법보다 주먹"이라는 구절에 주목할 필요가 있는데, "법"이 암시하는 것도 곧 말 또는 언어이기 때문이다. 말하자면, 시인의 판단에 의하면 "법보다 주먹"이라는 일반론은 설득력이 없는 것이다. 아울러, 그의 판단에 의하면, 주먹을 선행하는 것이 있으니, 이는 다름 아닌 말 또는 언어다. 즉, "불끈 쥔 주먹보다 앞서는 것"이 있으니, "파르르 떨며 날아가는 언어"가 바로 그것이다. 물론 "법"을 암시하는 말과 "파르르 떨며 날아가는 언어" 사이에는 차이가 있다. 그 차이를 말해 주는 것이 제목에 나온 "씨방새"라는 말이다. "씨방새"라니? 국어사전에도 나오지 않은 이 말을 인터넷 사이트에서 검색해 본 결과 60여 개 이상의 웹페이지가 잡힌다. 그 가운데 한 웹페이지에 의하면, "씨방새"란 "천재적인 욕의 달인들에 의해 재창조된 말"이며, "요즘에 범람하는 비트 같은 욕 영화에서 많이 유행시킨 욕"이라 한다. 또한 그 의미는 "씹할"에서 파생된 욕인 "씨뱅이"가 의미하는 바와 비슷하다 한다. 요컨대, "파르르 떨며 날아가는 언어"는 바로 욕이다. 즉, 주먹보다 앞서는 것이 욕이라는 세태를 시인은 이 시를 통해 말하고 있는 것이다.

어떤 의미에서 보면, 「씨방새라고?」는 욕과 같은 타락한 언어가 법에 앞서는 주먹보다 사람들에게 더 큰 영향력을 발휘하고 있음을 고발하는 시로 읽을 수도 있다. 법에 앞서는 주먹보다 더 강력한 힘을 발휘하는 것이 타락한 언어라면, 법은 타락한 언어 앞에서 지극히 왜소해질 수밖에 없지 않은가. 여기에서 우리는 "악화는 양화를 구축한다"는 저 유명한 그레샴의 법칙을 상기할 수도 있거니와, 「씨방새라고?」는 타락한 언어가 설득과 타협의 언어를 밀어내고 득세하는 세태에 대한 고발, 나아가서 비판의 시로 읽을 수도 있을 것이다.

세태에 대한 비판과 고발의 시에서 한 걸음 더 나아가 김삼환은 때때로 현실 사회에 대한 비판을 일종의 반어反語로 드러내기도 하는데, 「내가 상상하는 키 작은 대통령」이 그것이다. "눈 맑고 귀가 밝은 / 키 작은 대통령은"으로 시작되는 이 시에서 이른바 이상적인 대통령이란 어떤 사람인지를 사설시조의 가락으로 풀어 내고 있다. 중국의 요순 시절에 사람들이 입에 회자되었던 것으로 알려져 있는 격양가는 태평성대가 어떤 것인지를 잘 말해 주고 있다. "해가 뜨면 일을 하고 해가 지면 쉬고, 밭을 갈아 배를 채우고 우물을 파서 물을 마시니, 임금의 힘이 나에게 무슨 소용인가." 다시 말해, 태평성대란 임금이 있어도 없는 듯이 있는 시대를 말한다. 시골의 필부조차 대통령의 덕목이 어떤 것이냐는 투의 문제를 놓고 입씨름하는 이 시대는 분명 태평성대라 할 수 없을 것이다. 바로 이 세태를 반영하는 것이 「내가 상상하는 키 작은 대통령」이라는 시 아닐까. 또한 "키 작은 / 대통령"을 기다리는 시인의 시에서 있어도 없는 듯 있는 대통령, 요순 시대의 왕과 같은 대통령을 바라는 시인의 마음을 읽을 수도 있지 않을까.

5. 김수엽의 「길 위에 겨울」

김수엽의 시에서 우리는 삶의 신산함을 나름의 독특한 어조로 노래하는 시인과 만날 수 있다. 무엇보다도 우리의 눈길을 끄는 것은 「길 위에 겨울」인데, 이 시에서 시인은 "길 위"의 "얼음"에서 우리 삶의 현실을 본다.

> 몸 속에 추위를 구겨넣고 길은 뻣뻣했다
> 몇 개의 상처들도 버짐처럼 돋아 있고
> 그 위에 물들을 채워 얼음으로 평평하다
>
> 살짝 짓이겨 보니 쩍쩍 발목에 신음
> 하지만 중심이 아닌 그 주변 더 단단하고
> 문득, 난 도시 변두리를 머릿속에서 긁어 낸다
>
> 길어깨에 걸터앉은 키 작은 산 옆구리에서
> 가끔 살점을 떼 봄소리 내려 놓을 때
> 내 발밑 깡마른 길도 꽉 다문 입을 연다

—김수엽, 「길 위에 겨울」 전문

우선 첫째 수에서 우리는 "물들로 채워"져 "얼음으로 평평"한 길과 만나게 된다. 겨울 어느 날 시인은 길을 가다가 웅덩이에 괴인 물이 얼어 평평하게 되어 있음에 눈길을 주고 있는 것이다. 하지만 길 위의 얼음이 시인에게는 예사롭지 않아 보인다. 그 얼음은 시인의 눈에 우리 삶의 현실을 있는 그대로 반영하는 것으로 보이기 때문이다. 첫째 수의 첫째 행에서 시인은 길이 "몸 속에 추위를 구겨 넣"었기에 이미 "뻣뻣"한 상태임을 말한다. 이는 물론 추위에 얼어 딱딱해진 길의 상태를 묘사한 것이지만, 이 부분은 차가운 세파에 뻣뻣하게 굳어 버린 우리네 삶의 내면적 현실을 말하기 위한 것이기도 하다. 둘째 행에서 우리는 울퉁불퉁하고 깨끗지 못한 길의 겉모습과 만난다. 물론 "몇 개의 상처들도 버짐처럼 돋아 있"다는 시인의 묘사에서 우리는 우리네 삶의 한심한 외면적 모습을 읽을 수도 있다. 말하자면, 첫 2행을 통해 시인은 우리네 현실의 안과 밖을 보여주고 있는 것이다. 이처럼 안과 밖 모두 신산한 우리네 현실에 대한 묘사는 여기서 끝나지 않는다. 셋째 행에 이르러 시인은 그 길 위에 누군가가 "물들을 채워 얼음처럼 평평"함에 주목한다. 길이 얼음으로 인해 평평해져 있다는 묘사가 우리네 현실에 대한 이해와 무슨 관계가 있는가. 무엇보다도 안과 밖으로 신산한 것이 우리네 삶이지만 무언가가 이를 가려줌으로써 그 신산함은 드러나지 않는다는 뜻으로 읽을 수 있지 않을까. 사실 사람들마다 제 나름의 어려움과 고통으로 인해 신산한 삶을 살고 있다 해도 저 멀리에서 바라보는 세상은 너무도 평온하고 아름답게 보이게 마련이다. 마치 길 위를 덮고 있는 얼음이 실제 길의 상태를 가려 주고, 또한 매끄럽게 보이게 하듯. 문제는 "물들"이 의미하는 바가 무엇인가일 것이다. 여기에서 우리가 유의해야 할 것은 시인이 '물'이 아니라 '물들'이라는 표현을 사용하고 있다는 점, 또 '물들이 채워져 얼음이 언 것'이 아니라 '누군가가 물들을 채워 얼음이 언 것'이라는 점이다. 우선 '물들'이라는 표현은 시조의 운율을 위한 배려로 이해될 수도 있을 것이다. 하지만 이것만은 아니리라. 이는 어쩌면 우리 현실의 실체를 바라보지 못하게 하는 다양한 요인들을 의미하는 것일 수 있다. 그렇다면 그것은 무엇인가. 그것은 우리 모두가 행복한 삶을 살고 있다는 환상을 갖게 하는 문명의 이기들, 우리의 의식을 흐리게 하는 저 도저한 대중 문화의 물결들, 모든 사람에게 평등하게 기회가 주어지는 사회에서 살고 있다는 착각을 갖게 하는 정치・경제적 제도 등등이 아닐까. 이렇게 이해하는 경우 시인이 "물들을 채워"라 표현한 이유를 설명할 수 있을 것이다. 즉, 우리네 삶의 현실을 가리는 것은 누군가의 적극적인 조작의 결과일 수 있는 것이다. 그 누군가가 누구일까. '그 누군가'의 존재를 의식하면서도 확인한 길이 없기에 시인은 여기에서 행위의 주체를 나타내는 주어를 생략하고 있는 것 아닐까.

둘째 수에서 우리는 그 얼음을 "살짝 짓이겨 보"는 시인과 만난다. 삶의 안과 밖을 뒤덮고 있는 그 얼음의 견고함을 시험해 보는 것이다. 아마도 많은 사람들이 경험해 본 바이겠지만, 길 위의 웅덩이를 채우고 있는 얼음을 깨뜨려 보면 얼음의 주변이 안쪽에 비해 단단하다. 이는 엄연한 자연의 법칙에 따른 것이다. 이 자연의 법칙을 시인은 다시 우리네 삶과 연결짓고 있거니와, 시인은 문득 "도시 변두리를 머릿속에서 긁어낸다." "도시 변두리"라니? 일반적으로 우리 사회에서 "도시 변두리"는 중심에서 쫓겨난 사람들의 거주지로 인식되고 있거니와, 어느 누구보다 더 신산한 삶을 살아가는 사람들의 거주지인 셈이다. 바로 그들의 삶은 그 어느 누구의 삶보다 더 철저하게 가려지고 은폐되고 있는 것이 우리의 현실 아닌가.

하지만 시인은 희망을 버리지 않는다. 영국의 낭만주의 시인 셸리가 "겨울이 오면 봄이 어찌 멀 수 있으랴"라 노래했듯, 겨울의 어느 시점에서 시인은 봄이 옮을 예견한다. 아니, 벌써 봄은 우리 곁에 와 있는지도 모른다. 이와 관련하여 시인이 시의 마지막 행의 동사를 현재형으로 처리해 놓았음에 유의해야 할 것이다. 즉, "길어깨에 걸터앉은 키 작은 산 옆구리에서 / 가끔 살점을 떼 봄소리 내려 놓"고 있는 것이다. 그리고 그 "봄소리"에 맞춰 "내 발밑 깡마른 길도 꽉 다문 입을 연다." 시인의 암시대로 봄은 이미 온 것일까. 이 물음에 대한 답을 앞으로 이어질 시인의 시 세계에서 기대해 본다.

6. 나순옥의 「못 · 2—이혼녀」

나순옥의 경우, 인간 개개인의 삶에 대한 깊이 있는 이해 및 이에 대한 깔끔한 시적 형상화가 돋보이는 작품 세계를 우리에게 보여 주고 있거니와, 특히 빼어난 시를 한 편 들자면 「못 · 2—이혼녀」가 이에 해당할 것이다. 물론 남의 충고를 "은빛 삽날"에 비유하고 있는 「충고」와 같은 시도 주목할 만하지만, 한 여자의 삶을 벽에 박힌 못에 비유하고 있는 「못 · 2—이혼녀」만큼 정치한 시적 언어와 선명한 시적 이미지로 무장한 예를 찾아보기란 오늘날의 시조 시단 어디서도 쉽지 않을 것이다.

혹독하게 내려치는
망치의 그 매질도
탄력 있게 받아내며
당당히 박혔었지
벽면을 쩡쩡 울리며
자리잡고 으스댔지

걸 것
못 걸 것
모두 걸어 힘들었고
게다가 무심한 벽은
더 힘들게 만들었어
나날이 야위어가며
탈출을 꿈꾸었지

자리 옮김 다짐하고
벽에서 뽑혔을 때
반쯤은 휘어지고
벽면도 뚫어졌어
한자리 박힌 그대로
그냥 살 걸 그랬어

—나순옥, 「못 · 2—이혼녀」 전문

일찍이 키에르케고르는 "결혼을 하면 후회할 것이지만, 결혼을 하지 않더라도 후회할 것이다"라는 말을 남겼다 한다. 너무나 빤한 이야기일지 모르지만, 결혼이 절대적으로 행복을 약속해 주지 않기에 결혼을 하고 후회하는 사람이 있을 수 있다. 결혼은 행복을 약속해 주기는커녕 구속과 억압의 기제로 작용할 수도 있기 때문이다. 그런 이유를 들어 결혼한 사람이 결혼이라는 제도에 묶여 있기를 거부했다 해서 반드시 상황이 나아지는 것은 아니리라. 결혼이라는 구속에서 벗어났으나 이미 결혼을 해 본 경력이 새로운 심리적 구속과 억압의 요인이 될 수도 있기 때문이다. 여기에서 키에르케고르의 말을 이렇게 바꿔 보면 어떨까. "결혼을 하면 후회할 것이지만, 이혼을 하더라도 후회할 것이다"로. "이혼녀"라는 부제를 갖고 있는 나순옥의 시 「못 · 2」는 바로 이러한 논리를 시화하고 있다. 하지만 나순옥의 시를 통해 제시하고 있는 것은 우리가 제시한 논리만큼 상투적인 것이 아니다. 물론 상투화의 위험을 시인에게 벗어나도록 하는 것은 적절한 비유다. 시인은 결혼했다가 이혼한 여자의 삶을 "못"에 비유하고 있거니와, 결혼과 이혼은 못이 박혔다가 빠지는 것과 같은 것임을 더할 수 없이 깔끔한 언어로 시화하고 있는 것이다.

먼저 결혼한 여자가 결혼 생활의 어려움에 어떻게 대처하는가, 또 어려움에 시달리면서도 그 어려움을 얼마만큼 의연하게 받아들이는가, 심지어 의연함에서 한 걸음 나아가 과장된 몸짓까지 보임을 이 시의 첫째 연은 보여 주고 있다. 말할 것도 없이, "혹독하게 내려치는 / 망치의 그 매질도 / 탄력 있게 받아내며 / 당당히 박혔었지 / 벽면을 쩡쩡 울리며 / 자리잡고 으스댔지"는 분명 못이 벽에 박힐 때의 상황을 사실적으로 보여 주는 것이다. 하지만 이 시의 부제 때문에 우리는 어렵지 않게 이것이 결혼 생활의 시작을 이야기함을 알아차린다. 이윽고 결혼 생활이란 움직일 수 없는 어느 한 지점에 고정되고 구속되는 것이기도 하지만, 이와 동시에 "걸 것 / 못 걸 것 / 모두 걸어 힘들"게 하는 것이기도 하다. 하지만 어려움은 이것으로 끝나지 않는다. 자신을 구속하는 남편은 "걸 것 / 못 걸 것 / 모두 걸어 힘들"어 하는 것을 보고도 냉정하기만 하다. 이런 정황을 시인은 "게다가 무심한 벽은 / 더 힘들게 만들었어"로 표현하고 있다. 급기야 여자는 "나날이 야위어가며 / 탈출을 꿈"꾼다. 결국 "자리 옮김 다짐하고 / 벽에서 뽑"힌다. 하지만 벽에 박혔던 자신은 이미 "반쯤은 휘어"진 상태이고, "벽면" 또한 성치 않은 상태이다. 벽에도 구멍이 "뚫"린 상태인 것이다. 말하자면, 결혼과 이혼은 여자에게도 어려움과 상처일 수 있지만 남자에게도 어려움과 상처인 것이다. 이를 깨닫는 여자의 마음이 어찌 아름답지 아니한가. "한자리 박힌 그대로 / 그냥 살 걸 그랬어"라는 여자의 말을 시의 결말에 더할 수 없이 적절한 것으로 만들고 있는 것은 바로 이러한 여자의 마음이다.

「못 · 2—이혼녀」를 살아 있는 생생한 시로 만드는 것은 적절한 비유와 깔끔한 언어 때문이기도 하지만, "으스댔지," "꿈꾸었지," "그랬어"와 같은 어투에 담긴 언어의 직접성 때문이기도 하다. 다시 말해, 누군가에게 말을 하듯 이어지는 시의 언어들은 '글'의 간접성에 대비되는 '말'의 직접성을 획득하고 있기 때문인 것이다. 어느 한 여자가 누군가를 앞에 앉혀 놓고 과거의 어려움을, 현재의 심경을 체념하듯, 자조하듯 이야기하고 있다는 느낌을 어찌 이보다 더 잘 살릴 수 있겠는가. 또한 과거에 대한 옅은 분노와 함께 현재에 대한 옅은 후회를 지탱하는 데 어찌 이보다 더 적절한 언어 구사법이 있겠는가.

7. 박정호의 「분별의 사과」

재치와 활기로 가득한 시적 언어의 세계를 찾고자 한다면 아마도 박정호의 시 세계에 눈길을 주어야 할 것이다. 박정호의 시적 언어가 담긴 재치와 활기는 그의 시 세계를 경쾌하지만 결코 경박하지 않은, 밝지만 결코 야단스럽지 않은 것으로 만들고 있다. 이 모든 특징이 잘 살아나고 있는 시들을 들라 한다면, 「떠드는 봄」도 놓치고 싶지 않지만 무엇보다도 우리의 눈길을 끄는 것은 하나의 작은 에피소드를 담고 있는 「분별의 사과」다.

> 과일가게 주인 앞에 내어 미는 손이 있다
> 거부당한 손엔
> 무안하게도
> 5원짜리가 놓여 있다
>
> 사내가 먹고자 했던
> 분별의 사과 한 알.

선악도 모르는
부끄러움도 모르는
벌거숭이 천둥벌거숭이
에덴에서 내처진,
아담이 저런 표정이었을까
막막하다 아아,
아멘.

—박정호, 「분별의 사과」 전문

언젠가 이런 이야기를 읽은 적이 있다. 한 아이가 엄마를 따라가 사탕 가게에 가서 보았더니, 엄마가 무언가를 건네자 사탕 가게 주인 할아버지가 사탕을 한 봉지 주더라는 것이다. 돈이 무엇인지 모르는 아이는 며칠 후에 사탕 가게에 가서 포도 씨를 건네면서 할아버지에게 사탕 한 봉지를 요구했다. 할아버지는 사탕 두 봉지 값의 포도 씨라 하면서 한 봉지를 더 주었다. 후에 그 아이가 자라서 금붕어 가게를 하게 되었는데, 어떤 꼬마 여자아이가 자기 동생을 데리고 와서 금붕어를 고르라 했다 한다. 동생이 1,000원짜리 금붕어를 두 마리 고르자 여자아이는 당당한 표정으로 10원짜리 돈을 내밀었다. 가게 주인은 문득 자신의 어린 시절 그에게 그토록 너그러웠던 할아버지를 떠올리고는 네 마리를 살 수 있는 돈이라 하며 두 마리를 더 고르게 했다는 것이다. 이 이야기가 박정호의 「분별의 사과」를 읽는 도중 문득 떠올랐던 것은 그의 시에서 후에 금붕어 가게 주인이 된 아이의 표정을, 동생을 데리고 와서 금붕어를 고르게 했던 여자아이의 표정을 읽을 수 있었기 때문이다.

물론 그의 시에 등장하는 것은 어린아이가 아니다. "선악도 모르는 / 부끄러움도 모르는 / 벌거숭이 천둥벌거숭이 / 에덴에서 내처진, / 아담"의 표정을 떠오르게 하지만, "과일가게 주인 앞에 내어 미는 손"의 주인공은 아이가 아니라 "사내"다. 사내는 우리 이야기의 어린아이들처럼 "무안하게도 / 5원짜리"의 돈으로 사과를 사려 한다. "선악도 모르는 / 부끄러움도 모르는 / 벌거숭이 천둥벌거숭이 / 에덴에서 내처진, / 아담"의 표정을 떠오르게 하는 그 사내는 어떤 사람일까. 지능이 어린아이의 지능밖에 되지 않는 백치일까. 아니면, 너무도 외진 곳에 떨어져 살다가 나왔기에 현실 감각이 전혀 없는 그런 사람일까. 그가 누구든 사내는 "분별의 사과" 또는 깨달음의 사과를 먹고자 했다 시인은 말한다. 하지만, 우리의 이야기에 등장하는 아이들과 달리, 사내는 무안하게도 "거부당한"다.

이 광경을 목격한 시인은 말한다. "막막하다 아아, / 아멘"이라고. 어찌 이보다 더 씀빡하게 이 시의 끝을 마감하는 언어가 있겠는가. 물론 "아멘"은 이 상황에 어울리는 말이 아니다. 너무 잘 알고 있겠지만, "아멘"은 '그렇게 될지어다' 또는 '그렇게 생각하나이다'의 뜻을 갖는 기원의 말, 기독교에서 기도, 찬송, 설교 끝에 덧붙이는 기원의 말이다. 이처럼 상황에 어울리는 말이 아님에도 불구하고 이 말이 이 시를 마감하는 말로 더할 수 없이 적절한 것으로 느껴지는 이유는 무엇일까. 여기에는 몇 가지 이유가 있을 수 있다. 우선 "과일가게 주인"한테 사내가 사려 했던 것은 사과이고, 사내의 분별없음에 시인이 "분별의 사과"를 떠올림에 유의할 수 있다. 금단의 열매인 "분별의 사과"는 다시 이를 맛보도록 유혹을 받았던 "아담"의 모습을 시인에게 떠올리도록 한다. 이런 상황에서 기도교인들이 항상 사용하는 말인 "아멘"을 시인이 떠올림은 너무도 자연스럽지 아니한가. 그 말이 무슨 뜻이든 관계없이. 하지만 이런 설명은 설득력이 부족한데, 여기에서 시인은 "아멘" 대신 "할렐루야"나 "회개하라" 등등 다른 말을 떠올릴 수도 있기 때문이다. 여기에서 우리는 둘째 이유를 생각해 보지 않을 수 없는데, "막막하다 아아"와 "아멘" 사이의 행간에는 '저 사내를 무안함에서 구원하기를'이라든가 '하나님, 그를 도우소서' 등등의 표현이 숨어 있는 것 아닐까. 아무튼, 이미지 제시의 면에서 어디 하나 빈틈없이 전개되고 있는 이 시의 끝 부분을 장식하는 "막막하다 아아, / 아멘"에서 시인이 보이는 재치와 타인에 대한 연민의 감정은 감히 흉내 내기 쉽지 않을 것이다.

8. 박현덕의 「우린 풀꽃이다 · 1」

박현덕의 작품에서 특히 두드러지는 것은 이 사회에서 가장 어려운 삶을 살아가고 있는 실직자, 정리 해고자, 노동자들의 삶을 객관적인 시각에서 시화한 작품들이다. "포장마차 후미진 자리"에 앉자 "술"을 "홀짝"이는 실직자들과 "한 잔 밤길 마중나"왔다가 "칭얼"대는 "딸아이" 사이의 대비가 한 폭의 살아 있는 그림을 연상케 하는 「신가리 포장마차」나 노동자의 삶의 모습을 마치 세 장의 판화에 옮겨 놓은 것 같은 시인 「겨울 판화—정리해고 된 부평 친구집에서」가 이에 해당한다. 또한 공장 노동자들의 힘든 삶의 모습을 형상화하고 있는 「우린 풀꽃이다 · 1」 및 「우린 풀꽃이다 · 2」와 같은 시들도 박현덕의 시적 관심사가 어디에 있는지를 확인케 한다. 이들 시 가운데 이 자리에서는 「우린 풀꽃이다 · 1」을 함께 읽기로 하자.

공장은 감옥이다 허리 펴지 못하고
왼종일 납땜하다가 런닝에 소금꽃 피고

퇴근길 돼지비계에 체여

등 구부려

나를 토한다

—박현덕, 「우린 풀꽃이다 · 1」 전문

이 시는 "공장은 감옥이다"라는 선언적 말로 시작되고 있다. 사실 "공장은 감옥"이라는 말은 시의 어디에 와도 의미론적으로는 크게 문제가 되지 않을 수 있다. 하지만 이를 시의 맨 앞에 위치시킴으로써 시인은 전하고자 하는 메시지의 절박함을 극대화하고자 한 것 아닐까. 그건 그렇고 "공장은 감옥"이라니? 보는 시각에 따라 공장은 일터일 수도 있고, 낙원일 수도 있으리라. 하지만 그 어떤 긍정적 의미도 끌어안을 수 없음을 시인은 "공장은 감옥"이라는 말로 요약하고 있는 것이다. 그렇다면, "공장은 감옥"이라는 말에 담긴 가치 판단의 근거는 무엇인가. 그러한 가치 판단의 근거는 이어지는 시적 진술에서 확인되는데, "공장"은 "허리"를 "펴지 못"할 만큼 사람들에게 여유를 허락하지 않는 곳이며, "런닝에 소금꽃"이 필 정도로 "왼종일 납땜"에 매달려야 하는 곳이기 때문이다.

다시 말해, 쉴 틈도 없이 기계처럼 또는 노예처럼 일에 얽매어 있어야 하는 곳이 "공장"이고, 바로 이 때문에 "공장은 감옥"인 것이다.

우리는 앞에서 박현덕이 실직자, 정리 해고자, 노동자들의 삶을 객관적인 시각에서 시화한다 말한 바 있다. 사실 「신가리 포장마차」나 「겨울 판화—정리해고 된 부평 친구 집에서」에서 시인은 마치 한 폭의 지극히 선이 굵은 간명한 그림을 그리거나 판자 위에 그림을 새기는 화가 또는 판화가의 역할을 떠맡고 있다. 하지만 "공장은 감옥"이라는 말이 아무리 근거 있는 것이라 하더라도 이는 여전히 가치 판단이고, 따라서 주관적 시각이 반영되어 있음을 부정할 수는 없다. 그렇다면, 우리의 판단이 잘못된 것일까. 이와 관련하여 우리는 이 시에 등장하는 시적 화자가 "왼종일 납땜"에 매달려야 했던 노동자라는 점을 주목해야 할 것이다. 이러한 판단을 뒷받침해 주는 것이 시의 후반부인데, 시적 화자는 "퇴근길 돼지비계에 체여 / 등 구부려 / 나를 토"한다. 명백히 이 시에 등장하는 "나"는 시인이 아니라 "허리 펴지 못"한 채 "온종일 납땜"을 하는 노동자다. 따라서 "공장은 감옥"임을 말하는 것도 노동자임을 유추할 수 있거니와, 시인은 한 노동자의 자기 독백 또는 절규를 있는 그대로 옮기고 있다 할 수 있다.

노동자의 자기 독백 또는 절규는 "퇴근길 돼지비계에 체여 / 등 구부려 / 나를 토한다"로 끝난다. 여기에서 "등 구부려"는 시조의 초장에 해당하는 첫째 행의 "허리 펴지 못하고"와 의미상 겹쳐지거니와, 공장을 나온 후에도 한 노동자에게 세상은 여전히 감옥일 수 있다는 암시가 담겨 있는 것 아닐까. 한편 공장에서 "허리 펴지 못하"게 하는 것이 노동이라면 공장 바깥에서 "등 구부"리게 하는 것은 "퇴근길"의 "돼지비계"다. 말하자면, 일하는 것, 먹고사는 것이 모두 다 고苦의 원인인 것이다. 또한 감옥은 이처럼 빠져나올 수 없는 숙명인 것이다. 아무튼 노동자가 "등 구부려" 토해 내는 것은 "나"다. "나"를 토해 내다니! 이는 무슨 말인가. 어떤 의미에서 보면, 토사물에서 노동자는 자신의 한심한 처지를 자조적으로 읽는 것일 수도 있고, 또 어떤 의미에서 보면, 나를 가두었다 토해 내는 공장이 감옥이듯 "나"를 토해 내는 내 몸 자체가 또 하나의 감옥임을 의식하는 것일 수도 있으리라. 이처럼 "풀꽃"이 보잘것없으나마 풀꽃으로 살아가기 어려운 것이 풀꽃이 처한 그들의 현실인 것이다. 그들의 현실에 대한 박현덕은 고발은 절제된 것이기에 그만큼 더 강렬한 호소력을 갖는다.

9. 신양란의 「수선화」

동인 시집 발간에 참여한 열두 명의 시인들 가운데 시적 소재와 관심사의 면에서 더할 수 없는 일관성을 보이고 있는 시인은 신양란이다. 신양란은 목련, 수선화, 원추리꽃, 산당화와 같은 꽃들을 시의 소재로 다루거나 각종 꽃들이 만발하기 시작하는 5월과 6월을 시적 소재로 삼는 등 기본적으로 신양란의 관심사는 꽃이다. 심지어 「묵비권—2월」에서 확인할 수 있듯 꽃과 관계없는 2월을 시적 소재로 삼고 있을 때조차도 중심 주제는 결국 꽃이다. 이와 관련하여 시인이 2월을 "안으로 안으로만 / 이쁜 음모 꾸"미는 달로 묘사하고 있음에 주목할 수 있는데, "이쁜 음모"란 물론 봄을 맞이하여 꽃을 피울 "음모"를 말하는 것이리라. 다시 말해, 「오월」과 「유월」이 보여 주듯, 때가 되면 온갖 살아 있는 생명의 "소리"에 맞춰 송화, 모란, 아카시아 꽃, 장미, 앵두를 피우려는 "음모"를 2월은 꾸미고 있는 것으로 시인은 이해하고 있다. 이처럼 소재가 한결같이 꽃인 만큼 신양란의 시 세계는 밝고 아름답다. 하지만 밝고 아름다우나 결코 야단스러울 정도의 화려함을 보이지 않는 것이 신양란의 시 세계다. 이는 "스물 넷 큰애기"(「유월」)의 수더분한 아름다움과 꾸밈없는 환함이 시 세계를 지배하고 있기 때문이리라. 꽃을 노래한 여러 편의 시 가운데 특히 우리의 눈길을 유혹하는 것이 「수선화」다.

창가에
오두카니
수선화
화분 하나

창밖엔
꽃샘추위
서슬이

시퍼런데

아마도
믿는 구석 있는지
꽃대를 쑤욱
올렸다

—신양란, 「수선화」 전문

이 시의 중심부를 차지하고 있는 것은 "창가에 / 오두카니" 놓여진 "수선화 / 화분 하나"다. 한편 그 화분의 배경을 이루는 것은 "서슬이 / 시퍼런" 창밖의 "꽃샘추위"다. 즉, 꽃이 피는 것을 시샘하는 봄날의 추위인 것이다. 자연의 섭리를 따르면, "꽃샘추위"의 위협에 "수선화"는 움츠러들 수밖에 없다. 더욱이 "화분"의 "수선화"는 "오두카니," 다시 말해 의지할 그 무엇도 없이 혼자다. 당연히 움츠러듦이 더 할 수밖에 없다. 하지만 놀랍게도 수선화는 움츠러들지 않는다. 적어도 시인이 지닌 마음의 눈에는 "서슬이 서퍼런" 창밖의 꽃샘추위에도 불구하고 수선화는 당당하게만 보인다. 수선화의 당당함은 "꽃대를 쑤욱 / 올"리는 모습에서 확인될 수 있거니와, 추위에도 불구하고 꽃대를 "쑤욱" 올리고 있는 수선화가 시인의 마음에 신기하게 느껴졌는지도 모르겠다. 시인은 바로 이런 느낌을 "아마도 / 믿는 구석 있는지"에 담고 있다.

수선화에게 믿는 구석이 있다면 그것은 무엇일까. 자연과학적 시각에서 보면, 그것은 다름 아닌 "창"일 것이다. "창"이 꽃샘추위를 막아 주고 있기에, 수선화는 꽃대를 올린 만큼 대담해진 것인지도 모른다. 사실 수선화는 따뜻한 곳을 좋아하지만 추위에도 잘 견디는 식물이다. 또한 늦가을에 잎이 나기 시작하여 이른 봄에 꽃을 피우기 시작하는 식물이기도 하다. 말하자면, 꽃샘추위가 꽃들을 괴롭히는 바로 그 시기에 꽃을 피우는 것이 수선화다. 이런 맥락에서 본다면, 꽃샘추위가 서슬을 시퍼렇게 새울 무렵 수선화가 꽃대를 "쑤욱" 내미는 것은 하나도 신기할 일이 아닐지도 모른다. 하지만 이 같은 사실적 · 논리적 설명은 세계의 신비를 앗아가 버린다. 시란 어떤 의미에서 보면 사실적 · 논리적 설명으로 인해 세계가 빼앗긴 신비를 복원해 주는 데 그 존재 이유를 갖는 것 아닐까. 이런 의미에서 "쑤욱" 올라간 수선화의 꽃대를 보고 시인이 가졌을 것으로 짐작되는 생명의 신비에 대한 경외감은 여전히 그 의미를 잃지 않는다. 또한 이런 관점에서 수선화에게 믿는 구석을 있다면 그것은 무엇인가에 대한 논의도 다시 이루어져야 할 것이다. 시적 이해를 위해 우리는 그것을 생명의 신비를 가능케 하는 절대자라 가정해 본다. 아니, "아마도 믿는 구석이 있는지"는 시인의 발언이다. 수선화는 믿는 구석이 있어서가 아니라 수선화든 인간이든 이해하지 못할 그 어떤 힘의 영향 아래 꽃대를 내밀고 꽃을 피우는지도 모른다. 따라서 이 말은 단지 생명을 꽃피우는 절대자에 대해 시인이 갖는 경외감을 우회적으로 드러내기 위한 것으로 읽어야 할 것이다.

10. 우은숙의 「저문 강」

우은숙의 시 세계는 '언어로 이루어진 풍경화 또는 소묘'로 요약할 수 있을 것이다. 우은숙은 시선을 사로잡는 풍경이나 대상을 시로 형상화하되, 감정의 개입을 되도록 절제함으로써 담백하고 정갈한 한 폭의 수묵화를 보는 듯한 느낌을 준다. 말하자면, 수묵화에서 느껴지는 단순미와 소박미, 나아가 여백의 미까지 갖추고 있는 것이 우은숙의 시 세계인 것이다. 경춘선 철로와 "동행을 서두"르는 안개가 있고, 달리는 기차와 "작은 새 한 마리"가 있는 풍경을 담고 있는 「경춘선」, "귀뚜라미"의 울음이 있다가 그친 공간을 시화한 「모퉁이」, "신록의 숲 사이"로 내비치는 "비낀 햇살"의 이미지를 포착하고 있는 「비낀 햇살」, 산길 어딘가를 가다 보았을 "할미꽃"의 이미지를 시화하고 있는 「할미꽃」, "산 그림자" 드리워진 "저문 강"의 정경을 간명한 언어로 그리고 있는 「저문 강」 등이 모두 우은숙의 시 세계가 추구하는 바가 무엇인지를 잘 보여 주고 있다. 심지어 도시의 부끄러운 풍경을 그리고 있는 「부끄러운 도시」와 같은 시조차도 "수채화"에서 느낄 수 있는 것과 같은 분위기를 잃지 않고 있다. 이 같은 작품들 가운데 시인 우은숙의 시적 특성을 특히 잘 보여 주는 것은 「저문 강」일 것이다.

견고한 물감 풀어

물속 깊이 심어 놓고

서둘러 돌아가는
풀벌레 울음소리

빈 강에
우울증 토해내는
산 그림자만 벌겋다.

—우은숙, 「저문 강」 전문

첫째 연 또는 초장은 일종의 밑그림에 해당한다. 밑그림을 이루는 것은 시의 제목에 암시된 대로 강, 그것도 "빈 강"인데, 강은 마치 "견고한 물감"을 풀어 놓은 듯한 색조를 띠고 있다. 둘째 연 또는 중장에서 우리는 밑그림 위에 그려진 파격—또는 하나의 점 또는 선—을 확인하게 되는데, 그것은 바로 "서둘러 돌아가는 / 풀벌레 울음소리"다. 사람들은 여기에서 어떻게 "풀벌레 울음소리"가 그림의 한 요소가 될 수 있는가를 물을 수도 있을 것이다. 물론 실제 그림에서 "풀벌레 울음소리"는 그림의 한 요소가 될 수 없다. 하지만 언어로 그리는 그림에는 소리는 물론 맛과 향, 나아가 손끝으로 느껴지는 사물의 결까지도 담을 수 있다. 다시 말해, 시각적 이미지뿐만 아니라, 청각적, 미각적, 후각적, 촉각적 이미지가 모두 언어로 그리는 그림의 한 요소로 동원될 수 있는 것이다. 이처럼 무한한 언어의 잠재력을 확인케 하는 청각적 이미지를 제시한 다음, 시인은 셋째 연 또는 종장에 이르러 앞서 제시한 밑그림 위에 하나의 형상을 덧씌우는데, "벌"건 색조의 "산 그림자"가 그것이다. 이렇게 해서 "산 그림자"를 자기 안에 품고 있는 "저문 강"의 풍경이 완성된다. 이 시와 관련하여 우리가 유의해야 할 것은, 정적인 것으로 느껴지는 "빈 강"의 이미지와 달리, "산 그림자"의 이미지는 동적인 것으로 느껴진다는 점이다. 그런 느낌을 갖도록 하는 것은 무엇인가. 그것은 "우울증 토해내는"이라는 구절이다. 즉, "산 그림자"의 이미지는 "우울증 토해내는"이라는 구절의 영향을 받아 동적인 것이 되고 있다. 일반적으로 우리는 흐름이 느껴지건 느껴지지 않건 강은 동적인 것으로, 강에 비쳐진 산 그림자는 정적인 것으로 이해하는 경향을 보인다. 하지만 자연에 대해 우리가 갖는 이와 같은 통념을 이 시는 뒤집어 놓고 있거니와, 이 시가 갖는 독창성은 아마 여기서도 찾을 수 있으리라. 어쨌든, "우울증 토해내는"이라는 구절은 또한 시에 담긴 풍경의 전체적인 분위기를 잡아 주는 역할도 하는데, 이 시가 제시하고 있는 "산 그림자"를 품고 있는 "저문 강"의 분위기는 이 구절로 인해 다소 어둡고 가라앉아 있는 것처럼 느껴지기도 한다. 이처럼 "산 그림자"를 품고 있는 "저문 강"에 스산하고 적막한 분위기를 띄어 놓음으로써 시인은 한 폭의 그림을 완성하고 있다.

11. 이요섭의 「춘향전」 연작

이요섭의 「춘향전」 연작은 일종의 실험시實驗詩로 이해될 수 있는데, 판소리와 시조의 합일을 시도하고 있다는 점에서 그러하다. 사실 오랜 역사를 지닌 우리 고유의 예술 양식이라 할 수 있는 판소리와 시조는 모두 음악과 문학의 합성물이라는 점에서 공통점을 지닌다. 하지만 판소리와 시조는 각각 다른 경로를 거쳐 발전되어 왔으니, 평민 문화가 발흥하던 조선 시대 숙종 무렵 발생한 판소리가 계속 평민층의 예술 양식으로 자리를 굳혀 왔다면, 고려 말 발생한 시조는 오랫동안 양반층의 향유물로서 그 역할을 해 왔다. 하지만 시조는 또한 서민층의 예술 양식으로 그 자리를 넓혀 온 것도 사실인데, 사설 시조의 출현과 전파는 이를 뒷받침하는 결정적인 증거물이라 할 수 있다. 어쨌든, 두 예술 양식은 독자적인 경로를 통해 발전해 왔거니와, 무엇보다도 한쪽이 서사 구조를 지니고 있다면 다른 한쪽은 넓은 의미에서 서정 구조를 지니고 있다는 점에서 각각의 독자성을 확인케 한다. 또한 판소리가 열린 형식의 예술 양식이라면 시조는 사설 시조라는 파격에도 불구하고 닫힌 형식의 예술 양식이라는 점에서도 양자의 구분이 확연해진다. 따라서 통념상 양자가 만나는 지점을 모색하기란 수월치 않다. 바로 이런 통념에도 불구하고 양자의 합일을 꾀하려 한 것이 이요섭의 「춘향전」 연작이다. 이요섭이 어떤 방식으로 양자의 합일을 꾀하고 있는가를 구체적인 예를 통해 확인해 보기로 하자.

윤리가 바로 서고 태평스런 이조시대
전라도 남원 땅 이름 높은 월매 기생
꽃다운 시절을 잃어 관기에서 물러났지.

성씨 양반 모시고 사십을 사는 데도
슬하에 자식 없어 나날이 깊은 수심
전생의 죄값 타령에 가슴만 조이더니

공자님도 이구산에 공들여 나셨건만
명산대찰 찾아가서 평생 한을 풀겠다고
몇 해를 지성으로 부부 함께 빌어본다.

—이요섭, 「춘향전 · 1」 전문

위의 예에서 쉽게 확인할 수 있듯이, 이요섭의 시도는 시조 양식 안에다 판소리의 내용을 담아 보는 것으로 요약될 수 있다. 말하자면, 이요섭은 열린 형식 안에 담겨 있는 서사적 이야기를 축약 · 변조 · 재구성하여 시조라는 닫힌 형식 안에서 재현하고자 했던 것이다. 위의 예에 이어지는 작품들에서 확인할 수 있듯, 시인은 원칙적으로 한 작품에 하나의 독립적 에피소드를 담되, 이 에피소드들이 차례로 이어져 전체적으로 하나의 흐름을 갖는 이야기가 되도록 하고 있다. 한편, 「춘향전」 연작은 각각 세 수의 단시조로 이루어져 있으며, 이번 동인지에 발표된 어느 시인의 작품들보다 더 성실하게 시조의 전형적 음수율을 지키고 있다. 아마도 이처럼 예외 없이 단시조 세 수를 하나의 작품 단위로 한다거나 시조의 율격 규칙을 비교적 철저하게 지키려 하는 것은 형식의 파괴가 가져올 혼란을 미리 막고자 하는 시인의 의도를 반영하는 것으로 판단된다. 즉, 형식을 파괴하는 경우 이요섭의 연작시와 판소리 사이의 변별점이 흐려질 우려가 있거니와, 시인은 판소리의 이야기 내용을 시조 형식에 담되 시조 고유의 정체성을 상실하지 않도록 유념하고자 했던 것으로 보인다.

이번의 역류 동인 시집에 이요섭이 발표한 「춘향전」 연작 일곱 편은 이 도령의 지시에 의해 방자가 그네를 타던 춘향에게 찾아가 수작을 건네는 에피소드로 끝나고 있다.

이를 보면 이 연작이 완결되었을 때 그 길이가 상당할 것으로 추정된다. 현재 어느 정도 진행되었는지 모르지만 상당한 길이의 연작 시조 「춘향전」이 완성되었을 때, 누구나 익히 잘 알고 있는 춘향전의 이야기이지만 시조 운율에 맞춰 이를 다시 읽는 즐거움은 각별한 것이 되리라 믿는다. 하지만 그러한 즐거움을 극대화하기 위해서는 이야기를 시조 운율에 맞도록 축약·변조·재구성하는 이외에 별도의 작업이 필요하다는 것이 우리의 의견이다. 여기에서 별도의 작업이란 주어진 이야기에 대한 시인 특유의 시각과 의견을 담는 작업을 말한다. 즉, 단순한 재구성이 아니라 시인 고유의 안목과 해석을 적극적으로 반영한 재구성이 되어야 할 것이다. 요컨대, 현대적 시각에 의한 재해석이 될 때 연작 시조 「춘향전」은 정당한 존재 이유를 갖게 될 것이다.

12. 이종문의 「그런 가을」

이종문의 시 세계에는 재치와 활기가 넘친다. 시조 형식이 이처럼 재치와 활기에 넘치는 시 세계를 감당할 수 있음을 우리는 전통 시조에서 자주 확인할 수 있다. 황진이나 정철의 시조, "두터비 파리를 물고 두엄 위에 앉아"로 시작되는 사설시조 등등이 그 예가 될 것이다. 하지만 어떤 이유에서인지 현대에 들어 엄숙하고 점잖은 분위기의 시조라든가 고결하고 정결한 세계 이해를 드러내는 시조가 시단을 지배하게 되었다. 그렇지 않은 경우라 하더라도, 가벼운 음풍농월의 차원을 넘어서지 못하는 경우가 적지 않다. 바로 이런 현실을 감안할 때, 해학과 기지가 듬뿍 느껴지는 이종문의 시 세계는 특히 값진 것이라 하지 않을 수 없다. 실로 "탱자나무 울타리 옆 더욱 탱탱 부푼 것을 / 골라서 / 톡, 톡, 터뜨려 / 죄罪라도 좀 / 지어볼까"로 끝나는 「그리운 도라지 밭」, "꽃들은 경악驚愕한다, 트럭이 탁 박는 순간"로 시작하여 "마침내 기겁 상태로 수레에 실리는 꽃"으로 끝나는 「순간瞬間」과 같은 작품들이 보여 주는 재치 있는 언어 구사는 여느 시인의 시에서 확인하기 어려운 이종문 특유의 것이다. 아울러, 전통 사설 시조에서 느껴지는 기지와 해학을 듬뿍 담고 있는 「나무 밑에 자다가 깨어」, 살아 숨 쉬는 경쾌하고 활기찬 언어들로 이루어진 「짤막한 노래 몇 편」 등의 시들 하나하나가 다 우리의 눈길을 끈다.

또한 산문적 현실에 처해 있는 시인의 시적 염원을 재치 있게 담고 있는 「그런 가을」도 값진 작품이다. 이 모든 작품들 가운데 「그런 가을」을 함께 읽기로 하자.

아아
꽃이 붉다
그 한 마디 남겨 놓고
그는 숨을 거뒀다, 장미꽃을 받아들고
그 붉은 향기香氣에 취醉해
꽃다발을
품에 안고.
꽃의
향기香氣에 취醉해
한 생애를 마감하는
그런 사람들도 더러는 있는 나라,
그것이 신문에도 나는
아아, 그런
가을!

—이종문, 「그런 가을」 전문

이 시에는 현실적으로 있을 것 같지 않은 유형의 사람이 등장한다. "장미꽃을 받아들고 / 그 붉은 향기에 취해 / 꽃다발을 / 품에 안고"서 "숨을 거"둔 사람, 숨을 거둘 때 "아아 / 꽃이 붉다 / 그 한 마디 남겨 놓"은 사람이 바로 그다. 서구적 장례 풍습의 영향을 받은 것인지는 모르지만, 우리는 요사이 문상을 가서 종종 고인의 영전에 꽃을 바치곤 한다. 말하자면, 헌화는 대개 누군가가 숨을 거두고 난 다음의 일이다. 하지만 만일 누군가가 숨을 거두기 전의 사람에게 꽃을 바치고, 그 꽃을 받아든 사람이 "아아 / 꽃이 붉다 / 그 한 마디 남겨 놓고" 숨을 거두는 일이 발생한다면 어떨까. 시적이지 않은가. 아니, 전혀 멀쩡하던 사람이 누군가가 주는 꽃을 받아들고 그 꽃의 아름다움과 향기에 충격을 받아서 숨을 거두었다면 어떨까. 그야말로 정말 시적이지 않은가. 이 시의 첫째 수 또는 첫째 연에 등장하는 사람은 사실 숨을 거두기 직전의 사람에 관한 이야기인지, 또는 멀쩡하던 사람에 관한 이야기인지가 분명하지 않다. 이 점이 둘째 수 또는 둘째 연에 가서 명백해지는데, 그는 "꽃의 / 향기에 취해 / 한 생애를 마감하는 / 그런 사람"이라는 구절에서 확인이 되듯 시인은 멀쩡하던 사람이 꽃의 향기에 충격을 받아 숨을 거둔 사람이다. 말하자면, '그야말로 정말 시적'인 사람에 관한 이야기인 것이다. 사실 그런 사람이 있었음을 이야기하는 정도만으로도 이 시는 산문적 삶을 살아가는 사람들에게 하나의 신선한 충격일 수 있다.

하지만 시는 여기에서 끝나지 않는다. 시인의 시적 진술은 "그런 사람들도 더러는 있는 나라"를, 그런 사람의 죽음에 관한 기사가 "신문에도 나는 / 아아, 그런 / 가을"을 염원하는 것으로 이어지고 있다. 물론 둘째 수 또는 둘째 연의 마지막 부분을 무언가를 기원하는 문장으로 읽지 않고 사실을 진술하는 문장으로 읽을 수도 있다. 즉, '우리나라가 그런 사람들도 더러는 있는 나라이고, 지금은 그런 사람의 죽음에 관한 기사가 신문에도 나는 / 아아, 그런 / 가을이다'의 의미로 읽을 수도 있는 것이다. 과연 우리나라가 그런 사람들이 "더러" 있는 나라일까. 비록 그와 같은 예외적인 사람이 어쩌다 하나는 있을지라도, 그런 사람이 "더러" 있는 그런 나라는 아마 세상 어디에도 없을 것이다. 따라서 '지금은 그런 이야기가 신문에도 나는 그런 가을'이라는 식의 시 읽기는 설득력이 없어 보인다. 그럼에도 불구하고 여전히 이를 사실 진술을 위장한 반어적 문장으로도 읽을 수 있으니, 이 경우 우리나라가 그런 "나라"가 아님을, 또 그런 일이 더러 있어 그에 관한 기사가 신문에도 나는 시대가 지금은 아님을 빈정대는 어조를 전하는 진술로 읽힐 수 있을 것이다. 다시 말해, 산문적 삶이 지배하는 이 나라와 이 시대에 대한 비판적 반어로 읽힐 수 있다. 이리하여, 「그런 가을」은 시인의 염원을 담은 시, 나아가 세태와 시대에 대한 시인의 비판을 함께 담은 시로 읽힐 수 있게 된다. 이 얼마나 재치와 기지에 넘치는 시, 참신한 시상과 언어를 아우르는 시인가! 확신컨대, 이 같은 시를 쓰는 현재의 작업을 계속 이어나가는 경우 이종문은 시조 문학의 한 경지를 이룰 수 있을 것이다.

13. 홍성운의 「주남 저수지」와 「이슬」

긴 여정을 거쳐 이제 홍성운의 시 세계를 검토할 차례가 되었다. 이번의 동인 시집 발간에 참여한 모든 시인이 그러하듯, 홍성운도 역시 대상에 대한 차분한 관찰과 따뜻한 이해가 돋보이는 시 세계를 전개해 나가고 있다. 하지만 대상에 대한 관찰과 이해를 시화하는 과정에 홍성운만큼 시조의 정조를 효과적으로 잘 살리고 있는 시인은 그리 쉽게 눈에 띄지 않는다. 어떤 의미에서 보면, 가장 '시조다운 시조'를 쓰고 있는 시인이 바로 홍성운인지도 모른다.

「주남 저수지」, 「흐트러진 꽃의 구도」, 「환선굴 물소리」, 「오래된 연못」 등은 우리의 이 같은 판단을 뒷받침하여 주는 시들로, 단아하고 안정된 시어들과 흐트러짐이 없는 음수율, 그리고 차분한 시적 분위기가 시조 읽기의 즐거움을 배가해 주고 있다. 그의 시 세계에서 특히 우리의 마음을 끄는 것은 다음과 같은 부분이다.

> 내분비선이 마르지 않는 남도의 습지에
> 노랑도요 깃털빛 저녁노을 내려앉아
> 반쯤은 물들어버린 푸들이나 마른 갈대
>
> 나도 여기에선 수초로 서고 싶다
> 저어새, 물닭, 큰고니 떼 불러들여
> 딩딩한 내 정강이를 발갛게 적시고 싶다
>
> —홍성운, 「주남 저수지」 제1-2수

"저녁 노을"과 "노랑도요"가 있는 "주남 저수지"의 정경을 묘사하면서 시인은 문득 "나도 여기에선 수초로 서고 싶다"라 말한다. 자신의 존재가 "수초"가 되어 있는 정경, "수초"가 되어 "저어새, 물닭, 큰고니 떼 불러들여 / 딩딩한 내 정강이를 발갛게 적시고" 있는 정경—이는 물론 시인이 마음속으로 그리는 정경이다. 이처럼 인간이 수초가 되어 서 있는 정경에 대한 시인의 상상은 우리에게 서양화에 대비되는 동양화의 세계를 떠올리게도 한다. 일반적으로 인간이 등장하는 서양화에서는 인간이 전경을 이루고 풍경은 그 인간의 배경이 되는 경향이 있거니와, 레오나르드 다 빈치의 「모나리자」가 아마도 대표적인 예가 되리라. 한편 동양화에서는 인간이 등장하더라도 자연의 한 요소처럼 묘사되는 경우가 많다. 그리하여 조심해서 들여다보아야 겨우 인간의 모습이 보이는 그런 그림이 적지 않은 것이다. 이는 자연을 구성하는 나무나 바위와 크게 다를 것이 없이 인간이 묘사되기 때문이다. "수초"로 서 있는 자신의 모습을 상상하고 바라는 시인의 마음에서 우리는 이 같은 동양화에 담긴 동양인의 정신을 읽을 수 있지 않을까.

홍성운의 작품 가운데 앞서 열거한 작품과는 다른 분위기를 느끼게 하는 것이 있으니 그것은 바로 「이슬」이다. 시의 각 행에 최소의 어휘를 담아 놓음으로써 시각적으로 넓은 여백을 제공하고 또한 운율적으로 정적인 시 읽기를 유도하는 이 시는 "아침이슬"을 소재로 하고 있다.

풀잎
팽팽히
시위트는 아침이슬

건듯
바람불어
장력張力이
끊기면

지상은
울음바다다
눈물의 성소다

—홍성운, 「이슬」 전문

풀잎에 맺힌 이슬은 물의 표면 장력 때문에 동글동글한 모양을 하고 있다. 바로 그러한 이슬이 풀잎에 맺혀 있는 모습을 시인은 "풀잎 / 팽팽히 / 시위트는 아침이슬"로 묘사하고 있다. 이 아침이슬이 "건 듯" 부는 바람에 노출이 되었다 하자. 이슬은 물론 제 모양을 유지하지 못할 것이다. 즉, 시인은 묘사대로 "건 듯 / 바람불"면 "장력이 / 끊"길 것이다. 장력이 끊기면? 동글동글한 이슬은 제 모양을 잃고 여기저기로 흩어질 것이다. 바람에 이슬이 흩어져 여기저기 흩어지는 것을 시인은 "지상"이 "울음바다"가 되고 "눈물의 성소"가 된다 묘사하고 있지 않은가. 사실 풀잎에 맺힌 이슬이 바람에 흩어지는 것을 관찰할 기회를 갖지 못한 사람이라 해도, 숲길을 걷다 신과 발목을 적셔 본 기억은 있으리라. 바로 그런 기억을 갖고 있는 사람이라면 시인의 시에 담긴 생생한 시적 이미지를 충분히 즐길 수 있을 것이다.

14. 시 읽기를 마무리하며

이것으로 우리의 길고 긴 시 읽기는 끝났다. 지난 세기의 끝 무렵에 등단하여 새로운 세기의 시조 문단을 더욱더 풍요롭게 하고 있는 강현덕, 권갑하, 김삼환, 김수엽, 나순옥, 박정호, 박현덕, 신양란, 우은숙, 이요섭, 이종문, 홍성운은 정녕코 시조 시단의 값진 자산이라 하지 않을 수 없다. 확신컨대, 이들 각자는 새로운 세기의 시조 시단을 주도적으로 이끌어 갈 견인차 역할을 할 것이다. 어떤 의미에서 보면, 살아 숨 쉬는 시조 문학의 미래는 이들이 얼마만큼 능동적으로 창작 활동을 하고 적극적으로 사람들의 관심을 모으는가에 달려 있다고 해도 지나친 말이 아닐 것이다. 아무튼, 이들에게 주어진 역할이 단순히 이제까지 시조 문학이 이어 온 흐름에 동참하거나 기존의 고유 논리를 계승하고 발전시키는 일만으로 충족될 수 없다는 데 이의를 제기할 사람은 없을 것이다. 이 글을 시작하면서 우리는 역류 동인이 동인의 명칭으로 삼고 있는 '역류'라는 말이 지닐 수 있는 의미를 다양하게 검토한 바 있는데, 그 과정에 이들에게 주어진 역류로서의 역할 가운데 하나가 기존의 시조 시단에 충격과 자극을 가하고 새로운 길을 모색하는 것임을 밝힌 바 있다. 정녕코 역류 동인의 구성원들이 시조 시단에서 역류로서의 역할을 제대로 수행할 때 비로소 살아 숨 쉬는 시조 문학의 미래가 약속될 수 있을 것이다.

이제 역류에 담긴 또 하나의 의미를 생각해 보는 가운데 이 글을 끝맺기로 하자. 불교에서 역류는 "생사의 흐름을 거슬러 깨달음을 향하여 나아감"(국립국어연구원 편, 『표준국어대사전』)을 의미하기도 한다. 역류에 담긴 이 의미에 기대어 역류 동인의 모든 시인들에게 끝으로 한마디 기원의 말을 덧붙이기로 하자. 역류 동인을 구성하는 모든 시인들이 시조가 처한 어려운 현실적 여건을 거슬러 진정한 시적 깨달음을 향하여 나갈 수 있기를. 아니, 한마디만 더 덧붙이자면, 진정한 시적 깨달음을 얻어 보다 더 풍요롭고 빼어난 시 세계를 펼쳐 나가기를! □

시조의 세계화, 또는 세계 속의 시조
— 캐나다 시인 엘리자베스 세인트 자크의 시조가 의미하는 것

1. 엘리자베스 세인트 자크와 시조 형식

서울대학교 도서관에는 한국의 문인들 및 문학도들의 각별한 관심을 끌 만한 한 권의 책이 있다. 이는 캐나다의 온타리오 주에 있는 인구 8만의 자그마한 도시 수 세인트 마리Sault Ste. Marie의 시인 엘리자베스 세인트 자크가 메이플버드 프레스Maplebud Press를 통해 1995년 출간한 시집으로, 제목은 "빛의 나무 주변에서Around the Tree of Light"다. 이 책의 바깥쪽 표지에는 "한국 시조Korean Sijo" 안쪽 표지에는 "한국 시조 모음집A Collection of Korean Sijo"이라는 부제가 책의 제목과 함께 나온다. 책의 부제만 보아서는 한국의 시조를 번역하고 이를 모아 책으로 출간한 것이라는 판단을 하도록 하지만, 이는 번역 시집이 아니다. 이 책의 앞부분을 장식하고 있는 재미 한인 시조 시인 김운송의 안내문 및 저자 서문을 보면 알 수 있듯, 캐나다의 한 여성 시인이 시조 형식을 익히고 이에 맞춰 창작한 시 63편을 모아 발간한 시조 창작집이다. 외국인이 자신의 모국어로 시조를 창작하고 이를 묶어 시집으로 발간하다니! 일본의 하이쿠는 에즈라 파운드를 비롯한 이미지스트 시인들의 역할에 힘입어 서방 세계에 널려 알려져 있을 뿐만 아니라 이 형식에 맞춘 시 창작 작업이 그쪽 세계에서 활발하게 이루어지고 있음을 우리는 익히 들어 알고 있다. 하지만 시조 형식은 일부 한국학이나 한국 문학에 관심이 있는 학자들 사이에만 알려져 있을 뿐, 시조 형식의 시가 한국인이 아닌 사람에 의해 창작되었다는 이야기를 들어 본 적이 없는 우리에게 『빛의 나무 주변에서』는 놀라움의 대상이 아닐 수 없다. 한국인이 아닌 외국인에 의해 발간된 최초의 시조 시집으로 추정되는 이 시집이야말로 한국 문학의 세계 내 현주소를 가늠케 하는 하나의 지표가 될 수 있다 하면 지나친 말일까. 이에 대한 판단에 앞서 이 시집을 좀 더 살펴보기로 하자.

시집의 안내문을 쓴 김운송은 서울대학교 공대를 졸업하고 바이러스학으로 위스콘신 대학교에서 박사 학위를 취득한 이후 여러 대학에서 교수 생활을 하다 1982년 은퇴하고 현재 미국의 캘리포니아에서 시 창작 및 번역 활동을 하고 있는 분이다. 그는 세인트 자크의 시집 안내문에서 이렇게 쓰고 있다.

> '사계절의 노래the songs of all seasons'로 알려져 있는 시조는 독특한 품질과 맛을 지닌 잘 발효된 포도주와 같다. 우아함, 열정, 희망과 꿈을 담은 시인의 영혼이 한데 어우러져 시조가 된다. 약 45개 음절로 된 3행시인 시조는 고려 시대(918-1392)의 중엽에 발원하여 약 1,000여 년의 세월을 견디어 왔다. 모더니즘의 빛을 받아 시조는 아직도 강한 생명력을 유지하고 있다. (7면)

김운송은 시조를 '사계절의 노래'로 정의하고 있거니와, 이는 '시조'라는 말의 유래가 된 '시절가조時節歌調'를 잘못 해석해서 얻어진 것으로 보인다. 이 같은 정의는 자칫하면 시조를 '사계절 변화하는 자연을 노래한 시'로 이해하게 할 수도 있다는 점에서 문제가 있다. 아무튼, 김운송은 자신의 안내문을 통해 그가 세인트 자크의 시조를 캘리포니아 및 애리조나의 시조 콘테스트를 통해 처음 알게 되었음을 밝히고 있다. 우리의 관심은 세인트 자크 자신이 어떻게 시조를 알게 되었는가에 모아질 수 있다. 이에 대한 답을 시집의 저자 서문을 통해 확인할 수 있다.

> 1970년대 후반 고대 일본의 하이쿠와 우연히 만났을 때 나는 곧 이 형식이 나의 창작 생활을 만족스러운 것으로 만들리라는 점을 깨닫게 되었다. 또 다른 시 형식이 하이쿠와 마찬가지로 나의 흥미를 끌고 또 나의 기대를 충족시키는 일은 일어나지 않으리라고 생각했었다.

그런데 1992년 미국에서 있었던 두 군데의 연례 시 창작 콘테스트에서 한국의 전통 시조가 응모 분야로 올라와 있었다. 나는 이 형식에 관해 들어 본 일이 없었다. 호기심에 끌려 북미 지역에서 시조에 관한 한 권위자인 캘리포니아의 김운송이 쓴 글을 훑어보게 되었다. 그가 쓴 글의 첫 줄이 특히 나의 흥미를 끌었는데, 그의 글은 "글자 그대로 해석하자면, 시조는 사계절의 노래다"로 시작되었다. 내 자신이 음악적 배경을 갖고 있는 관계로 나는 이 말에 더할 수 없는 매력을 느꼈다. 시조 형식에 대한 간단한 역사와 설명 및 한국의 옛 시조에 대한 김운송의 영역 또한 마찬가지로 내 마음을 끌었다.

작업을 하는 동안 시인 친구들이 나에게 더 많은 정보를 제공해 주기를 희망하며, 즉시 나는 이 형식을 갖고 작업에 임했다. 하지만 내가 알고 있는 사람 가운데 시조 형식에 관해 들어 본 이는 아무도 없었다. 결과적으로 나는 뻔뻔함을 무릅쓰고 나의 첫 시도들을 위에 언급한 콘테스트에 제출하게 되었다. 그런데 놀랍게도 두 편의 작품이 각각 2등과 3등의 자리를 차지하게 되었다. 그 이듬해 나의 시조는 두 군데 콘테스트에서 모두 1위를 차지하였다. 얼마나 기뻤던지!

(11면)

위의 진술을 통해 우리는 세인트 자크가 오랫동안 하이쿠 형식에 친숙해 있었다는 점, 우연한 기회에 시조의 존재를 알게 되었다는 점, 시조에 관한 지식이 부족한 상태에서 시조 창작에 임하게 되었다는 점, 그럼에도 불구하고 시조 콘테스트에서 우수한 성적을 거두게 되었다는 점 등등을 확인할 수 있다.

우리는 또한 위의 진술을 통해 세이트 자크 역시 김운송의 영향 아래 시조를 '사계절의 노래'로 이해하고 있음을 확인할 수 있는데, 이로 인해 시조 형식 자체에 대한 그녀의 이해 수준이 어느 정도인가에 궁금증을 갖지 않을 수 없다. 하지만 서문에서 확인되는 그녀의 이해 수준은 다음 인용에서 확인할 수 있듯 상당히 정확한 것이다.

시조는 45개의 음절로 이루어진 삼행시로, 각 행은 14-15개의 음절로 이루어져 있다. 첫 행에서는 문제 또는 주제가 제시되며, 둘째 행에서는 생각이 전개되거나 '변화'한다. 셋째 행에서는 문제가 해결되거나 주제가 결말을 맞이한다. 마지막 행의 전반부에서는 의미, 소리, 어조의 급작스러운 변화 또는 그 밖의 장치를 통해 문제 또는 주제가 '뒤틀린다.' 독창적 기지奇智와 함께 시를 완결하기 위해 깊이 있는 관찰 또는 강렬한 정서적 끝맺음이 성공적 시조의 필수 요건이 된다.

(12면)

여기서 우리는 세인트 자크가 시조의 구조적 특성을 기승전결起承轉結의 논리에서 찾고 있음을 확인할 수 있다. 이어지는 논의에서 그녀는 시조에는 내재적 음악성이 무엇보다도 중요하다는 점, 많은 시조에서 은유·직유·펀pun에 의한 이미지 제시를 확인할 수 있지만 그것이 시조의 필수 요건은 아니라는 점에 독자의 주의를 환기한다. 나아가, 시조는 원래 3행시이지만 영어 문화권에서는 6행으로 처리하는 것이 더 일반적 경향임에 주목하면서, 그녀는 3행 처리 방식보다 시각적으로 더 호소력이 있는 6행 처리 방식을 개인적으로 더 선호한다는 점을 밝히기도 한다.

세인트 자크는 시조의 운율과 관련해서도 나름의 견해를 밝히고 있는데, 시조 번역자나 창작자 가운데 각 행을 각운脚韻, end rhyme에 맞춰 처리하는 예가 있음에 주목하면서 이런 경향에 유보적 태도를 취한다. 무엇보다도 그녀는 각운 처리를 하는 경우 시조를 서양의 여타 시와 같은 유형의 것이 되도록 함으로써 시조의 독창성을 훼손할 우려가 있다는 입장을 취한다. 이어서, 각운을 허용하더라도 2행 정도에서 그치는 것이 바람직하다는 의견을 제시하는데, 그 이상 각운 처리는 그녀가 듣기에 지루하게 느껴지기 때문이라는 것이다. 아마도 이 같은 지적은 한국의 현대 시조를 영어나 그 밖의 외국어로 번역 및 소개하고자 할 때 하나의 중요한 지침이 될 수 있을 것이다. 무리한 각운 처리는 때때로 시에 대한 번역 자체를 왜곡된 방향으로 이끌어 번역의 의의 자체를 퇴색시킬 수도 있기 때문이다.

시조에 대한 세인트 자크의 이해와 관련하여 또 하나 주목해야 할 점이 있다면, 시조의 문화적 변용 가능성에 대한 그녀의 인식이다. 세인트 자크는 시조란 한국에서 발생한 시 형식이고, 따라서 한국의 풍광, 국민 정서, 풍습, 가치를 반영한 것이라는 점을 인정한다. 하지만 시조가 북미 지역에 정착하면서 이 지역 사람들의 관심, 문화, 삶을 반영할 수밖에 없다는 점을 강조하면서, 그녀는 이에 따르는 시조의 필연적 변용을 너그럽게 이해해 주기를 한국인들에게 주문한다. 세인트 자크가 이런 주문에 덧붙여 하는 다음과 같은 말은 시조의 세계화를 꿈꾸는 한국의 시조 시인들에게 실로 적지 않은 힘이 될 수 있다.

> 우리의 시각이 영어를 통해 시조를 어떻게 변모시키건, 우리 북미인들이 항상 시조의 발생지와 기본 개념을 존중하고, 나아가 시조를 국제적 의사 소통과 친선의 도구로 여기게 되기를 바란다.
>
> 시 세계에 중요한 역사적 공헌자인 시조는 북미 문학에 깊이 뿌리내릴 수 있는 힘을 간직하고 있다. 북미의 보다 많은 시인들과 편집자들이 시조를 알게 되고 또한 일상 생활 속에서 따뜻하게 맞이하기를 희망한다. 다행스럽게도 이런 발전을 알리는 고무적 징후가 이미 확인되고 있다.
>
> (15-16면)

이상과 같은 이해를 바탕으로 하여 전개된 세인트 자크의 시조 세계는 과연 어떤 것일까. 이제 구체적으로 그녀의 시조 세계를 살펴보기로 하자.

2. 엘리자베스 세인트 자크의 시조 세계

세인트 자크의 시조 시집에는 계절과 자연의 변화, 가족에 대한 사랑과 자식에 대한 근심, 삶의 경이로움과 생명의 신비, 부모에 대한 사랑과 그리움 등등을 주제로 한 다양한 시들이 수록되어 있거니와, 우선 자연과 인간의 삶에 관한 그녀의 작품 한 편을 골라 이 자리에서 함께 읽기로 하자.

1) For hours and hours thunder bolts
    and lightning cuts the sky;
The thundergod consumed by rage
    shatters stars (Does the moon explode?)
But when the storm has finally passed,
    the sky has healed without a scar.

—"Sky Miracles" (23면)

1) 몇 시간 천둥이 내닫고 / 번개는 하늘 가른다. / 분노로 제정신 아닌 천둥 신 / 별을 부순다. (달도 폭발하고?) / 하지만 마침내 폭풍 지나자, / 하늘은 상처 하나 없이 아물었다.
—「하늘의 기적」

무엇보다도, 이미 앞에서 확인한 바와 같이, 세인트 자크는 3행 형식 대신 6행 형식의 시조를 쓰고 있음에 주목할 수 있다. 아울러, 영어권의 시 읽기 관습에서 중요한 의미를 갖는 음의 강약 측면에서 보면 여전히 논의의 여지가 있지만, 음수율의 측면에서도 시조 형식을 비교적 충실히 지키고 있음을 확인할 수 있다. 1)의 경우 7-6-8-8-9-8로, 시조의 한 행에 해당하는 두 행을 묶어 보면 대체로 15음절 내외로 구성되어 있음을 알 수 있다. 말할 것도 없이, 이른바 "3-4-4-4, 3-4-4-4, 3-5-4-3"이라는 율격을 지키고 있는 것은 아닌데, 근본적으로 구조가 다른 언어인 영어로 시조를 쓸 때 이 같은 음수율을 지켜 달라 하는 것은 가당치 않은 일일 수 있겠다. 하기야 한국의 시조 시인들조차 음수율 면에서 비교적 자유로워지는 경향을 보이고 있지 않은가. 한편, 위의 시는 구조적 측면에서도 시조 형식에 충실하다 할 수 있겠는데, 이와 관련하여 시상의 전개가 기승전결의 구조로 되어 있음에 유의하기 바란다.

내용 면에서 볼 때 1)은 자연 현상에 대한 노래일 수도 있지만, 이때의 하늘은 단지 우리가 알고 있는 자연 속의 하늘이 아닐 수도 있다. 이때의 하늘은 시인의 마음을 지칭하는 것일 수도 있고, 시인과 가깝게 지내는 사람 가운데 누군가의 마음을 지칭하는 것일 수도 있다. 무시무시한 폭풍에 갈가리 찢어지고 말 것 같았던 하늘이 "상처 하나 없이" 온전한 모습을 되찾듯, 삶을 살아가다 보면 엄청난 분노와 좌절 때문에 회복할 수 없는 상처가 남을 것 같았던 우리네 마음도 위기를 넘기면 언제 그랬냐는 듯 평온을 되찾는 경우가 적지 않다. 사람들이 어떤 절망과 분노도 참고 견뎌 내어 마침내 평온을 되찾을 수 있음은 저 하늘이 보여 주는 그와 같은 교훈 때문이 아니겠는가. 이런 맥락에 이 시를 놓으면, 이 시는 결코 단순한 자연 관찰의 시에 머물지 않고 삶에 대한 깊이 있는 관찰과 교훈을 전하는 시로 읽힐 수 있다.

위에서 검토한 작품도 물론 일정한 수준의 시적 완성도를 갖추고 있지만, 세인트 자크의 작품 가운데 특히 백미로 꼽힐 만한 작품들은 인간사에서 흔히 발견되는 갈등이나 아픔을 다룬 것들이다. 아마도 대표적인 예를 들자면, 사랑하는 아들의 말이 어머니에게 더할 수 없는 희망의 빛이 될 수도 있지만 때로는 그녀의 가슴에 아픈 상처가 될 수도 있음을 노래한 2), 노쇠하고 병든 어머니 앞에서 안타까워하는 딸의 마음을 담은 3) 등이 이에 해당할 것이다. 이들 시는 한국의 시조 시인들이 창작한 그 어떤 탁월한 작품들과 견주어 보더라도 시상 전개의 면에서뿐만 아니라 시적 이미지 제시의 면에서도 결코 떨어지지 않는 작품들이다.

2) Once more my son
your words are like the stars;
A silken tongue swabs silver dust
across my hopes and dreams.

Should I forget, though lovely stars,
sharp points can shred the heart?

—"Untitled" (47면)

3) Old mother dear to see you now
my heavy heart is full

Once bright balloons you tossed to me
that held wise words and wit

Mere bubbles now escape your lips
I cradle each limp from their weight

—"Heavy Is Old Age: For Mom St Jacques, 90" (88면)

2) 내 아들아 다시 한번 / 너의 말이 별과 같구나 / 보드라운 혀가 은빛 먼지를 닦아내는구나 / 내 희망과 꿈을 가로질러 // 내 잊어야 할까, 사랑스런 별이나, / 날카로운 끝으로 가슴

찢을 수도 있음을?

—「무제無題」

3) 사랑하는 어머니, 어머닐 보노라면 / 무거운 마음 견디기 어렵습니다 // 한때 어머닌 빛나는 풍선을 제게 던져 주셨지요 / 지혜의 말과 기지로 가득 찬 풍선을 // 이제 어머니의 입술에서 나오는 건 거품뿐 / 나는 무게를 감당 못해 흐느적거리는 거품 하나하나를 토닥여 잠재웁니다

—「노년의 무거움—아흔 살의 어머니를 위해」

세인트 자크의 자기 소개를 보면 그녀에게는 아들이 둘 있음을 알 수 있다. 그녀의 시에서 우리는 이 두 아들에 대해 지극한 사랑을 쏟는 어머니의 마음을 읽을 수도 있지만, 때때로 이 두 아들 때문에 걱정하고 염려하는 어머니의 마음도 읽을 수 있다. 하기야 사랑하는 자식에 대해 걱정하고 염려하지 않는 어머니가 어디 있겠는가. 하지만 그녀의 시 세계에는 단순히 여느 어머니가 갖는 자식에 대한 걱정과 염려 이상의 마음을 보여 주는 작품들이 더러 있다. 말하자면, 자식으로 인해 상처를 입거나 괴로워하기도 하고 근심하기도 하는 어머니의 마음이 읽혀지는 작품들이 있다. 모르긴 해도, 세인트 자크의 아들들이 꽤나 어머니의 속을 썩였던 것 같다. 아무튼, 자식 때문에 상처받을 수 있는 어머니의 마음을 세인트 자크는 2)와 같은 시를 통해 보여 주고 있는데, 이 작품의 섬세하고 아름다우면서 참신한 시적 이미지가 특히 우리의 마음을 끈다.

이와 관련하여, 우선 아들의 말이 별에 비유되고 있음에 주목할 수 있다. 일반적으로 별이 비유법에 사용되면 그것은 아름다움, 사랑스러움, 빛, 희망 등의 긍정적 의미를 갖는다. 아들의 말이 어머니의 "희망과 꿈"을 덮고 있는 "은빛 먼지"를 닦아내는 "별"에 비유되고 있는 예에서 보듯 말이다. 따라서 이 시의 기와 승에 제시되는 별의 이미지는 참신할 것도, 또한 특별히 섬세할 것도 없어 보인다. 하지만 다섯째 행에서 극적 반전이 준비되고 있으니, "사랑스런 별"에 대한 기대가 어긋난 적이 있었음을 "나"는 문득 깨닫는다. 보다 더 정확하게 말하자면, "사랑스런 별"과 같은 아들에 대한 기대가 어긋난 적이 있었음을 문득 기억하고는 이를 잊고 싶어하는 어머니의 마음을 시인은 "Should

I forget" 및 "though"라는 표현을 통해 암시한다. 이윽고 여섯째 행에 가서 우리는 "사랑스런 별"이 "나"의 마음에 상처를 준 적이 있음을 알게 된다. "별"이 상처를 주다니? "별"은 아름답지만 이와 동시에 "날카로운 끝"을 갖고 있기 때문이다. 이처럼 어머니가 받은 상처를 드러내기 위해 시인이 사용하고 있는 비유적 이미지는 여전히 "별"이다. 즉, 시인은 비유적 이미지의 일관성을 유지하면서 이와 동시에 그 이미지가 수용할 수 있는 의미에 극적인 역전을 꾀하고 있는 것이다. 아무리 사랑스러운 대상이라 하더라도 경우에 따라 깊은 상처를 줄 수도 있음을 시인은 "별"의 이미지를 통해 섬세하고 아름답게 그리고 있다.

우리는 이 시의 첫째 행만을 놓고 보면 음수율의 면에서 파격이 심하다는 점에 주목할 수 있다. 시조의 초장 첫 구에 해당하는 첫째 행이 다만 4개의 음절로 되어 있지 않은가. 이 같은 파격을 어떻게 이해해야 할까. 어찌 보면, 속을 썩이던 아들이 다시금 다감한 아들로 바뀌었을 때 너무도 즐거워, 또는 감격해서, 또는 가슴이 벅차, 말을 제대로 잇지 못하는 어머니의 마음을 여기서 일별할 수 있지 않을까. 사람이란 마음이 벅찰 만큼 행복하거나 기쁠 때 말을 더듬거나 제대로 잇지 못하는 법이다. 자식의 작은 변화에도 제대로 말을 다 하지 못할 만큼 기뻐하고 즐거워하는 어머니, 섬세하고 따뜻한 그런 어머니의 마음을 우리는 바로 이 파격에서 읽어 낼 수도 있겠다.

3)의 예 역시 참신하고 생생한 이미지를 담고 있는 아름다운 시다. 시조의 초장을 이루는 첫 2행에서 "나"는 병석에 누워 있는 어머니를 보면서 가슴 아파한다. 중장을 이루는 다음 2행에서는 그런 어머니를 보고 가슴 아파하던 "내"가 과거의 어머니를 회상한다. 생기가 가득했던 시절 어머니가 나에게 던지던 말은 마치 "빛나는 풍선"과도 같았다. 여기서 우리는 만화에 나오는 '말 풍선'을 연상할 수도 있겠다. 마치 시합 중 어떤 농구 선수가 자기 편 선수에게 팽팽한 공을 날렵하게 던져 주듯, 어머니는 "지혜의 말과 기지"를 가득 채운 "말 풍선"을 "나"에게 던져 주셨던 것이다. 이처럼 시인은 (1) 현재에서 과거로, (2) 병든 어머니에서 생기 찬 어머니로, (3) 슬픔에 젖은 딸에서 슬픔을 모르던 딸로 시적 이야기를 이끌어나간다. 여기까지 볼 때 시조의 중장에 해당하는 이 시의 셋째 행과 넷째 행의 풍선 이미지는 더할 수 없는 활기와 경쾌함을 독자에게

읽도록 하는 비유적 장치로서의 역할을 한다. 바로 이 점만으로도 풍선의 이미지는 시적으로 값진 것이다.

하지만 풍선의 이미지가 이 시에서 특히 값진 것이 되는 이유는 바로 다음에 나오는 거품의 이미지와 선명한 대비 관계에 놓이기 때문이다. 풍선에 비하면 거품은 크기도 보잘것없고 탄력성도 없다. 크기가 보잘것없기에 무언가를 담더라도 대단한 것을 담을 수는 없다. 그리고 탄력성이 없기에 활기가 느껴지지도 않는다. 또한 거품은 쉽게 꺼질 수 있는 것이기에 이는 불안하고 위태로운 것이다. 다시 말해, "무게를 감당 못해 흐느적거리는" 것이 거품이다. 그렇기에 "나"는 "풍선"을 받을 때와 달리 "거품 하나하나를 토닥여 잠재"우려 한다. 여기서 우리는 생기를 잃을 채 힘없이 내뱉는 어머니의 말(또는 신음)에 조심스럽게 귀를 기울이는 딸의 모습을 떠올릴 수 있지 않을까. 요컨대, 과거의 어머니의 말과 현재의 어머니의 말(또는 신음)을 "풍선"과 "거품"에 비유함으로써 시인은 어머니의 변한 모습과 이를 바라보는 딸의 애끊는 마음을 더할 수 없이 생생하게 독자에게 보여 주고 있다.

세인트 자크는 이처럼 시조 형식을 인간사와 인간의 마음을 섬세하고 관찰하고 생생하게 전하는 창작 매체로 이용하고 있거니와, 그녀의 작업은 시조 형식의 잠재적 가능성을 나름의 시각에서 실험한 구체적이고 실천적인 예 가운데 하나라 할 수 있다. 이런 관점에서 그녀의 작업은 시조의 발원지인 한국의 시조 시인이나 시조 학자에게도 소중하고 값진 것이 아닐 수 없다. 돌이켜 보건대, 시조를 "사계절의 문학"으로 이해한다는 세인트 자크의 진술에 접했을 때, 우리는 그녀의 시조가 자연과 계절의 변화에 관한 소박한 노래의 수준에서 벗어나지 못하는 것일 수 있으리라는 식의 우려를 했던 것도 사실이다. 하지만 시조가 한국적인 것이지만 북미 지역의 시인이 단순히 한국적인 시조 형식을 주어진 대로 수용할 수만은 없다는 점, 시간적 · 역사적 · 지리적 맥락에 맞춰 변용이 필수적이라는 점을 깊이 인식하고 있는 시인이었다는 점도 우리는 기억한다. 그녀의 이 같은 인식으로 인해 "사계절의 문학"이라는 잘못된 이해 자체가 그녀의 시조 창작 활동에 크게 영향을 미치지 않았다는 추론이 가능할 수도 있겠다.

위에서 검토한 2)와 3)은 참신하고 적절한 비유적 이미지를 통해 더할 수 없이 강한 시적 호소력과 울림을 갖는 탁월한 작품들이라 할 수 있다. 또한 적절한 비유적 이미지 사용뿐만 아니라 경제적 언어 사용으로 인해 아름답고 깔끔한 시적 분위기가 잘 살아나는 작품이기도 하다. 세인트 자크의 작품들 가운데에는 이처럼 비유적 이미지에 기대지 않고서도 시적으로 성공한 작품들 또한 적지 않은데, 아마도 다음과 같은 예가 이에 속할 것이다.

4) Just us two in the photograph
his arm around my thin shoulder
That strong limb I then leaned against
would break so many falls

We stood like this but only once
but his strength holds me still
—"Even Now: In Memory of Dad St Jacques" (90면)

4) 사진에는 다만 우리 둘뿐 / 가냘픈 내 어깨를 감싼 아버지의 팔 / 내가 기대고 있던 그 강인한 팔은 / 넘어지는 나를 너무도 많이 안아 일으켰지요 // 이처럼 함께 서 있었던 것은 오직 한번뿐 / 하지만 아버지의 그 힘이 나를 아직 지탱해 줍니다
—「지금까지도—아버지를 추모하며」

"내"가 지금 눈길을 주고 있는 것은 언젠가 아버지와 단둘이 찍은 사진이다. 시의 부제를 통해 이제 "나"의 아버지는 이 세상의 사람이 아님을 알 수 있는데, 아마도 아버지에 대한 그리움이 "나"의 눈길을 사진에 머물게 했을 것이다. 사진에 눈길을 주던 "나"의 시선은 "가냘픈 내 어깨"를 감싸고 있는 아버지의 "팔"에 머물고, 이윽고 "나"는 "내"가 넘어질 때마다 "나"를 일으켜 세우곤 하던 아버지의 "강인한 팔"을 마음의 눈으로 본다. 이와 관련하여, 이 시의 넷째 행은 '내가 넘어지기 직전에 또는 그러는 도중에 나를 안아 일으켜 세우곤 했다'의 뜻을 갖는 구절로, 행여 '내가 넘어진 다음에 나를 일으켜 세우곤 했다'의 뜻으로 잘못 이해하는 일은 없어야 할 것이다. 말하자면, 시인은

이 구절을 통해 자식에게서 잠시도 눈을 떼지 않을 만큼 자상했던 아버지, 어떤 상처도 입지 않도록 미리 손을 쓸 수 있을 만큼 재빨랐던 아버지, 버팀목과도 같이 강인했던 아버지의 모습을 읽도록 우리를 이끌고 있음에 유의해야 할 것이다. 그런데 놀랍게도 다섯째 행은 "내"가 아버지의 "팔"에 몸을 기대고 섰던 적은 단 한 번밖에 없었음을 말한다. 그처럼 다감하고 세심한 아버지의 "팔"에 몸을 기댄 적이 단 한 번밖에 없었다니? 이는 아버지의 "팔"이 "넘어지는 나"를 "안아 일으켰"던 것이 물리적 의미에서가 아니라 정신적 의미에서였음을 암시하기 위한 것일 수 있다. 물리적 의미에서 아버지는 자식 곁에 없으나 정신적 의미에서는 여전히 자식 곁에 존재함을 어찌 이보다 더 간결하게 표현할 수 있겠는가. 이 간결한 "나"의 고백으로 인해 여섯째 행의 시적 진술은 더욱더 강한 시적 호소력을 갖는다.

3. 북미의 시조 운동을 돌아보며

시조에 대한 세인트 자크의 열정은 시조 시집을 출간했을 뿐만 아니라 『캐나다 작가 저널*Canadian Writer's Journal*』과 같은 문예 잡지에 시조를 소개하기도 했다는 사실에서도 확인된다. 또한 그와 같은 열정이 세인트 자크의 것만이 아님을 우리는 그녀가 자신의 서문에서 언급한 여러 인물들의 활동을 통해 확인할 수 있다. 그녀에 의하면, 이미 폐간이 되긴 했지만 『미러즈*Mirrors*』라는 문예 잡지 및 또 하나의 문예 잡지인 『링크스*Lynx*』의 편집자이자 '아하 북스Aha Books'의 출판인이기도 한 캘리포니아의 제인 라이크홀드Jane Reichhold, 『HWUP 시 뉴스레터*HWUP Poetry Newsletter*』의 발행인이자 북미 지역 최초의 시조 저널인 『시조 웨스트*Sijo West*』의 편집인인 플로리다의 래리 그로스Larry Gross, 캐나다에서 발행되는 『앰버*Amber*』의 편집자인 헤이즐 퍼스 고다드Hazel Firth Goddard, 『타이드풀*Tidepool*』의 편집자였던 고故 허브 바레트Herb Barrett도 시조에 관심을 보이고 또 다른 사람들의 시조 창작 및 발표에 힘이 된 사람들이라 한다. 또한 세인트 자크의 서문을 통해 우리는 애리조나 주 시인 협회, 플로리다 주 시인 협회, 『캐나다 작가 저널』, 『HWUP 시 뉴스레터』 등이 주관하여 시행하는 시조 콘테스트를 통해 준 오웬스June Owens, 플로

렌스 오터Florence W. Otther, 게리 에버리Gary Every, 로라 킴Laura Kim 등의 영어 시조 시인이 배출되었음을 확인할 수 있다. 한편, 산호세 주립 대학의 영문과 교수인 김기청Kim Kichung과 같은 이는 그의 저서 『고전 한국 문학 입문*An Introduction to Classical Korean Literature*』(1996)에서 학생들을 상대로 시조 창작 실험을 했었던 적이 있음을 밝히고 있는데, 1993년 가을 번역 텍스트를 이용한 고전 한국 문학 강의 시간에 시도한 시조 창작 실험의 결과를 놓고 영어권 문화권에서 시조의 수용 가능성을 긍정적으로 검토하고 있다.

여기에 열거한 사람들 가운데 우리가 특히 주목하지 않을 수 없는 이는 래리 그로스다. 그는 자신이 발행하는 출판 매체를 통해 세인트 자크에 앞서 이미 시조를 창작하고 일반에게 소개한 사람이자, 『시 창작 및 출판 방법*How to Write and Publish Poetry*』(1987)이라는 책을 통해 시조 창작법을 전파한 시인이기도 하다. 시조 창작 및 보급에 관한 한, 그의 기여 가운데 가장 두드러지는 것은 물론 앞서 말한 『시조 웨스트』라는 시조 전문지 발간일 것이다. 세인트 자크의 시조 시집이 발간되고 1년 후인 1996년 그로스는 자신을 편집장으로, 세인트 자크를 부편집장으로 하여 이 시조 전문지를 발간했는데, 유감스럽게도 현재는 발간이 중단된 상태다. 하지만 그로스는 이제 매체를 바꿔 인터넷을 통해 '시조 포럼sijoforum'을 운영하고 있거니와, 여기서 우리는 시조에 대한 그의 변치 않는 애정을 확인할 수 있다.

놀랍지 않은가. 이제 시조는 한국인 고유의 것만이 아니다. 시조는 이제 한국을 벗어나 적어도 북미 지역에서 자생적인 자기 활동 영역을 구축해 나가고 있다. 아니, 한국어가 아닌 언어—북미의 경우 물론 영어—로 시조가 창작되고 있고, 또 적지 않은 사람들이 이에 관심을 보이고 있다. 사실 북미 지역 시조 운동의 두 주역인 세인트 자크나 그로스는 단지 시조뿐만 아니라 하이쿠에도 커다란 관심을 갖고 있는 사람들이긴 하다. 또한 굳이 이들이 아니더라도 북미 지역에는 하이쿠에 대해 열정적 관심을 갖고 있는 시인들이 헤아릴 수 없이 많다. 요컨대, 하이쿠에 비하면 지극히 미미한 세력을 형성하고 있는 것이 시조라 할 수 있을지 모른다. 하지만 캐나다와 미국에 작긴 하나 몇 군데의 거점을 확보하고 있다 해도 지나친 말은 아닐 것이다. 물론 이러한 거점 확보에 재미 한국인 시조 시인들의 역할이 적지 않았을 것임을 미루어 짐작할 수 있다. 하지만 세인트 자크나 그로스가 운영하는 인터넷의 시조 사이트에 들어가 보면 시조에 대한 북미 지역 영어권 시인들의 관심은 우리의 예상보다 한결 더 자율적인 것임을 확인할 수 있거니와, 바로 이 점이 시조 형식의 보편화 또는 세계화에 작지 않은 힘이 될 것이다.

문제는 시조에 대한 우리 자신의 관심이다. 우리는 시조를 낡고 퇴색한 과거의 유물, 이제 그 의미와 기능을 상실한 유물, 따라서 조만간 청산해야 할 유물로 보고 있는 것은 아닌지? 오늘날 한국 문단에서 차지하는 시조의 위치를 보면 이 같은 우려가 결코 단순한 우려에 지나지 않는 것임을 확인하지 않을 수 없다. 하지만 우리가 사랑하지 않는 우리 것을 어떻게 남들에게 사랑해 줄 것을 기대할 수 있겠는가. 하이쿠의 세계화는 일본인의 하이쿠에 대한 사랑에서 나온 것임을 우리는 잊지 말아야 할 것이다. 바로 이 같은 사랑이 있을 때 세인트 자크와 같은 시인들의 시조 창작 운동이 더욱 의미와 빛을 발할 수 있으리라. □

시조 영역英譯의 가능성을 찾아서
―하나의 비교문학적 고찰

1. 기起, 또는 정형시 번역의 문제점

'번역은 반역'이라는 말에 담긴 함의는 헤아릴 수 없이 많겠지만, 무엇보다도 번역만큼이나 세상에 어려운 일이 없다는 뜻을 이 말에서 짚어 볼 수 있다. 정말로 어려운 것이 번역이지만, 번역 가운데 시 번역만큼이나 쉽지 않은 일은 세상 어디에도 없을 것이다. 한편, 시 번역은 자유시 번역과 정형시 번역으로 나뉠 수 있는데, 전자의 경우에 비해 후자의 경우에는 고려해야 할 사항이 한 가지 더 있다는 점에서 어려움은 그만큼 더 커질 수 있다. 이때 한 가지 더 고려해야 할 사항이라 함은 '시 형식'의 문제다. 외국어로 된 시를 우리말로 번역하든 또는 우리말로 된 시를 외국어로 번역하든, 정형시의 경우 형식적 요건을 어떻게 처리해야 하는가는 실로 간단한 일이 아니다. 예컨대, 한때 유럽을 풍미하던 소네트 형식의 시를 우리말로 번역할 때 이 형식 고유의 운율이나 압운을 어떻게 살리느냐 등이 문제될 수 있다. 또한 설사 이를 살린다 해서 그것이 갖는 효과는 무엇인가에 대한 논의도 간단치 않을 것이다. 유사한 문제점이 우리가 이 글에서 논의하고자 하는 시조의 영어 번역 문제와 관련해서도 존재하거니와, 무엇보다도 '3장 6구 12음보'라는 시조의 기본 틀이나 음수율을 어떻게 번역에 반영하는가가 문제될 수 있다. 물론 이 같은 형식적 요건을 살리는 것이 궁극적으로 어떤 효과를 갖는가의 문제도 당연히 제기되지 않을 수 없다.

정형시 번역의 과정에 제기될 수 있는 문제점을 검토하는 과정의 일환으로 구체적인 시 번역의 예를 먼저 살펴보기로 하자. 우리가 이 자리에서 논의하고자 하는 것이 시조 번역의 문제인 만큼 시조 번역의 예에 눈길을 줄 수도 있겠으나, 정형시 번역의 문제점을 좀 더 시사적으로 드러내는 동시에 즉각적으로 감지하게 하는 예에 우선 초점을 맞추기로 한다. 우리가 이 자리에서 들고자 하는 예는 앞서 조운 시론에서 살펴본 바 있는 도연명의 「정운停雲」에 대한 영어 번역의 예로서, 한시에 대한 영어 문화권의 관심을 반영하기라도 하듯 이 시에 대한 여러 사람의 영어 번역을 쉽게 찾아볼 수 있다. 편의상 이 시의 1-2행에 대한 번역만을 살피기로 한다.[1]

靄靄停雲
濛濛時雨

—陶淵明, 「停雲」 1-2행

(1) The lingering clouds, rolling, rolling,
And the settled rain, dripping, dripping,

(2) Lowering, lowering, the lingering clouds,
Drizzling, drizzling, the seasonal rains.

(3) Dense, dense the hovering clouds
Fine, fine the seasonable rain.[2]

---

1 도연명의 시 번역에 대한 이어지는 논의와 관련해서는 Gyung-ryul Jang, "*Cathay* Reconsidered: Pound as Inventor of Chinese Poetry," *Psideuma: A Juournal Devoted to Ezra Pound Scholarship*, Vol. 14, No. 2 & 3 (Fall & Winter, 1985), 351-53면 참조.

2 (1) Arthur Waley (trans.), T'ao Ch'ien, "Flood," 1-2행, *A Hundred and Seventy Chinese Poems* (New York: Knopf, 1919), 115면, (2) William Acker (trans.), T'ao Ch'ien, "Lingering Clouds," 1-2행, *Tao the Hermit: Sixty Poems by T'ao Ch'ien*. (London: Thames & Hudson, 1952), 135면, (3) James R. Hightower (trans.), T'ao Ch'ien, "Hovering Clouds," 1-2행, *The Poetry of T'ao Ch'ien* (Oxford: Clarendon P, 1970), 11면.

위의 번역은 각각 아서 웨일리, 윌리엄 액커, 제임스 하이타워의 것으로, 우리는 어떤 번역이나 한결같이 시의 외재율을 지키고 있다는 점에 유념할 수 있다. 말하자면, 모든 역자들은 일찍이 웨일리가 정한 바 있는 한시 번역의 원칙—"한자 한 음절마다 강세를 두기로 한다"[3]는 원칙—을 준수하고 있는 것처럼 보인다. 이와 관련하여, 원문의 각 행은 각각의 글자가 하나의 음절 단위를 이루는 네 글자의 한자로 이루어져 있고, 모든 번역문에는 각각의 행마다 네 개의 강세가 주어질 수 있음에 유의하기 바란다. 요컨대, 위의 모든 예가 증명하듯 번역자들은 예외 없이 한시의 한 구句가 몇 개의 음절로 이루어졌는가에 유의하여 시를 번역하고 있다. 바로 이 같은 시도를 통해 그들은 원문의 운율을 있는 그대로 되살리고자 했다는 추정이 가능하다. 하지만 이들의 번역을 소리내어 읽는 경우 어딘가 어색하다. 부드러운 안개가 자욱히 끼어 있는 것처럼 구름이 흐름을 멈춘 채 낮게 드리워져 있는 정경, 그리고 계절에 맞춰 내리는 가늘고 섬세한 비가 세상을 흐릿하고 몽롱하게 만드는 정경을 드러내기에는 위의 세 번역 모두가 경박하고 부자연스럽다는 느낌을 준다. 아마도 영어가 모국어거나 영어에 익숙한 이들 가운데 누구도 이 같은 번역이 마음의 귀로 듣기에 자연스럽다고 말할 사람은 없을 것이다. 그 이유는 무엇일까. 무엇보다도 한자의 근본 소리 체계 및 한시 고유의 운율 패턴 등에서 비롯된 한시만이 지니고 있는 음악적 요소를 영어 번역에서 되살리기란 애초 불가능하기 때문일 것이다. 예컨대, "靄靄"나 "濛濛"에서 보듯 동어 반복을 통해 자연스럽게 의미 강화를 꾀하는 경우가 중국어에는 자주 있지만, 영어에서 "rolling, rolling"이나 "dripping, dripping," "lowering, lowering"이나 "drizzling, drizzling," "dense, dense"나 "fine, fine" 식의 동어 반복을 통해 동일한 효과를 기대하는 것은 무리다. 다시 말해, 같은 방식의 동어 반복이라 하더라도 영어와 중국어에서 느껴지는 효과나 분위기는 전혀 다른 것일 수 있다. 결국 위의 번역들이 나름의 음악성을 갖추고 있는 것은 사실이나, 시적 정취와 자연스럽게 조화를 이루는 것이 아님을 힘주어 말하지 않을 수 없다.

한시에 대한 이 같은 방식의 영어 번역이 계속된다면, 영어권 사람들 누구도 한시를

---

3 Arthur Waley, *Madly Singing in the Mountains: An Appreciation and Anthology of Arthur Waley*, Ivan Morris (ed.) (New York: Walker, 1970), 158면.

시다운 시로 이해하려 하지 않을 수도 있다. 다만 한시를 이국적이고 색다른 호기심의 대상으로 받아들일 뿐 '시로' 읽으려 하지 않을지도 모른다. 바로 이 때문에 우리는 그 이름이 널리 알려진 에즈라 파운드의 번역에 눈을 돌리지 않을 수 없다.

The clouds have gathered, and gathered,
　and the rain falls and falls.

—"To-Em-Mei's 'The Unmoving Cloud,'" 1-2행[4]

이 같은 번역을 할 당시 파운드는 중국의 시는커녕 중국어 자체에 대해 아는 바가 전혀 없었다 한다. 이 번역이 담긴 그의 한시 번역 시집 『캐세이*Cathay*』와 관련하여 파운드는 기타조노 가쓰에北園克衛에게 보내는 편지(1937년 3월 11일)에서 "『캐세이』를 쓸 당시 소리의 기교에 대해서는 조금도 아는 바가 없었으나 지금은 그러한 요소가 한시에 '틀림없이' 존재하고 또한 존재해 왔음을 확신한다"[5]고 밝히고 있음에서 알 수 있듯, 그는 그 당시 한시에 대해 완벽한 무지의 상태에 있었던 것이다. 무지의 상태에서 이상과 같은 번역이 어떻게 가능했던 것일까. 그는 우연히 일본 동경 제국대학 철학 및 정치경제학 교수였던 미국인 어니스트 페놀로사의 한시 초역본—아니, 초역본이라기보다 한시의 한자 단어 하나하나에 영어로 뜻풀이를 부기附記해 놓은 것—을 입수하게 되었는데, 『캐세이』의 원고는 이를 바탕으로 한 것이었다. 그가 편지에서 '번역할'이라고 말하는 대신 '쓸'이라고 말한 이유는 바로 여기에 있다. 말하자면, 위의 인용은 '번역이 아닌 번역'인 셈이다.

무엇보다도 파운드의 '번역이 아닌 번역'에 "and"라는 단어가 여러 번 사용되어 동어반복이 영어 표현다워지고 있음에 유의하기 바란다. 이 단어는 물론 원문에 나오는 것이 아니며, 이로 인해 한시와는 다른 패턴으로 강세가 주어지게 된다. 말하자면, 웨일리 등이 신경을 썼던 한시의 외재율은 깨지고 만다. 하지만 파운드는 이 단어를 자유롭게

---

4 Ezra Pound, *Personae: The Collected Poems of Ezra Pound* (New York: A New Directions Book, 1926), 142면.

5 Ezra Pound, *The Letters of Ezra Pound: 1907-1941*, D. D. Paige (ed.) (New York: Harcourt, 1950), 293면.

사용함으로써 자신의 '번역이 아닌 번역'을 '자연스러운' '영시'로 만들고 있지 않은가. 말하자면, 미국의 저명한 영문학자 휴 케너가 지적한 바와 같이, "이 시에서 파운드는 남들처럼 음절을 계산한 다음 그 계산에 의거하여 강세를 되풀이하고 있지 않다."[6] 그리고 이 때문에 파운드의 '번역이 아닌 번역'은 '자연스러운 번역'이 될 수 있었던 것이다.

바로 이 같은 예에 근거하여 우리는 시조를 번역할 때 음수율에 대한 고집은 번역을 자연스러운 것이 아닌 작위적인 것으로 만들 수 있다는 추론을 해 봄직도 하다. 말하자면, '3장 6구' 및 음수율이라는 시조의 형식 요건을 지키려 하면 할수록 번역을 부자연스럽거나 어색한 것으로 만들 수도 있음을 미루어 짐작할 수 있다. 아울러, 이미 살펴본 한시 번역의 예에서 확인할 수 있듯, 외재율을 지나치게 고집하면 최악의 경우 '유치하다'는 평까지 들을 수도 있다. 이렇게 돼서야 무엇 때문에 애초 번역을 시도했는가와 같은 종류의 회의론이 제기될 수도 있을 것이다.

그렇다면 시조 번역의 경우에도 현대 자유시 번역의 경우와 마찬가지로 형식적 요건을 아예 무시한 채 번역해야 할까. 물론 그렇게 함으로써 파운드의 번역에서 보듯 운율의 자연스러움을 살리는 번역이 가능할 수도 있겠지만, 이 경우에도 여전히 시조라는 한국 고유의 시 형식에 대한 배려 없는 시조 번역이 과연 어떤 의미를 갖는가에 대한 논란이 있을 수 있다. 사정이 그러하다면 어찌 할 것인가. 다시 말하지만, 시조가 한국 고유의 정형시라는 사실 그 자체를 잊은 채 번역에 임해야 할까. 그렇게 해서 번역된 시조의 정체성은 과연 무엇일까. 만일 시조의 '시조다움'을 포기한 채 시조를 번역해야 한다면, 그러면서도 여전히 시조의 '시조다움'을 살리고자 한다면 우리가 해야 할 일은 무엇일까. 그 해답의 단초 가운데 하나를 우리는 일본의 하이쿠에 대한 서양인들의 관심에서 찾을 수 있을 것이다.

2. 승承, 또는 하이쿠 번역과 '중첩의 시 형식'

널리 알려진 바와 같이, 하이쿠란 적지 않은 경우 두 개의 서로 다른 이미지 사이의

6 Hugh Kenner, *The Pound Era* (Berkeley: U of California P, 1971), 209면.

병치 및 대립을 목표로 한 일본의 전통적 시 형식이다. 즉, 시간 또는 장소를 암시하는 하나의 이미지와 생생하면서도 찰나적인 순간의 관찰을 담는 또 하나의 이미지 사이의 병치 및 대립이 하이쿠가 노리는 바다. 아무튼, 하이쿠 역시 시조와 마찬가지로 3행시로, 각 행이 5-7-5 음절로 이루어져 있다. 말하자면, 이 역시 한시나 시조와 마찬가지로 음절 단위를 기본으로 하는 정형시다. 따라서 하이쿠를 서양 언어로 번역하는 경우 이 일 역시 형식적으로는 한시나 시조를 번역하는 일만큼이나 불가능에 가깝다. 그런 이유 때문에 20세기 초엽 하이쿠에 대한 서양 문화권—특히 프랑스 시단—의 관심이 활발해지면서 이에 대한 번역은 자유시 또는 산문시의 형태로 진행되기도 했다. 하지만 우리는 하이쿠의 정체성이 압축적이고도 간결한 어법, 자연에서 취한 선명한 이미지 등등에 의해 확립·유지되어 왔음을 잊어서는 안 될 것이다. 따라서 단순히 자유시나 산문시 형태의 번역은 하이쿠의 존재 의미를 무색케 하는 것이 될 수도 있다.

한편, 관심의 주체가 프랑스 시단의 시인들에서 영미 시단의 시인들로 바뀌면서 하이쿠에 대한 이론화 작업이 진행되기도 했는데, 이를 대표하는 사람이 앞서 언급한 바 있는 에즈라 파운드다. 파운드는 하이쿠를 기본적으로 '중첩의 형식form of superposition'으로 파악하고, 이 같은 이해를 바탕으로 하여 선명한 시각적 이미지를 다소 산문적이거나 덜 선명한 이미지와 함께 제시하는 방식의 시 쓰기를 시도했다. 이를 대표하는 파운드의 작품이 바로 앞서 검토한 바 있는 시 「지하철 정거장에서」다.

그와 같은 파운드의 하이쿠 실험은 20세기 영미 이미지즘 운동에 적지 않은 영향을 미쳐, F. S. 플린트, 에이미 로웰, 존 굴드 플레처 등이 그 뒤를 이어 실험을 계속하기도 했다. 한편 파운드의 실험은 로버트 프로스트, 월러스 스티븐스, 윌리엄 버틀러 예이츠 등등 이미지즘 운동과는 직접적으로 관련이 없는 시인들에게까지 두루 영향을 미친다. 심지어 파운드의 실험은 최근까지도 영미 문단뿐만 아니라 교육계에까지 적지 않은 영향을 미치고 있다. 하나의 예로, 미국에서는 오늘날 하이쿠 스타일의 시 창작 경연 대회가 곳곳에서 심심찮게 거행되기도 한다. 심지어 미국의 초등학교에서는 학생들이 교사들의 지도 아래 작문 교육의 일환으로 하이쿠 스타일의 시를 쓰기도 한다.

그렇다면 하이쿠에 대한 실제 영어 번역의 상황은 어떠한가. 물론 파운드가 관심의 초점을 맞추었던 이미지의 선명성에 초점을 맞춰 하이쿠에 대한 번역이 광범위하게 이루어지고 있거니와, 이 자리에서는 대표적인 하이쿠 작가 마쓰오 바쇼松尾芭蕉, 1644-1694의 시에 대한 번역의 예를 살펴보기로 하자.

The lightning flashes!
And slashing through the darkness,
A night-heron's screech.

Stricken in travel,
And turning over withered moors,
A world of dreams.[7]

위의 번역 가운데 전자는 5-7-5의 음절로 이루어져 있으며, 후자는 각각 5-8-4의 음절로 이루어져 있다. 따라서 원문의 음절수에 충실한 것이 있는가 하면 그렇지 않은 것도 있다. 하지만 이런 식의 숫자 세기는 부질없는 짓일 수 있으니, 영어 문화권의 시 읽기 관습에서 중요한 것은 음의 강약에 대한 배려—즉, 운율韻律—이기 때문이다. 이에 따라 강약을 따져 위의 두 예를 살펴보기로 하자. 이 경우, 이견이 있을지 모르나, 대체로 강세를 계산될 수 있는 어절이 각각 2-3-3 및 2-4-2이며, 그 사이사이에 약세로 계산될 수 있는 어절이 하나나 둘 끼어 있기도 하고 전혀 없기도 하다. 이렇게 강세를 계산하여 위의 예를 읽으면, 어감 면에서 위의 두 번역은 자연스럽다. 당연한 말이겠지만, 이때의 자연스러움은 하이쿠의 음수율과는 무관한 것이다. 그럼에도 불구하고 형식

---

7 Earl Miner, "Japanese Poetry," *Princeton Encyclopedia of Poetry and Poetics*, ed. Alex Preminger (Princeton: Princeton UP, 1974), 427-28면에서 재인용.
참고로 두 시의 일본어 원문과 음가 및 우리말 번역은 다음과 같다:
(1) 稲妻や闇の方行く五位の聲
이나주마 야 야미 노 가타유쿠 고이 노 고에
번개가 치니 어둠 저편으로 멀어져 가는 해오라기 울음소리
(2) 旅に病んで夢は枯野をかけ廻る
다비 니 얀데 유메 와 가레노 오 가케메구루
여행길에 병드니 꿈은 황량한 들판 저편을 헤매는도다

적 측면에서 위의 번역이 하이쿠와 완전히 무관하다고는 할 수 없는데, 이는 파운드의 하이쿠 실험에 비추어 보면 자명해진다. 즉, 두 이미지의 중첩 또는 병치가 어느 경우에도 확연하게 확인되는데, 이로 인해 위의 번역을 다음과 같이 바꿔도 크게 무리가 따르지는 않을 것이다.

> The lightning flashes!
> A night-heron's screech slashing through the darkness.
>
> Stricken in travel,
> A world of dreams turning over withered moors.

즉, 번갯불의 번쩍임과 어둠 저편에서 들리는 해오라기의 울음소리가, 또한 병든 나그네의 모습과 황량한 들판을 헤매는 꿈이 병치 관계에 놓여 있는 것으로 번역될 수 있다. 바로 이 같은 번역 가능성이 파운드의 하이쿠 실험을 가능케 했던 것이고, 파운드의 실험이 있었기에 영어권 문화에서 하이쿠의 일반화가 가능했던 것이리라.

3. 전轉, 또는 시조와 '기승전결'의 시적 구조

그렇다면 시조의 경우는 어떠한가. 우리는 과연 '이미지의 중첩 또는 대립'이라는 하이쿠의 논리에 대응하는 시조 고유의 논리에 대해 생각해 본 적이 있는가. 이 물음에 대한 답에 앞서, 만에 하나 우리 문단의 적지 않은 시조 시인들의 시조에 대한 인식이 일정한 음수율에 따라 대략 43자의 음절을 '3장 6구'의 형태로 배열한 정형시라는 선에 머물러 있지는 않은가를 반성해 보아야 할 것이다. 물론 음수율을 맞추기만 하면 그것이 곧 시조가 될 것이라는 식의 안이한 이해에 빠져 있는 시조 시인은 없을 것이다. 하지만 요즈음 시조 시단에서 발표되는 작품들을 보면 심지어 음수율의 측면에서조차 문제의 작품이 왜 시조인지 이해가 쉽지 않은 경우가 눈에 띄기도 한다. 바로 이런 이유 때문에 시조는 시조 자체의 존재 이유를 제대로 찾지 못한 채 우리 문단에서조차 소홀한 대접을 받고 있는 것 아닐까.

여기서 우리는 시조의 정체성에 대해 다시 한 번 생각해 보지 않을 수 없다. 이와 관련하여 시조 역시 하이쿠와 마찬가지로 선명한 회화적 이미지들이 시의 주조를 이루고 있다는 점에 대해 이의를 제기할 사람은 없을 것이다. 앞서 여러 차례 언급한 바 있듯 일찍이 파운드는 한시의 특성으로 현상에 대한 "생생한 묘사력"[8]을 꼽은 적이 있는데, 이 같은 특징은 어떤 의미에서 보면 한중일의 전통적 시 세계와 관련하여 공통적 특징으로 지적될 수 있다. 하지만 적어도 하이쿠와 비교하는 경우 시조의 시적 이미지 제시 방법은 다르다. 어찌 보면, 시조의 이미지 제시는 단순한 병치를 통해서가 아니라, '기승전결'이라는 다소 복잡한 시상 전개 방법을 통해 제시되고 있다 할 수 있다. 하나의 대표적 예를 옛 시조에서 찾기로 하자.

> 白雪이 ᄌᆞ자진 골에 구루미 머흐레라
> 반가온 梅花ᄂᆞᆫ 어ᄂᆡ 곳에 픠엿ᄂᆞᆫ고.
> 夕陽에 홀로 셔 이셔 갈 곳 몰라 ᄒᆞ노라.

고려 말, 조선 초의 목은 이색李穡, 1328-1396의 작품인 위 시조의 초장에서 우리는 먼저 잦아진 눈, 골짜기, 거칠고 험한 구름이 한데 어우러져 하나의 그림과도 같은 자연의 이미지가 제시되고 있음을 알 수 있다. 하지만 이 자연의 이미지는 '머흐레라'라는 말이 암시하듯 을씨년스럽고 어둡다. 이어서 중장에서 "반가온 매화"라는 꽃의 이미지, 그러니까 오랫동안 그리고 기다리던 사랑스러운 꽃의 이미지가 제시되고 있다. 그런데 이 꽃의 이미지는 현재 찾을 수 없음 또는 부재不在와 연결된 것이다. 즉, 이미지 자체만으로는 초장과 중장 사이에 병치가 이루어지고 있지만, 이는 엄밀하게 보아 일종의 발전—즉, 기起와 승承—의 관계로 보아야 한다. 잦아진 눈이 암시하듯 봄이 멀지 않지만 여전히 거칠고 험한 세상과 그 세상에서 이미 사라져 보이지 않게 된 것—즉, 봄이 가까워오면 으레 모습을 드러내게 마련이나 이제는 찾아볼 수 없는 매화꽃—에 대한

8 Ezra Pound, "Chinese Poetry," *Today* III (April 1918), 54면.

아쉬움이 기와 승의 관계로 제시되어 있다 볼 수 있는 것이다. 한편, 종장의 전반부는 석양에 홀로 서 있는 사람의 이미지를 담고 있다. 자연과 세상을 바라보던 눈이 이제 자신에게 향한 것이라 할 수 있다. 이런 의미에서 이는 일종의 전轉에 해당한다. 하지만 이 시조의 마무리 또는 결結을 위해 종장의 후반부가 제시되고 있는데, '갈 곳 몰라 하는 나'를 제시함으로써 시인은 이 시의 결을 통해 그가 말하고자 하는 바가 무엇인지를 선명하게 드러낸다. 말하자면, 시대가 변하여 옛날의 평화로움과 따뜻함이 상실된 현실에 눈길을 주는 '나'와 삭막한 현실에 처하여 지조를 버리지 않은 우국지사들을 그리워하는 '나'의 마음, 그리고 그 현실에서 길을 잃은 채 방황하는 '나'의 모습을 시인은 위의 시조를 통해 드러내고 있다 할 수 있다.

바로 이런 의미에서 이 시의 상징적 이미지들은 '우의적寓意的, alegorical'인 현실 비판을 위한 것으로 이해될 수 있다. 어떤 의미에서 보면, 궁극적으로 시간과 현실을 초월한 상태에서 존재하는 '초시간적a-temporal'인 상징을 드러내기 위한 시 형식이 하이쿠라면, 시간 안에서 시간과 함께 현실 세계를 살아가는 인간—그리하여, 너무나도 인간적인 인간—의 정서를 드러내기 위한 시 형식이 시조일 수 있다. 바로 이런 이유 때문에, 시조는 하이쿠와는 달리 극도로 간명한 언어와 선명한 이미지들 사이의 병치만으로는 도저히 감당하기 어려운 시적 정서를 드러내기 위한 시 형식이라고도 할 수 있다. 이렇게 볼 때 시조의 번역에서 무엇보다도 고려되어야 할 사항은 이미지 자체의 선명함이나 아름다움만이 아니다. 이에 앞서, 이미지의 극적 전개·발전·전환 과정이 시조 형식의 요체임을 잊지 말아야 한다. 말하자면, 하나의 지극히 짤막한 '극시劇詩, dramatic poetry'—그것도 선명한 시적 이미지들을 극적 대사로 짜 넣은 한 편의 극시—가 바로 시조일 수 있고, 시조의 번역에는 무엇보다도 이 점이 고려되어야 한다. 그렇다면, 극시 또는 극적 대사로서의 시조에 대한 번역은 어떤 형태로 이루어져야 할까. 아마도 정공법에 해당하는 것이 시조의 3장 행 가름을 지키면서 각각의 장에 시적 이미지들과 이들 이미지와 관계되는 시적 진술을 간명하면서도 생생하게 드러내는 방법일 것이다. 물론 이 경우 종장이 전과 결을 함께 아우르고 있음에도 번역자는 신경을 써야 할 것이다. 좀 더 구체적인 논의를 위해 위에 인용한 시에 대한 몇몇 번역의 예를 살펴보기로 하자.

1) In the valley of deep snows
    the clouds gather;
  The long-awaited plum flower—
    In what place does it bloom?
  At sunset I stand alone,
    not knowing where to go.[9]

2) Rough clouds gather around the valley
  Where the snow slowly melts.
  Where is the tree of the perfect plum,
  In what lowland, what hollow?
  I have lost my way, alone,
  In the setting sun.[10]

3) The clouds are lowering in the valleys
  where the white snow lingers.
  Where can the happy plum blossoms
  be blooming, I wonder?
  I stand alone in the evening sun
  not knowing where to go.[11]

4) The white snow has left the valleys
    where the clouds are lowering.
  Is it true that somewhere
    the plum trees have happily blossomed?
  I stand here alone in the dusk

---

9 V. H. Viglielmo, "Korean Poetry," *Princeton Encyclopedia of Poetry and Poetics*, ed. Alex Preminger (Princeton: Princeton UP, 1974), 435면에서 재인용.

10 Peter H. Lee, tr., *Poems from Korea* (Honolulu: UP of Hawaii, 1974), 64면.

11 Kim Jai-hyun, tr., *Classical Korean Poetry* (Fremont: Asian Humanities P, 1994), 5면.

and do not know where to go.[12]

번역자의 정성이 엿보이는 위의 네 번역은 예외 없이 모두 6행으로 이루어져 있다. 그러니까 시조의 6구 형식을 시 번역에서 충실히 따르고 있다 할 수 있다. 특히 1)과 4)는 둘째 행, 넷째 행, 여섯째 행의 앞쪽에 여백을 둠으로써 시조 형식이 기본적으로 3장으로 되어 있음을 보다 더 적극적으로 암시하고 있다. 한편, 4)의 경우 둘째 행, 넷째 행, 여섯째 행을 소문자로 시작함으로써 시조의 3장 구조를 더욱 확실하게 드러내고 있다. 요컨대, 6행 또는 변형된 6행으로 구성하고 있다는 점에서 모든 역자들이 시조의 형식 요건을 번역에서조차 최소한 살리고자 했다는 판단이 가능하다. 여기서 일반적 형태의 6행 형식과 변형된 형식의 6행 형식 가운데 어느 것이 더 바람직할 것인가를 따져 볼 수도 있는데, 우리의 판단으로는 변형된 6행 형식이 시조의 '3장 6구'라는 형식적 요건을 더 잘 살리는 방식 같아 보인다. 변형된 6행 형식 가운데 어느 것이 더 바람직한 것인가를 따져 볼 수도 있는데, 역시 우리의 판단으로는 지나치게 여백을 남겨 둔 4)의 방식보다는 1)의 방식이 더 자연스러워 보인다. 한편, 위의 네 번역을 구성하는 음수율을 따져 보는 경우, 대체로 각 행이 6-9음절로 되어 있으며, 4음절이나 5음절로 이루어진 행도 있다. 아무튼, 음절 면에서는 그 어떤 규칙성도 찾아볼 수 없다. 이로 미루어 볼 때 역자들이 음수율에 특별시 신경을 쓰지 않은 채 번역한 것으로 판단된다. 앞서 지적한 바와 같이 음수율을 따르는 일 자체가 무의미한 것일 수도 있는데, 모든 번역자들이 의식적이건 무의식적이건 이에 동의하고 있는 것처럼 보인다.

의미 전달의 면에서 보면, 초장의 경우, '잦아진' 또는 '가라앉은'의 의미를 갖는 것으로 풀이되는 "ᄌᆞ자진"에 대한 번역은 두 경우만 원문에 충실해 보이며, '거칠고 험하다'의 의미를 갖는 것으로 풀이되는 "머흐레라"에 대한 번역은 전체적으로 원문과 거리가 있어 보인다. 물론 "gather" 및 "low"는 '구름이 모여 있다' 및 '낮게 구름이 깔려 있다'의 의미를 갖기 때문에 우회적으로나마 흐리고 어두운 기후 상태를 암시하는 것으로

---

12 Richard Rutt, tr., *The Bamboo Grove: An Introduction to Sijo* (Ann Arbor: U of Michigan P, 1998), 25면.

볼 수도 있다. 하지만 '거칠고 험하다'의 의미를 생생하게 전하기에는 어딘가 모자란 것처럼 느껴지는 것도 사실이다. 그 결과 시의 분위기가 제대로 살아나고 있지 않다는 느낌이 들기도 한다. 중장의 경우, "반가온"에 대한 번역뿐만 아니라 "어닉 곳에 픠엿는고"에 대한 번역이 1)의 경우를 빼고는 대체로 부자연스럽다. 끝으로, 종장의 경우, 4)를 빼고는 모두 의미의 무게 중심이 적절한 곳에 놓여 있지 않은 것처럼 보이는데, 이는 종장의 후반부에 대한 번역이 분사구나 부사구로 되어 있기 때문인지도 모른다. 종장의 후반부는 시를 마무리하는 결結에 해당한다는 점에서, 또한 의미의 무게 중심이 어느 곳보다 깊게 드리워져야 할 곳이라는 점에서, 이 부분을 주문主文, the principal clause의 형태로 번역하는 것이 더 바람직하지 않을까.

이상의 논의를 종합해 보면, 형태상으로나 의미상으로 각각의 번역은 나름대로 약점과 강점을 지니고 있다 할 수 있다. 그럼에도 불구하고 원문의 분위기와 의미를 다른 어떤 번역보다 잘 살리고 있는 충실한 번역을 고를 것이 요구된다면, 이 같은 요구를 다른 어느 것보다 더 만족스럽게 충족시켜 주는 번역은 1)이라는 것이 우리의 판단이다. 따라서 1)을 모체로 하되, 시적 분위기가 좀 더 잘 살아날 수 있도록 시어를 조정하고 또 시적 진술의 전개 과정에 따르는 극적 긴장감을 살리려는 우리의 의도를 담아 다음과 같이 새로운 번역을 제시할 수도 있다.

In the valley of melted snows,
　　the clouds are gathering deep;
The heart-gladdening plum flowers—
　　where are they blooming now?
Standing alone at sunset,
　　I do not know where to go.

이 번역은 물론 시조는 3장으로 이루어져 있으며 3장은 다시 6구로 나뉜다는 시조의 형식상 특성에 충실하고자 하는 의도를 반영한 것이다. 또한 이렇게 번역함으로써 종장의 전과 결 사이의 구분도 확실해진다. 하지만 영어를 모국어로 하는 사람들이 보는 경우 여전히 기승전결의 시상 전개가 확연하게 느껴지지 않을 수도 있다. 무엇보다도 문화적 코드가 다르기 때문일 것이다. 즉, 시조는 기승전결의 시상 전개 과정을 본질로 한다는 사실에 문화적으로 낯설기 때문이다. 또는 기승전결의 시적 구조가 갖는 묘미에 대해 익숙해져 있는 우리와 다른 방식으로 시를 이해하기 때문이다. 이런 이유 때문에, 위의 번역에서 초장을 이루는 첫째 행과 둘째 행 및 중장을 이루는 셋째 행과 넷째 행을 각각 합쳐 놓되, 종장을 이루는 다섯째 행과 여섯째 행을 그대로 두는 것도 번역의 한 방법이 될 수 있을 것이다.

In the valley of melted snows, the clouds are gathering deep;
The heart-gladdening plum flowers, where are they blooming now?
Standing alone at sunset,
    I do not know where to go.

요컨대, 하이쿠가 서양에 수용되면서 두 이미지 사이의 병치 구조로 이해되어 삼행시가 이행시의 형식으로 받아들여졌듯, 시조 역시 삼행시지만 궁극적으로 사행시의 구조를 갖는 시일 수 있음을 보여 줌으로써 시조에 대한 새로운 이해의 길을 마련할 수도 있을 것이다.

물론 기승전결의 논리가 모든 시조에 적용될 수 있는가에 대해서는 논란이 있을 수도 있다. 하지만 어떤 경우에도 시조는 하이쿠와 달리 초월적 세계를 지향하는 시가 아니라 현실적 세계에 대한 이해와 비판을 지향하는 극적 발언으로서의 시라는 점에 착안하여, 단순한 이미지의 병치나 중첩의 차원을 넘어서는 그 무엇—말하자면, 시적 사유의 과정에 전개와 반전을 담고 있는 '극적 구조dramatic structure'의 시 형식—임을 선명하게 보여 주는 방향으로 번역 작업이 진행될 수도 있을 것이다. 이렇게 함으로써 시조에 대한 자연스럽고 호소력 있는 번역이 가능할 것이다. 아울러, 자연스러운 언어로의 번역에 일차적 무게 중심을 두되, 형식면에서 시적 사유의 전개와 반전을 담고 있는 시—또는 단단한 '극적 구조'를 지닌 시—라는 점에 유념하여 시조를 번역할 때 시조는 우리 문화권 밖에서도 하이쿠에 못지않은 관심 대상이 될 수 있지 않을까.

4. 결結, 또는 현대 시조와 번역의 과제

옛 시조에 대한 영어 번역의 경우 질적으로나 양적으로나 주목할 만한 번역이 상당수 이루어져 있는 것도 사실이다. 또한 이를 위해 노고를 아끼지 않은 뛰어난 번역자도 여러 사람이 있다. 특히 이 분야에서 누구보다 선구자적 역할을 한 사람은 피터 리Peter H. Lee, 한국명: 이학수로, 그는 1960년대부터 수많은 옛 시조를 번역하여 영어 문화권에 소개해 왔다. 또한 1950년대 중엽부터 70년대 중엽까지 한국에 살면서 시조를 번역하고 이를 서양 문화권에 소개한 리처드 러트Richard Rutt, 1970년대 말 한국 문학 사화집 발간을 시작으로 하여 활발하게 시조 번역에 정진해 온 데이비드 맥캔David R. McCann, 대략 1970년대 이후 놀랍게도 무려 2,300여 편이나 되는 한국의 시를 영어로 번역한 김재현이 있다. 이들 역시 옛 시조의 영어 번역과 관련하여 주목할 만한 번역자들로, 이들의 작업 또한 이학수의 작업만큼이나 값지고 의미 있는 것들이다. 하지만 현대 시조의 경우 영어 번역 작업은 우리가 과문한 탓인지 모르나 그다지 활발하게 이루어져 오지 않은 것처럼 보인다. 우리가 확인한 바로는 이학수의 『한국 현대 문학*Modern Korean Literature*』(하와이 대학 출판부, 1990) 및 러트의 『대나무 숲*The Bamboo Grove*』(미시간 대학 출판부, 1998)에 각각 13편, 20편의 현대 시조 영어 번역본이 수록되어 있거니와, 모두가 이 분야에서 주목할 만한 작업의 결과로 꼽힐 수 있을 것이다. 아울러, 그 어떤 것보다도 우리는 김재현의 『시조 형식으로 된 한국 현대 운문*Modern Korean Verse in Sijo Form*』(론스데일 출판사, 1997)을 주목하지 않을 수 없는데, 이는 한국의 현대 시조에 대한 최초의 광범위하고도 본격적인 번역 시도라는 점에서 중요한 의미를 갖는 작업이다.

가장 많은 양의 현대 시조 번역을 시도한 것으로 판단되는 김재현의 시조 번역 시집을 보면, 대체로 모든 번역이 6행의 형태로 이루어져 있으며 다만 몇몇 예외적인 경우만 5행이나 7행의 형식을 취하고 있다. 당연한 것이긴 하지만, 양장시조 및 사설시조 번역의 경우에는 이 같은 형태상의 원칙에서 벗어나 시의 행을 줄이거나 늘리고 있다. 전형적 형태의 시조 한 수를 6행으로 번역하는 원칙은 이학수 및 러트의 번역에서도 예외 없이 확인된다. 한편, 현대 시조의 경우 기승전결의 시상 전개 방식이 지켜지지 않는 경우가 적지 않거니와, 그 때문인지는 몰라도 시의 한 행이 김재현 번역의 경우 두세 개의 음절 또는 두어 개의 단어로 구성되어 있는 등 지나치게 짧아 시조의 한 구에 해당하는 번역으로 보기 어려운 예가 종종 눈에 띄기도 한다. 다시 말해, 시조의 구 하나가 당연히 감당해야 할 의미의 무게를 제대로 담고 있지 않다는 느낌을 주는 경우도 있다. 두세 개의 음절 또는 두어 개의 단어로 한 행을 구성한 예는 이학수의 번역에서도 한두 군데 확인되나, 대체로 그의 번역에서 각 행은 해당 시조의 구가 지니는 의미의 무게를 지탱할 만큼 밀도 있는 시적 진술로 이루어져 있다. 러트의 번역에서는 김재현의 번역에서 확인되는 것과 같은 경우—말하자면, 행이 지나치게 짧아지는 예외적인 경우—가 확인되지 않는다. 물론 번역 대상의 선정에 따른 것일 수도 있겠지만, 러트는 누구보다도 자신의 번역 대상이 시조 형식의 시임을 의식하고 있는 것처럼 느껴지는 것은 이 때문인지도 모른다. 다시 말해, 러트는 누구보다도 시조의 의미 구조에 충실한 번역을 하고자 했던 것으로 판단된다.

현대 시조의 작품들을 보면, 기승전결의 시상 전개 방식에서 자유로운 예도 적지 않을 뿐만 아니라, 각 장이 독립된 문장 단위를 이룬다는 원칙에서 자유로운 예도 적지 않다. 각 장이 독립된 문장 단위를 이룬다는 원칙이라니? 옛 시조의 경우 한시의 경우처럼 각각의 장이 나름의 독립된 문장 단위로 이루어져 있다. 하지만, 초장 전체와 중장의 전반부가 하나의 문장 단위를 이루거나 초장이 중장과 하나의 문장 단위를 이루는 등, 현대 시조에서는 이 같은 원칙이 무시되는 경우가 적지 않다. 이런 경향으로 인해 '6행 형식'의 번역 원칙 자체가 무시될 수밖에 없는 경우도 생기게 되었다. 또한 앞서 지적한 바 있는 지나치게 짧은 시행 구성도 일부분 이 같은 경향의 결과이기도 하다.

어디 그뿐이랴. 시조의 각 장에 해당하는 부분을 잘게 잘라 여러 시행으로 나눠 놓은 경우도 현대 시조에는 적지 않다. 더욱이 각 행이 차지하는 지면이 일정치 않은 경우도 있다. 예컨대, 위쪽 행을 기준으로 할 때 여러 칸 들여넣는 방식으로 아래쪽 행을 배열하기도 한다. 이 점을 문제 삼는 경우 어떤 이는 잘게 나뉘어 있거나 들쭉날쭉한 형태로 배열된 시행들을 한데 모아서 '3장 6구'의 형태로 정리한 다음 이를 번역할 수 있지 않겠냐 말할 수도 있다. 즉, 일반적으로 통용되는 시조 번역본의 기본 형태를 유지하기 위해 오늘날의 시조 창작 관행을 비켜 가자는 의견도 있을 수 있다. 하지만 그렇게 함은 창작자의 의도를 훼손하는 것이 될 수 있지 않을까. 또한 그렇게 해서 이루어진 번역을 과연 현대 시조에 '어울리고' 이를 '존중하는' 시조 번역이라 할 수 있을까. 따지고 보면, 이 같은 문제 하나만으로도 현대 시조 번역은 별도의 논의가 요구되는 지난한 과제가 아닐 수 없다. 따라서 이 글에서는 다만 문제 제기를 하는 선에서 만족하기로 하자. □

인용문헌

김대행. 『시조 유형론』. 이화여자대학교 출판부, 1986.

김윤식. 『한국 근대 문학 사상』. 서문문고, 1974.

노중석. 「현대 시조의 황폐화」. 노중석 외 4인 공저. 『아무도 절망을 향하여 손을 내밀지 않는다』. 도서출판 그루, 1990.

박을수 · 석일균. 『신 한국 문학사』. 성문각, 1982.

박철희. 「시조 문학의 좌표와 나아갈 길」(좌담). 『문학사상』(1991년 3월호).

이우걸. 『우수의 지평』. 동학사, 1989.

정병욱 편저. 『시조 문학 사전』. 신구문화사, 1980.

Acker, William. *T'ao the Hermit: Sixty Poems by T'ao Ch'ien*. London: Thames & Hudson, 1952.

De Man, Paul. *Blindness and Insight: Essays in the Rhetoric of Comtemporary Criticism*, 2nd ed. 1970. Minneapolis: U of Minnesota P, 1983.

Dessoir, Max. *Aesthetics and Theory of Art*. Tr. Stephen A. Emery. Detroit: Wayne State UP, 1970.

Heidegger, Martin. *The Metaphysical Foundations of Logic*. Tr. Michael Heim. Bloomington: Indiana UP, 1984.

Hightower, James R. *The Poetry of T'ao Ch'ien*. Oxford: Clarendon P, 1970.

Jang, Gyung-ryul. "*Cathay* Reconsidered: Pound as Inventor of Chinese Poetry." *Paideuma: A Journal Devoted to Ezra Pound Scholarship*. Vol 14, No. 2 & 3 (Fall & Winter, 1985).

Kayser, Wolfgang. *Das Sprachliche Kunstwerk*. Bern & Müchen: Francke Verlag, 1948.

Kenner, Hugh. *The Pound Era*. Berkeley: U of California P, 1971.

Kim, Jai-hyun, tr. *Classical Korean Poetry*. Fremont: Asian Humanities P, 1994.

Langer, Susanne. *Feeling and Form: A Theory of Art Developed from* Philosophy in A New Key. London: Routledge & Kegan Paul, 1953.

Lee, Peter H., tr. *Poems from Korea*. Honolulu: UP of Hawaii, 1974.

Miner, Earl. *Comparative Poetics: An Intercultural Essay on Theories of Literature*. Princeton: Princeton UP, 1990.

______. "Japanese Poetry." *Princeton Encyclopedia of Poetry and Poetics*. Ed. Alex Preminger. Princeton: Princeton UP, 1974.

Morris, Desmond. *Baby*. London: Hamlyn, 2008. (한국어 번역본: 『우리 아기』, 장경렬 역. 패컴북스, 2009.)

Plato. *The Republic*. Tr. Benjamin Jowett. New York: Random House, 1957.

Pound, Ezra. "Chinese Poetry." *Today* III (April 1918).

______. *The Letters of Ezra Pound: 1907-1941*. Ed. D. D. Paige. New York: Harcourt, 1950.

______. *Gaudier-Brzeska: A Memoir by Ezra Pound*. London & New York: John Lane, 1916.

______. *Personae: The Collected Poems of Ezra Pound*. New York: A New Directions Book, 1926.

Rutt, Richard, tr. *The Bamboo Grove: An Introduction to Sijo*. Ann Arbor: U of Michigan P, 1998.

St Jacques, Elizabeth. *Around the Tree of Light: Korean Sijo*. Sault Ste. Marie: Maplebud P, 1995.

Viglielmo, V. H. "Korean Poetry." *Princeton Encyclopedia of Poetry and Poetics*. Ed. Alex Preminger. Princeton: Princeton UP, 1974.

Waley, Arthur. *Madly Singing in the Mountains: An Appreciation and Anthology of Arthur Waley*. Ed. Ivan Morris. New York: Walker, 1970.

______, tr. *A Hundred and Seventy Chinese Poems*. New York: Knopf, 1919.

Webster, Roger. *Studying Literary Theory: An Introduction*. London: Edward Arnold, 1990.

Wellek, René & Austin Warren, *Theory of Literature*, 3rd ed. New York: Harcourt, Brace & World, 1956.

Wordsworth, William. "Preface 1800 Version." William Wordsworth & S. T. Colieridge. *Lyrical Ballads*. Oxon & New York: Routledge, 2005.

찾아보기

ㅈ

H

J

K

L

M

O

P

R

S

T

V

W

Y

Z